Sprengnetter / Kierig

Das 1x1 der Immobilienbewertung

Grundlagen marktkonformer Wertermittlungen

Bibliografische Information der Deutschen Bibliothek

Die Deutsche Nationalbibliothek verzeichnet diese Publikation in der Deutschen Nationalbibliografie; detaillierte bibliografische Daten sind im Internet über http://dnb.ddb.de abrufbar.

ISBN: 978-3-937513-47-8

Impressum

Verlag: Sprengnetter Verlag und Software GmbH
               Barbarossastraße 2
               53489 Sinzig

Autoren: Dr.-Ing. Hans Otto Sprengnetter
               Dipl.-Ing. (Assessor) Jochem Kierig

Telefon: +49 (0)2642 / 97 96 0
Telefax: +49 (0)2642 / 97 96 69

Internet: www.sprengnetter.de
E-Mail: info@sprengnetter.de

Herstellung: Books on Demand GmbH, Norderstedt

Die Autoren

Dr.-Ing. Hans Otto Sprengnetter,
Sprengnetter Immobilienbewertung

Dr. Hans Otto Sprengnetter ist Gründer und Leiter von „Sprengnetter Immobilienbewertung", der in Deutschland führenden Institution in der Komplettbetreuung von Bewertungssachverständigen (Aus- und Weiterbildung, Zertifizierung, Marktforschung, Arbeitshilfen, Lehrbücher, Kommentare, Software und Bewertungsdienstleistungen). Er ist seit 1974 in der Ausbildung von Bewertungssachverständigen tätig und war viele Jahre Hochschullehrer im Bereich der Immobilienbewertung.

Dr. Sprengnetter entwickelte ein ganzheitliches wissenschaftliches Konzept für eine marktkonforme Immobilienbewertung und viele darauf aufbauende bewertungstheoretische Modelle zur Lösung von Einzelthemen. Diese Bewertungsmodelle haben das deutsche Wertermittlungsrecht (z.B. WertV 88, WertR 2006, BewG 2008, ImmoWertV 2010, insbesondere aber auch die 2012 erschienene Sachwertrichtlinie) maßgeblich geprägt.

Er ist Autor zahlreicher Fachpublikationen. Dr. Sprengnetter war Mitglied des Oberen Gutachterausschusses für Grundstückswerte für den Bereich des Landes Rheinland-Pfalz und Gründungsmitglied sowie stellvertretender Vorsitzender des TGA-Sektorkomitees „Sachverständige für Immobilienbewertung" (d. h. des Gremiums, das in Deutschland die Regelungen für die Zertifizierung von Sachverständigen für Immobilienbewertung nach der ISO 17024 entwickelt und etabliert hat).

**Dipl.-Ing. (Assessor) Jochem Kierig,
Sprengnetter Immobilienbewertung**

Jochem Kierig ist Geschäftsleiter der Sprengnetter GmbH (Fachverlag, Softwareentwicklung, Marktforschung). Als Sachverständiger für Immobilienbewertung und Mitglied im Gutachterausschuss
für Grundstückwerte für den Bereich Osteifel-Hunsrück verfügt er
über einen reichen Erfahrungsschatz. Eine umfassende Lehrerfah-
rung hat er als Dozent der Sprengnetter Akademie, der IHK Kob-
lenz, der Sparkassenakademie Bayern und vielen weiteren Ausbil-
dungsinstitutionen erlangt. Seine wissenschaftliche Reputation hat
er in zahlreichen Veröffentlichungen unter Beweis gestellt. U.a. ist
er Mitautor der von Sprengnetter herausgegebenen Kommentare
zur ImmoWertV und zur Sachwertrichtlinie sowie der 16-bändigen
Loseblattsammlung „Immobilienbewertung".

Vorwort

Für viele Bereiche unseres Wirtschafts- und Rechtslebens sind Immobilienbewertungen sehr bedeutsam. Auf der Grundlage von Wertgutachten werden existenzielle Entscheidungen getroffen, beispielsweise bei Enteignungen für städtebauliche Zwecke, beim Kauf oder Verkauf der oftmals wesentlichsten Vermögenswerte der Eigentümer, bei unternehmerischen Investitionen, bei der Sachversicherung für Gebäude oder bei der Bestimmung der Beleihungsgrenze im Rahmen von Finanzierungen.

Die Personen, die die Immobilien bewerten (insbesondere Sachverständige und Immobilienmakler) üben folglich eine verantwortungsvolle Tätigkeit aus. Fehler oder Falschbegutachtungen können einerseits den im Vertrauen auf das Gutachten Handelnden ruinieren, andererseits aber auch existenzbedrohende Haftungsansprüche gegen den Bewerter auslösen.

Diese hohe Verantwortung verpflichtet jeden Bewerter, sich fundiertes Wissen anzueignen und seine Kenntnisse aktuell zu halten.

Mit dem „1 x 1 der Immobilienbewertung" ergänzt Sprengnetter sein umfassendes Literaturangebot um ein Einstiegswerk. In diesem Buch wird zunächst die Bedeutung der Immobilienbewertung aus volkswirtschaftlicher Sicht und für viele Berufsgruppen erläutert. Es werden die unterschiedlichen Wertermittlungsanlässe und -begriffe sowie die gesetzlichen Grundlagen dargestellt. Auch Themen des Sachverständigenwesens (Verwendung des Sachverständigentitels, Haftung, Honorierung) werden behandelt. Die in der Immobilienwertermittlungsverordnung geregelten Verfahren zur Bewertung bebauter und unbebauter Grundstücke werden in der erforderlichen Tiefe anhand zahlreicher Beispiele erläutert. Es wird aber auch ein Überblick über die bei der Bewertung von Geschäfts- und Gewerbegrundstücken zu beachtenden Besonderheiten geschaffen.

Das Buch enthält nahezu alle für die Bewertung der am häufigsten gehandelten Immobilienarten (Einfamilienhäuser, Mehrfamilienhäuser und Eigentumswohnungen) benötigten Daten (NHK, Sachwertfaktoren, Bewirtschaftungskosten, Liegenschaftszinssätze, Umrechnungskoeffizienten u.v.a.m.). Mit Hilfe des Tabellenverzeichnisses lassen sich die Bewertungsdaten leicht auffinden. Weitere, zum Beispiel zur Bewertung anderer Immobilienarten benötigte, und vor allem laufend aktualisierte Daten, werden in den „Marktdaten und Praxishilfen" [1] bereitgestellt.

Zur Vertiefung der in dem „1 x 1 der Immobilienbewertung" vermittelten Grundkenntnisse wird an den entsprechenden Stellen auf die jeweiligen Kapitel des „Lehrbuch und Kommentars" [2] verwiesen. Hier erhält der Bewerter insbesondere zu den in der Praxis vorkommenden vielfältigen Sonderthemen (z.B. Wertermittlungen im Rahmen von Zwangsversteigerungen oder Enteignungen, Bewer-

tungen von Rechten und Lasten, Mietwertermittlungen, Bewertungen von Betrei-
ber- oder sonstigen Sonderimmobilien) entsprechende Hilfestellungen.

Wichtige Materialien zum Buch werden ergänzend im Internet bereitgestellt. Hier
steht dem Bewerter ein Informationsdienst mit aktuellen Nachrichten rund um die
Immobilienbewertung, viele Gesetze, Verordnungen und Richtlinien, Excel-
Bewertungsformulare, Checklisten, aktuelle Marktdaten, Bewertungsbeispiele
und Mustergutachten zur Verfügung. Auch professionelle Bewertungssoftware
kann zu Testzwecken kostenfrei heruntergeladen werden.

Mit dem vorliegenden Einstiegswerk wenden sich die Autoren vorrangig an diejenigen, die einen schnellen Einstieg in die Immobilienbewertung erlangen möch-
ten. Also insbesondere diejenigen, die sich in der Ausbildung zum Bewertungssachverständigen befinden. Das Werk ist auch für Immobilienmakler besonders
gut geeignet, die die Immobilienbewertung als eine wichtige Dienstleistung für ihre Kunden erkannt haben. Aber auch "gestandene" Sachverständige finden in
diesem Werk noch zahlreiche wertvolle Hinweise für ihre praktische Tätigkeit.

Die Autoren wünschen sich, dass das Buch den Lesern einen schnellen Einstieg
in die komplexe Materie der Immobilienbewertung verschafft und gleichzeitig bei
der praktischen Tätigkeit die erforderlichen Hilfestellungen leistet. Für Anregun-
gen und Kritik aus dem Kreise der Leser sind die Autoren des Buches dankbar.

Sinzig, im Oktober 2013

Dr.-Ing. Hans Otto Sprengnetter   Dipl.-Ing. (Assessor) Jochem Kierig

---

www.1x1-der-immobilienbewertung.de

Die Homepage zum Buch mit

- aktuellen Nachrichten rund um die Immobilienbewertung
- Gesetzen, Verordnungen und Richtlinien (z.B. BauGB, BGB Mietrecht, ImmoWertV, WertR, SW-RL, VW-RL, WMR, WoFlV)
- Excel-Bewertungsformularen und Checklisten
- aktuellen Marktdaten (z.B. Indizes, Zinssätze, Mieten, Liegenschaftszins-sätze, Sachwertfaktoren)
- Bewertungsbeispielen und Mustergutachten
- professioneller Bewertungssoftware (Testversionen)

Die Zugangsdaten finden Sie in Kapitel 14.

Inhaltsverzeichnis

Tabellenverzeichnis

Sachwertverfahren

Rechte und Belastungen

Abkürzungsverzeichnis

II. BV	Zweite Berechnungsverordnung
afr	abgabenfrei
apf	abgabenpflichtig
BauGB	Baugesetzbuch
BauNVO	Baunutzungsverordnung
BelWertV	Beleihungswertermittlungsverordnung
BetrKV	Betriebskostenverordnung
BGB	Bürgerliches Gesetzbuch
BGF	Brutto-Grundfläche
BMVBS	Bundesministerium für Verkehr, Bau und Stadtentwicklung
BNK	Baunebenkosten
boG	besonderes objektspezifisches Grundstücksmerkmal
BRI	Brutto-Rauminhalt
BRW	Bodenrichtwert
BWK	Bewirtschaftungskosten
DCF	Discounted Cash Flow
DIN	Deutsche Industrie-Norm
ebf	erschließungsbeitragsfrei
ebpf	erschließungsbeitragspflichtig
Ef	Ertragsfaktor
EFH	Einfamilienhaus
ETW	Eigentumswohnung / Wohnungseigentum
EW-RL	Ertragswertrichtlinie
GewO	Gewerbeordnung
GEZ	Gestaltungs- und Erstnutzungszuschlag
Gf	Gebäudefaktor
GFZ	Geschossflächenzahl
GND	Gesamtnutzungsdauer
GRZ	Grundflächenzahl
HOAI	Honorarordnung für Architekten und Ingenieure
ImmoWertV	Immobilienwertermittlungsverordnung
IVD	Immobilienverband Deutschland, Bundesverband der Immobilienberater, Makler, Verwalter und Sachverständigen e.V.

IVSC	International Valuation Standards Council
JVEG	Justizvergütungs- und -entschädigungsgesetz
k	Sachwertfaktor
KAG	Kommunalabgabengesetz
KP	Kaufpreis
LBauO	Landesbauordnung
MFH	Mehrfamilienhaus
NFK	Nutzflächenfaktor
NHK 2010	Normalherstellungskosten 2010
p	Liegenschaftszinssatz
PfandBG	Pfandbriefgesetz
RDM	Ring Deutscher Makler
RE	Reinertrag
RICS	Royal Institution of Chartered Surveyors
RND	Restnutzungsdauer
RO	Rohertrag
SGB	Sozialgesetzbuch
SW-RL	Sachwertrichtlinie
TEGoVA	The European Group of Valuers' Association
uR	umbauter Raum
USt	Umsatzsteuer
UWG	Gesetz gegen den unlauteren Wettbewerb
V	Barwertfaktor für die Kapitalisierung (Vervielfältiger)
vSW	vorläufiger Sachwert
VW-RI	Vergleichswertrichtlinie
WA	allgemeines Wohngebiet
WEG	Wohnungseigentumsgesetz
WertR	Wertermittlungsrichtlinien
WF	Wohnfläche
WGFZ	wertrelevante Geschossflächenzahl
WMR	Wohnflächen- und Mietwertrichtlinie
WoFIV	Wohnflächenverordnung
ZFH	Zweifamilienhaus

Kapitel 1: Bedeutung und Grundlagen der Immobilien- bewertung

1.1 Volkswirtschaftliche Bedeutung des Grundbesitzes und der Immobilienbewertung

Eigentum ist das Fundament unseres Rechtsstaates

Grundeigentum, d.h. privates Eigentum an Grund und Boden, ist ein wesentliches Fundament unserer freiheitlichen Rechts- und Gesellschaftsordnung. Die staatlich garantierte Sicherung des Eigentums im Allgemeinen und des Grundeigentums im Besonderen sind, wie nachfolgend erläutert wird, wesentlicher Garant für eine funktionierende Markt- und Volkswirtschaft.

Die Bedeutung der Wertermittlung wird nachfolgend durch Darlegung des Stellenwerts des privaten und gewerblichen Grundbesitzes in unserem Rechts- und Wirtschaftssystem dargestellt.

1.1.1 Grundbesitz als wesentlicher Teil des Volksvermögens

großes Immobilienvermögen

Die Bedeutung des Grundbesitzes für die Volkswirtschaft lässt sich aus den Zahlen über die in Immobilien existierenden Vermögenswerte ablesen. 2009 betrug nach Angaben der Bundesvereinigung der Spitzenverbände der Immobilienwirtschaft das gesamte Immobilienvermögen in Deutschland 8,99 Billionen ($\triangleq$ 8.990 Mrd.) Euro. Davon entfielen 3,93 Billionen Euro auf Wohnbauten, 2,96 Billionen Euro auf Nichtwohnbauten und 2,37 Billionen Euro auf den Wert unbebauter Grundstücke. Es gibt gemäß Mikrozensus 2010 in Deutschland rd. 36 Mio. Wohnungen. Fast die Hälfte (46 %) der Wohnungen bewohnen Eigentümerinnen und Eigentümer. Der durchschnittliche Marktwert von Haus- und Grundbesitz lag 2008 gemäß Angaben des Statistischen Bundesamtes bei 240.000 Euro je Haushalt, der über Immobilienvermögen verfügt. Diese wenigen Zahlen verdeutlichen, welchen erheblichen Teil des Volksvermögens der Grundbesitz darstellt.

1.1.2 Grundbesitz als Existenzsicherung und Kapitalanlage

Grundbesitz ist, seitdem es Privateigentum an Grundstücken gibt, eine beliebte Form der Existenzsicherung und der Kapitalanlage für private und institutionelle Anleger. Die Quote für eigenes Wohneigentum beträgt in Deutschland derzeit rd. 43 %. Gewerbe, Industrie und Handel benötigen ausnahmslos Immobilien (Büros, Produktions- und Lagerhallen, Geschäfts-, Verkaufs- und Betreiberimmobilien wie Hotels, Tankstellen, Flughäfen etc.).

Motive für den Erwerb von Immobilieneigentum sind:

Grundeigentum als soziale Sicherung

- Die „Sachwerte" der Immobilien schützen vor Vermögensverlusten bei Geldentwertung. Grundstückseigentum ist deshalb oftmals nicht nur „reine Geldanlage", sondern eine soziale Sicherung (z.B. Alterssicherung).

- Grundbesitz ist im Steuerrecht vielfach privilegiert. Z.B. wird der Grundbesitz nach dem Einheitswert besteuert, der i.d.R. deutlich niedriger ist als der

Marktwert der Immobilie.[1] Auch kann Grundbesitz trotz Wertsteigerung steuerlich abgeschrieben werden.

- Es gibt viele steuerliche Förderungen des Grundstücks- und Wohnungseigentums.

1.1.3 Grundbesitz als Pfandobjekt für Beleihungen

Viele Grundstückskäufe, Baumaßnahmen (Neubauten, Modernisierungen, bauliche Erweiterungen), Geschäftsgründungen u.a. können nicht ausschließlich aus Eigenmitteln bestritten werden; fehlende Beträge werden durch Kredite (i.d.R. von Banken, Bausparkassen, Lebensversicherungen und Sparkassen) aufgebracht. So wurden laut der Bundesbankstatistik im Jahr 2007 rund 182 Milliarden Euro neue Darlehen im Rahmen von privaten Immobilienfinanzierungen vergeben. Die große Bedeutung der Kredite als Motor unseres Wirtschaftslebens wird hierdurch deutlich.

Kredite als Motor unseres Wirtschaftslebens

Die Sicherung von Krediten erfolgt in Deutschland sehr häufig durch Grundpfandrechte (man spricht dann von Realkrediten, wenn die Beleihungsgrenze von 60 % des Beleihungswerts nicht überschritten wird). Bei grundpfandrechtlicher Sicherung stellt der Kreditnehmer dem Kreditgeber das Grundstück als Pfandobjekt (d.h. als Sicherheit) zur Verfügung.

Realkredite als wichtige Kreditform

Kommt der Kreditnehmer seinen (Rück-)Zahlungsverpflichtungen nicht nach, so kann der Kreditgeber das Grundstück verwerten (eine Zwangsversteigerung betreiben). Damit in diesen Fällen der Kreditgeber keinen Schaden (d.h. Forderungsausfall) erleidet, dürfen Grundstücksbeleihungen den Wert der Immobilie nicht überschreiten.

Zwangsversteigerung

Voraussetzung für die Vergabe eines Realkredits ist i.d.R. das Vorliegen einer Wertermittlung. Diese gibt dem Realkreditinstitut eine Aussage über die zulässige Beleihungsobergrenze und dem Eigentümer Kenntnis über die Beleihungsfähigkeit seines Grundstücks. Vorbereitend für Zwangsversteigerungen müssen ebenfalls jeweils Marktwertgutachten erstellt werden.

Buchtipp

Wertermittlungen in Zwangsversteigerungsverfahren sind ausführlich in Lehrbuch und Kommentar [2], Teil 9, Kapitel 12 abgehandelt. Die Wertermittlung für die Beleihung von Grundstücken ist in Lehrbuch und Kommentar [2], Teil 12, Kapitel 1 abgehandelt.

---

1) Vgl. Abschnitt 1.1.7.

1.1.4 Grundbesitz und seine Versicherung

Sachversicherung schützt vor Vermögensverlusten

Da Grundbesitz oftmals den wesentlichsten Vermögenswert von Privatpersonen oder Firmen darstellt, wirken sich substanzvernichtende Schäden (z.B. Feuer-, Hagel-, Sturm- oder Hochwasserschäden) dramatisch auf die wirtschaftliche Existenz des Eigentümers aus. Zur Ausschaltung dieses Risikos werden i.d.R. alle baulichen und sonstigen Anlagen gegen derartige Risiken versichert. Realkreditinstitute dürfen Beleihungen auf (bebaute) Grundstücke nur vornehmen, wenn diese in ausreichender Höhe gegen sämtliche Risiken versichert sind. Eine sachgemäße Versicherung ist grundsätzlich nur auf der Grundlage einer zutreffenden Wertermittlung möglich.

1.1.5 Grundbesitz und Städtebau

1.1.5.1 Stufen des Städtebaus

Städtebau

Städtebau vollzieht sich (vereinfacht ausgedrückt) in drei Stufen: Planung, Bodenordnung und Erschließung.

Bauleitplanung

In städtebaulichen Plänen (insbesondere Flächennutzungsplänen, Bebauungsplänen) wird die angestrebte Bodennutzung von den Städten und Gemeinden hoheitlich vorbereitet und geregelt.

Bodenordnung

Diesen städtebaulichen Planungszielen steht i.d.R. die konkret vorhandene Eigentumssituation entgegen; einem demokratischen Städtebau steht jedoch nicht das „Grundeigentum an sich" entgegen. Damit die städtebaulichen Planungen realisiert werden können, muss die Eigentumsaufteilung gemäß rechtsstaatlichen Prinzipien neu geordnet werden. Dies geschieht durch privatrechtliche (Kauf, Tausch) oder öffentlich-rechtliche (Umlegung, städtebaulicher Vertrag, Enteignung, Flurbereinigung etc.) Maßnahmen.

Erschließung

Zusätzlich zur plangemäßen Ordnung des Grund und Bodens ist für viele Nutzungen (z.B. für Bebauungen) die Sicherung der Erschließung Voraussetzung (vgl. z.B. die §§ 30, 33, 34 und 35 BauGB).

1.1.5.2 Städtebaurecht und Wertermittlung

Planungshoheit der Gemeinden

Städtebau wird in Deutschland vorrangig eigenverantwortlich durch die Gemeinden und Städte betrieben (vgl. Art. 28 Abs. 2, Art. 74 Nr. 18 Grundgesetz).

Die den Gemeinden zur Betreibung des Städtebaus zur Verfügung stehenden Instrumente zur Planung, Bodenordnung und Erschließung sind im ersten Kapitel des Baugesetzbuchs (BauGB) geregelt. Fast alle im BauGB enthaltenen materiellen Bestimmungen zum Vollzug des Städtebaus stehen in enger Beziehung zum Marktwert einer Immobilie.

Für die nachfolgend nur zusammengefasst genannten Regelungen des Bauge-
setzbuches kann – wenn das Privateigentum beibehalten werden soll – demokra-
tischer Städtebau vielfach nur auf der Grundlage fundierter Wertermittlungen betrieben werden.[1]

- Bauleitplanung (Wertermittlungsanlässe: Entschädigung für längere Verände-
rungssperren und Planungsschäden; Ausübung von Vorkaufsrechten an Teilflächen etc.);

- Bodenordnung (Wertermittlungsanlässe: Ausgleich von Mehr- oder Minderzu-
teilungen in der Umlegung; angemessenes Kaufangebot vor Enteignung, Ent-
eignungsentschädigung etc.);

- Erschließung (Wertermittlungsanlässe: Entschädigung bei Grunderwerb oder
Begründung von Geh-, Fahr- und Leitungsrechten; Ansatz der Grunderwerbs-
kosten bei der Beitragsabrechnung);

- Städtebauliche Sanierungs- und Entwicklungsmaßnahmen (Wertermittlungsanlässe: Abschöpfung von maßnahmenbedingten Bodenwerterhöhungen, d.h.
Erhebung von Ausgleichsbeträgen; Erwerb zum sog. Anfangswert, d.h. maß-
nahmenunbeeinflussten Marktwert; Veräußerung zum sog. Endwert, d.h.
maßnahmenbedingten Marktwert etc.);

- Städtebauliche Gebote – wie z.B. Erhaltungssatzungen, Baugebote, Moderni-
sierungsgebote (Wertermittlungsanlässe: Entschädigungen für Wertminderungen oder bei Übernahmeverlangen der Eigentümer).

*vielfältige städte-
bauliche Anlässe
für Wertermitt-
lungen*

Buchtipp

Die Wertermittlung i.V.m. Umlegungen, städtebaulichen Sanierungsmaßnahmen
und Entwicklungsmaßnahmen, Enteignungen etc. ist in Lehrbuch und Kommentar
[2], Teil 11 ausführlich abgehandelt.

1.1.6 Grundbesitz und Raumordnung

Durch verschiedene staatliche Planungen (Verkehrspläne, Landschaftspflegeplä-
ne, Flurbereinigungspläne, Flughafenpläne, Versorgungspläne etc.) auf unterschiedlichen Ebenen wird die angestrebte Raumordnung hoheitlich geregelt. Ist
zur Realisierung dieser Planung Grundeigentum zu entziehen oder wird durch
solche hoheitlichen Maßnahmen Grundeigentum im Wert wesentlich gemindert,
so besteht grundsätzlich ein Entschädigungsanspruch für die Eigentümer. Diese
Anspruchshöhe wird i.d.R. durch Wertgutachten bestimmt.

*staatliche Pla-
nungen verlangen
Wertermittlungen*

---

1) Vgl. auch Abschnitt 1.3.1.

1.1.7 Grundbesitz und seine Besteuerung

grundstücksbe-
zogene Steuern
verlangen Wert-
ermittlungen

Grundstücksbezogene Steuern sind eine wesentliche Einnahmequelle der Gemeinden und Städte. Zur Besteuerung des Grundbesitzes besteht in Deutschland eine Bewertung sämtlicher bebauter und unbebauter Grundstücke, deren Ergebnisse die sog. Einheitswerte bilden. Die Einheitsbewertung wird von den Finanzämtern durchgeführt und aktualisiert (z.B. bei Grundstücks- und insbesondere Gebäudeveränderungen). Sachverständige führen Bewertungen für Steuerzwecke bei Hilfestellungen für die Grundstückseigentümer gegenüber den Steuerbehörden durch.

Steuerliche
Bewertungs-
aufgaben

Steuerliche Bewertungsaufgaben sind dabei insbesondere Marktwertermittlungen zur

- sachgemäßen Aufteilung der Anschaffungskosten (des Gesamtkaufpreises) in den Boden- und Gebäudeanteil nach dem Verhältnis der (Markt- bzw. Sachzeit-)Werte beider Anteile. Der Gebäudeanteil kann vielfach steuerlich abgeschrieben werden;

- Ermittlung des zu versteuernden Gewinns bei Entnahme eines Grundstücks aus dem Betriebsvermögen;

- Bestimmung der Erbschaft- und Schenkungsteuer für vererbten oder verschenkten Immobilienbesitz.

Buchtipp

Die steuerliche Wertermittlung ist ausführlich in Lehrbuch und Kommentar [2], Teil 12, Kapitel 3 abgehandelt.

1.2 Die Marktwertermittlung hat Bedeutung für viele Berufsgruppen

1.2.1 Die Bedeutung für hauptberufliche Sachverständige

hauptberufliche
Sachverständige

Im Vorabschnitt wurden viele Bereiche beschrieben, in denen Wertermittlungen bedeutsam sind. Die dort erforderlichen Wertermittlungen werden häufig von hauptberuflichen Sachverständigen, vorrangig institutionszugehörigen angestellten Sachverständigen (z.B. bankangestellten Beleihungswertermittlern, beamteten oder angestellten Sachverständigen der Finanzverwaltung), in vielen Fällen aber auch von freiberuflich tätigen[1] Sachverständigen (z.B. geprüften, zertifizierten oder öffentlich bestellten Sachverständigen[2]) durchgeführt. Für diese Bewertungssachverständige sind umfassende und tiefe wertermittlungstheoretische Kenntnisse sowie hinreichende praktische Wertermittlungserfahrung die Voraussetzung für eine erfolgreiche Berufsausübung.

---

1) Sog. „freien" Sachverständigen.
2) Zu den Arten des Sachverständigen vgl. Abschnitt 1.5.2.

1.2.2 Die Bedeutung für sonstige immobilienorientierte Berufsgruppen

Außer den hauptberuflichen Immobilienbewertungs-Sachverständigen gibt es viele weitere Berufsgruppen, deren Hauptarbeitsfeld die Immobilien darstellen. In vielen Fällen sind dabei auch Wertermittlungskenntnisse erforderlich oder zumindest dienlich.

Berufsgruppen mit Immobilienbezug

> **Beispiele: Institutionen/Personen der Immobilienwirtschaft**
>
> - Umlegungsstellen (oftmals bei den Kataster- und Vermessungsämtern),
> - Liegenschaftsverwaltungen bei Privatinstitutionen und Behörden,
> - Architekten, Bauingenieure und Vermessungsingenieure,
> - Bankangestellte im Realkreditbereich und Finanzierungsberater,
> - Finanzbeamte, Steuerberater und Wirtschaftsprüfer,
> - Immobilienmakler und Hausverwalter.

In diesen Arbeitsfeldern stellt sich sehr häufig die Frage nach dem Wert von Immobilien und der Richtigkeit von Wertgutachten.

Die Vorteile einer Wertermittlungskompetenz für solche Berufe werden nachfolgend am Beispiel des Immobilienmaklers verdeutlicht.

1.2.3 Die Bedeutung für den Immobilienmakler

Jeder Makler, der seinen Beruf kompetent und erfolgreich ausüben möchte, muss Kenntnisse über die Grundsätze der Wertermittlung besitzen. Dies hat insbesondere folgende Gründe:[1]

Immobilienmakler

a) Fundiertes Wissen schafft Vertrauen und Wettbewerbsvorteile

Der Makler ist Vermögensverwalter seiner Kunden. Er steht dem Eigentümer hinsichtlich der Wertfindung bzw. Kaufpreisforderung in vielen Fällen beratend zur Seite. Demzufolge besitzt er eine hohe Verantwortung gegenüber seinem Kunden.

Vermögensverwaltung, Beratung

Durch besondere Fachkenntnisse – auch im Bereich der Grundstückswertermittlung – kann er Vertrauen für seine Person erreichen und sich damit einen Wettbewerbsvorsprung gegenüber Maklerkollegen und auch gegenüber anderen makelnden Institutionen wie Banken und Sparkassen schaffen.

Vertrauen, Wettbewerbsvorsprung

---

1) In Anlehnung an Sprengnetter (1976) in Demme „Handbuch des Maklers".

b) Begründung für Verkäuferprovision

*anerkannte
Dienstleistung*

Eine fundierte, nachvollziehbare Wertermittlung ist eine **Dienstleistung,** die ein Kunde auch so empfindet und z.B. die Verkäuferprovision mitbegründen hilft.

*Kongruenz
zwischen Kauf-
vertrag und
Maklernachweis*

Außerdem schützt sie den Makler vor dem Verlust des Provisionsanspruchs. Denn weicht der Kaufpreis um mehr als 20 % von zwischen Makler und Verkäufer vereinbarter Kaufpreisforderung ab, besteht ggf. kein Anspruch auf Zahlung des Maklerlohns (OLG München, Urteil vom 04.02.2010 – 24 U 471/09 – Sprengnetter-Bibliothek [3]).

c) Ermittlung des realisierbaren Preises

*unrentierlichen
Aufwand
vermeiden*

Da ein Objekt bei einer zu hohen Kaufpreisforderung nicht oder nur mit unrentierlichem Aufwand vermittelt werden kann, sollte der Makler in der Lage sein, den „angemessenen Preis" belegbar und für seinen Kunden überzeugend zu ermitteln. Nur dann wird er den erfolgversprechenden Vermittlungsauftrag für dieses Objekt erhalten.

*Schutz vor
unrentierlichen
Investitionen*

Wertermittlungskenntnisse dienen dem Schutz des Maklers vor unrentierlichen Investitionen (Zeit für Besichtigungen, Geld für Annoncen etc.).

d) Wertgutachten lesen können

*Gutachten lesen
und interpretieren
können*

Der Makler gehört der Berufsgruppe an, die „Hauptkonsument" von Wertermittlungsgutachten ist. Ein Makler muss sich in seiner täglichen Arbeit mit Wertschätzungen auseinandersetzen. Er sollte deshalb in der Lage sein,

- ein Wertgutachten nachvollziehen,
- seine Genauigkeit einschätzen und
- seine Schwachstellen oder gar Fehler erkennen

zu können.

*Genauigkeit von
Wertgutachten
einschätzen
können*

Ein Makler muss zum Beispiel wissen, dass und weshalb Gutachten von zwei verschiedenen Sachverständigen über ein und dasselbe Objekt nur zufällig zu dem selben Ergebnis führen können.

e) Mitglied im Gutachterausschuss

*Gutachter-
ausschuss*

Bei ausreichender beruflicher Erfahrung ist der Makler gut geeignet, als ehrenamtliches Mitglied im amtlichen Gutachterausschuss für Grundstückswerte mitzuwirken. Als Mitglied dieses Ausschusses ist er bestens vertraut mit den örtlichen Marktverhältnissen und das nicht nur bezüglich der Objekte, die von ihm selbst vermittelt werden. Außerdem kann er durch das Einbringen seiner fundierten Marktkenntnisse dazu beitragen, die vom Gutachterausschuss ermittelten Daten, auf die der Makler täglich selbst zurückgreifen muss, qualitativ zu verbessern.

f) Mitglied im Umlegungsausschuss

Ebenfalls kann der Makler als in Bewertungsfragen sachverständiges Mitglied in einem kommunalen Umlegungsausschuss mitwirken und sich so einen oftmals entscheidenden Informations- und Vertrauensvorsprung vor den mit ihm im Wettbewerb stehenden Kollegen verschaffen.

Umlegungs-ausschuss

g) Bewertungen für Banken und Versicherungen

Bei entsprechender Erfahrung kann der Makler Beleihungswert- oder Versicherungswertgutachten nach diesbezüglichen Vorschriften für Banken und Versicherungsgesellschaften erstellen (Ermittlung der „Werte rund um die Immobilie").

Beleihungs- und Versicherungs-wertermittlung

h) Sachverständigentätigkeit

Bei überdurchschnittlicher Qualifikation kann er neben seiner Maklertätigkeit die Sachverständigentätigkeit aufnehmen und sich somit eine weitere krisensichere Existenzgrundlage schaffen.

„zweites Standbein"

i) Besondere Eignung des Immobilienmaklers für die Durchführung von Immobilienbewertungen

Makler sind aufgrund ihrer berufsspezifischen Alltagsdiskussion um den Preis bzw. Wert einer Immobilie und der Verfügbarkeit der für marktkonforme Wertermittlung erforderlichen Daten (insbesondere Kenntnis der Kaufpreise und Mieten sowie des Zustands von Vergleichsobjekten) grundsätzlich genauso gut wie (wenn nicht sogar besser als) die übrigen Bewertungsdienstleistungen anbietenden Berufsgruppen (insbesondere Architekten, Betriebswirte, Vermessungsingenieure) für eine Sachverständigentätigkeit geeignet. Dies ist u.a. auch der Grund, weshalb die fachlichen Zertifizierungs- und Bestellungsvoraussetzungen z.B. des Deutschen Industrie- und Handelskammertages (DIHK) neben den akademisch einschlägig ausgebildeten Berufsgruppen (Geodäten, Architekten, Betriebswirten u.ä.) ausdrücklich auch Personen mit einer 8-jährigen praktischen Tätigkeit auf dem Gebiet der Grundstückswirtschaft vorsehen. Haben Makler im Rahmen ihrer Sachverständigentätigkeit und durch bewertungsspezifische Fortbildung genügend praktische Erfahrungen und theoretische Kenntnisse gesammelt, so können sie die Zertifizierung nach internationalem Recht (DIN EN ISO/IEC 17024) oder auch die öffentliche Bestellung nach § 36 Gewerbeordnung anstreben, um so z.B. auch gerichtliche Gutachtenaufträge zu erhalten. Viele Makler haben in den letzten Jahren diesen Weg erfolgreich beschritten.

Zertifizierung, öffentliche Bestellung

j) Vermeidung von Haftungsproblemen

Neuerdings hat der Immobilienmakler auch erhebliche Haftungsprobleme für die Preisgestaltung zu erwarten. Der Bundesgerichtshof (BGH) hat festgestellt, dass **Gutachtenergebnisse** die **25 bis 30 %** um den Verkehrswert

tolerierbare Spanne

(Marktwert) schwanken, noch hinzunehmen sind. 1991 wurde dieser Spielraum in einem anderen Urteil mit ± **20 – 25 %** beziffert. In der Rechtsprechung gibt es eine nennenswerte Anzahl von Urteilen, in denen speziell der Makler zum Schadenersatz verpflichtet wurde, weil er den zutreffenden Preis der Immobilie falsch eingeschätzt hat. In diesem Zusammenhang ist auf das viel beachtete Urteil des OLG Schleswig (Urteil vom 02.06.2000 – 14 U 136/99 – Sprengnetter-Bibliothek [3]) hinzuweisen. In diesem Sachverhalt hatte der Makler den Kaufpreis zu niedrig festgesetzt und dann für die Differenz bis zum Marktwert gehaftet. Die Schleswiger Richter stellten fest, dass die Beratung eines Maklers nur max. um ± **10 %** vom Marktwert abweichen darf.

Zinsschaden

In einem anderen Fall des OLG Düsseldorf, Urteil vom 12. Juli 1988, Az. 7 U 178/88 (Sprengnetter-Bibliothek [3]) – hatte der Makler den Kaufpreis zu hoch angesetzt, so dass sich der Grundstücksverkauf erhebliche Zeit hinzog und schrittweise der Kaufpreis reduziert werden musste. Hier nahm der Verkäufer den Makler erfolgreich auf Schadenersatz in Anspruch, wobei der Schaden in den weiter laufenden Zinsen der Altgläubiger bestand.

Haftung für Fehl-einschätzung

Diese Fälle machen deutlich, dass heutzutage weder vom Servicegedanken noch von der Haftung her eine Kaufpreiseinschätzung eine reine gefühlsmäßige Regung des Maklers sein sollte. Vielmehr gilt es das „Bauchgefühl" des Maklers in Form einer Marktwertermittlung für Interessenten und Eigentümer transparent zu machen. Die Rechtsprechung nimmt hier eine verstärkte Pflichtenanspannung des Maklers gegenüber dem Eigentümer an. Die Preisbestimmung des Objektes ist aus Sicht des verkaufenden Eigentümers die Hauptaufgabe des Maklers. Dies führt wiederum dazu, dass der den Makler beauftragende Verkäufer damit rechnen kann, der Makler werde aufgrund seiner besonderen Sachkunde seines Berufsstandes ihm den richtigen Preis benennen.

1.3 Wertermittlungsanlässe und Wertbegriffe

1.3.1 Wertermittlungsanlässe

Werte für bebaute und unbebaute Grundstücke werden für unterschiedliche Zwecke benötigt. Nachfolgend werden die häufigsten Wertermittlungsanlässe nochmals zusammenfassend genannt:

Kaufpreis-forderung

Kauf und Verkauf: Käufer und/oder Verkäufer lassen zur Bemessung einer angemessenen Kaufpreisforderung bzw. eines angemessenen Kaufpreisangebots ein Gutachten über den Marktwert des Grundstücks anfertigen.

Erbauseinandersetzungen:	Zur Aufteilung der Erbmasse werden die Werte der in ihr enthaltenen Immobilien benötigt.	*Wert der Erbmasse*
Ehescheidung:	Ehescheidungen und die damit verbundene Aufteilung evtl. vorhandener gemeinschaftlicher Grundstücke bzw. ein diesbezüglicher Zugewinnausgleich sind häufiger Anlass für Wertgutachten.	*Ehescheidungen, Zugewinnausgleich*
Zwangsversteigerung:	Der Grundstückswert dient u.a. dem Bieter als Information für die Bemessung des zu fordernden Mindestgebots.	*Mindestgebot*
Vormundschaftsangelegenheiten:	Viele Gutachten sind auch in Vormundschaftsangelegenheiten erforderlich, da der Vormund durch Bezug auf ein Marktwertgutachten seine wirtschaftlich vernünftige Handlungsweise im Falle der Verwertung (Verkauf, Vermietung etc.) eines Grundstücks gegenüber dem Vormundschaftsgericht belegen kann.	*Vormundschaftsangelegenheiten*
Steuerliche Zwecke:	Für die steuerliche Abschreibung des Gebäudeanteils am Kaufpreis ist eine Aufschlüsselung der Anschaffungskosten in Boden- und Gebäudeanteil nach dem Verhältnis der Teilwerte erforderlich.	*steuerliche Abschreibung, Kaufpreisaufteilung*
	Für die Überführung von Betriebsvermögen in Privatvermögen müssen die Werte bzw. Wertanteile der betrieblichen Immobilien ermittelt werden.	*Entnahmewert von Betriebsvermögen*
	Bei Erbschaft und Schenkung von Immobilien orientiert sich die Obergrenze der zu zahlenden Steuer an deren Marktwert.	*Erbschaft- und Schenkungsteuer*
Rechte und Belastungen:	Grund für die Bewertung von Grundstücken kann (wenn auch nur selten) die Absicht zur Begründung von Rechten an Grundstücken sein, z.B. von Wegerechten (hier ist dann die Wertminderung des belasteten oder die Werterhöhung des begünstigten Grundstücks zu bestimmen) oder Wohnungsrechten (hier oftmals der Kapitalwert eines Wohnungsrechts zu ermitteln).	*Rechte und Belastungen*
Enteignung:	Werden Grundstücke oder Grundstücksteile für eine hoheitliche Maßnahme in Anspruch genommen, beispielsweise im Wege der Enteignung, so bemisst sich die angemessene Entschädigung u.a. nach dem Wert des in Anspruch genommenen Grundstücks(teils).	*Entschädigung*

25

Wertsteigerungen werden abgeführt	Städtebauliche Sanierung und Entwicklung, Bodenordnung:	Gesetzlich genau bestimmte Werterhöhungen der in diese städtebaulichen Verfahren eingebrachten Grundstücke sind vom Grundstückseigentümer an die Allgemeinheit auszugleichen. Zu diesem Zweck ist die Wertsteigerung (d.h. die Differenz aus „Wert mit" und „Wert ohne" diese städtebauliche Maßnahme) dem maßnahmenbeeinflussten und dem maßnahmenunbeeinflussten Grundstückswert) zu ermitteln.
Städtebau	Städtebau:	Siehe hierzu die Ausführungen in Abschnitt 1.4.1 (Das Baugesetzbuch), Randbeschreibung „Wertermittlungsanlässe des BauGB".
Beleihungswert, Marktwert	Finanzierung:	Zur Finanzierung des Erwerbs eines bebauten oder unbebauten Grundstücks oder von Baumaßnahmen (Neubau oder Ausbau) durch einen Realkredit muss das Kreditinstitut den Beleihungswert und den Marktwert ermitteln lassen.
Versicherungswert	Versicherung:	Für die Sachversicherung des Gebäudes gegen Elementarrisiken werden Versicherungswertermittlungen benötigt.

1.3.2 Wertbegriffe

Marktwert, Verkehrswert, gemeiner Wert, Einheitswert, Beleihungswert, Versicherungswert

So verschieden die Wertermittlungsanlässe und der Verwendungszweck von Wert(gutacht)en ist, so vielfältig sind auch die Wertbegriffe. Die wichtigsten Wertbegriffe sind:

- Marktwert bzw. Verkehrswert als Wertbegriff im Städtebau (z.B. für Entschädigungen) und als Grundlage für private Vermögensdispositionen;

- gemeiner Wert, Einheitswert, Teilwert, Grundbesitzwert, Bedarfswert als Wertbegriffe aus dem Steuerrecht;

- Beleihungswert als Wertbegriff in der Kreditwirtschaft und

- Versicherungswert als Wertbegriff bei der (Sach)Versicherung.

Zweck der Wertermittlung

Die vorgenannten Wertbegriffe und die Verfahren zu ihrer Ermittlung sind (weitgehend gesetzlich) normiert. Die diesbezüglich vorgeschriebenen Ermittlungsverfahren führen grundsätzlich zu völlig unterschiedlichen Ergebnissen. Das bedeutet, dass sich der Wertermittler vor jeder Wertermittlung darüber im Klaren sein muss, welchem Zweck die Wertermittlung dienen soll. Hiervon hängt es ab, welcher der vorgenannten Werte zu ermitteln ist.

In diesem Buch wird vorrangig der Bereich der Marktwertermittlung behandelt. Die Legaldefinition des Marktwerts enthält der § 194 Baugesetzbuch (BauGB). Dort heißt es:

*„Der Verkehrswert (Marktwert) wird durch den Preis bestimmt, der in dem **Zeitpunkt,** auf den sich die Ermittlung bezieht, im **gewöhnlichen Geschäftsverkehr** nach den **rechtlichen Gegebenheiten** und **tatsächlichen Eigenschaften,** der **sonstigen Beschaffenheit** und der **Lage des Grundstücks** oder des sonstigen Gegenstands der Wertermittlung ohne Rücksicht auf **ungewöhnliche** oder **persönliche Verhältnisse** zu erzielen wäre."*

Marktwertdefinition des BauGB

Diese gesetzliche Definition enthält eine Vielzahl (schwer verständlicher) unbestimmter Rechtsbegriffe und bedarf deshalb ergänzender Erläuterungen. Für einen Nicht(wertermittlungs)fachmann verständlicher sind die folgenden Definitionen für den Marktwert:

Hinweis

Der Marktwert bzw. Verkehrswert

- ist **der** bei einem anstehenden Immobilienverkauf **am wahrscheinlichsten zu erzielende Preis**, wenn dem Verkäufer vorweg eine hinreichende Zeitspanne zur Vermarktung zur Verfügung stand (Sprengnetter 1975);

weitere Marktwertdefinitionen

- ist der Preis, den wirtschaftlich vernünftig handelnde Marktteilnehmer unter Beachtung aller wertbeeinflussenden Eigenschaften des Grundstücks zu den allgemeinen Wertverhältnissen zum Wertermittlungsstichtag durchschnittlich aushandeln würden **(Wert für jedermann).** Vorausgesetzt ist dabei, dass den Parteien ein durchschnittlicher (d.h. wie in Vergleichskauffällen benötigter) Vermarktungs- bzw. Verhandlungszeitraum zur Verfügung steht.

„Marktwert" und „Verkehrswert" sind grundsätzlich identische Wertbegriffe.

Verkehrswert, Marktwert

Seit 2005 wird der Marktwert zusätzlich noch in § 16 Abs. 2 Satz 3 des Pfandbriefgesetzes (PfandBG) wie folgt definiert:

„Der Marktwert ist der geschätzte Betrag, für welchen ein Beleihungsobjekt am Bewertungsstichtag zwischen einem verkaufsbereiten Verkäufer und einem kaufbereiten Erwerber, nach angemessenem Vermarktungszeitraum, in einer Transaktion im gewöhnlichen Geschäftsverkehr verkauft werden könnte, wobei jede Partei mit Sachkenntnis, Umsicht und ohne Zwang handelt."

Diese Definition des PfandBG stimmt inhaltlich und sprachlich mit den international gebräuchlichen Marktwertdefinitionen des IVSC[1] und der TEGoVA[2] überein.

Auch wenn die Wertdefinition des BauGB und des PfandBG sprachlich stark voneinander abweichen, handelt es sich um identische Wertbegriffe. Dies hat Kierig bereits 1996 nachgewiesen.[3]

Beleihungswert, Versicherungswert

Für die meisten der in Abschnitt 1.3.1 beschriebenen Wertermittlungsanlässe wird der Marktwert benötigt. Nur zum Zwecke der Finanzierung und der Gebäudeversicherung sind hiervon i.d.R. auch abweichende Werte (Beleihungs- bzw. Versicherungswert) zu ermitteln. Im Falle der Finanzierung bildet der Marktwert jedoch oftmals eine zusätzliche Grundlage für die festzusetzende Beleihungsgrenze. Grundsätzlich darf der Beleihungswert den Marktwert nicht übersteigen.

Weitere, in der Grundstückswertermittlung häufig verwendete Wertbegriffe sind:

- Grundstückswert,
- Bodenwert,
- Vergleichswert, Ertragswert und Sachwert.

Diese werden nachfolgend erläutert.

Grundstückswert

Grundstück

Unter Grundstück im Rechtssinne versteht man einen räumlich abgegrenzten Teil der Erdoberfläche, der auf einem besonderen Grundbuchblatt oder auf einem gemeinschaftlichen Grundbuchblatt unter einer besonderen Nummer im Verzeichnis der Grundstücke gebucht ist (kleinste Buchungseinheit im Grundbuch).[4]

Grundstückswert, wesentliche Bestandteile des Grundstücks

Der Grundstückswert umfasst den Wert von „Grund und Boden" einschließlich der Werte aller mit ihm fest verbundenen Gegenstände (wesentliche Bestandteile des Grundstücks (vgl. § 94 BGB), wie Gebäude und bauliche (wie Einfriedungen, Befestigungen etc.) sowie nicht bauliche (wie Gartenanlagen, Anpflanzungen etc.) Außenanlagen).

---

1) IVSC = International Valuation Standards Council

2) TEGoVA, The European Group of Valuers' Association, ist ein Zusammenschluss von derzeit 53 Verbänden für Immobilienbewerter aus 30 europäischen Ländern, welche nach eigenen Angaben das Ziel verfolgt, die Qualitätsinteressen „rund um die Immobilienbewertung" in Europa zu vereinigen. (Stand 2013)

3) Vgl. Kierig, J.: Entspricht der „Open Market Value" dem Verkehrswert? immobilien & bewerten (vormals WFA) 1/2|96, S. 35. In diesem Beitrag wurde nachgewiesen, dass der open market value dem Verkehrswert entspricht. Die Marktwertdefinition des PfandBG entspricht sprachlich und auch sinngemäß weitgehend der damaligen Fassung der open market value-Definition.

4) Neben dieser grundbuchrechtlichen Definition gibt es Gesetze (Bewertungsgesetz, Grunderwerbsteuergesetz, Reichssiedlungsgesetz), die eine eigene Definition des Begriffs „Grundstück" enthalten. § 19 Abs. 3 BauNVO definiert den Begriff des Baugrundstücks i.S.d. Bauplanungsrechts.

Rechte, die mit dem Eigentum an einem Grundstück verbunden sind, gelten als Bestandteile des Grundstücks (§ 96 BGB). Das bedeutet, dass Rechte, die mit dem Grundstück untrennbar verbunden sind (subjektiv-dinglich), die gleichen Folgen treffen wie das Grundstück selbst. Als solche Rechte sind z.b. zu nennen: *Rechte*

- Grunddienstbarkeit (§ 1018 BGB),
- Überbaurecht (§ 912 BGB),
- dingliches Vorkaufsrecht (§ 1105 BGB).

Im Hinblick auf die Grundstückswertermittlung können mehrere Grundstücke im Rechtssinne zu einem Grundstück im Bewertungssinne zusammengefasst werden, wenn diese eine wirtschaftliche Einheit bilden. Gleichfalls kann ein großes Grundstück zwecks Bewertung in mehrere Teilgrundstücke (wirtschaftliche Einheiten) unterteilt werden. *wirtschaftliche Einheit*

Bodenwert[1]

Spricht man von „Grund und Boden", so ist nur das „nackte" Grundstück ohne seine wesentlichen Bestandteile (Gebäude und Außenanlagen) gemeint. Demzufolge versteht man unter dem Bodenwert grundsätzlich den Wert des freigelegten bzw. unbebauten Grundstücks bei üblicher (optimaler) und (planungs- sowie bauordnungs)rechtlich zulässiger Nutzbarkeit. Es handelt sich also um den Wert, den das Grundstück unter der Fiktion besitzt, dass ggf. vorhandene wesentliche Bestandteile des Grundstücks nicht vorhanden sind. *Bodenwert, Grund und Boden*

Vergleichswert, Sachwert und Ertragswert[2]

Zur Ermittlung von Marktwert, gemeinem Wert, Einheitswert, Beleihungswert, Versicherungswert, Bodenwert werden spezielle Bewertungsverfahren benutzt. Unter Vergleichswert, Sachwert und Ertragswert werden die (Rechen)Ergebnisse der jeweiligen Bewertungsverfahren verstanden. Diese (Rechen)Ergebnisse bilden die Grundlage für die Bemessung der o.g. Werte. *Vergleichswert, Sachwert, Ertragswert*

Diese Verfahren sind in den Kapiteln 3 (Vergleichswertverfahren), 4 (Bodenwertermittlung), 5 (Ertragswertverfahren) und 6 (Sachwertverfahren) erläutert.

1.4 Gesetzliche Grundlagen der Marktwertermittlung

Die für Marktwertermittlungen bedeutendsten Gesetzes-, Verordnungs- und Richtlinientexte stehen im Internet als „Materialien zum Buch" unter www.1x1-der-immobilienbewertung.de zur Verfügung. Die Zugangsdaten finden Sie am Ende des Buches in Kapitel 14.

---

1) Zur Ermittlung des Bodenwerts siehe Kapitel 4.
2) Zur Ermittlung dieser Werte vgl. die Kapitel 3, 5 und 6.

Linktipp

Unter http://www.gesetze-im-internet.de steht eine äußerst umfangreiche und stets aktuelle Sammlung aller Bundesgesetze und -verordnungen kostenfrei im Internet zur Verfügung.

1.4.1 Das Baugesetzbuch (BauGB)

elementare Rechtsgrundlage

Die grundlegenden Regelungen zur Marktwertermittlung sind im Städtebaurecht verankert. Da beim Vollzug des im Baugesetzbuch (BauGB) geregelten Städtebaus vielfach marktgerechte Grundstückswerte benötigt werden, beispielsweise zur Bemessung von Ausgleichs- und Entschädigungsleistungen sowie Ausgleichsbeträgen, lag es nahe, die Grundlagen der Wertermittlung bundeseinheitlich zu regeln. Hierzu hat der Gesetzgeber in den §§ 192 – 199 BauGB einschlägige Regelungen getroffen. Insbesondere sollen diese 8 Paragraphen sicherstellen, dass in Deutschland eine

- einheitliche,
- marktkonforme und
- rechtssichere

Marktwertdefinition

Wertermittlung betrieben wird. Als zentrale Vorschrift ist dabei die in § 194 BauGB geregelte Marktwertdefinition anzusehen (siehe Abschnitt 1.3.2). Der so definierte Marktwert bildet die Grundlage für die Bemessung jeglicher Entschädigungs- und Ausgleichsleistungen sowie für Ausgleichsbeträge nach dem BauGB.

Kaufpreissammlung

Eine gerechte Entschädigung für einen Rechtsverlust ist nur dann möglich, wenn der zugrunde liegende Marktwert aus vergleichbaren Kauffällen (also aus dem Grundstücksmarkt selbst) ermittelt wird. Aus diesem Grund **ist in § 195 BauGB die Führung einer Kaufpreissammlung gesetzlich vorgeschrieben**; damit ist die Möglichkeit geschaffen, die für die Wertermittlung erforderlichen Daten aus vergleichbaren Grundstückskäufen abzuleiten.

Gutachterausschuss, Bodenrichtwert

Gemäß § 193 Abs. 5 BauGB ist der jeweils regional zuständige Gutachterausschuss nicht nur verpflichtet, diese Kaufpreissammlung zu führen, sondern er muss hieraus die für marktkonforme Wertermittlungen erforderlichen Daten ableiten und veröffentlichen (Hauptaufgabe des Gutachterausschusses). Im Gesetz besonders genannt werden die aus der Kaufpreissammlung abzuleitenden Liegenschaftszinssätze, Sachwertfaktoren, Umrechnungskoeffizienten, Vergleichsfaktoren und Bodenrichtwerte (§ 196 BauGB).

sonstige erforderliche Daten

Die Maßgaben zur Ableitung der Bodenrichtwerte und der sonstigen erforderlichen Daten werden in den §§ 9 – 14 der Immobilienwertermittlungsverordnung (ImmoWertV) geregelt.

Für den Bereich einer oder mehrerer höherer Verwaltungsbehörden sind gemäß § 198 Abs. 1 BauGB Obere Gutachterausschüsse oder Zentrale Geschäftsstellen zu bilden. Diese haben insbesondere die Aufgabe, überregionale Auswertungen und Analysen des Grundstücksmarktgeschehens zu erstellen. Der Obere Gutachterausschuss hat zudem auf Antrag eines Gerichts ein Obergutachten anzufertigen, wenn schon das Gutachten eines Gutachterausschusses vorliegt. Die Bundesländer Brandenburg, Niedersachsen, Nordrhein-Westfalen, Rheinland-Pfalz, Sachsen-Anhalt und Thüringen haben Obere Gutacherausschüsse auf Landesebene eingerichtet. Hessen und das Saarland haben demgegenüber Zentrale Geschäftsstellen auf Landesebene eingerichtet.

Obere Gutachterausschüsse, Zentrale Geschäftsstellen

Wie Wertermittlungen im Einzelnen durchzuführen sind (Bewertungsverfahren, Rechenabläufe etc.), regelt nicht das BauGB, sondern die ImmoWertV (siehe Abschnitt 1.4.2).

ImmoWertV

Neben den in den §§ 192 – 199 BauGB enthaltenen Spezialvorschriften zur Wertermittlung enthält das BauGB zahlreiche weitere Vorschriften, die direkt oder indirekt Anlass für die Wertermittlungen sind. Dies sind z.B.:

Wertermittlungsanlässe des BauGB

- § 18   (Wertermittlungen zur Entschädigungsermittlung bei länger als 4 Jahre dauernder Veränderungssperre)
- § 24   (Wertermittlung bei Ausübung von Vorkaufsrechten)
- § 42   (Entschädigung bei Änderung oder Aufhebung einer zulässigen Nutzung)
- §§ 57 und 58   (Bewertungen im Zusammenhang mit Umlegungsverfahren)
- § 87 Abs. 2   (Wertermittlungen zur Unterbreitung eines angemessenen Angebots zur Vermeidung der Enteignung; gemäß § 107 Abs. 1 Satz 4 BauGB muss die Enteignungsbehörde bei jeder Enteignung ein Gutachten des Gutachterausschusses einholen)
- § 153   (Wertermittlung in Sanierungs- und Entwicklungsgebieten zur Ermittlung von Entschädigungs- und Ausgleichsleistungen)
- § 154   (Wertermittlungen zur Bestimmung der sanierungs- und entwicklungsbedingten Bodenwerterhöhungen, die von der Gemeinde durch Erhebung von Ausgleichsbeträgen abgeschöpft werden)

Linktipp

Unter www.1x1-der-immobilienbewertung.de (Rubrik: Materialien zum Buch) steht das BauGB auszugsweise zur Verfügung. Die Zugangsdaten finden Sie am Ende des Buches in Kapitel 14.

1.4.2 Die Immobilienwertermittlungsverordnung (ImmoWertV)

Inhalt der ImmoWertV

Um in Deutschland eine einheitliche Vorgehensweise für die Wertermittlung zu gewährleisten, wurde die Bundesregierung in § 199 Abs. 1 BauGB ermächtigt, die bundeseinheitlich geltende Immobilienwertermittlungsverordnung (ImmoWertV) zu erlassen. Die ImmoWertV bestimmt differenziert, wie Marktwertermittlungen im Einzelnen durchzuführen sind. In der ImmoWertV werden ihr Anwendungsbereich, Begriffsbestimmungen, die Ableitung der für die Wertermittlung erforderlichen Daten sowie die klassischen drei deutschen Wertermittlungsverfahren geregelt.

Bei Marktwertermittlungen sollten die Vorschriften der ImmoWertV zwingend beachtet werden; die Rechtsprechung betrachtet sie als „allgemein anerkannte Grundsätze".

Linktipp

Die ImmoWertV steht unter www.1x1-der-immobilienbewertung.de (Rubrik: Materialien zum Buch) zur Verfügung. Die Zugangsdaten finden Sie am Ende des Buches in Kapitel 14.

1.4.3 Die Wertermittlungsrichtlinien (WertR)

WertR, für Bundesbehörden verbindlich

Die Bundesregierung hat Richtlinien für die Ermittlung der Marktwerte von Grundstücken (Wertermittlungsrichtlinien – WertR) erlassen. An diese Richtlinie sind jedoch nur Bundesbehörden gebunden. Gutachterausschüsse (soweit landesrechtliche Vorschriften nicht etwas anderes vorsehen) und auch private Sachverständige sind grundsätzlich nicht an die Vorschriften der WertR gebunden. Zu den WertR muss kritisch angemerkt werden, dass diese – obwohl sie in den letzten Jahren schrittweise verbessert wurde – leider immer noch zu viele schematische und z.T. auch bewertungstheoretisch veraltete Hinweise enthält. Wertermittlung ist aber nicht schematisch zu betreiben. Bei der Anwendung der WertR ist demnach grundsätzlich Vorsicht geboten.

Sachwertrichtlinie

Im Oktober 2012 hat das Bundesministerium für Verkehr, Bau und Stadtentwicklung (BMVBS) die Sachwertrichtlinie inkl. NHK 2010 im Bundesanzeiger veröffentlicht. Diese ersetzen die entsprechenden Hinweise und Anlagen zum Sachwertverfahren in den WertR 2006. Für 2013 und 2014 werden weitere Richtlinien zum Vergleichswertverfahren und zum Ertragswertverfahren erwartet, die die entsprechenden Hinweise der WertR ersetzen sollen.

Linktipp

Unter www.1x1-der-immobilienbewertung.de (Rubrik: Materialien zum Buch) stehen Ihnen die WertR 2006, die Sachwertrichtlinie inkl. NHK 2010 und die Vergleichswertrichtlinie zur Verfügung. Die Zugangsdaten finden Sie am Ende des Buches in Kapitel 14.

1.4.4 Weitere wesentliche gesetzliche und sonstige Regelungen

Auf der Grundlage der Ermächtigung des § 199 Abs. 2 BauGB haben die Landesregierungen ergänzende Vorschriften zum Gutachterausschuss **(Gutachterausschussverordnungen)** erlassen. Hierbei handelt es sich hauptsächlich um formelle Regelungen für das Tätigwerden der behördlichen Gutachterausschüsse, wie z.B. die Zusammensetzung des Ausschusses.

Gutachterausschussverordnungen der Länder

Linktipp

Einige Länder veröffentlichen bereits ihre kompletten Gesetzessammlungen im Internet. Unter www.sprengnetter.de befindet sich in der Rubrik „Links/Gesetze" eine Linkliste zu den im Internet verfügbaren Gesetzessammlungen. Teil dieser Gesetzessammlungen ist oft auch die jeweilige Gutachterausschussverordnung.

Als weitere, die Marktwertermittlung indirekt betreffende Vorschriften, sind insbesondere das **Wohnungseigentumsgesetz (WEG)** und das **Bürgerliche Gesetzbuch (BGB)**[1] zu nennen.

Wohnungseigentumsgesetz, BGB

Ebenfalls von Bedeutung ist die **Wohnflächenverordnung (WoFIV)**.[2] Diese Vorschrift enthält wesentliche Regelungen zur Ermittlung der Wohnfläche.

Wohnflächenverordnung

Darüber hinaus existieren zahlreiche andere Vorschriften, deren Kenntnis für die Marktwertermittlung von Bedeutung sind. So z.B. die **Baunutzungsverordnung (BauNVO)** und die **Landesbauordnungen (LBauO)**.

Baunutzungsverordnung, Landesbauordnungen

Linktipp

Unter www.bauordnungen.de stehen im Internet sämtliche Bauordnungen der Länder kostenfrei zur Verfügung.

---

1) Insbesondere die §§ 557 – 561 BGB (Regelungen über die Miethöhe). Die Paragrafen stehen im Internet unter www.1x1-der-immobilienbewertung.de (Rubrik: Materialien zum Buch) zur Verfügung. Die Zugangsdaten finden Sie am Ende des Buches in Kapitel 14.

2) Die WoFIV steht im Internet unter www.1x1-der-immobilienbewertung.de (Rubrik: Materialien zum Buch) zum Nachschlagen zur Verfügung. Die Zugangsdaten finden Sie am Ende des Buches in Kapitel 14.

DIN-Vorschriften, Ermittlung des Rauminhalts und der Grund-/ Wohnflächen

DIN-Vorschriften werden tlw. auch als Bewertungsgrundlagen verwendet, so z.B.

- DIN 277/1950 (Ermittlung des umbauten Raumes)

- DIN 277/1987 bzw. DIN 277/2005 (Ermittlung des Brutto-Rauminhalts und der Brutto-Grundfläche)

- DIN 283 (Ermittlung von Wohnflächen)

Buch- und Linktipp

Wohnflächen- und Mietwertrichtlinie (WMR) [4]: In der WMR werden für alle häufig auftretenden Grundflächenbesonderheiten (Balkone, Terrassen, Loggien und Wintergärten, Hobbyräume, Durchgangsräume, unübliche Raumhöhen usw.) Wohnwertfaktoren zur sachgemäßen Anrechnung dieser Flächen bei der Mietwertermittlung vorgegeben. Zudem sind die vielfältigen Hinweise der Rechtsprechung zur Anrechnung von Grundflächenbesonderheiten auf die Wohnfläche in der WMR berücksichtigt. Der reine Richtlinientext steht Ihnen unter www.1x1-der-immobilienbewertung.de (Rubrik: Materialien zum Buch) kostenfrei zur Verfügung. Als Buch können Sie die Richtlinie inkl. umfangreicher Erläuterungen im Sprengnetter-Shop bestellen (www.sprengnetter.de/wmr).

Honorierung nach JVEG, HOAI, BGB

Wird der Sachverständige für Gericht oder die Staatsanwaltschaft tätig, so sind Wertgutachten nach dem **Justizvergütungs- und -entschädigungsgesetz (JVEG)** abzurechnen. In allen anderen Fällen kann der Sachverständige das Honorar nach dem Werkvertragsrecht des BGB frei mit dem Auftraggeber aushandeln.

1.5 Sachverständigenwesen

1.5.1 Wer darf sich Sachverständiger nennen?

Anforderungen

Obwohl der Begriff des Sachverständigen nicht gesetzlich geregelt ist, darf sich dennoch nicht jeder als „Sachverständiger" bezeichnen. Vielmehr ist es gemäß der einschlägigen Rechtsprechung nur demjenigen gestattet sich als „freier" oder „privater" Sachverständiger zu bezeichnen, der

- über den erforderlichen **Sachverstand** und

- ein uneingeschränkt fundiertes Fach- und Erfahrungswissen **(Berufserfahrung)** verfügt sowie

- den Nachweis darüber erbringen kann, wie er den erforderlichen Sachverstand erworben hat.

Nachweis

Der Nachweis über den Erwerb des erforderlichen Sachverstands kann erfolgen

- **regelmäßig** durch eine erfolgreich abgeschlossene einschlägige (Berufs)Ausbildung oder

- **ausnahmsweise** durch eine langjährige Mitarbeit bei einem anerkannten Sachverständigen, der die Anforderungen erfüllt und beurteilen kann, ob der Mitarbeiter sich diese angeeignet hat.

Genügt eine Person nicht den v.g. Anforderungen und bezeichnet sich dennoch als „Sachverständiger", so kann sie von einem Mitbewerber oder auch mithilfe geeigneter Einrichtungen auch vom Verbraucher gemäß § 8 des Gesetzes gegen den unlauteren Wettbewerb (UWG) auf Unterlassung in Anspruch genommen, also abgemahnt werden.

Wettbewerbs-verstoß

Durch ein Verbot der Verwendung der Berufsbezeichnung „Sachverständiger" wird der Ausübung des Sachverständigenberufs weder rechtlich noch wirtschaftlich die Grundlage entzogen; denn der selbsternannte Sachverständige könnte auf andere zulässige Bezeichnungen ausweichen, wie z.B. „Schätzer", „Bewerter", „Experte", „Sachkundiger" oder „Fachmann".

kein Eingriff in Grundrechte

Immobilienmakler bieten tlw. in ihrer Werbung kostenlose „Verkaufswertermittlungen" an, ohne sich explizit als „Sachverständiger" zu bezeichnen. Dies ist grundsätzlich zulässig, wie durch die Entscheidung des OLG Karlsruhe vom 16. Juni 1994 (Az. U 14/94) bestätigt wurde. Dies deshalb, weil der Makler die Erstellung von Verkaufswertgutachten nur im Zusammenhang mit den Maklerdiensten anbietet bzw. bewirbt. Für die angesprochenen potenziellen Kunden sei somit hinreichend erkennbar, dass die Gutachtenerstellung nicht neutral und unabhängig von den eigenen maklergewerblichen Interessen erfolge.

kostenlose „Verkaufswertgutachten" der Makler

Zu beachten ist auch, dass nach der einschlägigen Rechtsprechung die Sachverständigentätigkeit und die eigene gewerbliche Tätigkeit des Sachverständigen (z.B. als Immobilienmakler) in der Außendarstellung (z.B. auf dem Briefbogen, den Visitenkarten oder im Schaukasten) streng voneinander zu trennen sind.

strikte Trennung der freiberuflichen und der gewerblichen Tätigkeit

Insbesondere dürfen Hinweise auf die Sachverständigentätigkeit nicht als Vorspann oder zur Förderung des Gewerbebetriebs benutzt werden, da solche Hinweise eine (tatsächlich nicht generell gegebene) besondere Kompetenz bei den gewerblichen Dienstleistungen suggeriere.

keine Vorspannwerbung

Entgegen der bisherigen Rechtsprechung vertreten die Autoren jedoch die Auffassung, dass eine solche Werbung zulässig sein muss, wenn der Makler über nachweisbaren und hinreichenden Sachverstand und Berufserfahrung als Sachverständiger verfügt. Für die potenziellen Kunden ist nämlich ein großes Interesse an Informationen über die Qualifikationen des Gewerbetreibenden (z.B. der erfolgten Ausbildung eines Maklers im Bereich der Immobilienbewertung) anzunehmen. Gestützt wird diese Auffassung durch die Rechtsprechung des Bundesverfassungsgerichts in ähnlich gelagerten Fällen zu anderen Berufsgruppen.

Makler sollten dennoch auf Sachverständigentätigkeit hinweisen dürfen

Buchtipp

Eine sehr umfangreiche Rechtsprechungsübersicht zur Werbung des Sachverständigen ist in Lehrbuch und Kommentar [2], Teil 15, Kapitel 9, Abschnitt 5 abgedruckt.

1.5.2 Zu den Arten von Sachverständigen

Definition „Sachverständiger"

Sachverständige(r) ist diejenige Person, die durch die Ausbildung und langjährige Erfahrung in einem eng definierten Sachgebiet (i.d.R. Teilbereich eines Berufes oder mehrerer Berufe) den Kenntnisstand anderer auf diesem Gebiet Tätiger deutlich übertrifft und seine Sachkunde jedermann auf Anfrage persönlich, unparteiisch, unabhängig und objektiv zur Verfügung stellt.

öffentliche Bestellung

Ein **öffentlich bestellter und vereidigter Sachverständiger** ist jemand, der über eine i.d.R. durch eine halbstaatliche Stelle, wie Industrie- und Handelskammer, Architektenkammer oder Ingenieurkammer, festgestellte besondere Qualifikation verfügt. Es handelt sich quasi um einen besonders herausragenden Sachverständigen unter den Sachverständigen. Die öffentliche Bestellung ist gesetzlich in § 36 GewO geregelt.

Zertifizierung

Über eine sowohl international als auch national anerkannte hohe Qualifikation verfügt der von einer akkreditierten Stelle **zertifizierte Sachverständige.** Die (Personal)Zertifizierung ist die Bestätigung durch eine akkreditierte private Institution (d.h. durch einen unparteiischen Dritten), dass eine Person eine von dieser Institution genau festgelegte fachliche Qualität und Kompetenz auf einem ganz konkreten Sachgebiet besitzt. Den Besitz der fachlichen Qualität und Kompetenz muss der zertifizierte Sachverständige in regelmäßig wiederkehrenden Abständen gegenüber der Zertifizierungsstelle nachweisen. Die Zertifizierung erfolgt auf der Grundlage der internationalen Norm DIN EN ISO/IEC 17024 (vormals DIN EN 45013) und genießt somit – anders als die öffentliche Bestellung – weltweite Anerkennung, was bei der Globalisierung der (Immobilien)Märkte von zunehmender Bedeutung ist.

RICS

Wie die öffentliche Bestellung in Deutschland, so gibt es in anderen Ländern ähnliche nationale Qualifikationen. Als Beispiel sei hier die Anerkennung durch die Royal Institution of Chartered Surveyors (RICS) in London genannt. Bei den von dieser Institution anerkannten Sachverständigen unterscheidet man zwischen einem sog. Professional Member (MRICS[1]) und einem Fellow (FRICS[2]). Der Wirkungskreis der RICS geht jedoch über Großbritannien und die Länder des Commonwealth hinaus. Man findet deshalb auch in Deutschland **Chartered Surveyors.**

---

1) MRICS = Mitglied des Royal Institution of Chartered Surveyors
2) FRICS = besonders erfahrenes Mitglied des Royal Institution of Chartered Surveyors

1.5.3 Die Honorierung des Sachverständigen

Wird der Sachverständige im Auftrag des Gerichts oder der Staatsanwaltschaft tätig, so erhält er für die erbrachte Leistung und seinen Aufwand eine Vergütung. Diese bemisst sich nach dem erforderlichen Zeitaufwand sowie den notwendigen Auslagen und Aufwendungen. Gesetzliche Grundlage bildet das Justizvergütungs- und -entschädigungsgesetz (JVEG). *Gerichtsgutachten, JVEG*

In allen anderen Fällen erfolgt die Honorierung auf der Grundlage des Bürgerlichen Gesetzbuchs (§ 632 f. BGB). Hiernach kann das Honorar frei vereinbart werden. In der Praxis werden Pauschal- und Zeithonorare vereinbart. Viele Sachverständige greifen bei ihren Honorarvereinbarungen auch auf die bis zum 17.08.2009 geltende HOAI zurück, in der in § 34 noch die Honorierung von Wertermittlungen bindend geregelt war. Diese Regelung ist jedoch am 18.08.2009 im Rahmen der HOAI-Novelle 2009 weggefallen und kann somit nur noch im Einzelfall vertraglich vereinbart werden. Zur Orientierung wird die bis zu dieser Novelle geltende Honorartafel abgedruckt. *Honorarvereinbarung, HOAI, BGB*

Wert	Normalstufe		Schwierigkeitsstufe	
	von	bis	von	bis
Euro	Euro		Euro	
25.565	225	291	281	435
50.000	323	394	384	537
100.000	543	664	643	910
200.000	860	1.051	1.017	1.432
300.000	1.071	1.304	1.264	1.779
400.000	1.207	1.479	1.425	2.012
500.000	1.318	1.611	1.559	2.198
750.000	1.563	1.912	1.847	2.610
1.000.000	1.776	2.180	2.104	2.965
2.000.000	2.510	3.062	2.956	4.165
5.000.000	4.348	5.314	5.148	7.274
10.000.000	7.071	8.555	8.242	11.719
20.000.000	11.268	13.788	13.368	18.856
25.564.594	13.692	16.914	16.377	23.085

Tab. 1–1: **Auszug aus der Honorartafel zu § 34 Abs. 1 HOAI (Wertermittlungen) in der bis zum 17.08.2009 geltenden Fassung**

Das Honorar setzt sich aus Grundhonorar, Nebenkosten und Umsatzsteuer zusammen:

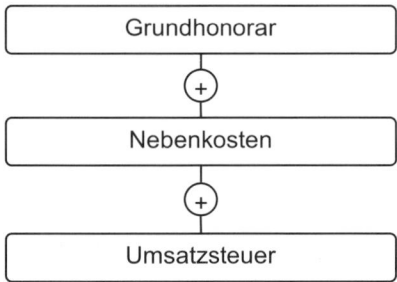

Gebühren-
ordnung

Gutachterausschüsse rechnen gegenüber privaten Antragstellern nach der jeweiligen (Landes)Gebührenordnung ab.

Gerichts-
gutachten

Gutachten, die vom Gutachterausschuss im Auftrag des Gerichts oder der
Staatsanwaltschaft erstellt werden, sind hingegen – wie beim freiberuflichen
Sachverständigen – nach dem Justizvergütungs- und -entschädigungsgesetz
(JVEG) abzurechnen.

Amtshilfe

Wird der Gutachterausschuss für das Sozialamt tätig, so werden gemäß § 64
SGB X keine Gebühren erhoben.

1.5.4 Die Haftung für mängelbehaftete Gutachten

Gewährleistungs-
ansprüche bei
Privataufträgen

Gutachten müssen frei von Fehlern sein und die vereinbarte Beschaffenheit besitzen bzw. für den üblichen Gebrauch tauglich sein.

Erstellt ein Sachverständiger ein diesbezüglich mängelbehaftetes Gutachten für
einen privaten Auftraggeber, so ergeben sich für den Auftraggeber nach dem
Werkvertragsrecht im BGB folgende Rechte:

- die **Nacherfüllung** in den Formen
  - + der Mängelbeseitigung oder
  - + der Erstellung eines neuen Gutachtens;
- die **Selbstvornahme** (z.B. die Behebung des Mangels durch einen anderen
  Sachverständigen) mit Anspruch auf Ersatz der dafür erforderlichen Aufwendungen einschließlich Vorschuss hierfür;
- den **Rücktritt** vom Vertrag;
- die Honorar**minderung;**
- den **Schadenersatz** und
- den **Ersatz** vergeblicher Aufwendungen.

Selbstvornahme, Rücktritt, Minderung und Schadenersatzansprüche können erst nach einer erfolglosen Fristsetzung zur Nacherfüllung geltend gemacht werden.

Fristsetzung

Der Auftraggeber hat grundsätzlich einen Anspruch auf Schadenersatz, wenn der Sachverständige „eine Pflicht aus dem Schuldverhältnis" verletzt hat. Ein Anspruch auf Schadenersatz besteht nur dann, wenn der Sachverständige die Pflichtverletzung zu vertreten hat. Die Beweislast für ein fehlendes Vertretenmüssen liegt beim Sachverständigen. Als Verschuldungsgrad für seine Inanspruchnahme reicht bereits die leichte Fahrlässigkeit aus.

Haftung schon ab leichter Fahrlässigkeit

Ein vom Gericht ernannter Sachverständiger ist hingegen nach § 839a BGB nur dann zum Schadenersatz verpflichtet, wenn er das unrichtige Gutachten vorsätzlich oder grob fahrlässig erstattet hat. Der Anspruch kann nur von einem Verfahrensbeteiligten geltend gemacht werden, dem der Schaden durch eine gerichtliche Entscheidung entstanden ist, die auf dem unrichtigen Gutachten beruht.

Gerichtssachverständiger haftet eingeschränkt

Über die vertragliche Haftung und die Haftung als Gerichtssachverständiger hinaus haftet der Sachverständige aus unerlaubter Handlung. Hat der Sachverständige einem anderen in einer gegen die guten Sitten verstoßenden Weise Schaden zugeführt, so ist er in diesem Fall gemäß § 826 BGB zum Ersatz des Schadens verpflichtet. Das ist immer dann der Fall, wenn er

unerlaubte Handlung

- leichtfertig oder grob fahrlässig gehandelt hat und
- die Schadenszufügung
  + entweder vorausgesehen oder
  + mit der Möglichkeit des Eintritts des Schadens gerechnet oder
  + dieses Ergebnis billigend in Kauf genommen hat.

Beispiel: Haftung wegen sittenwidriger Schädigung

In einem Zwangsversteigerungsverfahren hatte ein Bieter ein Haus zum Preis von 100.000,– € erworben. Er hatte sich dabei auf das Gutachten eines öffentlich bestellten Sachverständigen verlassen, der angeblich das Haus besichtigt hatte und dabei zu dem Ergebnis gekommen war, dass das Haus zwar Mängel habe, die aber durch Renovierungsarbeiten behoben werden könnten. In Wirklichkeit hatte er das Haus gar nicht besichtigen können, weil es unbewohnt und verschlossen war. Der Ersteigerer musste später feststellen, dass das gesamte Haus vom Schwamm und Hausbock befallen war. Deshalb musste er das Haus abreißen und durch einen Neubau ersetzen. Den Schaden in Höhe von 136.000,– € machte er erfolgreich vor Gericht geltend.

Das OLG Köln sah die Anspruchsvoraussetzungen des § 826 BGB als erfüllt an.

Dritthaftung

Der Sachverständige haftet nicht nur gegenüber seinem Auftraggeber, sondern auch gegenüber einem bestimmbaren Kreis Dritter, die in den Schutzbereich des Vertrags einbezogen sind. Wer als Dritter in den Schutzbereich des Vertrags einbezogen ist, richtet sich im Wesentlichen nach dem erkennbaren Zweck des Gutachtens. Wird z.B. ein Gutachten zum Zwecke der Beleihung erstellt, so haftet der Sachverständige nicht nur gegenüber dem auftraggebenden Kreditnehmer, sondern auch gegenüber allen potenziellen – dem Sachverständigen jedoch oft bei der Gutachtenerstellung nicht bekannten – Kreditgebern. Dient das Gutachten dem Zwecke des Verkaufs, so sind neben dem Verkäufer alle infrage kommenden Käufer in den Schutzbereich des Vertrags einbezogen.

Erbenhaftung

Da im Erbfall nicht nur die Rechte sondern auch die Pflichten des Sachverständigen auf den Erben übergehen (§ 1922 BGB), gehen auch die in der Haftung des Sachverständigen begründeten Forderungen unbeschränkt auf dessen Erben über, es sei denn, diese haben die Erbschaft ausgeschlagen.

regelmäßige Verjährung, Fristbeginn

Sämtliche v.g. Ansprüche verjähren gemäß § 195 BGB regelmäßig nach **drei Jahren.** Der Beginn der Verjährungsfrist hängt von einem subjektiven und einem objektiven Kriterium ab. Beide müssen vorliegen, um die Frist in Lauf zu setzen:

- Die regelmäßige Verjährung beginnt mit dem Schluss des Jahres, in dem der Anspruch entstanden ist und

- der Gläubiger von den den Anspruch begründenden Umständen und der Person des Schuldners Kenntnis erlangt oder ohne grobe Fahrlässigkeit erlangen müsste (§ 199 Abs. 1 BGB).

Höchstfristen

Da die Anknüpfung des Fristbeginns an das subjektive Kriterium der Kenntnis bzw. grob fahrlässigen Unkenntnis des Gläubigers zu einem endlosen Aufschub des Fristbeginns führen könnte, hat der Gesetzgeber in § 199 Abs. 2 bis 4 BGB sog. Höchstfristen eingeführt:

- Bei den für den Bewertungssachverständigen relevanten Schadenersatzansprüchen liegt die Höchstfrist

  + bei **10 Jahren** ohne Rücksicht auf die Kenntnis oder grob fahrlässige Unkenntnis, **beginnend mit der Entstehung** des Schadenersatzanspruchs und

  + bei **30 Jahren** ohne Rücksicht auf die Kenntnis oder grob fahrlässige Unkenntnis, **beginnend mit der Pflichtverletzung** oder dem sonstigen, den Schaden auslösenden Ereignis (z.B. der Übergabe des unrichtigen Gutachtens).

  Maßgeblich ist die früher endende Frist.

- Andere als Schadenersatzansprüche – z.B. Ansprüche auf Nacherfüllung, Selbstvornahme, Rücktritt vom Vertrag oder Honorarminderung – verjähren ohne Rücksicht auf die Kenntnis oder grob fahrlässige Unkenntnis in 10 Jahren von ihrer Entstehung an.

Beispiel: **Verjährung des Schadenersatzanspruchs einer Bank aufgrund eines falschen Beleihungswertgutachtens**

Der Sachverständige S erstellte im Auftrag der Bank B im Jahre 2002 ein Beleihungswertgutachten. Der ermittelte Beleihungswert betrug 360.000,– €. Daraufhin gewährte die Bank B dem Grundstückseigentümer E im Jahre 2003 einen Realkredit in Höhe von 210.000,– € (entspricht rd. 60 %). Im Jahre 2010 wird das Objekt „notleidend". Das Grundstück gelangt in die Zwangsversteigerung. Das zuständige Amtsgericht lässt eine Verkehrswertermittlung durchführen. Der vom Gericht beauftragte Sachverständige ermittelt den Verkehrswert des Objekts mit 130.000,– €. Es stellt sich heraus, dass das erste Gutachten grob falsch war. Im anschließenden Zwangsversteigerungsverfahren wird für das Objekt ein Versteigerungserlös von 80.000,– € erzielt. Hiervon erhält die Bank B nach Abzug der Verfahrenskosten einen Betrag von ca. 75.000,– €. Die verbliebene Darlehensschuld inkl. nicht erfüllter Zinsverpflichtungen übersteigt den Zwangsversteigerungserlös. Die Bank nimmt den Sachverständigen S im Jahre 2012 auf Schadenersatz in Anspruch.

Haftungsfall

Wie in Abb. 1–1 verdeutlicht, sind weder die regelmäßige Verjährungsfrist noch die Höchstfristen abgelaufen.

Die 30-jährige Höchstfrist beginnt mit dem Schaden auslösenden Ereignis, das ist die Übergabe des fehlerhaften Gutachtens, im Jahr 2002 und endet somit im Jahr 2032.

Die 10-jährige Höchstfrist beginnt mit der Entstehung des Anspruchs. Da der Bank erst im Rahmen der Zwangsversteigerung ein Schaden entstanden ist, ist auch erst in diesem Moment, dem Jahr 2010, der Anspruch auf Schadenersatz entstanden. D.h. die Höchstfrist von 10 Jahren endet 2020.

Im Rahmen des Zwangsversteigerungsverfahrens hat die Bank Kenntnis von ihrem Schaden genommen. Somit beginnt die regelmäßige 3-jährige Verjährungsfrist Ende 2010 und endet Ende 2013.

Der Schadenersatzanspruch ist somit im Jahr 2012 noch nicht verjährt. Für die Verjährung des Anspruchs würde es ausreichen, wenn eine der drei Fristen abgelaufen wäre.

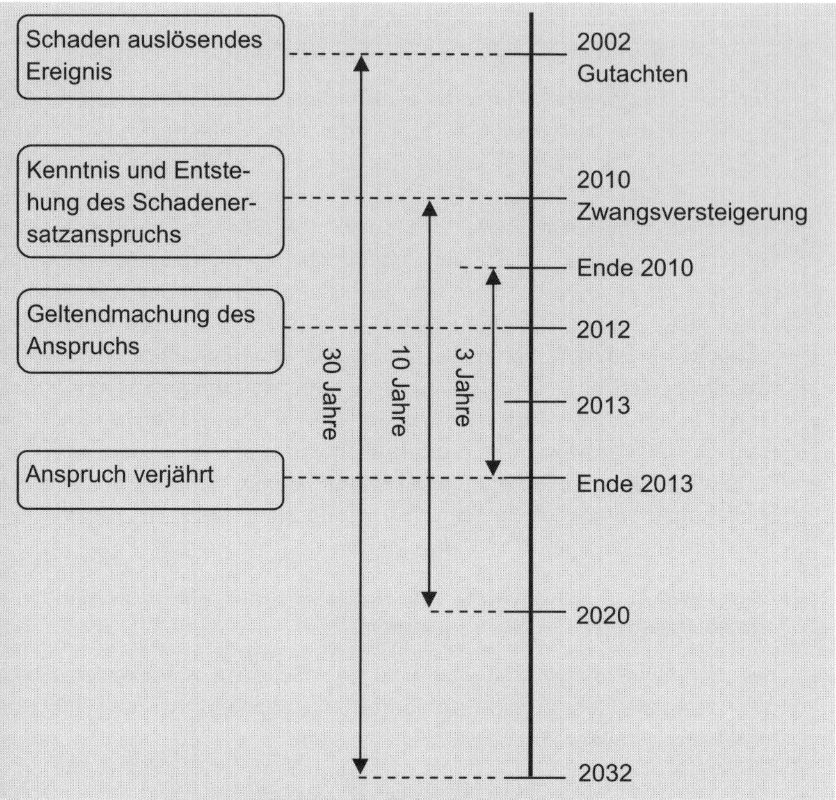

Schaden auslösendes Ereignis — 2002 Gutachten

Kenntnis und Entstehung des Schadenersatzanspruchs — 2010 Zwangsversteigerung

Ende 2010

Geltendmachung des Anspruchs — 2012

30 Jahre | 10 Jahre | 3 Jahre

2013

Anspruch verjährt — Ende 2013

2020

2032

Abb. 1–1: *Zeitschiene zur Verdeutlichung der Verjährungsfristen*

Praxistipp

Da der Sachverständige bis zu 30 Jahre für Schäden, die durch eine fehlerhafte Begutachtung entstanden sind, in Anspruch genommen werden kann, sollte er bei Abschluss einer Berufshaftpflichtversicherung darauf achten, dass diese eine 30-jährige Nachhaftung beinhaltet. D.h. die Versicherung kommt für alle Schäden auf, die bis zu 30 Jahre nach Kündigung des Versicherungsvertrags (z.B. wegen Berufsaufgabe) geltend gemacht werden und bei denen das Schaden auslösende Ereignis im versicherten Zeitraum lag.

Linktipp

Weitere wertvolle Hinweise zum von Sprengnetter entwickelten speziellen Deckungskonzept für Bewertungssachverständige finden Sie im Top-Thema „Berufshaftpflichtversicherung" unter www.sprengnetter.de.

Kapitel 2: Verfahren zur Marktwertermittlung

2.1 Vier Verfahrensschritte der Marktwertermittlung

4 Schritte der Marktwertermittlung

Jede nachvollziehbare Marktwertermittlung verlangt mindestens folgende 4 Schritte:

1. Schritt: **Festlegung** des **Wertermittlungsstichtags** und **Beschreibung** des tatsächlichen **Grundstückszustands** und ggf. des bei der Wertermittlung davon abweichend unterstellten Zustands.

2. Schritt: **Wahl** des oder **der** anzuwendenden **Wertermittlungsverfahren** und **Begründung der Wahl.**

3. Schritt: **Berechnung** der Verfahrensergebnisse.

4. Schritt: **Ableitung** des Marktwerts aus den Verfahrensergebnissen unter **Würdigung** deren Aussagefähigkeit.

2.2 Erster Schritt (Wertermittlungsstichtag und Zustandsbeschreibung)

Wertermittlungsstichtag

Der Grundstücksmarkt und damit die Grundstückswerte unterliegen ständigen preislichen Veränderungen. Aus diesem Grund muss sich jede Marktwertermittlung auf einen ganz konkreten Stichtag beziehen (vgl. Marktwertdefinition in Abschnitt 1.3.2). Der Wertermittlungsstichtag ist entsprechend den Vorgaben des Auftrags zu wählen und festzulegen. Im Regelfall wird für den Wertermittlungsstichtag das Datum des Bearbeitungstages der Wertermittlung bzw. das Datum der Ortsbesichtigung gewählt.

Stichtagsvorgaben

In vielen Fällen sind (insbesondere aufgrund rechtlicher Maßgaben) Wertermittlungen jedoch nicht zu der am Bearbeitungstag aktuellen Marktsituation, sondern zu einem anderen Wertermittlungsstichtag vorzunehmen. Typische Beispiele hierfür sind gesetzliche Stichtagsvorgaben für Wertermittlungen bei hoheitlichen Baulandumlegungen (§§ 45 ff BauGB), bei der Pflichtteilbemessung in Erbauseinandersetzungen und bei der Zugewinnfestlegung in Ehescheidungen.

wertbeeinflussende Eigenschaften = Grundstückszustand

Bei der Marktwertermittlung sind grundsätzlich alle wertbeeinflussenden Eigenschaften (d.h. der Zustand) des Wertermittlungsobjekts zu berücksichtigen (vgl. u.a. § 4 Abs. 2 ImmoWertV). Dementsprechend ist im ersten Schritt der Marktwertermittlung der der Wertermittlung zugrunde liegende bzw. unterstellte Grundstückszustand detailliert zu beschreiben. Dies ist auch deshalb erforderlich, damit ein Außenstehender beim Lesen der Wertermittlung ohne eigene Erkundigung eine hinreichende Vorstellung vom Bewertungsobjekt gewinnt und somit das Gutachten von seinen Ansätzen bis hin zum Ergebnis ohne weiteres nachvollziehen kann.

I.d.R. ist der Zustand des Grundstücks am Wertermittlungsstichtag maßgebend. *Qualitätsstichtag* In bestimmten Fällen bezieht sich aus rechtlichen oder sonstigen Gründen der Zustand jedoch auf einen vom Wertermittlungsstichtag abweichenden **Qualitätsstichtag** (§ 4 Abs. 1 ImmoWertV).

2.3 Zweiter Schritt (Verfahrenswahl und Begründung)

Im 2. Schritt der Marktwertermittlung sind das oder die anzuwendenden Wertermittlungsverfahren zu wählen und die Wahl zu begründen. Für die Marktwertermittlung werden im Wesentlichen drei Verfahren angewendet. Dies ist in § 8 Abs. 1 Satz 1 ImmoWertV wie folgt geregelt: *Verfahrenswahl*

„Zur Wertermittlung sind

- *das Vergleichswertverfahren (§ 15) einschließlich des Verfahrens zur Bodenwertermittlung (§ 16),*

- *das Ertragswertverfahren (§§ 17 – 20),*

- *das Sachwertverfahren (§§ 21 – 23),*

oder mehrere dieser Verfahren heranzuziehen".

Grundsätzlich sind für jeden Bewertungsfall alle drei Verfahren auch eigenständig *marktkonforme* anwendbar und können jeweils für sich marktkonforme Ergebnisse liefern.[1] Den *Wertermittlungs-* noch ist es üblich und sachgemäß, für bestimmte Grundstücksarten bestimmte *ergebnisse* Verfahren vorrangig anzuwenden. Dies insbesondere, weil die diesen Verfahren zugrunde liegende Betrachtungsweise bei der Kaufpreisbildung auf dem Grundstücksmarkt für bestimmte Objekte vorrangig ist. So werden z.B. Bodenwerte und der Wert von Wohnungseigentum i.d.R. vorrangig mit dem Vergleichswertverfahren, der Wert von Renditeimmobilien (z.B. Mehrfamilienhausgrundstücke) vorrangig mit dem Ertragswertverfahren und der Wert üblicherweise eigengenutzter Immobilien (z.B. Einfamilienhausgrundstücke) vorrangig mit dem Sachwertverfahren ermittelt. Neben den vorgenannten Marktgepflogenheiten erfolgt die Verfahrenswahl auch im Hinblick auf die zur Verfügung stehenden Daten.

.

---

1) Schon an dieser Stelle wird darauf hingewiesen, dass grundsätzlich auch das Sach- und Ertragswertverfahren verfahrensmäßige Umsetzungen des Preisvergleichs sind (vgl. die diesbezüglichen Ausführungen in den nachfolgenden Kapiteln 5 und 6).

Die Verfahrenswahl kann wie folgt systematisiert werden:

Bewertung von	Verfahren		Beispiele	Kap.
	vorrangig	stützend		
unbebauten Grundstücken	Vergleichs- wertverfahren			3
unbebauten Grundstücken mit vertraglich gesicherter Pacht/Miete	Vergleichs- wertverfahren	Ertragswert- verfahren	• Parkplätze • Werbeflächen • land- und forstwirt- schaftliche Grundstücke	3
Wohnungs- eigentum	Vergleichs- wertverfahren	Ertragswert- bzw. Sachwertver- fahren		7+10
bebauten Grundstücken, die üblicherwei- se vorrangig der Ertragserzielung dienen	Ertragswert- verfahren	Sachwert- verfahren	• Mehrfamilienhaus- grundstücke • Büro- und Ge- schäftshaus- grundstücke • Hotelgrundstücke	5
bebauten Grundstücken, die üblicherwei- se vorrangig der Eigennutzung dienen	Sachwertver- fahren	Ertragswert- verfahren (Vergleichs- wertverfah- ren)	• Einfamilienhaus- grundstücke • üblicherweise eigengenutzte Eigentumswoh- nungen • Ferienhaus- grundstücke • Lagerhallen- grundstücke in länd- lichen Gegenden	6

In jedem Gutachten sind die Überlegungen, die zur Wahl des oder der angewendeten Wertermittlungsverfahren geführt haben, ausführlich darzulegen und zu begründen (vgl. § 8 Abs. 1 Satz 2 ImmoWertV). Die Begründung der Wahl ist ein wesentlicher, gewissenhaft und sachgerecht durchzuführender Schritt jeder Marktwertermittlung. Beispiele für diesbezügliche Begründungen sind in den Abschnitten 4.2, 5.1 und 6.3 abgedruckt.

2.4 Dritter Schritt (Berechnung der Verfahrensergebnisse)

Entsprechend der Verfahrenswahl sind im 3. Schritt der Wertermittlung die jeweiligen Verfahrensergebnisse (d.h. die Vergleichs-, Ertrags- und/oder Sachwerte) zu berechnen. In den nachfolgenden Kapiteln 3 bis 7 werden die zur Ermittlung dieser Verfahrensergebnisse durchzuführenden Berechnungen detailliert erläutert.

Berechnung der Verfahrens- ergebnisse

2.5 Vierter Schritt (Ableitung des Marktwerts und Würdigung)

Im 4. Schritt ist der Marktwert aus den ermittelten Verfahrensergebnissen unter Würdigung ihrer Aussagefähigkeit abzuleiten (vgl. § 8 Abs. 1 Satz 3 ImmoWertV). Die Ableitung des Marktwerts aus den Verfahrensergebnissen wird in Kapitel 9 detailliert erläutert.

Ableitung des Marktwerts, Wür- digung der Aus- sagefähigkeit

2.6 Grundsätze marktkonformer Wertermittlung

Das Ergebnis aller Verfahren zur Bestimmung des Verkehrswerts soll der am Markt am wahrscheinlichsten für das zu bewertende Grundstück allgemein zu erzielende Preis sein. Bei den in der Immobilienwertermittlungsverordnung geregelten Wertermittlungsverfahren (insbesondere Sach- und Ertragswertverfahren) handelt es sich streng genommen um „reine Rechenvorschriften". Die Ergebnisse dieser Wertermittlungsverfahren führen nur dann zu marktgerechten Ergebnissen, wenn die nachfolgend erläuterten Modellanforderungen, die Dr. Hans Otto Sprengnetter bereits 1978 postuliert hat, erfüllt werden.

Anforderungen an Wertermittlungs- verfahren

Forderung 1:

Wichtigster Grundsatz ist, dass die in den Verfahren verwendeten Daten in identisch demselben Modell aus Kaufpreisen abgeleitet werden, mit dem auch bewertet wird. Oder umgekehrt: Es muss in dem Modell bewertet werden, in dem die Daten abgeleitet wurden.

dasselbe Modell

Bei Beachtung dieser Forderung gleichen sich (die meisten) Modellfehler (weitestgehend) aus.

Forderung 2:

Die Wertermittlungsmodelle müssen eine plausible Berücksichtigung der relativen Wertunterschiede zwischen den unterschiedlichen Bewertungsobjekten und der besonderen wertbestimmenden Eigenschaften des speziellen Bewertungsobjekts ermöglichen.

Berücksichtigung von Objektbeson- derheiten

Forderung 3:

Die Modellergebnisse sollen (im statistischen Sinne) hinreichend sicher sein.

sichere Verfah- rensergebnisse

Forderung 4:

Marktnahe
Rechengänge

Das Modell sollte auf möglichst „marktnahen" Rechengängen beruhen. Der „Rechengang" soll nachvollziehbar und die Teil- und Endergebnisse sollten auch für den Laien interpretierbar sein.

Für die „Richtigkeit" bzw. „Marktgenauigkeit" ist diese Forderung nicht (besonders) bedeutsam. Dieser Forderung sollte ein Wertermittlungsverfahren jedoch entsprechen, damit die mit ihnen bestimmten Werte von den Gutachtenkonsumenten (insbesondere von Laien und Richtern) akzeptiert werden.

Forderung 5:

übertragbare
Ergebnisse

Die Ergebnisse der Bewertungsmodelle sollen übertragbar bzw. vergleichbar sein (räumlich und zeitlich).

Diese v.g. Anforderungen besitzen unterschiedliche Wertigkeit. Grundsätzlich besitzt die Forderung 1 das höchste und die Forderung 5 das geringste Gewicht.

Kapitel 3: Vergleichswertverfahren

3.1 Überblick

Vergleichspreis-
verfahren,
Vergleichsfaktor-
verfahren

Das Vergleichswertverfahren ist in § 15 ImmoWertV grundsätzlich geregelt. Beim Vergleichswertverfahren ist zu unterscheiden zwischen dem Vergleichspreis- und dem Vergleichsfaktorverfahren. Beim **Vergleichspreisverfahren** wird die Wertermittlung für ein Bewertungsobjekt durch direkten Vergleich mit für vergleichbare andere Objekte tatsächlich realisierten Kaufpreisen durchgeführt. **Vergleichsfaktoren** sind durchschnittliche Verhältniszahlen, die aus einer Vielzahl von Vergleichspreisen abgeleitet werden. Bei der Bewertung wird der so ermittelte Vergleichsfaktor mit der jeweiligen Bezugseinheit (z.B. der Wohnfläche des Bewertungsobjekts) multipliziert. In beiden Fällen erhält man als Ergebnis den Vergleichswert.

schrittweise
Vorgehensweise

Die Ermittlung des Vergleichswerts erfolgt schritt(d.h. einzelfaktor)weise. Die schrittweise Vorgehensweise wird in nachfolgender Abbildung schematisch dargestellt:

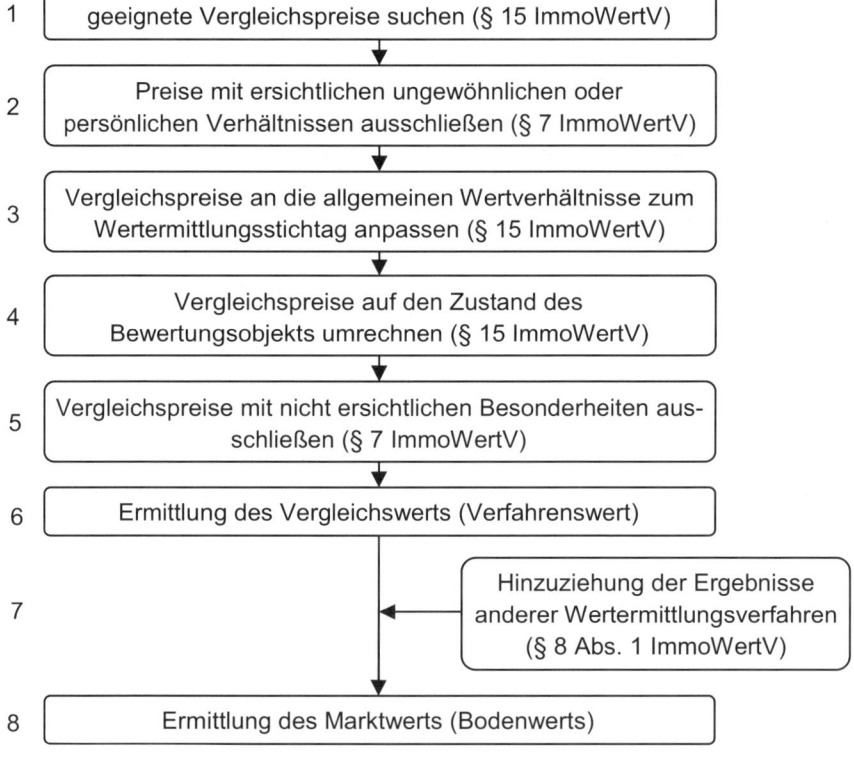

1   geeignete Vergleichspreise suchen (§ 15 ImmoWertV)

2   Preise mit ersichtlichen ungewöhnlichen oder persönlichen Verhältnissen ausschließen (§ 7 ImmoWertV)

3   Vergleichspreise an die allgemeinen Wertverhältnisse zum Wertermittlungsstichtag anpassen (§ 15 ImmoWertV)

4   Vergleichspreise auf den Zustand des Bewertungsobjekts umrechnen (§ 15 ImmoWertV)

5   Vergleichspreise mit nicht ersichtlichen Besonderheiten ausschließen (§ 7 ImmoWertV)

6   Ermittlung des Vergleichswerts (Verfahrenswert)

7   Hinzuziehung der Ergebnisse anderer Wertermittlungsverfahren (§ 8 Abs. 1 ImmoWertV)

8   Ermittlung des Marktwerts (Bodenwerts)

Abb. 3–1:   ***Verfahrensablauf des Vergleichswertverfahrens (Vergleichspreisverfahren)***

Eine detaillierte Erklärung dieser Verfahrensschritte erfolgt in Abschnitt 3.3.

3.2 Verfahrensgrundsatz

Das Vergleichswertverfahren kann als Vergleichspreis- oder als Vergleichsfaktorverfahren angewendet werden.

3.2.1 Vergleichspreisverfahren

Beim Vergleichspreisverfahren wird die Wertermittlung für ein Bewertungsobjekt durch direkten Vergleich mit für vergleichbare andere Objekte tatsächlich realisierten Kaufpreisen durchgeführt.

U.a. ist das Vergleichspreisverfahren zur Ermittlung des Bodenwerts[1] anzuwenden (§ 16 ImmoWertV).

Bodenwertermittlung

Da in fast allen Regionen Deutschlands hinreichender Umsatz von Eigentumswohnungen gegeben ist, sind zumeist eine Vielzahl von Vergleichskaufpreisen verfügbar. Demnach ist das Vergleichspreisverfahren auch für die Bewertung von Wohnungseigentum geeignet.

Wohnungseigentum

Aber auch bei Objekten, deren Wert typischerweise mit dem Ertragswert- (siehe Kapitel 5) oder mit dem Sachwertverfahren (siehe Kapitel 6) ermittelt wird, kann das Vergleichspreisverfahren neben oder anstelle dieser Verfahren angewendet werden. Voraussetzung ist, dass eine hinreichende Anzahl zeitnah realisierter geeigneter Kaufpreise für vergleichbare Objekte zur Verfügung stehen.

sonstige Anwendungsgebiete

Ein weiterer Hauptanwendungsfall des Vergleichspreisverfahrens ist die Mietwertermittlung[2], die ja auch Grundlage für die Ertragswertermittlung ist.

Mietwertermittlung

Buchtipp

Das Vergleichspreisverfahren ist ausführlich in Lehrbuch und Kommentar [2], Teil 3, Kapitel 3 behandelt.

3.2.2 Vergleichsfaktorverfahren

Gemäß § 15 Abs. 2 und § 16 Abs. 1 Satz 2 ImmoWertV können unbebaute und bebaute Grundstücke auch mittels Vergleichsfaktorverfahren bewertet werden.

Vergleichsfaktoren sind durchschnittliche Verhältniszahlen, die aus einer Vielzahl von Vergleichspreisen abgeleitet werden.

Ableitung und Anwendung von Vergleichsfaktoren

---

1)   Zum Begriff des Bodenwerts siehe Abschnitt 1.3.2.
2)   Vgl. Lehrbuch und Kommentar [2], Teil 14, Kapitel 1.

$$\text{Vergleichsfaktor} = \varnothing \, \frac{\text{Vergleichspreis}}{\text{Bezugseinheit}}$$

$$\text{Vergleichswert} = \text{Vergleichsfaktor} \times \text{Bezugseinheit}$$

Arten von Vergleichsfaktoren

Wurden diese Faktoren mit einer hinreichenden Differenziertheit ermittelt und veröffentlicht, sind diese geeignet, neben oder anstelle von Vergleichspreisen zur Wertermittlung herangezogen zu werden. Häufigste Anwendung finden die nachfolgend genannten Vergleichsfaktoren:

- Bodenrichtwerte (€/m² Grundstücksfläche)
- Vergleichsfaktoren für Eigentumswohnungen (€/m² Wohnfläche)
- Ertragsfaktoren für bebaute Grundstücke (bezogen auf Rein- oder Rohertrag)
- Gebäudefaktoren für bebaute Grundstücke (€/m³ Brutto-Rauminhalt bzw. m² Wohn-/Nutzfläche oder Geschossfläche).

Bodenrichtwerte

Bodenrichtwerte sind Vergleichsfaktoren, die aus einer Vielzahl realisierter Kaufpreise für unbebaute Grundstücke abgeleitet werden und sich auf den m² Grundstücksfläche beziehen.

In Abschnitt 4.4.2 werden Bodenrichtwerte detailliert erläutert.

Ertrags- und Gebäudefaktoren

Ertragsfaktoren geben das Verhältnis aus durchschnittlich erzielten Kaufpreisen und den entsprechenden (Jahresroh- oder Rein)Erträgen an. Gebäudefaktoren beziehen sich auf den m³ Brutto-Rauminhalt oder auf den m² Wohn-/Nutz- bzw. Geschossfläche (§ 13 Satz 2 ImmoWertV).

Grundsätzlich ist festzustellen, dass auch die in den Kapiteln 5 und 6 erläuterten klassischen Ertrags- und Sachwertverfahren Vergleichsfaktorverfahren, d.h. verfahrensmäßige Umsetzungen des Preisvergleichs, sind (s.d.).

Das Vergleichsfaktorverfahren ist zur Bewertung bebauter Grundstücke ausführlich in Kapitel 7 beschrieben.

3.3 Bewertungsmodell und Verfahrensablauf

3.3.1 Die Einzelschritte des Vergleichspreisverfahrens

Rechtsgrundlage

Das Modell für die Ermittlung des Vergleichswerts wird durch § 15 ImmoWertV vorgegeben.

Verfahrensablauf vgl. Abb. 3-1

Die Ermittlung des Vergleichswerts für ein Bewertungsobjekt basiert auf den für vergleichbare andere Objekte tatsächlich realisierten Kaufpreisen. Die Vergleichskaufpreise müssen mit dem Bewertungsobjekt „vergleichbar gemacht" werden. Hierzu ist es erforderlich, dass der Einfluss einzelner Wertmerkmale und der Zeit (der sog. Wertfaktoren) auf die Kaufpreise „erkundet" wird. Die Vergleichskaufpreise werden dann für den Gutachtenleser nachvollziehbar[1] von den Marktverhältnissen zum jeweiligen Kaufzeitpunkt und den jeweiligen Wertmerkmalen des Vergleichsobjekts auf die allgemeinen Wertverhältnisse zum Wertermittlungsstichtag und die Wertmerkmale des Bewertungsobjekts i.d.R. schritt-(d.h. einzelfaktor)weise umgerechnet.[2]

Der Vergleichswert ergibt sich durch Mittelbildung der an die Verhältnisse des Bewertungsobjekts angepassten Vergleichspreise.

Obwohl das Vergleichspreisverfahren (im Gegensatz zum Vergleichsfaktorverfahren) in der Praxis relativ selten angewendet wird, sollen seine Einzelschritte nachfolgend differenzierter erläutert werden.

3.3.2 Geeignete Vergleichspreise suchen (Schritt 1)

Wo findet man geeignete Vergleichspreise?

Mit den **Kaufpreissammlungen** der Gutachterausschüsse steht dem Sachverständigen in Deutschland eine auf der Welt wohl einmalige Datenbasis für die Durchführung des Vergleichspreisverfahrens zur Verfügung. Zudem besitzen **Makler** und Kreditinstitute diesbezügliche Informationen aus den von ihnen vermittelten bzw. beliehenen Kauffällen.

Datenquellen

Problematisch ist, dass die Einsicht in die Kaufpreissammlung, insbesondere aus Datenschutzgründen, nicht für jedermann möglich ist (das BauGB sowie die Gutachterausschuss-Verordnungen der Bundesländer sehen nur ein Auskunftsrecht – und kein Einsichtsrecht – vor; und dies auch nur bei Nachweis eines berechtigten Interesses).

Auskunft aus der Kaufpreissammlung

Aufgrund des Auskunftsrechts ist es jedoch möglich, sich vom Gutachterausschuss anonymisierte geeignete Vergleichskaufpreise zur Verfügung stellen zu lassen. Hierzu ist es erforderlich, dem Gutachterausschuss das Bewertungsobjekt hinsichtlich der Wertfaktoren hinreichend genau zu beschreiben.

anonymisierte Auskunft

Welchen Anforderungen die Vergleichspreise genugen müssen, ist ausführlich in Abschnitt 3.4 beschrieben.

---

1) Vgl. Kapitel 12 (Anforderungen an Wertgutachten).
2) Siehe Abb. 3–1 in Abschnitt 3.1.

3.3.3 Kaufpreise mit ersichtlichen ungewöhnlichen und persönlichen Verhältnissen ausschließen (Schritt 2)

Marktwert-definition

§ 194 BauGB (Marktwertdefinition)[1] bestimmt, dass der Marktwert als der im gewöhnlichen Geschäftsverkehr erzielbare (durchschnittliche) Preis ohne Rücksicht auf ungewöhnliche oder persönliche Verhältnisse zu ermitteln ist. Demnach dürfen (Vergleichs)Kaufpreise, die durch ungewöhnliche oder persönliche Verhältnisse beeinflusst worden sind, bei der Marktwertermittlung nicht verwendet werden.

Regelungen der ImmoWertV

Gemäß § 7 Satz 2 ImmoWertV können Kaufpreise durch ungewöhnliche oder persönliche Verhältnisse beeinflusst sein, wenn sie erheblich von den Kaufpreisen in vergleichbaren Fällen abweichen.

ungewöhnliche oder persönliche Verhältnisse

Ungewöhnliche oder persönliche Verhältnisse können insbesondere vorliegen, wenn

1. sie erheblich von den Kaufpreisen in vergleichbaren Fällen abweichen,

2. ein außergewöhnliches Interesse des Veräußerers oder des Erwerbers an dem Verkauf oder dem Erwerb des Grundstücks bestanden hat,

3. besondere Bindungen verwandtschaftlicher, wirtschaftlicher oder sonstiger Art zwischen den Vertragsparteien bestanden haben oder

4. Erträge, Bewirtschaftungs- und Herstellungskosten erheblich von denen in vergleichbaren Fällen abweichen.

Eine Beeinflussung der Kaufpreise kann auch vorliegen, wenn diese durch Aufwendungen mitbestimmt worden sind, die aus Anlass des Erwerbs und der Veräußerung entstehen, wenn diese nicht zu den üblicherweise vertraglich vereinbarten Entgelten gehören, namentlich besondere Zahlungsbedingungen sowie die Kosten der bisherigen Vorhaltung, Abstandszahlungen, Ersatzleistungen, Zinsen, Steuern und Gebühren.

Beispiele für ersichtliche Besonderheiten

Typische Beispiele für ersichtliche Besonderheiten, deren Einfluss nicht oder nur unsicher quantifiziert werden kann:

- Kauf unter Verwandten

- Dazuerwerb eines Nachbargrundstücks

- Erwerb im Zwangsversteigerungsverfahren

- Kauf mit Bauverpflichtung und Rückauflassungsvormerkung

- Kauf aufgrund von Optionsverträgen

  (Hinweis: Während der Optionsfrist kann der Käufer bestimmte, ansonsten bestehende Risiken, z.B. durch Bauvoranfragen oder das Aushandeln und Abschließen von Mietverträgen für einen Einkaufsmarkt, ausschalten, so dass er risikolos eine höhere Kaufpreiszahlung zusichern kann).

---

1) Vgl. Abschnitt 1.3.2.

(Nur) Diese Kaufpreise sollen in diesem 2. Schritt des Vergleichspreisverfahrens von der weiteren Wertermittlung ausgeschlossen werden.

Ersichtliche Besonderheiten, deren Einflüsse quantifizierbar sind (z.B. Ratenzahlungsvereinbarungen), können nach „Bereinigung" ihrer Beeinflussung durch diese „Besonderheit" in das Vergleichspreisverfahren mit einbezogen werden. Sie erhalten jedoch gegenüber unmittelbar vergleichbaren Preisen i.d.R. bei der abschließenden Mittelbildung ein geringeres Gewicht. Die Einflüsse dieser quantifizierbaren „Besonderheiten" sind im 4. Schritt zu berücksichtigen (siehe Abschnitt 3.3.5).

quantifizierbare Besonderheiten

Kaufpreise, bei denen trotz zusätzlicher Erkundung nicht ersichtliche Besonderheiten vorliegen, kommen beispielsweise vor bei:

Beispiele für nicht ersichtliche Besonderheiten

- Notverkäufen

- Verkennung von wesentlichen wertbeeinflussenden Eigenschaften durch Käufer oder Verkäufer

- Zahlung von Schwarzpreis(anteil)en

Diese Vergleichspreise bzw. deren Einflüsse können – da ihre Ursachen nicht aus den Kaufverträgen oder entsprechendem ersichtlich sind – nicht bereits in diesem 2. Schritt ausgeschlossen werden. Ob ein Vergleichskaufpreis erheblich vom übrigen Kaufpreisniveau abweicht (§ 7 Satz 2 ImmoWertV) kann erst festgestellt werden, nachdem alle Vergleichskaufpreise an die allgemeinen Wertverhältnisse zum Wertermittlungsstichtag (Schritt 3) und an den Zustand des Bewertungsobjekts (Schritt 4) angepasst wurden. Deshalb können solche Vergleichskaufpreise erst im 5. Schritt von der weiteren Wertermittlung ausgeschlossen werden.

3.3.4 Anpassung der Vergleichskaufpreise an die allgemeinen Wertverhältnisse zum Wertermittlungsstichtag (Schritt 3)

Preise für Grundstücke ändern sich auch dann, wenn die Grundstücke in ihrem Zustand unverändert bleiben. Die Ursache liegt insbesondere in der allgemeinen Wertentwicklung auf dem Grundstücksmarkt. Diese Wertentwicklung resultiert aus den Änderungen der im nachfolgend abgedruckten § 3 Abs. 2 ImmoWertV beschriebenen „allgemeinen Wertverhältnisse" des Grundstücksmarkts.

allgemeine Wertentwicklung

„(2) Die allgemeinen Wertverhältnisse auf dem Grundstücksmarkt bestimmen sich nach der Gesamtheit der am Wertermittlungsstichtag für die Preisbildung von Grundstücken im gewöhnlichen Geschäftsverkehr (marktüblich) maßgebenden Umstände, wie nach der allgemeinen Wirtschaftslage, den Verhältnissen am Kapitalmarkt sowie den wirtschaftlichen und demografischen Entwicklungen des Gebiets."

Verwendung von Indexreihen

§ 15 ImmoWertV verlangt, dass Vergleichskaufpreise, die zeitlich abweichend vom Wertermittlungsstichtag realisiert wurden, auf die allgemeinen Wertverhältnisse zum Wertermittlungsstichtag umgerechnet werden sollen. Dies soll gemäß § 15 Abs. 1 Satz 4 ImmoWertV möglichst mittels den in § 11 ImmoWertV beschriebenen Indexreihen – z.B. Bodenpreisindexreihen[1] – geschehen.

Hinweis

Durch die Umrechnung des Vergleichskaufpreises vom Kaufdatum auf die allgemeinen Wertverhältnisse zum Wertermittlungsstichtag wird die Frage beantwortet, welchen Kaufpreis die beim Zustandekommen des Vergleichskaufpreises beteiligten Vertragsparteien (wahrscheinlich) ausgehandelt hätten, wenn dasselbe Vergleichsgrundstück nicht zum Kaufdatum, sondern zum Wertermittlungsstichtag veräußert worden wäre.

3.3.5 Anpassung der Vergleichskaufpreise an den Zustand des Bewertungsobjekts (Schritt 4)

Vergleich der Wertmerkmale

Das Bewertungsobjekt unterscheidet sich regelmäßig in mehreren Zustandsmerkmalen von jedem Vergleichsobjekt. Deshalb müssen die Wertmerkmale jedes Vergleichsobjekts (einzeln) mit den Wertmerkmalen des Bewertungsobjekts verglichen werden.

Verwendung von Umrechnungs- koeffizienten

Bestehende Abweichungen sollen dabei durch Preisanpassungen an die Zustandsmerkmale des Bewertungsobjekts gemäß den Regelungen des § 15 ImmoWertV möglichst durch Verwendung von Umrechnungskoeffizienten i.S.d. § 12 ImmoWertV – z.B. GFZ-Umrechnungskoeffizienten[2] – ausgeglichen werden.

Hinweis

Durch die Umrechnung des Vergleichskaufpreises von den Wertmerkmalen des Vergleichsobjekts auf die Wertmerkmale des Bewertungsobjekts wird der Kaufpreis ermittelt, den die beim Zustandekommen des Vergleichskaufpreises beteiligten Vertragsparteien (wahrscheinlich) ausgehandelt hätten, wenn sie nicht das Vergleichsgrundstück, sondern ein Grundstück mit den Eigenschaften des Bewertungsobjekts übertragen hätten.

---

1) Die Anwendung von Bodenpreisindexreihen ist in Abschnitt 4.4.3 erläutert.
2) In Abschnitt 4.4.4 wird die Anwendung von GFZ- und Grundstücksflächen-Umrechnungskoeffizienten erläutert.

3.3.6 Ausschluss von Kaufpreisen mit <u>nicht</u> ersichtlichen Besonderheiten (Schritt 5)

In Abschnitt 3.3.3 wurde bereits erläutert, dass nicht sämtliche ungewöhnlichen und persönlichen Verhältnisse, die die Kaufpreise beeinflusst haben können, aus Kaufverträgen ersichtlich sind oder durch Nacherhebungen (z.B. Befragen der Vertragsparteien) erkannt werden können. Wesentliche Wertverfälschungen sind von solchermaßen beeinflussten Kaufpreisen jedoch nur zu befürchten, wenn die diesbezüglichen Einflüsse erheblich sind. § 7 Satz 2 ImmoWertV regelt deshalb, dass Kaufpreise auch dann auszuschließen sind, wenn *„sie erheblich von den in vergleichbaren Fällen realisierten Kaufpreisen abweichen.“*

Ausschluss bei erheblicher Abweichung

Mit anderen Worten: So genannte „Ausreißer" sollen bei Anwendung des Vergleichspreisverfahrens nicht berücksichtigt werden, weil diese wahrscheinlich mit „**nicht** ersichtlichen Besonderheiten" behaftet sind.

Ausreißer

Hierzu werden alle (auf den Wertermittlungsstichtag und den Zustand des Bewertungsobjekts umgerechneten, d.h. gleichnamig gemachten) Einzelkaufpreise K_i, die mehr als 30 % vom vorläufigen Mittelwert $\overline{K}'$ aller (umgerechneten) Einzelkaufpreise abweichen, als mit großer Wahrscheinlichkeit mit nicht ersichtlichen Besonderheiten i.S.d. § 7 Satz 2 ImmoWertV behaftet (d.h. nicht zur Grundgesamtheit der geeigneten Vergleichskaufpreise gehörend) interpretiert und deshalb von der weiteren Vergleichskaufpreisermittlung ausgeschlossen.

30 %-Kriterium

Ausschlusskriterium:

$$0{,}7 \times \overline{K}' > K_i > 1{,}3 \times \overline{K}'$$

Ausschlusskriterium

Beispiel: **Ermittlung von Vergleichspreisen mit nicht ersichtlichen Besonderheiten**

Es stehen 10 gleichnamig gemachte, d.h. hinsichtlich der allgemeinen Wertverhältnisse und des Zustands des Bewertungsobjekts angepasste Einzelkaufpreise K_i zur Verfügung. Es ist mittels „30 %-Kriterium" zu überprüfen, ob nicht ersichtliche Besonderheiten vorliegen.

Hierzu wird zunächst das vorläufige arithmetische Mittel $\overline{K}'$ aus den 10 Kaufpreisen K_i gebildet.

Nr.	K_i in €/m²
1	180
2	160
3	144
4	98
5	168

Nr.	K_i in €/m²
6	148
7	168
8	172
9	140
10	178
$\overline{K}'$ =	1.556 : 10 = 155,60 €/m²

Die Ausschlussgrenzen, bei deren Unter- bzw. Überschreiten ein Vergleichspreis K_i als wahrscheinlich mit nicht ersichtlichen Besonderheiten (i.S.d. § 7 Satz 2 ImmoWertV) behaftet qualifiziert werden muss und deshalb von der weiteren Wertermittlung auszuschließen ist, berechnet sich wie folgt:

$$0{,}7 \times \overline{K}' > K_i > 1{,}3 \times \overline{K}'$$

$$0{,}7 \times 155{,}6\ €/m² > K_i > 1{,}3 \times 155{,}60\ €/m²$$

$$108{,}92\ €/m² > K_i > 202{,}28\ €/m²$$

Man erkennt, dass der Vergleichspreis Nr. 4 außerhalb dieses Bereichs liegt. Dieser Kaufpreis ist deshalb von der weiteren Wertermittlung auszuschließen. Nach Ausschluss dieses Kaufpreises wird im folgenden 6. Schritt der Vergleichswert als Mittel $\overline{K}$ aus den verbleibenden 9 angepassten Kaufpreisen K_i ermittelt.

3.3.7 Ermittlung des Vergleichswerts (Schritt 6)

Ermittlung des Vergleichswerts

Nachdem aus allen verfügbaren Vergleichspreisen solche mit ersichtlichen ungewöhnlichen und persönlichen Besonderheiten ausgeschlossen wurden (2. Schritt), alle übrigen Vergleichspreise auf die allgemeinen Wertverhältnisse zum Wertermittlungsstichtag (3. Schritt) und die Zustandsmerkmale des Bewertungsgrundstücks (4. Schritt) umgerechnet, d.h. also mit dem Bewertungsobjekt gleichnamig gemacht und die wahrscheinlich mit nicht ersichtlichen Besonderheiten behafteten Kaufpreise nach einem objektiven (d.h. statistischen und nicht der Willkür des Sachverständigen überlassenen) Kriterium ausgeschlossen worden sind, wird der Vergleichswert $\overline{K}$ durch Mittelbildung aus den verbleibenden umgerechneten Vergleichspreisen K_i gebildet.

Beispiel: **Ermittlung des Vergleichswerts als arithmetisches Mittel**

Im vorangegangenen Beispiel ergibt sich demnach ein Vergleichswert $\overline{K}$ von:

$$\overline{K} = \frac{K_1 + K_2 + K_3 + K_5 + K_6 + K_7 + K_8 + K_9 + K_{10}}{9} = \frac{1.458}{9} = 162,00 \ \text{€}/m^2$$

In bestimmten Fällen haben nicht alle herangezogenen Vergleichspreise die gleiche Aussagekraft. Der Vergleichswert errechnet sich dann als gewogenes Mittel (das arithmetische Mittel ist der Sonderfall des gewogenen Mittels; bei der arithmetischen Mittelbildung erhalten hierbei alle Kaufpreise das Gewicht 1).

gewogenes Mittel

Das Gewicht könnte dabei insbesondere abhängig sein von

- der sachlichen Nähe des jeweiligen Vergleichsobjekts zum Bewertungsobjekt (Zustandsübereinstimmung),
- der zeitlichen Nähe des jeweiligen Kaufdatums zum Bewertungsstichtag.
- etc.

Beispiel: **Ermittlung des Vergleichswerts als gewogenes Mittel aus 9 Kaufpreisen**

Es ist der Vergleichswert bezogen auf den Wertermittlungsstichtag 01.07.2013 zu ermitteln. Hierzu stehen die 9 Vergleichspreise aus dem vorangegangenen Beispiel zur Verfügung. Der nachfolgenden Tabelle ist zu entnehmen, dass diese Kaufpreise zu sehr unterschiedlichen Zeitpunkten realisiert wurden. Alle Vergleichspreise wurden an die allgemeinen Wertverhältnisse zum Wertermittlungsstichtag und an den Zustand des Bewertungsobjekts angepasst sowie auf nicht ersichtliche Besonderheiten überprüft.

Nr. [Spalte 1]	Kaufdatum [Spalte 2]	[€/m²] [Spalte 3]	Gewicht [Spalte 4]	Spalte 3 × Spalte 4 [Spalte 5]
1	2010	180	1	180
2	2010	160	1	160
3	2010	144	1	144
5	2010	168	1	168
6	2013	148	2	296
7	2010	168	1	168
8	2013	172	2	344
9	2013	140	2	280
10	2013	178	2	356
	Summen		13	2.096

Wegen der zeitlichen Nähe der Kaufpreise K_6, K_8, K_9 und K_{10} zum Wertermittlungsstichtag erhalten diese bei der Mittelbildung ein höheres Gewicht (hier das Doppelte) als die übrigen Vergleichspreise. Der Vergleichswert $\overline{K}$ errechnet sich als gewogenes Mittel wie folgt:

$$\overline{K} = \frac{\text{Summe der gewichteten Kaufpreise } K_i \text{ (Spalte 5)}}{\text{Summe der Gewichte (Spalte 4)}}$$

$$\overline{K} = \frac{2.096 \text{ €} / m^2}{13} = 161{,}23 \text{ €} / m^2$$

3.3.8 Erforderlichenfalls Ermittlung und/oder Heranziehung anderer Verfahrensergebnisse (Schritt 7)
und
Ableitung/Festlegung des Marktwerts (Bodenwerts) (Schritt 8)

Festlegung des Marktwerts

Das Ergebnis jedes Wertermittlungsverfahrens ist zunächst immer nur der Verfahrenswert. Demzufolge wurde im 1. bis 6. Schritt der Vergleichswert ermittelt. Vor der Festlegung des Marktwerts muss überlegt werden, ob noch zusätzliche Informationen verfügbar sind, die bei dem Übergang vom Verfahrenswert zum Marktwert berücksichtigt werden sollten.

Dieses könnten z.B. sein

- ein mit einem anderen Verfahren (z.B. Vergleichsfaktorverfahren, Ertragswertverfahren, Sachwertverfahren) abgeleitetes Verfahrensergebnis für dasselbe Objekt;

- ein für ein vergleichbares Grundstück in einem vergleichbaren Gebiet abgeleiteter Wert (z.B. ein Bodenrichtwert für ein benachbartes Baugebiet, das nach sachverständiger Auffassung mit dem Gebiet, in dem das Bewertungsobjekt liegt, gleichwertig ist).

Sind solche Erkenntnisse oder gar ein mit anderen Verfahren abgeleitetes Ergebnis vorhanden, so sind diese bei der Festlegung des Marktwerts (Bodenwerts) sachgemäß zu berücksichtigen. § 8 Abs. 1 Satz 3 ImmoWertV regelt deshalb:

„Der Verkehrswert ist aus dem Ergebnis des oder der herangezogenen Verfahren unter Würdigung seines oder ihrer Aussagefähigkeit zu ermitteln."[1]

---

1)   Vgl. hierzu auch Kapitel 9 (Ableitung des Marktwerts).

Bereits an dieser Stelle sei angemerkt, dass die alleinige Anwendung des Vergleichspreisverfahrens sehr häufig zu nicht hinreichend gesicherten Ergebnissen führt, sondern dass aus Kaufpreisen oder Bodenrichtwerten für andere Gebiete oder mit anderen Verfahren gewonnene Ergebnisse bei der Marktwertermittlung ergänzend herangezogen werden müssen.

Sicherheit der Wertermittlung

Das Wertermittlungsergebnis ist sachgerecht zu runden, um nicht durch ein „exaktes Rechenergebnis" eine Scheingenauigkeit zu suggerieren. Durch die Rundung wird die „Genauigkeit" des Ergebnisses zum Ausdruck gebracht.

Rundung des Ergebnisses

Beispiel: Rundung des Wertermittlungsergebnisses

Im Beispiel zum Schritt 5 (Abschnitt 3.3.6) wurde der Kaufpreis Nr. 4 von der weiteren Wertermittlung ausgeschlossen. Der mit den verbleibenden 9 Vergleichspreisen als arithmetisches Mittel ermittelte Vergleichswert ergibt sich zu 162,00 €/m².

Im vorliegenden Fall wird angenommen, dass der Mittelwert der geeigneten Vergleichspreise eine hinreichende Aussagefähigkeit besitzt und eine stützende Bodenwertermittlung (z.B. auf der Grundlage eines vorhandenen Bodenrichtwerts) nicht erforderlich ist. Deshalb darf der Vergleichswert $\overline{K}$ gleich dem relativen Bodenwert B_r gesetzt werden:

$$\overline{K} = B_r = 162,00 \ €/m² \triangleq \text{relativer Bodenwert}$$

Den absoluten Bodenwert B (Marktwert) erhält man, indem man den relativen Bodenwert B_r mit der Fläche des Grundstücks multipliziert.

$$B = 162,00 \ €/m² \times 524 \ m² = 84.888,- €$$

Im vorliegenden Fall wird eine Rundung auf B = 85.000,– € empfohlen.

Absoluter Bodenwert (Marktwert):   **B = 85.000,– €.**

Hinweis

Die Rundung sollte grundsätzlich erst am letzten Ergebnis angebracht werden.

3.4 Anforderungen an Vergleichskaufpreise

3.4.1 Überblick

Wertermittlungs-
stichtag festlegen,
Zustand
beschreiben

Erster wesentlicher Schritt jeder Marktwertermittlung[1] ist die Festlegung des Wertermittlungsstichtags und die Beschreibung des bei der Wertermittlung angenommenen (i.d.R. des tatsächlich bestehenden) Zustands des Bewertungsgrundstücks. Dabei sind die Regelungen der §§ 3 bis 6 ImmoWertV zu beachten.

übereinstimmen-
de Grundstücks-
merkmale

§ 15 Abs. 1 Satz 2 ImmoWertV bestimmt, dass für das Vergleichswertverfahren nur solche Vergleichspreise herangezogen werden sollen, *„die mit dem zu bewertenden Grundstück hinreichend übereinstimmende Grundstücksmerkmale aufweisen."*

Anzahl der Ver-
gleichskaufpreise

Zudem fordert § 15 Abs. 1 ImmoWertV, dass zur Anwendung des Vergleichspreisverfahrens möglichst eine ausreichende Zahl von Vergleichskaufpreisen aus dem Gebiet, in dem das Grundstück liegt, oder aus vergleichbaren Gebieten herangezogen werden sollen.

Es leuchtet ohne weitere Erläuterung ein, dass das Ergebnis des Vergleichspreisverfahrens (der Vergleichswert) um so besser dem Marktwert entspricht,

- je mehr Vergleichs(kauf)preise zur Verfügung stehen und
- je besser diese Vergleichsobjekte mit dem Bewertungsobjekt übereinstimmen.

Wegen der besonderen Bedeutung dieser Kriterien (hinreichende Übereinstimmung, ausreichende Zahl) für die Aussagefähigkeit des Verfahrensergebnisses, sollen diese an sich unbestimmten Rechtsbegriffe nachfolgend verfahrensbezogen näher erläutert werden.

3.4.2 Hinreichende Übereinstimmung der Grundstücksmerkmale

Selbst unbebaute Grundstücke gleichen sich nicht „wie ein Ei dem anderen"; jedes Grundstück besitzt eine eigene Individualität.

wertrelevante
Unterschiede

Zumindest in der (geografischen) Lage unterscheidet sich jedes unbebaute Vergleichsgrundstück vom Bewertungsgrundstück. Daneben sind regelmäßig auch Unterschiede in sonstigen wertbeeinflussenden Eigenschaften gegeben, wie z.B. in der Verkehrs-, Wohn- oder Geschäftslage, der zulässigen baulichen Ausnutzbarkeit (GRZ, GFZ, Anzahl der Vollgeschosse), im erschließungsbeitrags- und abgabenrechtlichen Zustand (frei oder pflichtig) und in der Art der zulässigen Nutzung (z.B. Wohn- oder Geschäftsnutzung).

---

1)   Vgl. Abschnitt 2.1 (4 Schritte der Marktwertermittlung).

Werden die Zustandsunterschiede zu groß oder handelt es sich sogar um einen anderen Teilmarkt, so ist das Grundstück nicht mehr zum Vergleich geeignet; der hierfür erzielte Kaufpreis ist demnach zumindest für diesen Bewertungsfall kein „geeigneter" Vergleichskaufpreis.

keine Eignung bei zu großen Zustands- unterschieden

Obwohl im weitesten Sinne fast alles miteinander verglichen werden kann, sind für die sachgemäße Anwendung des Vergleichspreisverfahrens engere Grenzen gesetzt. Dies ist insbesondere darin begründet, dass die Aussagefähigkeit des Ergebnisses (d.h. des Vergleichswerts) aus auf die Zustandsmerkmale des Be- wertungsobjekts umgerechneten Vergleichskaufpreise mit größerer Abweichung dieser Zustandsmerkmale der Vergleichsobjekte zum Bewertungsobjekt überpro- portional abnimmt.

Wie groß dürfen nun die Zustandsunterschiede sein, damit ein Grundstück noch als Vergleichsgrundstück verwendet werden darf?

Abschließend kann diese Frage nicht beantwortet werden. Generell gilt für das Vergleichspreisverfahren jedoch:

Die Abweichungen sollten sowohl in den einzelnen Faktoren als auch in ihrer Summe so gering sein, dass bei wirtschaftlich vernünftiger Betrachtungsweise ei- ne Vergleichbarkeit noch anzunehmen ist.

Vergleichbarkeit muss noch gegeben sein

Zu strenge Anforderungen an die Vergleichspreise würden die Anwendung des Vergleichspreisverfahrens (über seine ohnehin in der Praxis derzeit nur äußerst seltene Anwendung hinaus nur) unnötig weiter einengen.

Hinweis

Grundsätzlich sollten Abweichungen, wenn genügend andere bzw. besser über- einstimmende Vergleichspreise zur Verfügung stehen, in den einzelnen Merkma- len **und** im Gesamtwert 25 % nicht übersteigen.

Abweichungen < 25 %

Hieraus darf jedoch nicht gefolgert werden, dass nicht ausnahmsweise, z.B. wenn keine ausreichende Anzahl besser übereinstimmender Vergleichspreise verfügbar und auch keine anderen Wertermittlungsverfahren anwendbar sind, auch größere Abweichungen hingenommen werden müssen, um überhaupt eine Wertermittlung durchführen zu können.

ausnahmsweise auch höhere Abweichungen erlaubt

Bei der Würdigung der Aussagefähigkeit von Kaufpreisumrechnungen über grö- ßere Wertdifferenzen muss jedoch deren u.U. wesentlich eingeschränktere Aus- sagefähigkeit beachtet und eventuell durch eine geringere Gewichtung bei der Beurteilung aller Verfahrensergebnisse berücksichtigt werden.

Gewichtung der Verfahrens- ergebnisse

3.4.3 Hinreichende Zeitnähe zwischen Wertermittlungsstichtag und Kaufdatum

Die Forderung, dass das Kaufdatum eines „geeigneten" Vergleichsgrundstücks nicht zu weit vom Wertermittlungsstichtag entfernt liegen sollte, hat dieselbe Begründung wie die im Vorabschnitt beschriebene Forderung nach der Zustandsnähe.

zeitliche Anpassung der Vergleichskaufpreise nur bedingt sinnvoll

Zwar lassen sich Kaufpreise mittels Indexreihen[1] quasi über beliebige Zeiträume hinweg umrechnen. Zu beachten ist jedoch auch hier, dass sich die allgemeinen Wertverhältnisse[2] auf dem Grundstücksmarkt oftmals innerhalb weniger Jahre erheblich ändern. Bei der zeitlichen Umrechnung von Vergleichskaufpreisen auf andere allgemeine Wertverhältnisse reduziert sich deshalb die Aussagefähigkeit (d.h. Zuverlässigkeit und damit das Gewicht eines umgerechneten Vergleichskaufpreises) mit größer werdendem Zeitunterschied überproportional.

Wie groß dürfen nun die Zeitunterschiede sein, damit ein Kaufpreis noch als Vergleichskaufpreis geeignet ist?

Auch diese Frage kann nur grundsätzlich beantwortet werden:
Die Unterschiede in den Änderungen der allgemeinen Wertverhältnisse (Angebot und Nachfrage, allgemeine Wirtschaftssituation, örtliche Entwicklung) dürfen nicht so groß sein, dass bei wirtschaftlich vernünftiger Betrachtungsweise eine Vergleichbarkeit infrage gestellt werden muss.

Hinweis

Grundsätzlich sollten die Vergleichskaufpreise aus einem Zeitraum stammen, der nicht mehr als 3 Jahre vom Wertermittlungsstichtag abweicht.

Bei der Begrenzung dieser Zeitspanne kommt es jedoch wiederum auch erheblich auf das im Einzelfall ansonsten verfügbare Kaufpreismaterial und die Anwendungsmöglichkeit sonstiger Wertermittlungsverfahren an.

3.4.4 Ausreichende Zahl von Vergleichskaufpreisen

Vergleichsgrundstücke aus vergleichbaren Gebieten

Die Aussagefähigkeit des mit dem Vergleichspreisverfahren erzielten Ergebnisses, des Vergleichswerts, wird grundsätzlich um so größer, je mehr Vergleichspreise verwendet werden. Deshalb regelt § 15 Abs. 1 Satz 3 ImmoWertV, dass Vergleichsgrundstücke auch aus *„vergleichbaren Gebieten"* herangezogen werden dürfen, wenn aus dem Gebiet selbst, in dem das Bewertungsobjekt liegt, nicht genügend Kaufpreise zur Verfügung stehen.

---

1) Zur Umrechnung mittels Bodenpreisindexreihen siehe Abschnitt 4.4.3.
2) Zum Begriff vgl. § 3 Abs. 2 ImmoWertV.

Wie viele Vergleichskaufpreise müssen verwendet werden, damit man von einer „ausreichenden Zahl" ausgehen kann? Wie viele Vergleichskaufpreise werden benötigt, damit der Mittelwert (der auf den Zustand des Bewertungsgrundstücks und die Preisverhältnisse zum Wertermittlungsstichtag umgerechneten) Vergleichskaufpreise, d.h. der Vergleichswert, hinreichend sicher dem Marktwert entspricht?

Zur sachgerechten Anwendung des Vergleichswertverfahrens müssen mindestens 3 Vergleichskaufpreise vorliegen.

≥ 3 Vergleichs-kaufpreise

Liegen nur 2 Vergleichskaufpreise vor, ist es unmöglich zu überprüfen, ob bei einem der beiden Kaufpreise nicht ersichtliche Besonderheiten vorliegen (siehe Schritt 5 in Abschnitt 3.3.6).

I.d.R. werden nicht mehr als 15 Vergleichskaufpreise benötigt.

≤ 15 Vergleichs-kaufpreise

Exkurs: **Genauigkeitssteigerung des Mittelwerts bei steigender Anzahl der Vergleichskaufpreise**

Nachfolgende Abbildung zeigt, wie die Genauigkeit des Mittelwerts bei steigender Zahl (gleichgenauer) Vergleichskaufpreise zunimmt bzw. der mittlere Fehler des Mittels abnimmt.

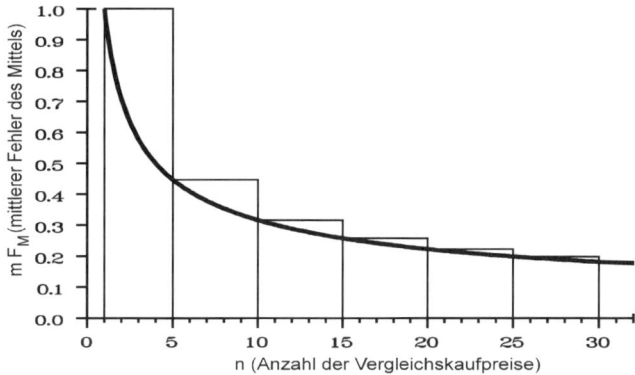

Abb. 3–2: *Mittlerer Fehler des Mittels in Abhängigkeit von der Anzahl der Vergleichskaufpreise*

Aus dieser Abbildung ist ersichtlich:

- Zunächst nimmt die Genauigkeit des Mittels (Aussagefähigkeit des Vergleichswerts) mit jedem weiteren Vergleichskaufpreis deutlich zu;

- erhöht sich die Vergleichskaufpreiszahl über 15 hinaus, so wird die Genauigkeit des Mittels (des Vergleichswerts) selbst bei einer wesentlichen Vergrößerung des Stichprobenumfangs (der Vergleichskaufpreisanzahl) nicht mehr wesentlich erhöht.

Leider kann man in der Wertermittlungspraxis die Anzahl der gleich geeigneten Vergleichskaufpreise und damit die Genauigkeit des Vergleichswerts nicht beliebig erhöhen. I.d.R. stehen immer nur eine begrenzte Anzahl von Vergleichskaufpreisen zur Verfügung, die in allen Zustandsmerkmalen und im Zeitpunkt hinreichend mit dem Bewertungsgrundstück und dem Wertermittlungsstichtag übereinstimmen.

in der Praxis oft keine Genauigkeitssteigerung durch weitere Vergleichsfälle

Will man die Anzahl der Vergleichskaufpreise erhöhen, so muss man grundsätzlich auch akzeptieren, dass sich die Wertdifferenz (Zustand und Zeit) zwischen Vergleichsgrundstücken und Bewertungsgrundstück erhöht. Daraus folgt, dass sich die durch die Vergrößerung der Vergleichskaufpreiszahl gewonnene Genauigkeitssteigerung bei der Mittelbildung dadurch i.d.R. wieder reduziert, da der einzelne auf den Zustand des Bewertungsgrundstücks und die allgemeinen Wertverhältnisse zum Wertermittlungsstichtag umgerechnete Vergleichskaufpreis selbst eine geringe Genauigkeit besitzt.

3.4.5 Nur tatsächlich realisierte Kaufpreise sind verwendbar

Kaufpreisangebote

In das Vergleichspreisverfahren dürfen grundsätzlich nur tatsächlich realisierte Kaufpreise (oder Mietwerte) einbezogen werden. Selbst ernst gemeinte (Kauf)Preisangebote sind für Wertermittlungszwecke nicht unmittelbar verwertbar, weil *„nicht angenommene Angebote .... einen genügend sicheren Schluss auf den erzielbaren Preis"* nicht zulassen.[1]

Verkaufsangebote

Entsprechendes gilt auch für Verkaufsangebote (z.B. in Zeitungsanzeigen oder Maklerexposés, aber auch in Form von Optionsverträgen). Nur wenn ansonsten keine Vergleichskaufpreise zur Verfügung stehen, können (Kauf)Preisangebote als Untergrenze und Verkaufsangebote als Obergrenze des Grundstückswerts diskutiert werden.

3.4.6 Zusammenfassung zu den Anforderungen an Vergleichskaufpreise

Die Anforderungen an das Vergleichspreisverfahren

* hinreichende Übereinstimmung (Zeit, Zustand) und
* ausreichende Zahl

führen in der Praxis zu gegenläufigen Genauigkeitsentwicklungen.

Erhöht man die Anzahl der Vergleichspreise, muss man i.d.R. Abstriche bezüglich deren Übereinstimmung mit dem Grundstückszustand des Bewertungsobjekts und/oder deren zeitlicher Nähe zum Wertermittlungsstichtag in Kauf nehmen.

---

1) Vgl. BGH, Urteil vom 05.04.1973 – III ZR 74/72; Sprengnetter-Bibliothek [3].

Durch eine „gewaltsame" Erhöhung der Vergleichspreiszahl ist demnach eine Verbesserung der mit dem Vergleichspreisverfahren zu erzielenden Ergebnisse nicht zu erreichen.

Bei einer Erhöhung der Vergleichspreiszahl über 15 – 20 Vergleichspreise hinaus, ist zudem keine (wesentliche) Steigerung der Aussagefähigkeit des Vergleichswerts zu erreichen.

Wesentlich effektvoller ist dagegen die Steigerung der Aussagefähigkeit jedes einzelnen Vergleichspreises durch

- intensiveres Erkunden des zum Verkaufszeitpunkt gegebenen Grundstückszustands (z.B. erschließungsbeitrags- und abgabenrechtliche Situation, tatsächliche bauliche Ausnutzbarkeit – d.h. nicht nur Übernahme der Angaben zur Erschließungsbeitragssituation aus den Erklärungen in den Notarverträgen oder der planungsrechtlichen Höchstwerte aus den Bebauungsplanfestsetzungen); *sorgsame Erkundung der Grundlagen*

- gründliche sachverständige Anpassung der Vergleichskaufpreise an alle wesentlichen wertbeeinflussenden Faktoren des Bewertungsobjekts und die allgemeinen Wertverhältnisse zum Wertermittlungsstichtag. *sachverständige Anpassung*

Grundsätzlich wird man in der Wertermittlungspraxis jedoch damit leben müssen, dass man mittels Vergleichspreisverfahren insbesondere wegen i.d.R. nur begrenzter Anzahl geeigneter Vergleichspreise und der selbst bei für im Zustand übereinstimmenden Grundstücken bestehenden hohen Kaufpreisstreuung eine hohe statistische Sicherheit des Vergleichswerts nicht erreichen kann. *nur begrenzte Genauigkeit erzielbar*

Hinweis

Selbst ein aus nur einer geringen Zahl von Vergleichspreisen (d.h. einer kleinen Stichprobe) abgeleiteter Wert ist im statistischen Sinne immer noch der wahrscheinlichste mittels Vergleichspreisverfahren ermittelbare Vergleichswert. Je geringer die Zahl der verfügbaren geeigneten Vergleichskaufpreise ist, um so mehr müssen zur Ableitung des Marktwerts aus dem Vergleichswert andere Wertüberlegungen und Werterfahrungen stützend oder ergänzend herangezogen werden, z.B. Ergebnisse aus vergleichbaren Gebieten.

Folgerung für die Praxis

3.5 Anforderungen an Vergleichsfaktoren

Vergleichsfaktoren sind gemäß § 15 Abs. 2 Satz 3 ImmoWertV nur dann für die Verwendung im Vergleichswertverfahren geeignet, wenn die Grundstücksmerkmale der ihnen zugrunde gelegten Grundstücke hinreichend mit denen des zu bewertenden Grundstücks übereinstimmen. Das ist gegeben, wenn

1. sie entsprechend den örtlichen Verhältnissen unter Berücksichtigung der Lage und der Objektart gegliedert nach den wertrelevanten Grundstücksmerkmalen (z.B. Baujahr oder Restnutzungsdauer, Ausstattung, Objektgröße, Bodenwertanteil) hinreichend bestimmt sind (Modellangaben),

2. die beschriebenen Grundstücksmerkmale des Vergleichsfaktors hinreichend mit denen des zu bewertenden Grundstücks übereinstimmen und

3. sie in ihrer absoluten Höhe plausibel sind.

Die Unterschiede zwischen dem Normobjekt (Objekt, für das der Vergleichsfaktor bestimmt ist) und dem Wertermittlungsobjekt müssen durch geeignete Umrechnungskoeffizienten und geeignete Indexreihen oder in anderer sachgerechter Weise berücksichtigt werden können.

Die Anforderungen an Vergleichsfaktoren sind für die Berechnung unbebauter Grundstücke in Abschnitt 4.4.2 und für bebaute Grundstücke in Abschnitt 7.1 ausführlich dargelegt.

Kapitel 4:   Bodenwertermittlung

4.1 Einführung

Der Bodenwert ist gemäß § 16 Abs. 1 ImmoWertV i.d.R. ohne Berücksichtigung der vorhandenen baulichen Anlagen auf dem Grundstück vorrangig im Vergleichswertverfahren zu ermitteln (siehe Kapitel 3).

Neben oder anstelle von Vergleichspreisen können zur Bodenwertermittlung auch geeignete Bodenrichtwerte (als Vergleichsfaktoren für unbebaute Grundstücke) herangezogen werden.

Nur in wenigen Ausnahmefällen sind die vorhandenen baulichen Anlagen bei der Bodenwertermittlung zu berücksichtigen. Dies ist insbesondere der Fall bei der Bewertung von

1. bebauten Außenbereichsgrundstücken (siehe Abschnitt 4.7),

2. Liquidationsobjekten (siehe Abschnitt 4.6)

3. unter- oder überausgenutzten Grundstücken (siehe Abschnitt 4.6)

4.2 Ermittlungsgrundsätze

Bodenwerte sind sowohl bei der Bewertung unbebauter als auch bei der Bewertung bebauter Grundstücke zu ermitteln.

Bodenwert im Ertragswertverfahren

Wird ein bebautes Grundstück mit dem Ertragswertverfahren bewertet, so setzt sich der (vorläufige) Ertragswert aus dem (Ertrags)Wert der baulichen und sonstigen Anlagen und dem Bodenwert zusammen. Außerdem wird im allgemeinen Ertragswertverfahren der Bodenwert für die Ermittlung des Bodenwertanteils am Reinertrag benötigt, der zur Ermittlung des Ertragsanteils der baulichen und sonstigen Anlagen vom Reinertrag abgezogen werden muss.[1]

Bodenwert im Sachwertverfahren

Der vorläufige Sachwert eines bebauten Grundstücks setzt sich zusammen aus Bodenwert + Gebäudewert + Wert der Außenanlagen.[2]

Dementsprechend muss bei einer Bewertung bebauter Grundstücke mittels Ertrags- und/oder Sachwertverfahren auch immer eine separate Bodenwertermittlung durchgeführt werden. Zudem beeinflusst die Höhe des Bodenwerts den Sachwertfaktor bei der Sachwertermittlung entscheidend.

Ermittlung im Vergleichswertverfahren, Bodenrichtwerte

Grundsätzlich sind Bodenwerte ohne Berücksichtigung der vorhandenen baulichen Anlagen auf dem Grundstück vorrangig im Vergleichswertverfahren zu ermitteln (vgl. § 16 ImmoWertV); dies gilt auch für die Bodenwertermittlung bebauter Grundstücke (vgl. §§ 17 Abs. 2 und 21 Abs. 1 ImmoWertV). Neben oder anstelle von Preisen für Vergleichsgrundstücke können zur Bodenwertermittlung

---

1) Das Ertragswertverfahren ist detailliert in Kapitel 5 erläutert.
2) Das Sachwertverfahren ist detailliert in Kapitel 6 erläutert.

auch geeignete Bodenrichtwerte herangezogen werden (vgl. § 16 Abs. 1 Satz 2 ImmoWertV).

In den nachfolgenden Abschnitten wird sowohl die Bodenwertermittlung mittels Vergleichspreisverfahren als auch die Ableitung des Bodenwerts aus Bodenrichtwerten (Vergleichsfaktorverfahren) erläutert.

Buchtipp

Im Lehrbuch und Kommentar [2] sind in Teil 3 weitere Verfahren zur Bodenwertermittlung detailliert beschrieben.

§ 16 Abs. 1 Satz 4 i.V.m. § 15 Abs. 1 Satz 3 ImmoWertV erlaubt für den Fall, dass sich in dem Gebiet, in dem das Bewertungsgrundstück gelegen ist, nicht genügend geeignete Vergleichskaufpreise finden lassen, dass auch Vergleichsgrundstücke aus vergleichbaren Gebieten herangezogen werden können.

vergleichbare Gebiete

Entsprechend der 4 Mindestschritte der Marktwertermittlung ist die Wahl des oder der angewendeten Wertermittlungsverfahren zu begründen (2. Schritt; vgl. Abschnitt 2.3). Nachfolgend wird als Beispiel eine diesbezügliche mögliche Begründung für die Bodenwertermittlung abgedruckt.

Begründung der Verfahrenswahl

> **Beispiel: Begründung für die Verfahrenswahl bei fehlenden Vergleichspreisen**
>
> *Gemäß § 16 Abs. 1 Satz 1 ImmoWertV ist der Bodenwert i.d.R. auf der Grundlage von Vergleichskaufpreisen zu ermitteln. Liegen geeignete Bodenrichtwerte vor, so können diese gemäß § 16 Abs. 1 Satz 2 ImmoWertV anstelle oder ergänzend zu den Vergleichskaufpreisen zur Bodenwertermittlung herangezogen werden.*
>
> *Im vorliegenden Fall hat der örtliche Gutachterausschuss einen geeigneten Bodenrichtwert veröffentlicht. Deshalb wird die Bodenwertermittlung auf dieser Grundlage durchgeführt.*

4.3 Bewertungsmodell

schrittweise Umrechnung

Ausgehend von tatsächlich realisierten Kaufpreisen für mit dem Bewertungsgrundstück vergleichbare andere unbebaute Grundstücke oder mit dem Bodenrichtwert in der Lage des Bewertungsobjekts oder einer vergleichbaren Lage wird der Bodenwert durch schritt- d.h. einzelfaktorweise Umrechnung abgeleitet.

Anpassung der Vergleichs- kaufpreise, Ermittlung des Vergleichswerts

Hierzu müssen zunächst die Vergleichskaufpreise bzw. der Bodenrichtwert von den Marktverhältnissen zum jeweiligen Kaufzeitpunkt bzw. zum Richtwertstichtag auf die allgemeinen Marktverhältnisse zum Wertermittlungsstichtag des Bewertungsobjekts umgerechnet werden. Anschließend erfolgt eine Preis- bzw. Wertanpassung hinsichtlich aller Wertmerkmale (Zustand i.S.v. §§ 4, 5 und 6 ImmoWertV) der Vergleichsgrundstücke bzw. des Richtwertgrundstücks an die Wertmerkmale des Bewertungsobjekts. Die umgerechneten Vergleichskaufpreise werden auf nicht ersichtliche Besonderheiten (Ausreißer) untersucht. Aus den so angepassten Vergleichspreisen wird der Bodenwert abgeleitet.

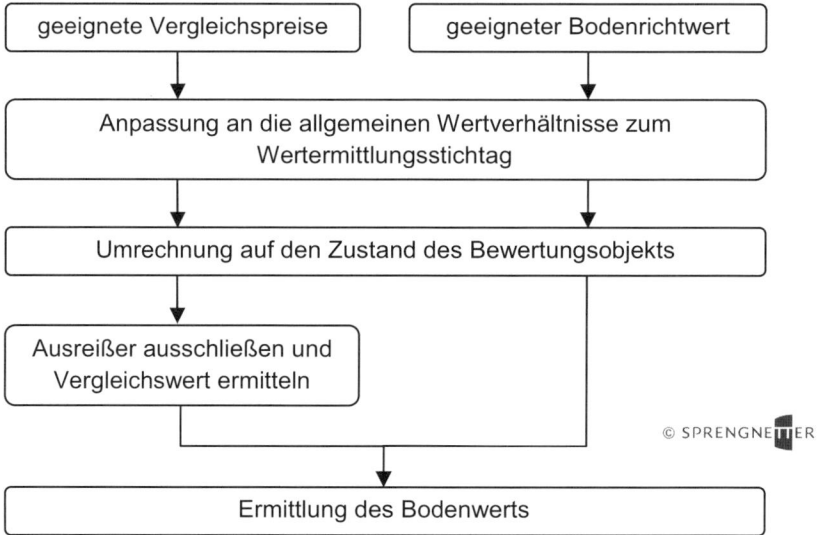

Abb. 4-1: **Schema „Ableitung des Bodenwerts aus Vergleichspreisen und/ oder Bodenrichtwerten"**

4.4 Begriffe, Bewertungsgrundlagen und erforderliche Daten der Boden-wertermittlung

4.4.1 Vergleichspreise

Zur Bodenwertermittlung müssen eine **ausreichende Zahl geeigneter Ver-gleichskaufpreise für unbebaute Grundstücke** zur Verfügung stehen. Welchen sonstigen Anforderungen Vergleichspreise genügen müssen, ist in Abschnitt 3.4 ausführlich beschrieben. Insbesondere sollte eine weitgehende Übereinstimmung hinsichtlich folgender Wertmerkmale bestehen:

Anforderungen an die Vergleichs-kaufpreise

- Entwicklungszustand (vgl. § 5 ImmoWertV),
- Lage[1] (vgl. § 4 Abs. 2 und § 6 Abs. 4 ImmoWertV),
- Art und Maß der zulässigen bzw. realisierbaren Nutzung (vgl. § 6 Abs. 1 Im-moWertV),
- Bodenbeschaffenheit (vgl. § 6 Abs. 5 ImmoWertV),
- Größe (vgl. § 6 Abs. 5 ImmoWertV),
- Grundstückszuschnitt (vgl. § 6 Abs. 5 ImmoWertV),
- abgabenrechtlicher Zustand (vgl. § 6 Abs. 3 ImmoWertV) und
- allgemeine Wertverhältnisse (§ 3 Abs. 2 ImmoWertV).

Praxistipp

Geeignete Vergleichspreise erhält man vom zuständigen Gutachterausschuss. Damit der Gutachterausschuss geeignete Vergleichspreise aus seiner Kaufpreis-sammlung heraussuchen kann, sollte beim Auskunftsantrag das Bewertungsob-jekt insbesondere hinsichtlich der vorgenannten Wertmerkmale detailliert be-schrieben werden.

4.4.2 Bodenrichtwerte

Der Bodenrichtwert ist der **durchschnittliche Lagewert des Bodens** für eine Mehrheit von Grundstücken, die zu einer **Bodenrichtwertzone** zusammenge-fasst werden, für die im Wesentlichen gleiche Nutzungs- und Wertverhältnisse vorliegen. Er ist bezogen auf den Quadratmeter Grundstücksfläche und einen be-stimmten Richtwertstichtag. Bodenrichtwerte werden zum Ende eines jeden bzw. jeden zweiten Kalenderjahres vom zuständigen Gutachterausschuss ermittelt und beziehen sich somit auf den 31. Dezember des Ermittlungsjahres bzw. neuerdings auch häufig auf den 1. Januar des Folgejahres.

Bodenrichtwert (Definition)

---

1) Finden sich in dem Gebiet, in dem das Bewertungsobjekt gelegen ist, nicht genügend Kaufpreise für vergleichbare Grundstücke, können auch Vergleichsgrundstücke aus vergleichbaren Gebieten (La-gen) herangezogen werden (vgl. § 16 Abs. 1 Satz 2 ImmoWertV).

Zur Ermittlung des Bodenwerts können neben oder anstelle von Preisen für Vergleichsgrundstücke auch **geeignete** Bodenrichtwerte herangezogen werden (§ 16 Abs. 1 Satz 2 ImmoWertV).

zur Eignung von Bodenrichtwerten

Bodenrichtwerte sind geeignet, wenn sie entsprechend den örtlichen Verhältnissen unter Berücksichtigung

- von Lage und Entwicklungszustand gegliedert sind und
- nach Art und Maß der baulichen Nutzung,
- abgabenrechtlichem Zustand und
- jeweils vorherrschender Grundstücksgestalt

hinreichend bestimmt sind und diese Merkmale hinreichend mit den Grundstücksmerkmalen des zu bewertenden Grundstücks übereinstimmen (§ 16 Abs. 1 Satz 3 ImmoWertV).

Bodenrichtwerte, die diese Anforderungen nicht erfüllen, sind als unmittelbare Grundlage für die Bodenwertermittlung ungeeignet. Da in diesen Fällen oftmals auch keine geeigneten Vergleichskaufpreise verfügbar sind, sind solche Bodenrichtwerte zu plausibilisieren und bzgl. fehlender Wertmerkmalsbeschreibungen zu ergänzen.

Praxistipp:
Gemäß gesetzlichem Auftrag (§ 196 BauGB) werden vom Gutachterausschuss für jedes Gemeindegebiet die Bodenrichtwerte in sog. Richtwertkarten veröffentlicht. Jedermann kann von der Geschäftsstelle des Gutachterausschusses Auskunft über die Bodenrichtwerte verlangen. Die Auskunft wird i.d.R. nur noch schriftlich erteilt und ist somit kostenpflichtig.

Linktipp:
Viele Gutachterausschüsse veröffentlichen die Bodenrichtwerte auch im Internet. Unter www.1x1-der-immobilienbewertung.de befindet sich in der Rubrik „Materialien zum Buch / Marktdaten" ein Verweis auf Gemeinden, für die Bodenrichtwerte im Internet verfügbar sind.

Die nachfolgende Abbildung stellt ein typisches Beispiel für die Bodenrichtwertdarstellung dar.

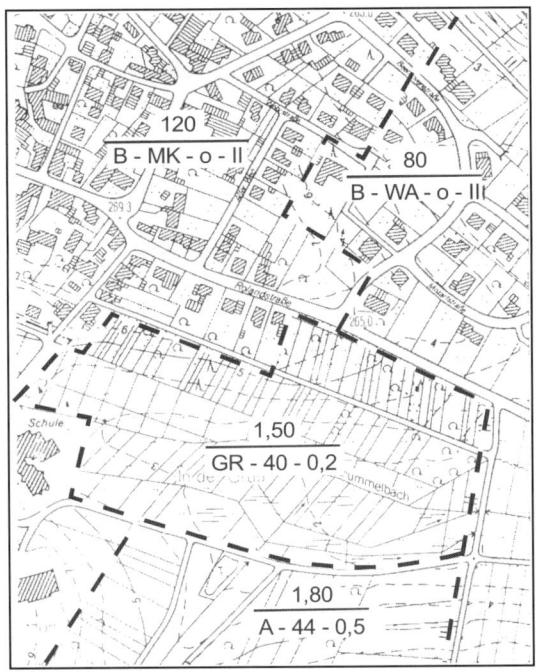

Abb. 4-2: **Auszug aus einer Bodenrichtwertkarte aus Rheinland-Pfalz**
(Deutsche Grundkarte 1 : 5.000, vervielfältigt mit Genehmigung des Landesvermessungsamtes Rheinland-Pfalz, Kontrollnummer 39/96/9/96)

Erläuterungen zur Abbildung:

Bauflächen		**Landwirtschaftlich genutzte Flächen**	
80, 120	= Bodenrichtwert in €/m²	1,50; 1,80	= Bodenrichtwert in €/m²
(apf)	= abgabenpflichtig	A, GR	= Art der Nutzung: Ackerland bzw. Grünland
B	= Entwicklungszustand: baureifes Land	40, 44	= Acker- bzw. Grünlandzahl
MK, WA	= Art der baulichen Nutzung Kerngebiet bzw. allgem. Wohngebiet	0,5; 0,2	= gebietsspezifische Grundstücksgröße in ha
o	= offene Bauweise		
II	= zwei Geschosse		
----	= Zonenabgrenzung (Lagebezug)		

4.4.3 Bodenpreisindex

Bodenpreis-indexreihen

Bodenpreisindexreihen geben die Änderungen der allgemeinen Wertverhältnisse bezüglich der Bodenpreise wieder. Sie werden aus dem örtlichen Grundstücksmarkt abgeleitet und bestehen aus Indexzahlen, die sich aus dem durchschnittlichen Verhältnis der Bodenpreise eines Erhebungszeitraums zu den Bodenpreisen eines Basiszeitraums mit der Indexzahl 100 ergeben.

Bezugszeitpunkt

Die Bodenpreisindexzahlen beziehen sich auf einen bestimmten Basiszeitpunkt – z.B. den 1. Juli 2000. Je nach den Verhältnissen des örtlichen Grundstücksmarkts werden die Indexreihen differenziert nach Regionen und Grundstücksteilmärkten angegeben.

Datenherkunft

Gemäß § 9 Abs. 1 Satz 1 ImmoWertV i.V.m. § 193 Abs. 5 Satz 1 BauGB sollen derartige Bodenpreisindexreihen vom Gutachterausschuss aus der Kaufpreissammlung abgeleitet werden. Es gibt aber auch andere Anbieter, die solche Indexreihen veröffentlichen.

Beispiel: Bodenpreisindexreihe

Indexziffer	100	105	111	115	121	127
Stichtag jeweils 01.07.	2007	2008	2009	2010	2011	2012

Im vorliegenden Beispiel bildet das Jahr 2007 den Basiszeitraum, d.h. die Indexziffer wird für den 01.07.2007 (Basiszeitpunkt) auf 100 gesetzt. Von diesem Zeitpunkt bis zum Erhebungszeitraum 2012 sind die Bodenpreise durchschnittlich um [(127 – 100) / 100 =] 27 % gestiegen.

---

lineare Interpolation und Extrapolation

Anhand derartiger Indexreihen kann mittels linearer Interpolation bzw. Extrapolation der jeweilige Vergleichskaufpreis oder Bodenrichtwert an die allgemeinen Wertverhältnisse zum Wertermittlungsstichtag angepasst werden.

Beispiel: **Anpassung eines Bodenrichtwerts an die allgemeinen Wertverhältnisse zum Wertermittlungsstichtag mittels Indexinterpolation**

A. Sachverhalt

Bodenrichtwert: 200 €/m²
Richtwertstichtag: 31.12.2011
Bodenpreisindexreihe:

Indexziffer	121	127
Stichtag jeweils 01.07.	2011	2012

B. Aufgabe

Passen Sie den Bodenrichtwert an die allgemeinen Wertverhältnisse zum Wertermittlungsstichtag 1. März 2012 an!

C. Lösung

Lineare Interpolation:

Im Zeitraum 1. Juli 2011 bis 1. Juli 2012 hat sich der Index um (127 – 121 =) 6 Punkte verändert. Das entspricht einem monatlichen Anstieg von 0,5 Punkten. Zwischen dem 1. März 2012 und dem 1. Juli 2011 sind 8 Monate vergangen. 8 Monate mal 0,5 Punkte pro Monat ergibt einen Indexfortschritt von 4 Punkten. Der Index zum 1. März 2012 ergibt sich aus der Summe aus dem Index zum Stichtag 1. Juli 2011 in Höhe von 121 Punkten und dem Indexfortschritt von 4 Punkten und beträgt somit 125 Punkte. Entsprechend ergibt sich für den 31.12.2011 eine Indexzahl von 124 Punkten.

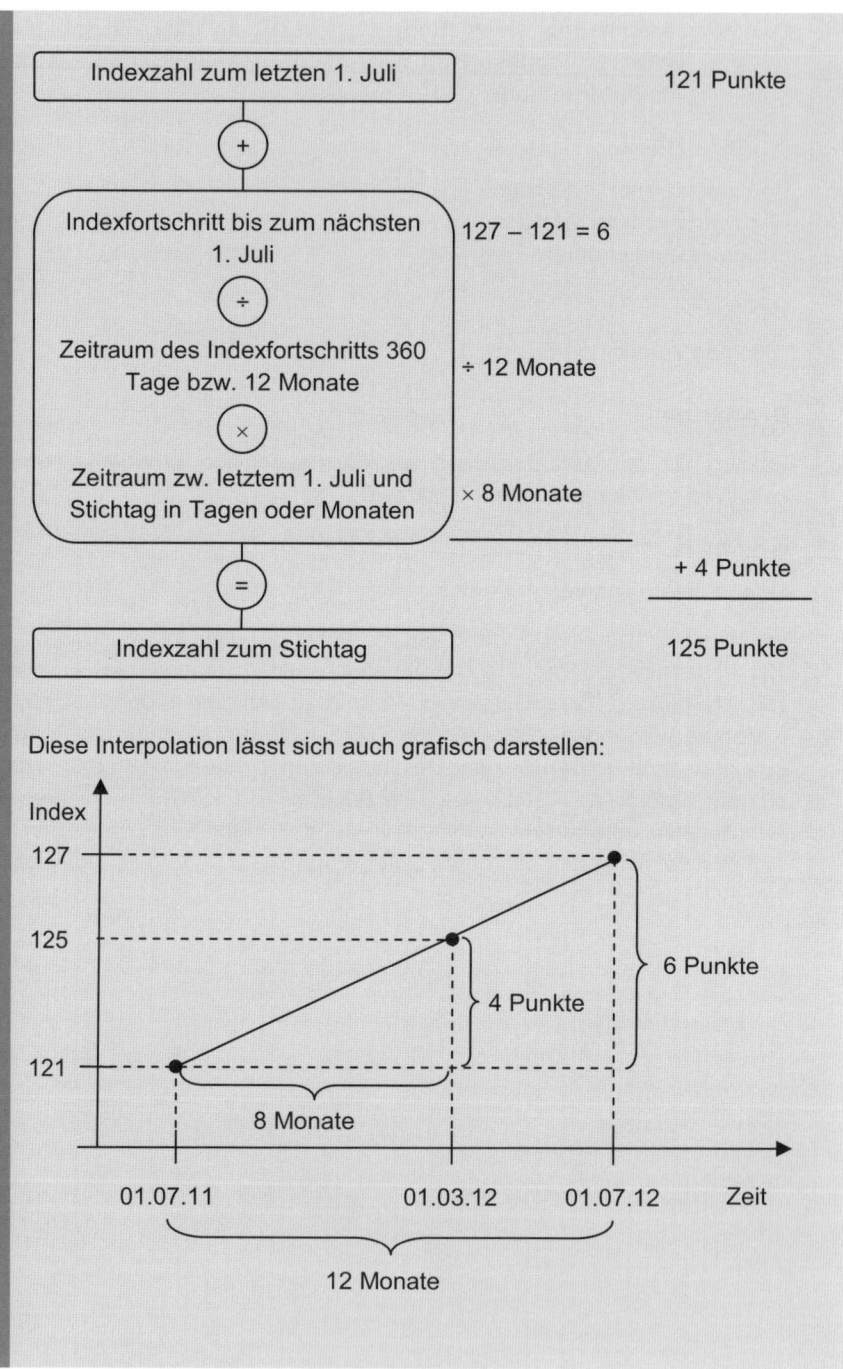

Diese Interpolation lässt sich auch grafisch darstellen:

Richtwertanpassung an den Wertermittlungsstichtag

Der Bodenrichtwert zu den allgemeinen Wertverhältnissen am Wertermittlungsstichtag berechnet sich wie folgt (Dreisatz):

$$\text{Bodenwert am Wertermittlungsstichtag}$$
$$=$$
$$\text{Richtwert am Richtwertstichtag} \times \frac{\text{Index am Wertermittlungsstichtag}}{\text{Index am Richtwertstichtag}}$$

$$200 \text{ €/m}^2 \times \frac{125}{124} = 201,61 \text{ €/m}^2 = \text{rd. } 202 \text{ €/m}^2$$

Linktipp

Ein Excel-Formular zur einfachen und schnellen (Kreuz)Interpolation ist im Internet unter www.1x1-der-immobilienbewertung.de (Rubrik: Materialien zum Buch) zu finden. Die Zugangsdaten finden Sie am Ende des Buches in Kapitel 14.

Buchtipp

Im Lehrbuch und Kommentar [2], Teil 1, Kapitel 6, Abschnitt 1 sind verschiedene Methoden zur Indexinterpolation detailliert beschrieben.

Meistens liegt der Wertermittlungsstichtag außerhalb des vertafelten Wertebereichs der Indexreihe. In diesem Fall muss die Indexzahl durch Extrapolation bestimmt werden.

Extrapolation

Beispiel: **Indexextrapolation**

Stichtag (jeweils 01.07.)	2007	2008	2009	2010	2011	2012
Indexziffer	100	130	159	169	178	189
Tabellenfortschritt [%]		30,0	22,3	6,3	5,3	6,2

Es ist die Indexziffer für den 01.04.2013 zu ermitteln. Man erkennt, dass die Bodenpreise im Zeitraum 2007 bis 2009 wesentlich stärker angestiegen sind, als im Folgezeitraum. Es ist zu erwarten, dass sich die Bodenpreise bis zum 01.04.2013 wie in dem Zeitraum 2009 bis 2012 entwickelt haben. Deshalb bleibt der Zeitraum 2007 bis 2009 bei der Extrapolation unberücksichtigt.

In den vergangenen 3 Jahren sind demnach die Indexziffern um durchschnittlich 5,9 %/Jahr [= (6,3 + 5,3 + 6,2)/3] angestiegen. Das entspricht einem monatlichen Anstieg von 0,49 %.

Die Indexziffer für den Stichtag 01.04.2013, der zeitlich 9 Monate von dem letzten Indexstichtag 01.07.2012 abweicht, berechnet sich wie folgt:

$$I_{1.4.13} = 189 + \left[189 \times \frac{9 \times 0,49\,\%}{100} \right] = \quad 197,33$$

rd. 197

Buchtipp

Im Lehrbuch und Kommentar [2], Teil 1, Kapitel 6, Abschnitt 2 sind verschiedene Methoden zur Indexextrapolation detailliert beschrieben.

Datenquellen

Bodenpreisindexreihen werden von den Gutachterausschüssen ermittelt und in den Geschäftsstellenberichten (Grundstücksmarktberichten) veröffentlicht. Sollte der zuständige Gutachterausschuss keine Bodenpreisindexreihe zur Verfügung stellen, so kann die Bodenpreisentwicklung aus der Entwicklung der zurückliegenden Bodenrichtwerte abgeleitet werden. Hierbei ist zu beachten, dass die Definition des Richtwertgrundstücks innerhalb des betrachteten Zeitraums nicht geändert wurde (z.B. von abgabenfrei auf abgabenpflichtig). Im Falle einer Änderung ist eine Ableitung der Bodenpreisentwicklung aus den Richtwerten dieser Zone nicht möglich, da sich der Einfluss der sich ändernden allgemeinen Wertverhältnisse und der des geändert zugrunde gelegten Zustands auf die Richtwertentwicklung nicht oder nur schwer voneinander trennen lassen. Ersatzweise sollte dann auf Bodenpreisindexreihen bzw. Richtwertentwicklungen vergleichbarer Gebiete (gleiche Nachfrage- und Angebotssituation) zurückgegriffen werden.

Oftmals können Gutachterausschussgeschäftsstellen auch die örtliche Bodenwertentwicklung seit dem letzten Richtwertstichtag bis zum Wertermittlungsstichtag (telefonisch) mitteilen.

Das Statistische Bundesamt veröffentlicht einen Preisindex für Bauland, der auch in Marktdaten und Praxishilfen [1], Abschnitt 4.04 abgedruckt wird. Dieser Index spiegelt die bundesdurchschnittliche Bodenpreisentwicklung wieder. Da sich die Bodenpreise in Deutschland regional sehr unterschiedlich entwickeln, können die aus den statistischen Berichten entnommenen Bundesdurchschnittswerte – wenn überhaupt – nur äußerst hilfsweise zur Ermittlung der im Bewertungsfall benötigten Bodenwertänderung herangezogen werden.

4.4.4 GFZ- und Grundstücksgrößen-Anpassungen

Die wesentlichen wertbeeinflussenden Merkmale des baureifen Landes sind (neben der Grundstückslage) die bauliche Ausnutzbarkeit und die Grundstücksgröße (§ 4 Abs. 2 i.V.m. § 6 Abs. 1 und 6 ImmoWertV). Auf dem Grundstücksmarkt für Ein- und Zweifamilienhäuser wird sowohl

- ein Wertabschlag bei geringerer (bzw. schlechterer) baulicher Ausnutzung als auch

- eine „Dämpfung" bei höherem absoluten Gesamtwert (d.h. auch bei größerer Fläche)

vorgenommen.

Beide Einflüsse sind nicht immer gleichgerichtet und können deshalb nicht sachgemäß durch einen einzigen Umrechnungsfaktor berücksichtigt werden.

4.4.4.1 GFZ-Umrechnungskoeffizienten

Die Geschossflächenzahl – abgekürzt GFZ – ist ein Begriff aus dem Bauplanungsrecht für das Maß der baulichen Nutzung des Grundstücks und ist in § 20 BauNVO definiert. Sie gibt an, wie viel Quadratmeter Geschossfläche je Quadratmeter Grundstücksfläche zulässig sind. Die Geschossfläche ist nach den Außenmaßen der Gebäude in allen Vollgeschossen zu ermitteln. *GFZ-Definition*

Was ein Vollgeschoss ist, ergibt sich aus der Bauordnung des jeweiligen Landes, in dem das Grundstück liegt. Vollgeschosse sind hiernach diejenigen Geschosse, die im Mittel mindestens ca. 1,20 m – 1,60 m über die Geländeoberfläche herausragen und in der Regel über mindestens 3/4 ihrer Grundfläche (bei geneigten Dächern) oder 2/3 ihrer Grundfläche (bei Staffelgeschossen) eine Höhe von 2,30 m haben. Die Definitionen der einzelnen Landesbauordnungen weichen jedoch geringfügig voneinander ab. *Vollgeschoss-definition*

Im Bebauungsplan kann festgesetzt werden, dass die Flächen von Aufenthaltsräumen in anderen Geschossen einschließlich der zu ihnen gehörenden Treppenräume und einschließlich ihrer Umfassungswände ganz oder teilweise mitzurechnen oder ausnahmsweise nicht mitzurechnen sind. Bei der Ermittlung der Geschossfläche bleiben untergeordnete Nebenanlagen, Balkone, Loggien, Terrassen sowie bauliche Anlagen, soweit sie nach Landesrecht in den Abstandsflächen (seitlicher Grenzabstand und sonstige Abstandsflächen) zulässig sind oder zugelassen werden können, unberücksichtigt. *Anrechnung von Aufenthalts-räumen*

wertrelevante
GFZ – WGFZ

Für Zwecke der Wertermittlung empfiehlt es sich, eine sog. „wertrelevante Geschossflächenzahl – WGFZ" zu ermitteln und auf diese in der Bewertung abzustellen. Bei der Ermittlung der WGFZ werden – anders als bei der planungsrechtlich relevanten GFZ – auch die Flächen berücksichtigt, die nach den baurechtlichen Vorschriften nicht anzurechnen sind, aber der wirtschaftlichen Nutzung dienen.[1]

> Beispiel: **Ermittlung der Geschossfläche aus GFZ und Grundstücksgröße und der wertrelevanten GFZ (WGFZ)**
>
> Ein Grundstück hat eine Fläche von 500 m². Der Bebauungsplan setzt für den Bereich des Grundstücks eine GFZ von 1,0 fest. Die Summe der Geschossflächen in allen auf dem Grundstück befindlichen Gebäuden darf somit ebenfalls maximal 500 m² betragen. Man könnte beispielsweise ein viergeschossiges Gebäude mit jeweils 125 m² Geschossfläche pro Geschoss errichten (4 × 125 m² = 500 m²). Wäre für dasselbe Grundstück eine GFZ von 0,5 festgesetzt, würde die maximal zulässige Summe der Geschossflächen 250 m² betragen (500 m² × 0,5 = 250 m²). Bei einer GFZ von 1,2 dürfte eine maximale Geschossfläche von 600 m² errichtet werden (500 m² × 1,2 = 600 m²).
>
> Die WGFZ ist in diesen Fällen zumeist größer als die planungsrechtlich relevante GFZ, weil auf die WGFZ auch die Flächen der Aufenthaltsräume angerechnet werden, die in Nichtvollgeschossen liegen. Beträgt die gesamte Geschossfläche über alle Vollgeschosse z.B. 500 m² und die Fläche der Aufenthaltsräume in den Nichtvollgeschossen 80 m², so beträgt die planungsrechtlich relevante GFZ 1,0 (= 500 m² / 500 m²) und die wertrelevante GFZ (WGFZ) 1,16 (= 580 m² / 500 m²).

Berücksichtigung
von GFZ-
Abweichungen

Abweichungen des Maßes der baulichen Nutzbarkeit des Vergleichsgrundstücks oder des Bodenrichtwertgrundstücks gegenüber dem Bewertungsgrundstück sollen gemäß § 12 ImmoWertV mit Hilfe von aus Kaufpreisen abgeleiteten GFZ-Umrechnungskoeffizienten erfasst werden.

Soweit keine Umrechnungskoeffizienten des örtlichen Gutachterausschusses oder aus vergleichbaren Gebieten zur Verfügung stehen, kann auf die nachfolgend abgedruckten Umrechnungskoeffizienten zurückgegriffen werden.

---

1) Siehe auch Nr. 6 Abs. 6 der Bodenrichtwertrichtlinie.

WGFZ des Wertermittlungsobjekts												GFZ-Koeffizienten
	0,4	0,5	0,6	0,7	0,8	0,9	1,0	1,1	1,2	1,3	1,4	1,5

WGFZ des Vergleichsobjekts	0,4	0,5	0,6	0,7	0,8	0,9	1,0	1,1	1,2	1,3	1,4	1,5
0,4	1,00	1,10	1,19	1,28	1,36	1,45	1,52	1,60	1,67	1,74	1,81	1,88
0,5	0,91	1,00	1,08	1,16	1,24	1,31	1,38	1,45	1,52	1,58	1,65	1,71
0,6	0,84	0,92	1,00	1,07	1,14	1,21	1,28	1,34	1,40	1,46	1,52	1,57
0,7	0,78	0,86	0,93	1,00	1,07	1,13	1,19	1,25	1,30	1,36	1,41	1,47
0,8	0,73	0,81	0,87	0,94	1,00	1,06	1,12	1,17	1,22	1,28	1,33	1,38
0,9	0,69	0,76	0,83	0,89	0,94	1,00	1,05	1,11	1,16	1,20	1,25	1,30
1,0	0,66	0,72	0,78	0,84	0,90	0,95	1,00	1,05	1,10	1,14	1,19	1,23
1,1	0,63	0,69	0,75	0,80	0,85	0,90	0,95	1,00	1,05	1,09	1,13	1,18
1,2	0,60	0,66	0,71	0,77	0,82	0,87	0,91	0,96	1,00	1,04	1,08	1,12
1,3	0,57	0,63	0,69	0,74	0,78	0,83	0,87	0,92	0,96	1,00	1,04	1,08
1,4	0,55	0,61	0,66	0,71	0,75	0,80	0,84	0,88	0,92	0,96	1,00	1,04
1,5	0,53	0,59	0,64	0,68	0,73	0,77	0,81	0,85	0,89	0,93	0,96	1,00

Tab. 4-1: **GFZ-Umrechnungskoeffizienten gemäß Anlage 11 der WertR[1)]**

Zwischenwerte lassen sich durch Interpolation berechnen.

Buchtipp

GFZ-Umrechnungskoeffizienten weisen eine signifikante Abhängigkeit von der Einwohnerzahl auf. In den Marktdaten und Praxishilfen [1], Kapitel 3.10.1 sind für Städte mit bis zu 700.000 Einwohner differenzierte bundesdurchschnittliche GFZ-Umrechnungskoeffizienten abgedruckt. Dort auch für GFZ-Bereiche größer 1,5.

Die abgedruckten GFZ-Koeffizienten geben das Wertverhältnis von gleichartigen Grundstücken bei unterschiedlicher baulicher Nutzung (GFZ : GFZ) wieder. Die Koeffizienten können nicht bei ungleichartig genutzten Grundstücken angewendet werden. Insbesondere sind die Koeffizienten nicht bei Grundstücken mit Mischnutzung (z.B. im Erdgeschoss Ladennutzung und in den Obergeschossen Wohnnutzung) anwendbar. In diesen Fällen sollte zur Berücksichtigung unterschiedlicher baulicher Nutzung das sog. Mietsäulenverfahren angewendet werden.

Anwendung nur bei gleichartig genutzten Grundstücken

---

1) WGFZ = wertrelevante GFZ

Buchtipp

Das Mietsäulenverfahren ist ausführlich im Lehrbuch und Kommentar [2], Teil 3, Kapitel 13 beschrieben.

abgabenrecht-
licher Zustand

Die Koeffizienten beziehen sich auf Grundstücke im abgabenfreien Zustand und können deshalb modellkonform auch nur auf abgabenfreie Bodenwerte sachgemäß angewendet werden.

Beispiel: **Umrechnung eines Bodenrichtwerts bei einer vom Bewertungsobjekt abweichenden WGFZ**

Der Bodenrichtwert in der Lage des Bewertungsobjekts beträgt 100,– €/m² und ist für ein Grundstück definiert, das mit einer WGFZ von 0,8 ausgenutzt werden kann. Gesucht ist der Bodenwert des ansonsten mit dem Bodenrichtwertgrundstück zustandsmäßig übereinstimmenden Bewertungsobjekts, das jedoch mit einer zulässigen und realisierbaren sowie wertrelevanten GFZ von 1,2 ausgenutzt werden kann.

Aus Tab. 4-1 ergibt sich bei einer WGFZ des Wertermittlungsobjekts von 1,2 und einer WGFZ des Vergleichsobjekts von 0,8 ein Umrechnungsfaktor von 1,22. Mit diesem Faktor ist der Bodenwert des Vergleichsobjekts zu multiplizieren. Wenn keine weiteren Unterschiede zwischen Vergleichsobjekt und Bewertungsobjekt bestehen, ist das Ergebnis dieser Berechnung der Bodenwert des Bewertungsobjekts.

100,– €/m² × 1,22 = **122,– €/m²**

Praxistipp

Oft lässt sich der Einfluss des Maßes der baulichen Nutzung auf den Bodenwert mit der nachfolgend beschriebenen Näherungslösung mit hinreichender Genauigkeit berücksichtigen. Dies insbesondere dann, wenn die GFZ für das Bewertungsobjekt nicht in einem Bebauungsplan festgesetzt ist und die Bebaubarkeit des Grundstücks gemäß § 34 BauGB aus der Bebauung der näheren Umgebung abzuleiten ist.

Näherung

Näherungslösung

Fast alle GFZ-Umrechnungskoeffizienten entsprechen näherungsweise folgendem Verhältnis:

$$\frac{\text{Änderung des Bodenwerts}}{\text{Änderung der GFZ}} \approx \frac{1}{2}$$

Beispiel: GFZ-Anpassung mittels Näherungslösung

Für den in Beispiel 1 beschriebenen Fall ergibt sich mit der Näherungslösung folgender Bodenwert.

$$\text{Änderung der GFZ} = \frac{1{,}2 - 0{,}8}{0{,}8} = 0{,}5 \ (\text{bzw. } +50\ \%)$$

$$\frac{\text{Bodenwertänderung}}{0{,}5} = \frac{1}{2}$$

Löst man die Gleichung nach der Bodenwertänderung auf, so ergibt sich diese zu

$$\text{Bodenwertänderung} = \frac{0{,}5}{2} = 0{,}25 \ (\text{bzw. } +25\ \%)$$

Ändert sich die GFZ wie im Beispiel um 50 %, so ändert sich der Bodenwert näherungsweise um (50 % ÷ 2 =) 25 %.

$$100{,}-\ €/m^2 \times 1{,}25 = \mathbf{125{,}-\ €/m^2}$$

Buchtipp

Im Lehrbuch und Kommentar [2], Teil 3, Kapitel 13 ist die Berücksichtigung des Maßes der baulichen Nutzung ausführlich beschrieben. Insbesondere finden Sie dort Informationen, wie bei ungleichartig genutzten Grundstücken mit abweichender baulicher Ausnutzung vorzugehen ist. Hier sind nämlich die GFZ-Umrechnungskoeffizienten nicht anwendbar.

4.4.4.2 Grundstücksgrößen-Umrechnungskoeffizienten

Da die Einflussfaktoren Grundstücksgröße und bauliche Ausnutzbarkeit des Grundstücks unabhängig voneinander, d.h. oftmals auch nicht gleichgerichtet, wirken können, sind sowohl bei Eigennutzungs- als auch bei Renditegrundstücken beide Einflussfaktoren grundsätzlich getrennt zu berücksichtigen.

Grundsätzlich gilt:

Je größer ein Grundstück ist, um so höher ist sein Gesamtwert (unter sonst gleichen Bedingungen), um so geringer ist die Nachfrage nach diesem Grundstück und damit auch sein relativer Bodenwert (€/m²).

Grundzusammenhang

Zur Berücksichtigung dieses Einflusses muss neben der GFZ-Anpassung (s.o.) eine Anpassung bzgl. der Grundstücksgröße vorgenommen werden. Zu diesem Zweck wurden von Sprengnetter bundesdurchschnittliche Grundstücksgrößen-Umrechnungskoeffizienten abgeleitet. Die Zusammenhänge lassen sich anhand der nachfolgenden Abbildung veranschaulichen.

Grundstücksgrößen-Umrechnungskoeffizienten

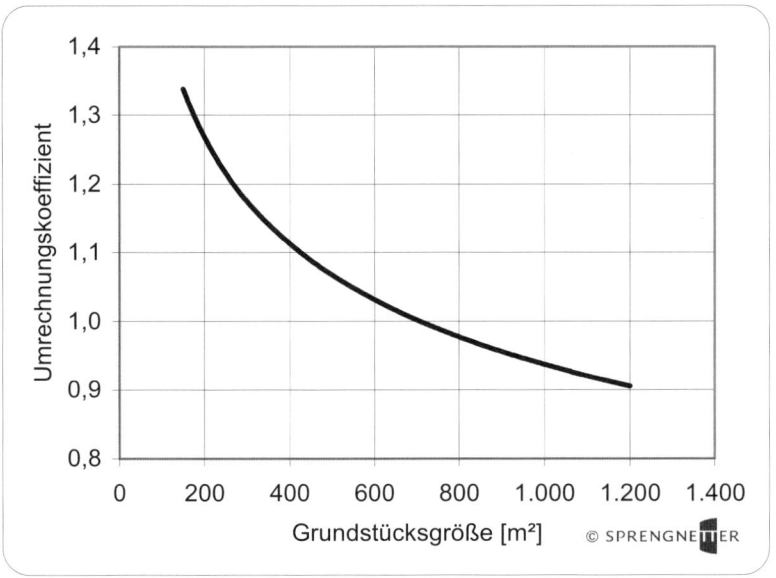

Abb. 4-3: **Abhängigkeit des Bodenwerts von der Grundstücksgröße bei Grundstücken mit gleicher WGFZ**

Soweit keine Umrechnungskoeffizienten des örtlichen Gutachterausschusses oder aus vergleichbaren Gebieten zur Verfügung stehen kann auf die nachfolgend abgedruckten Umrechnungskoeffizienten zurückgegriffen werden.

Linktipp

Ein ausführliches Beispiel zur Bewertung eines übertiefen und beitragspflichtigen unbebauten Grundstücks steht unter www.1x1-der-immobilienbewertung.de (Rubrik: Materialien zum Buch) zur Verfügung. Die Zugangsdaten finden Sie am Ende des Buches in Kapitel 14.

Größe des Vergleichsobjekts [m²]	Größe des Wertermittlungsobjekts [m²]										Grundstücksgrö-ßen-Umrech-nungskoeffi-zienten
	300	400	500	600	700	800	900	1.000	1.100	1.200	
300	**1,00**	0,95	0,91	0,88	0,85	0,83	0,81	0,80	0,78	0,77	
400	1,06	**1,00**	0,96	0,93	0,90	0,88	0,86	0,84	0,83	0,81	
500	1,10	1,04	**1,00**	0,97	0,94	0,92	0,90	0,88	0,86	0,85	
600	1,14	1,08	1,03	**1,00**	0,97	0,95	0,93	0,91	0,89	0,88	
700	1,18	1,11	1,07	1,03	**1,00**	0,98	0,96	0,94	0,92	0,91	
800	1,20	1,14	1,09	1,06	1,03	**1,00**	0,98	0,96	0,94	0,93	
900	1,23	1,16	1,12	1,08	1,05	1,02	**1,00**	0,98	0,96	0,95	
1.000	1,25	1,19	1,14	1,10	1,07	1,04	1,02	**1,00**	0,98	0,97	
1.100	1,28	1,21	1,16	1,12	1,09	1,06	1,04	1,02	**1,00**	0,98	
1.200	1,30	1,23	1,18	1,14	1,11	1,08	1,06	1,03	1,02	**1,00**	

Tab. 4-2: **Bundesdurchschnittliche Grundstücksgrößen-Umrechnungs-koeffizienten für Grundstücke mit gleicher GFZ (gemäß Sprengnetter)**

Zwischenwerte lassen sich durch Interpolation berechnen.

Buchtipp

Bundesdurchschnittliche Grundstücksgrößen-Umrechnungskoeffizienten sind in stets aktueller Fassung in den Marktdaten und Praxishilfen [1], Kapitel 3.10.2 abgedruckt. Dort auch für Grundstücksgrößen größer 1.200 m².

Die abgedruckten Grundstücksgrößen-Umrechnungskoeffizienten geben das Wertverhältnis von Grundstücken bei gleicher baulicher Ausnutzbarkeit aber mit unterschiedlicher Größe wieder (GFZ-bereinigt). Unterscheidet sich die bauliche Ausnutzbarkeit des Vergleichsobjekts von der des Wertermittlungsobjekts, so muss zusätzlich eine GFZ-Anpassung vorgenommen werden.

Anwendung bei gleicher baulicher Ausnutzbarkeit

Die Koeffizienten beziehen sich auf Grundstücke im abgabenfreien Zustand und können deshalb modellkonform auch nur auf solche sachgemäß angewendet werden.

abgabenrecht-licher Zustand

Beispiel: **Anwendung der Grundstücksgrößen-Umrechnungskoeffizienten**

Das Bewertungsobjekt liegt in einer Bodenrichtwertzone, für die der zuständige Gutachterausschuss folgenden Bodenrichtwert veröffentlicht hat:

$$\frac{200}{\text{WA} - \text{o} - \text{II} - 0{,}6 - 800}$$

darin bedeuten:

200	=	200,– €/m², abgabenfrei
WA	=	allgemeines Wohngebiet
o	=	offene Bauweise
II	=	zwei Vollgeschosse
0,6	=	WGFZ des Richtwertgrundstücks
800	=	Größe (in m²) des Richtwertgrundstücks

Das Bewertungsgrundstück stimmt bzgl. der Wertmerkmale mit dem Richtwertgrundstück bis auf WGFZ und Grundstücksgröße überein. Die realisierbare und wertrelevante GFZ beträgt 0,8 und die Grundstücksgröße 550 m².

Es ist der Bodenrichtwert an die abweichenden Grundstücksmerkmale des Bewertungsobjekts anzupassen. Hierzu ist zunächst eine GFZ-Anpassung und anschließend eine Grundstücksgrößen-Anpassung vorzunehmen.

a) **GFZ-Anpassung**

200,– €/m² × 1,14[1] = 228,– €/m²

b) **Grundstücksgrößenanpassung**

Da durch die GFZ-Umrechnung lediglich die höhere Ausnutzbarkeit, nicht jedoch die aufgrund des geringen Absolutbetrags (550 m² × 228,– €/m² = 125.400,– € gegenüber 800 m² × 228,– €/m² = 182.400,– €) größere Nachfrage berücksichtigt wird, ist zusätzlich eine Grundstücksgrößenanpassung vorzunehmen.

228,– €/m² × 1,08[2] = 246,24 €/m² = rd. 246,– €/m²

Buchtipp

Weitergehende Informationen zum Einfluss der Grundstücksgröße auf den Bodenwert finden Sie in Lehrbuch und Kommentar [2], Teil 3, Kapitel 16.

---

1) Vgl. Tab. 4-1 im vorangegangenen Unterabschnitt 4.4.4.1.
2) Vgl. Tab. 4-2 in diesem Abschnitt.

4.4.5 Lageunterschiede

Die Lage ist eines der entscheidenden Wertmerkmale des Bodens (vgl. § 4 Abs. 2 i.V.m. § 6 Abs. 4 ImmoWertV). Diesbezügliche Wertunterschiede können beispielsweise aus Bodenrichtwerten anderer Gebiete, die sich ausschließlich in der Lage unterscheiden, abgeleitet werden. D.h., die zum Vergleich verwendeten Richtwertgrundstücke unterscheiden sich weitgehend nur hinsichtlich der Lage, nicht jedoch bezüglich anderer Wertmerkmale (wie z.B. dem Maß der baulichen Nutzung).

Bestimmung des Werteinflusses

> **Beispiel: Ermittlung des Einflusses von Lageunterschieden auf den Bodenwert**
>
> **A. Sachverhalt**
>
> Zur Ermittlung des Bodenwerts eines abgabenfreien (afr), im reinen Wohngebiet gelegenen Einfamilienhausgrundstücks mit hervorragender Aussichtslage[1], einer Grundstücksgröße von 610 m² und einer Grundstückstiefe von 31 m steht folgender Bodenrichtwert zur Verfügung:
>
> $$\frac{210 \ (afr)}{\text{B-WR-o-I-30-600}}$$
>
> Die Richtwertzone umfasst zu ca. 90 % Grundstücke ohne besondere Aussichtslage. Man erkennt, dass das Bewertungsobjekt und das Richtwertgrundstück hinsichtlich des abgabenrechtlichen Zustands und der Art und des Maßes der baulichen Nutzung hinreichend genau übereinstimmen. Eine Abweichung besteht lediglich hinsichtlich der Aussichtslage.
>
> In einer Nachbargemeinde stehen Bodenrichtwerte zur Verfügung, aus denen sich der Einfluss diesbezüglicher Lageunterschiede auf den Bodenwert ableiten lässt.
>
> Zone 1: $$\frac{350 \ (afr)}{\text{B-WR-o-II-30-500}}$$
>
> Die in der Richtwertzone 1 gelegenen Grundstücke verfügen überwiegend über eine mit dem Bewertungsobjekt vergleichbare hervorragende Aussichtslage.
>
> Zone 2: $$\frac{290 \ (afr)}{\text{B-WR-o-II-30-500}}$$

---

1) Die nachfolgend am Beispiel der Aussichtslage erläuterte Vorgehensweise lässt sich auch auf andere Lageeinflüsse (z.B. Seeangrenzung, Abstand zur Autobahn) übertragen.

Die in der Richtwertzone 2 gelegenen Grundstücke verfügen, im Gegensatz zu den in der Zone 1 gelegenen Grundstücken, über keine Aussichtslagenpräferenz. Ansonsten sind die Richtwertgrundstücke vergleichbar.

B. Aufgabe

1. Ermitteln Sie den Einfluss der Aussichtslage auf den Bodenwert!

2. Ermitteln Sie den Bodenwert des Bewertungsgrundstücks!

C. Lösung

C.1 Einfluss der Aussichtslage auf den Bodenwert

Die Richtwertgrundstücke der Zone 1 und 2 unterscheiden sich ausschließlich hinsichtlich der Aussichtslage. Die relative lagebedingte Bodenwerterhöhung beträgt:

$$\frac{350,-\,€/m² - 290,-\,€/m²}{290,-\,€/m²} = 0,21 \text{ (oder 21 \%)}$$

C.2 Bodenwert des Bewertungsobjekts

Der Richtwert in der Lage des Bewertungsobjekts beträgt 210,– €/m². Das Richtwertgrundstück unterscheidet sich vom Bewertungsgrundstück ausschließlich hinsichtlich der Aussichtslage. Aus den Richtwerten der Nachbargemeinde wurde der diesbezügliche Bodenwerteinfluss mit 21 % ermittelt.

Der Bodenwert des Bewertungsobjekts errechnet sich aus dem Richtwert in der Lage des Bewertungsobjekts und einem Zuschlag von 21 % für die Lagepräferenz:

BW = 210,– €/m² × 1,21 = 254,10 €/m²

rd. 254,– €/m²

zonale Lage-
differenzen

Durch zonale Bodenrichtwerte werden i.d.R. die wesentlichen Lageeinflüsse im Richtwert berücksichtigt. Dennoch können – z.B. für Grundstücke am Rand der Bodenrichtwertzone – auch noch gegenüber dem Richtwertgrundstück (der ja für die durchschnittliche Lage definiert ist) kleinere Lageunterschiede (z.B. die Nähe zu einem benachbarten Industriegebiet) bestehen. Diese sind wie zuvor beschrieben oder auch mit Blick auf den Bodenrichtwert der Nachbarzone durch sachgemäß geschätzte Zu- und Abschläge zu berücksichtigen.

Buchtipp

Der Einfluss der Lage auf den Bodenwert ist ausführlich auch für andere Lage-merkmale, als der Aussichtslage in Lehrbuch und Kommentar [2], Teil 3, Kapitel 14 beschrieben.

4.4.6 Erschließungs- und Ausbaubeiträge

Häufig weichen Vergleichsobjekt und Bewertungsobjekt hinsichtlich noch zu leis-tender Erschließungsbeiträge nach BauGB und/oder Ausbaubeiträge nach Kom-munalabgabengesetz (KAG) voneinander ab.

Ausgangs-situation

Der „erschließungsbeitrags- und abgabenrechtliche Zustand" wird in § 6 Abs. 3 ImmoWertV kurz als „abgabenrechtlicher Zustand" bezeichnet.

Bezeichnung in der ImmoWertV

Datenquelle:

Die voraussichtlichen Erschließungs- und Ausbaubeiträge können bei den (i.d.R. gemeindlichen) Verwaltungsstellen erfragt werden. Sollten diese für das Bewer-tungsobjekt noch nicht bekannt sein, so werden ortsübliche (durchschnittliche) Abgaben angesetzt, die ebenfalls bei o.g. Stellen zu erkunden sind.

Bei erschlossenen baureifen Grundstücken ist der Bodenwertunterschied zwi-schen voll abgaben**freien** und voll abgaben**pflichtigen** Grundstücken nicht iden-tisch mit der Summe aller Abgaben für die einzelnen Erschließungseinrichtungen. I.d.R. ist der Wertunterschied geringer als die Summe der Abgaben. Ausgehend von der Höhe der Abgaben kann der Werteinfluss dieser Abgaben in Abhängig-keit vom Bodenwertniveau mit Hilfe der folgenden Tabelle näherungsweise ermit-telt werden.

Bestimmung des Wertunterschieds

Bodenwert [€/m²]	Anpassungs-faktor f_A
≤ 20	0,4
40	0,5
80	0,6
160	0,8
320	0,9
≥ 640	1,0

Tab. 4-3: Marktanpassungsfaktoren f_A zur Berücksichtigung von (Abweichungen bei) grundstücksbezogenen Abgaben

Beispiel: **Ermittlung des Werteinflusses von noch zu zahlenden Erschließungsbeiträgen**

A. Sachverhalt

Der Bodenrichtwert in der Lage des Bewertungsgrundstücks beträgt 160 €/m² und ist für ein voll abgabenpflichtiges (apf) Grundstück definiert. Die Erschließungsbeiträge betragen in dieser Lage 33 €/m².

B. Aufgabe

Für das zu bewertende Grundstück ist der abgabenfreie Bodenwert zu ermitteln.

C. Lösung

$$BW_{apf} = BRW_{afr} + \text{Abgaben} \times f_A = 160 \text{ €/m}^2 + 33 \text{ €/m}^2 \times 0{,}8$$
$$= 160 \text{ €/m}^2 + 26 \text{ €/m}^2 = 186 \text{ €/m}^2$$

mit BW_{apf} = Bodenwert (abgabenfrei)

BRW_{afr} = Bodenrichtwert (abgabenpflichtig)

f_A = Markanpassungsfaktor gemäß Tab. 4-3

Der Werteinfluss der im Bodenrichtwert nicht berücksichtigten Abgaben beträgt demnach nur 80 % der Abgaben, also hier rd. 26 €/m².

Linktipp

Ein ausführliches Beispiel zur Bewertung eines übertiefen und beitragspflichtigen unbebauten Grundstücks steht unter www.1x1-der-immobilienbewertung.de (Rubrik: Materialien zum Buch) zur Verfügung. Die Zugangsdaten finden Sie am Ende des Buches in Kapitel 14.

Buchtipp

Der Einfluss des abgabenrechtlichen Zustands auf den Bodenwert ist ausführlich in Lehrbuch und Kommentar [2], Teil 3, Kapitel 15 beschrieben. Differenziertere Marktanpassungsfaktoren zur Berücksichtigung von grundstücksbezogenen Abgaben sind in den Marktdaten und Praxishilfen [1], Kapitel 3.10.10, Abschnitt 2 abgedruckt.

4.5 Beispiel: Bodenwertermittlung auf der Grundlage eines Bodenrichtwerts

A. Sachverhalt

Zur Ermittlung des Bodenwerts eines abgabenpflichtigen, unbebauten, 611 m² großen Ein- bzw. Zweifamilienhausgrundstücks mit einer wertrelevanten GFZ von rd. 0,45 und südwestorientiertem Garten steht ein i.S.d. § 16 Abs. 1 ImmoWertV geeigneter Bodenrichtwert (Stichtag 01.01.2012) aus der Lage des Bewertungsobjekts zur Verfügung.

Bodenrichtwert der Zone ②:

$$\frac{(180)}{\text{B-WA-o-II-0,6-30-500}}$$

Es bedeuten:

(180)	=	BRW in €/m², abgabenfrei
B	=	baureifes Land
WA	=	Allgemeines Wohngebiet (i.S.d. BauNVO)
o	=	offene Bauweise
II	=	maximal 2 Vollgeschosse
0,6	=	WGFZ = 0,6
30	=	30 m Grundstückstiefe
500	=	500 m² Grundstücksfläche
---	=	Grenze der Richtwertzone
②	=	Richtwertzone 2

*Abb. 4-4: **Auszug aus der Bodenrichtwertkarte**[1] (Der Pfeil weist auf das Bewertungsobjekt)*

Annahmen für dieses Bewertungsbeispiel:

a) Die auf dem Bewertungsobjekt zulässige Art der baulichen Nutzung stimmt mit der des Richtwertgrundstücks überein.

b) Die durchschnittliche Bodenwertsteigerung seit dem Richtwertstichtag wird in der Lage des Bewertungsobjekts vom Gutachterausschuss mit 5 %/Jahr angegeben.

---

1) Deutsche Grundkarte 1 : 5.000, vervielfältigt mit Genehmigung des Landesvermessungsamtes Rheinland-Pfalz, Kontrollnummer 39/96.

B. Aufgabe

Ermitteln Sie den Marktwert (Bodenwert) des zu bewertenden Grundstücks zum Wertermittlungsstichtag 01.04.2013!

C. Bewertung

Der Bodenrichtwert ist an die wertbestimmenden Merkmale (Zustand, Zeit) des Bewertungsgrundstücks anzupassen.

Linktipp

Ein Excel-Formular für die Bodenwertermittlung auf der Grundlage eines Bodenrichtwerts ist im Internet unter www.1x1-der-immobilienbewertung.de (Rubrik: Materialien zum Buch) zu finden. Die Zugangsdaten finden Sie am Ende des Buches in Kapitel 14.

C.1 Beschreibung des Bewertungsgrundstücks

Entwicklungszustand: abgabenpflichtiges baureifes Land
Wertermittlungsstichtag: 1. April 2013

C.2 Beschreibung des Richtwertgrundstücks

Entwicklungszustand: abgabenfreies baureifes Land
Richtwertstichtag: 1. Januar 2012

C.3 Anpassung

Bodenwertermittlung auf der Grundlage eines Bodenrichtwerts
(Vergleichswertverfahren gemäß § 16 Abs. 1 i.V.m. § 15 ImmoWertV)

				Bewertung	Erläuterung
Bodenrichtwert			=	180,00 €/m²	
Merkmal	Bodenrichtwert-grundstück	Bewertungs-grundstück			
abgabenrechtlicher Zustand	frei	pflichtig			
Werteinfluss durch im Bodenwert nicht enthaltene Abgaben			±	0,00 €/m²	
abgabenfreier Bodenrichtwert			=	180,00 €/m²	
Stichtag	01.01.2012	01.04.2013	×	1,06	E01
Lage	Durchschnitt	Süd-West	×	1,10	E02
WGFZ	0,60	0,45	×	0,88	E03
Fläche	500 m²	611 m²	×	0,97	E04
angepasster abgabenfreier Bodenrichtwert			=	179,15 €/m²	
Grundstücksfläche			×	611 m²	
Zu-/Abschläge			±	0,00 €	
abgabenfreier Bodenwert			=	109.460,65 €	
Werteinfluss durch beim Bewertungsobjekt noch ausstehende Abgaben			–	22.271 €	E05
Die Berücksichtigung erfolgt bei bebauten Grundstücken als besonderes objektspezifisches Grundstücksmerkmal!					
Bodenwert			=	87.189,65 €	
				rd. 87.000,00 €	

Der Bodenwert (= Marktwert) des unbebauten Grundstücks beträgt zum Wertermittlungsstichtag 01.04.2013 rd. **87.000,– €**.

Erläuterungen:

E01

Die Anpassung erfolgt stichtagsgenau. Dabei werden für das Jahr 360 Tage und für die vollen Monate 30 Tage angesetzt. Es ergeben sich vom 01.01.2012 bis zum 01.04.2013 450 Tage. Der jährliche Bodenwertanstieg wird hier mit 5 % angenommen. [1 + 0,05 × (450 Tg. : 360 Tg) = 1,06]

E02

Hier wird die Ausrichtung (insbesondere die Orientierung des straßenabgewandten Gartens zur Himmelsrichtung) berücksichtigt. Dabei wird i.d.R. von folgenden Wertrelationen (Umrechnungskoeffizienten) ausgegangen:

Durchschnitt aller Grundstücke in der Bodenrichtwertzone i.d.R. SO = NW = 1,00; SSW = 1,10; NNO = 0,90 (wobei: S = Süd; W = West; O = Ost; N = Nord). Vorliegend wird ein Zuschlag von 10 % angebracht.

E03

Zur Anpassung mittels GFZ-Umrechnungskoeffizienten vgl. Tab. 4-1.

E04

Zur Anpassung mittels Grundstücksgrößen-Umrechnungskoeffizienten vgl. Tab. 4-2.

E05

Hier ist, wenn der abgabenrechtliche Zustand des Richtwert- bzw. Vergleichsgrundstücks vom diesbezüglichen Zustand des Bewertungsgrundstücks abweicht, eine sachgemäße Anpassung vorzunehmen. Vorliegend beträgt der angesetzte Werteinfluss der Erschließungsbeiträge (45 €/m² × 0,81 x 611 m² =) 22.271 €. Der Werteinfluss der Abgaben wird mit Hilfe der Tabelle 4-3 ermittelt.

4.6 Bewertung unter- oder überausgenutzter Grundstücke, Liquidation

Ausnahme vom Grundsatz

Weicht die tatsächliche Nutzung des Grundstücks hinsichtlich Art und Maß erheblich von der maßgeblichen (planungsrechtlich zulässigen oder lagetypischen) Nutzung ab, ist dies gemäß § 16 Abs. 4 ImmoWertV im Bodenwert zu berücksichtigen, soweit dies dem gewöhnlichen Geschäftsverkehr entspricht. In diesen Fällen ist also die Bebauung ausnahmsweise im Bodenwert zu berücksichtigen.

erhebliche Unterausnutzung, Freilegung

Im Fall einer erheblichen Unterausnutzung ist eine Anpassung der Bebauung bzw. eine alsbaldige Freilegung des Grundstücks zu prüfen.

Beispiel: Freilegung wegen erheblicher Unterausnutzung

Das Bewertungsgrundstück ist mit Garagen bebaut. Nach einer Freilegung könnte das Grundstück mit einem fünfgeschossigen Mehrfamilienhaus bebaut werden. Es besteht demnach eine erhebliche Unterausnutzung. Es ist nicht möglich durch An- bzw. Aufbauten oder durch Modernisierung und/oder Instandsetzung oder Umnutzung eine wirtschaftliche Nutzbarkeit der vorhandenen baulichen Anlagen herbeizuführen. Somit ist bei der Wertermittlung eine Freilegung des Grundstücks zu unterstellen. Der Wert des Grundstücks ergibt sich im Liquidationswertverfahren, indem im Wesentlichen der Bodenwert um die Freilegungskosten in marktkonformer Höhe gemindert wird. Das Verfahren ist ausführlich in Abschnitt 5.4 beschrieben.

Ist insbesondere aus rechtlichen oder sonstigen Gründen mit der Freilegung erst zu einem späteren Zeitpunkt zu rechnen (aufgeschobene Liquidation), ist bei der Wertermittlung von dem sich unter Berücksichtigung der tatsächlichen Nutzung ergebenden Bodenwert (nutzungsentsprechender Bodenwert) auszugehen und der Wertvorteil, der sich aus der zukünftigen maßgeblichen Nutzbarkeit ergibt, als besonderes objektspezifisches Grundstücksmerkmal zu berücksichtigen, soweit dies marktgerecht ist. Dieser Wertvorteil ergibt sich aus der abgezinsten Differenz zwischen dem „freigelegten" Bodenwert[1] und dem nutzungsentsprechenden Bodenwert. Die abgezinsten Freilegungskosten sind über die Dauer der Unterausnutzung als besondere objektspezifische Grundstücksmerkmale zu berücksichtigen, soweit dies marktgerecht ist.

vorübergehende Unterausnutzung

> **Beispiel: Ermittlung des Wertpotenzials eines unterausgenutzten Grundstücks**
>
> Das zu bewertende Grundstück ist unterausgenutzt. Die realisierte GFZ beträgt 0,8. Der nutzungsentsprechende Bodenwert (BW_n) beträgt 200,– €/m². Planungsrechtlich wäre eine GFZ von 1,2 zulässig. Rechnet man mit Hilfe der Tab. 4-1 den nutzungsentsprechenden Bodenwert auf eine GFZ von 1,2 um, dann ergibt sich der freigelegte Bodenwert (BW_f) zu 244,– €/m². Die Restnutzungsdauer des Gebäudes beträgt unter Berücksichtigung der Unterausnutzung noch 30 Jahre. Der für die Abzinsung benötigte marktkonforme Zinssatz beträgt 5 %. Das als besonderes objektspezifisches Grundstücksmerkmal (boG) zu berücksichtigende Wertpotenzial ergibt sich somit wie folgt:
>
> Wertpotenzial $\quad = (BW_f - BW_n) \times 1/q^n \quad$ (mit $q = 1 + p$)
>
> $\qquad\qquad\quad = (244,- €/m² - 200,- €/m²) \times 1/(1 + 0,05)^{30}$
>
> $\qquad\qquad\quad = 10,18 \ €/m²$
>
> Sowohl im Ertrags- als auch im Sachwertverfahren wird der nutzungsentsprechende Bodenwert in Höhe von 200,– €/m² angesetzt. Das Wertpotenzial in Höhe von rd. 10,20 €/m² sowie ggf. die abgezinsten Freilegungskosten werden als boG in beiden Verfahren berücksichtigt.

Im Fall einer Überausnutzung ist entsprechend zu verfahren. In diesem Fall ergibt sich ein Abschlag, der als boG Berücksichtigung findet.

vorübergehende Überausnutzung

---

1) Das ist der Bodenwert des fiktiv freigelegten Grundstücks.

Buchtipp

Die Bewertung unter- und überausgenutzter Grundstücke ist ausführlich im Lehrbuch und Kommentar [2], Teil 5, Kapitel 3 beschrieben.

Denkmalschutz Ist insbesondere aus rechtlichen oder sonstigen Gründen auch längerfristig („auf Dauer") nicht mit einer Freilegung zu rechnen (z.B. wegen Denkmalschutz), ist der sich unter Berücksichtigung der tatsächlichen Nutzung ergebende Bodenwert (nutzungsentsprechender Bodenwert) anzusetzen.

> Beispiel: **Bodenwert bei Denkmalschutz**
>
> Das Bewertungsgrundstück liegt an einer Fußgängerzone. Die nähere Umgebung ist durch hochwertige Geschäftsnutzung geprägt. Der lagetypische Bodenwert beträgt 1.000,– €/m² (freigelegter Bodenwert). Das Grundstück selber ist mit einer zweigeschossigen denkmalgeschützten Jugendstilvilla bebaut, die ein Rechtsanwalt für seine Kanzlei und als Wohnhaus nutzt. Ein zu der Nutzung passender Bodenwert würde 300,– €/m² (nutzungsentsprechender Bodenwert) betragen. Da eine Freilegung des Grundstücks aufgrund des Denkmalschutzes auf Dauer nicht möglich ist, ist bei der Bewertung der nutzungsentsprechende Bodenwert anzusetzen.

4.7 Bewertung von bebauten Außenbereichsgrundstücken

Der Bodenwert für Baugrundstücke im Außenbereich kann nicht aus Kaufpreisen für unbebaute Grundstücke im Außenbereich abgeleitet werden, weil es unbebaute und durch jedermann bebaubare Baugrundstücke im Außenbereich definitionsgemäß nicht gibt. Bei Außenbereichsgrundstücken sind deshalb gemäß § 16 Abs. 2 ImmoWertV ausnahmsweise vorhandene bauliche Anlagen auf dem Grundstück bei der Ermittlung des Bodenwerts zu berücksichtigen, wenn sie rechtlich und wirtschaftlich weiterhin nutzbar sind.

faktisches Bauland

Der Bodenwert für (bebaute) Baugrundstücke im Außenbereich kann somit deduktiv nach folgendem Modell ermittelt werden:

deduktive Bodenwertermittlung

**Bodenwert von nutzungsgleichen Bauflächen
in benachbarten Baugebieten**

–

Abzug wegen der **Entfernung zum Baugebiet**

±

evtl. **Zuschlag/Abzug** für besondere Lage

–

ggf. **Abzug** wegen unzureichender **Erschließung** u.ä.

–

Abzug wegen eingeschränkter/erschwerter Nutzungsänderung
bzw. -erweiterung (vgl. § 35 Abs. 4 BauGB)

–

evtl. **Abzug** wegen **(Grundstücks)Übergröße** und
der **Umrechnung** auf die (demzufolge geringe) **WGFZ**

–

[bei **begrenzter** Dauer des **Bestandsschutzes**
– wenn kein erneuter Anspruch auf Baugenehmigung –
Abzug der über die Restnutzungsdauer des Gebäudes
abgezinsten Bodenwertdifferenz]

=

Bodenwert des bebauten Außenbereichsgrundstücks

Abb. 4-1: ***Deduktive Bodenwertermittlung für Baugrundstücke im Außenbereich***

Buchtipp

Die Bodenwertermittlung von bebauten Grundstücken im Außenbereich ist detailliert im Lehrbuch und Kommentar [2], Teil 5, Kapitel 4 inkl. ausführlichem Bewertungsbeispiel abgehandelt. In den Marktdaten und Praxishilfen [1] steht für diese Bewertungsaufgabe ein spezielles Formular 107 zur Verfügung.

4.8 Bewertung von werdendem Bauland

4.8.1 Entwicklungszustände

§ 5 der ImmoWertV unterscheidet zwischen folgenden vier Entwicklungszuständen:

Flächen der Land- oder Forstwirtschaft

- **Flächen der Land- oder Forstwirtschaft**: Flächen, die, ohne Bauerwartungsland, Rohbauland oder baureifes Land zu sein, land- oder forstwirtschaftlich nutzbar sind.

Bauerwartungsland

- **Bauerwartungsland**: Flächen, die nach ihren weiteren Grundstücksmerkmalen, insbesondere dem Stand der Bauleitplanung und der sonstigen städtebaulichen Entwicklung des Gebiets, eine bauliche Nutzung auf Grund konkreter Tatsachen mit hinreichender Sicherheit erwarten lassen.

Rohbauland

- **Rohbauland**: Flächen, die nach den §§ 30, 33 und 34 des Baugesetzbuchs für eine bauliche Nutzung bestimmt sind (für die also Planungsrecht gegeben ist), deren Erschließung aber noch nicht gesichert ist oder die nach Lage, Form oder Größe für eine bauliche Nutzung unzureichend gestaltet sind. Demzufolge sind noch nicht sämtliche Voraussetzungen für die Zulässigkeit von baulichen Nutzungen (Planungsrecht, gesicherte Erschließung und zweckmäßige Grundstücksform) gegeben.

baureifes Land

- **Baureifes Land**: Flächen, die nach öffentlich-rechtlichen Vorschriften und den tatsächlichen Gegebenheiten baulich nutzbar sind.

werdendes Bauland

Bei den Entwicklungszuständen „Bauerwartungsland" und „Rohbauland" spricht man auch von „werdendem Bauland". Nachfolgend wird die Bewertung solcher Flächen erläutert.

4.8.2 Anwendbare Wertermittlungsverfahren

zwei Bewertungsmethoden

Bodenwerte für werdendes Bauland können vorrangig mit zwei Methoden bestimmt werden:

- Aus Bodenrichtwerten oder Vergleichskaufpreisen für **werdendes Bauland** (Bauerwartungsland oder Rohbauland);
- deduktiv oder mittels Überschlagsformeln aus Bodenrichtwerten oder Vergleichskaufpreisen für vergleichbares (abgabenpflichtiges) **baureifes Land**.

4.8.3 Ableitung des Bodenwerts aus Vergleichspreisen für werdendes Bauland

wertbeeinflussende Grundstücksmerkmale

Bei der Anwendung des direkten Preisvergleichs sind insbesondere folgende wertbeeinflussenden Grundstücksmerkmale zu berücksichtigen:

- Differenz zwischen der Wartezeit[1] des Vergleichsgrundstücks am Kaufdatum und der Wartezeit des Bewertungsobjekts am Wertermittlungsstichtag bis zur Bebaubarkeit; *Wartezeit*

- allgemeine Bodenpreisentwicklung für werdendes Bauland zwischen Kaufdatum und Wertermittlungsstichtag; *Bodenpreisentwicklung*

- sonstige wertbeeinflussende Unterschiede zwischen Vergleichsobjekt und Bewertungsgrundstück, insbesondere Lageunterschiede, Abweichungen in Art und Maß der baulichen Nutzung, Grundstücksform und Baugrundbeschaffenheit; ausnahmsweise ggf. auch Unterschiede im Entwicklungszustand. *sonstige Wertmerkmale*

Grundstücke der Entwicklungsstufe Bauerwartungsland und Rohbauland werden selten gehandelt. Dies hat insbesondere folgende Gründe: *selten gehandelt*

- Es handelt sich um Risiko-Investitionen. Der Erwerber muss zudem bereit und in der Lage sein, die Zinslasten bis zur Zulässigkeit (der den Kaufpreis erst rentierenden) baulichen Nutzung zu tragen. *Risiko-Investition*

- Die Eigentümer sind häufig nicht zum Verkauf zu Preisen bereit, die das Risiko angemessen berücksichtigen. Sie „spekulieren" selbst auf den Zugewinn, der durch den Anstieg der Entwicklungsstufen bis hin zum baureifen Land (eventuell) eintritt. *Eigentümer spekulieren selbst*

Mangels geeigneter Anzahl von Kaufpreisen ist es in der Praxis oftmals gar nicht und wenn überhaupt nur mit äußerst geringer Ergebnissicherheit möglich, Bodenwerte für werdendes Bauland aus Vergleichskaufpreisen für werdendes Bauland abzuleiten. Aus dem gleichen Grund weisen die für werdendes Bauland veröffentlichten Bodenrichtwerte oft eine hohe Unsicherheit auf, so dass diese für Wertermittlungszwecke i.S.v. § 16 Abs. 1 Satz 3 ImmoWertV nicht geeignet sind. *direkter Preisvergleich oft nicht möglich*

4.8.4 Überschlägige Ableitung des Bodenwerts aus Vergleichspreisen für baureifes Land

Die Bodenwerte von werdendem Bauland und von begünstigten Flächen der Land- und Forstwirtschaft liegen überwiegend innerhalb der in der nachstehenden Tabelle angegebenen Spannen. Mit Hilfe dieser Tabelle ist es möglich, den Wert von werdendem Bauland auf der Grundlage von Bodenrichtwerten oder Vergleichspreisen für baureifes Land grob abzuschätzen. *Spannen für überschlägige Schätzungen*

---

1) Der Begriff Wartezeit ist wie folgt definiert (vgl. § 2 ImmoWertV): Die Wartezeit bis zu einer baulichen oder sonstigen Nutzung eines Grundstücks richtet sich nach der voraussichtlichen Dauer bis zum Eintritt der rechtlichen und tatsächlichen Voraussetzungen, die für die Zulässigkeit der Nutzung erforderlich sind.

abgabenpflichtiges baureifes Land: 85 €/m²	**= 100 %**
Rohbauland: 40 – 75 €/m²	= ca. **45 – 90 %** des Werts von abgabenpflichtigem baureifen Land
• **geordnetes Rohbauland:** 68 – 75 €/m²	= ca. **80 – 90 %** des Werts von abgabenpflichtigem baureifen Land
• **ungeordnetes Rohbauland:** 40 – 55 €/m²	= ca. **45 – 65 %** des Werts von abgabenpflichtigem baureifen Land
Bauerwartungsland: 18 – 45 €/m² • **FNP-Darstellung** •• **als Baulandfläche fehlt:** •• **als Baulandfläche vorhanden:** • **B-plan im Verfahren:**	= ca. **20 – 55 %** des Werts von abgabenpflichtigem baureifen Land = **20 – 40 %** ⎫ ⎬ des Werts von abgabenpflichtigem baureifen = **30 – 45 %** ⎭ Land = **40 – 55 %**
begünstigte Flächen der Land- und Forstwirtschaft[1]: 6 – 9 €/m²	= **9 – 11 %**[2] des Werts von abgabenpflichtigem baureifen Land bzw. **2,0 – 4,0 fachen** des Werts von reinem Agrarland[2][3] bzw. **20 – 35 %** des Werts von Bauerwartungsland[1]
reines Agrarland: 1 – 3 €/m²	= **1 – 4 %** des Werts von abgabenpflichtigem baureifen Land

Tab. 4-4:   *Überschlägige Wertrelationen für werdendes Bauland (nach Sprengnetter 2003)*

---

[1]   Die WertV88 sah neben den Entwicklungsstufen Flächen der Land- und Forstwirtschaft, Bauerwartungsland und baureifes Land noch die Stufe „besondere Flächen der Land- und Forstwirtschaft" vor. „Besondere Flächen" konnten dabei im Vergleich zum Wert von reinen Flächen der Land- und Forstwirtschaft sowohl begünstigt (z.B. Kleingartenflächen, unverbrauchte Ausgleichsflächen oder Campingplätze) oder auch benachteiligt (z.B. Unland oder verbrauchte Ausgleichsflächen) sein. Diese Entwicklungsstufe ist (leider) in die ImmoWertV nicht mit übernommen worden.

[2]   Bei besonderer Ortsnähe liegen die Werte für „(begünstigter) Flächen der Land- und Forstwirtschaft" auch noch deutlich höher.

[3]   Z.B. werden zukünftige städtebauliche Ausgleichsflächen oft zu solchen Werten angekauft.

4.8.5 Deduktive Ableitung des Bodenwerts aus Vergleichspreisen für baureifes Land

Die im Vergleich zu den Bodenwerten für baureifes Land geringeren Bodenwerte für werdendes Bauland (Rohbauland, Bauerwartungsland) sind insbesondere durch folgende Faktoren verursacht:

- Von der geschätzten **Wartezeit** bis zur Baureife (und damit von den Zins- bzw. Ertragsverlusten),

- aber auch von den noch entstehenden **Kosten** oder zu leistenden Abgaben (insbesondere Erschließungs- und Naturschutzbeiträge sowie Umlegungsvorteile, die abgeschöpft werden) und

- von den bestehenden **Risiken** (namentlich dem Risiko, dass die städtebauliche Entwicklung nicht weiter betrieben wird).

wertbildende Faktoren für werdendes Bauland

Bodenwerte für werdendes Bauland können deshalb plausibel aus den Bodenwerten für baureifes Land mit folgendem Modellansatz bestimmt werden:

deduktive Bodenwertermittlung

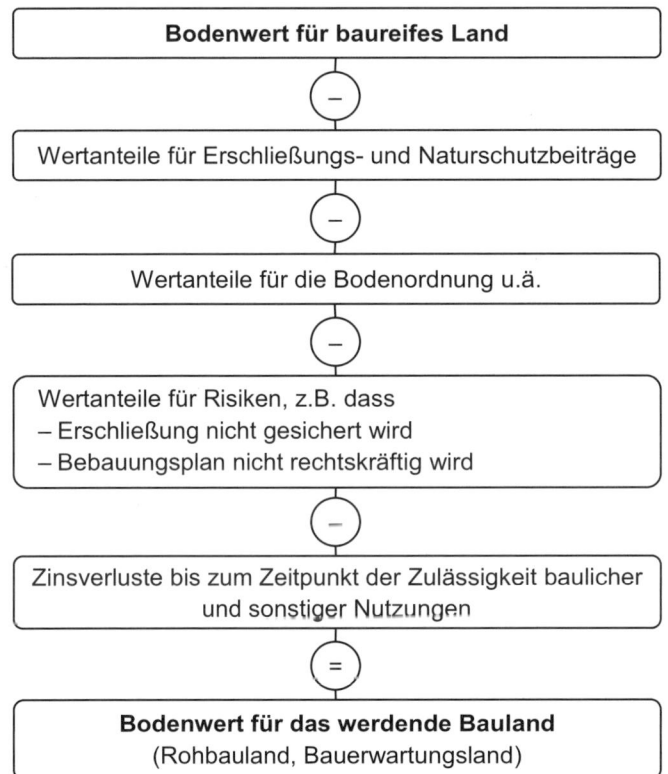

Abb. 4-2: *Deduktive Bodenwertermittlung für werdendes Bauland aus dem Bodenwert für baureifes Land (Modell)*

Methodik

Bei diesem Verfahren werden, ausgehend von tatsächlich realisierten Kaufpreisen für unbebaute Grundstücke, für den Gutachtenleser nachvollziehbar diese Vergleichspreise auf die allgemeinen Wertverhältnisse zum Wertermittlungsstichtag und den Zustand (die sonstigen wertbeeinflussenden Merkmale) des Bewertungsgrundstücks schritt- bzw. einzelfaktorweise umgerechnet.

Vorteile

Die Vorteile dieses Modells liegen darin, dass

- es (fast) immer anwendbar ist, da Boden(richt)werte für vergleichbares baureifes Land immer bekannt sind bzw. ermittelt oder geschätzt werden können. Die übrigen in dieses Modell einzuführenden Wertansätze (z.B. Erschließungskosten, Bodenordnungsanteil, Wartezeiten) und auch die Marktanpassungsfaktoren für die unterschiedlichen Entwicklungsstufen sind mit hinreichender Sicherheit ermittelbar;

- seine Wertkorrekturen (für die Berücksichtigung der Kosten, Risiken, Zinsausfälle) dem Gutachtenleser plausibel dargelegt werden können (Gedanken eines wirtschaftlich handelnden Marktteilnehmers).

Buchtipp

Im Lehrbuch und Kommentar [2] ist in Teil 4, Kapitel 1, Abschnitt 4.3 diese Methode ausführlich anhand eines Beispiel beschrieben. Für die praktische Anwendung steht in den Marktdaten und Praxishilfen [1] ein detailliertes Formular 21 zur Verfügung.

4.9 Bewertungsbeispiel

Ein ausführliches Beispiel zur Bewertung eines übertiefen und beitragspflichtigen unbebauten Grundstücks steht unter www.1x1-der-Immobilienbewertung.de (Rubrik: Materialien zum Buch) zur Verfügung. Die Zugangsdaten finden Sie am Endes des Buches in Kapitel 14.

Kapitel 5:   Ertragswertverfahren

5.1 Verfahrensgrundsatz und Anwendungsbereich

Schätzung des Marktwerts

Mit dem Ertragswertverfahren (gemäß §§ 17 – 20 ImmoWertV) wird, ebenso wie mit den sonstigen in der ImmoWertV geregelten Vergleichs- und Sachwertverfahren, eine Schätzung des Marktwerts vorgenommen.

indirektes Vergleichswertverfahren

Da in das Ertragswertverfahren Größen[1] einfließen, die aus Vergleichskaufpreisen abgeleitet werden, handelt es sich bei diesem Verfahren bei richtiger Anwendung ebenfalls um eine verfahrensmäßige Umsetzung eines Kaufpreisvergleichs.

Grundlage des Ertragswertverfahrens

Im Ertragswertverfahren wird gemäß § 17 Abs. 1 Satz 1 ImmoWertV der Wert von bebauten (und ausnahmsweise auch von unbebauten) Grundstücken auf der Grundlage marktüblich erzielbarer Erträge ermittelt.[2]

Zusammensetzung des Ertragswerts

Der Ertragswert setzt sich, wie in der nachfolgenden Abbildung dargestellt, aus dem (Ertrags)Wert der auf dem Grundstück vorhandenen baulichen (und nicht baulichen) Anlagen sowie dem Bodenwert zusammen.

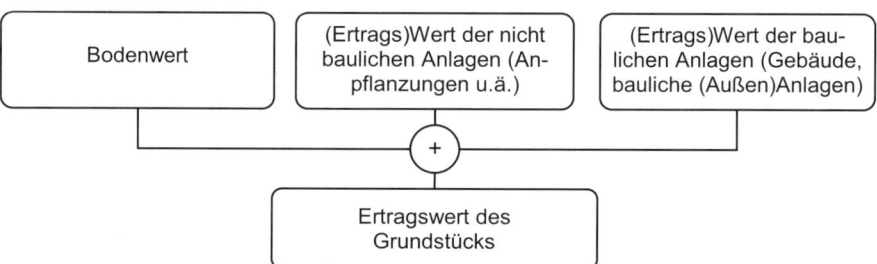

Abb. 5-1: **Ertragswertanteile des Grundstücks gemäß § 17 Abs. 2 ImmoWertV**

Verfahrenswahl

Vorrangig (traditionell) wird das Ertragswertverfahren zur Bewertung solcher bebauter Grundstücke angewendet, die **üblicherweise** nicht zur renditeunabhängigen Eigennutzung verwendet (erworben bzw. bebaut) werden, sondern zur Erzielung von Renditen (Erträgen).

---

1) Insbesondere durch die Verwendung des aus vielen Vergleichskaufpreisen (Marktpreisen) abgeleiteten Liegenschaftszinssatzes (≈ Reinertrag / Kaufpreis).

2) Gemäß § 17 Abs. 1 Satz 2 ImmoWertV kann in bestimmten Fällen der Ertragswert auch auf der Grundlage periodisch unterschiedlicher Erträge ermittelt werden. Diese Variante des Ertragswertverfahrens wird jedoch im Hinblick auf die mit diesem Werk angesprochene Zielgruppe nur nachrangig behandelt. Es wird auf die weiterführende Literatur verwiesen (Lehrbuch und Kommentar [2], Teil 1, Kapitel 3 (ImmoWertV-Kommentar), Abschnitt 3.27.4 und Teil 6, Kapitel 10 (Discounted Cash-Flow (DCF)-Verfahren)).

> **Beispiele:**
>
> Grundstücke, die mit
> - Mehrfamilienhäusern,
> - Geschäftshäusern oder
> - Bürogebäuden
>
> bebaut sind.

Stützend, ggf. auch gleichrangig zu anderen Wertermittlungsverfahren, wird das Ertragswertverfahren auch zur Bewertung von solchen bebauten Grundstücken angewendet, die üblicherweise sowohl eigengenutzt als auch fremdgenutzt werden. Dies insbesondere deshalb, weil ein wirtschaftlich handelnder Marktteilnehmer alternativ zum Zukunftswert der baulichen Substanz ggf. auch überlegen wird, welchen Ertrag er aus der Grundstücksüberlassung erwirtschaften kann bzw. was ihn die Anmietung eines vergleichbaren Objekts kostet.

stützendes Verfahren

> **Beispiele:**
>
> - Zweifamilienhausgrundstücke
> - Gewerbegrundstücke
> - Geschäftshausgrundstücke mit Läden im Erdgeschoss und ein bis zwei Wohnungen in den Obergeschossen

Bei unbebauten oder geringfügig bebauten Grundstücken sind Ertrags(wert)überlegungen dann (ergänzend) anzustellen, wenn für das jeweilige Grundstück eine nachhaltig erzielbare Pacht (oder Rendite) vertraglich vereinbart und gesichert ist.

unbebaute Grundstücke

> **Beispiele:**
>
> - Parkplätze
> - Zeltplätze

Mit der Ertragswertermittlung ist auch die Analyse eines Grundstücks (insbesondere der Gebäude) hinsichtlich seiner wirtschaftlichen Nutzung(smöglichkeiten) durchführbar.

Wirtschaftlichkeitsanalyse

Die Vorgehensweise der Bewertung von Grundstücken mit unwirtschaftlich genutzten bzw. nutzbaren Gebäuden wird in Abschnitt 5.4 erläutert.

> **Beispiel: Begründung der Verfahrenswahl bei üblicherweise zur Renditeerzielung genutzten Objekten**
>
> *„Entsprechend den Gepflogenheiten im gewöhnlichen Geschäftsverkehr ist der Marktwert derartiger Objekte vorrangig mithilfe des Ertragswertverfahrens zu ermitteln, weil diese üblicherweise zur Erzielung von Erträgen errichtet oder erworben werden.*
>
> *Zusätzlich wird eine Sachwertermittlung durchgeführt. Das Ergebnis wird jedoch nur zur unabhängigen Kontrolle des errechneten Ertragswerts herangezogen."*

5.2 Bewertungsmodelle

drei Varianten

Die ImmoWertV regelt in § 17 drei Varianten zur Ermittlung des Ertragswerts:

* Allgemeines Ertragswertverfahren,
* Vereinfachtes Ertragswertverfahren und
* Ertragswertverfahren auf der Grundlage periodisch unterschiedlicher Erträge (DCF-Verfahren).

Diese Verfahrensvarianten werden in den nächsten Abschnitten kurz vorgestellt.

5.2.1 Allgemeines Ertragswertverfahren

Verfahrensablauf

Im allgemeinen Ertragswertverfahren wird der vorläufige Ertragswert auf der Grundlage marktüblich erzielbarer Erträge aus dem Bodenwert und dem um den Betrag der angemessenen Verzinsung des Bodenwerts (Reinertragsanteil des Bodens) verminderten und sodann kapitalisierten Reinertrag (Reinertragsanteil der baulichen und sonstigen Anlagen) ermittelt.

Grundstruktur

Die Grundstruktur des allgemeinen Ertragswertverfahrens ist im nachfolgenden Schema dargestellt.

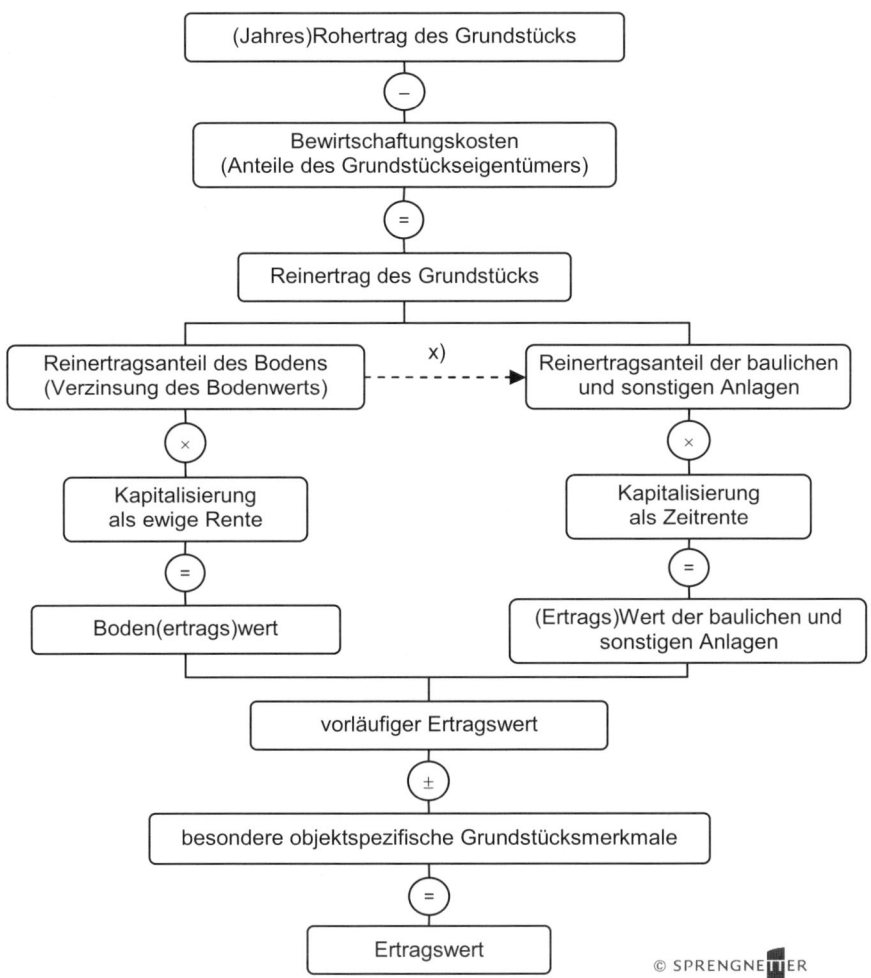

X) Der Reinertragsanteil der baulichen und sonstigen Anlagen ermittelt sich als „Reinertrag des Grundstücks abzüglich Reinertragsanteil des Bodens" (vgl. § 17 Abs. 2 Ziffer 1 ImmoWertV).

Abb. 5-2: **(Grund)Modell des allgemeinen Ertragswertverfahrens nach den § 17 Abs. 2 Nr. 1 ImmoWertV**

Die Ermittlung des Ertragswerts basiert auf den **marktüblich** erzielbaren jährlichen Einnahmen (Mieten und Pachten) aus dem Grundstück. Die Summe aller Einnahmen wird als **Rohertrag** bezeichnet (vgl. § 18 Abs. 2 ImmoWertV). Maßgeblich für den (Ertrags)Wert eines Grundstücks ist jedoch der **Reinertrag**. Der

Rohertrag, Reinertrag

109

Reinertrag ermittelt sich aus dem jährlichen Rohertrag abzüglich der **Bewirtschaftungskosten**[1] (§ 18 Abs. 1 ImmoWertV).

Das allgemeine Ertragswertverfahren lässt sich in einer Formel wie folgt darstellen:

$$EW = (RE - BW \times p) \times V + BW + boG$$

mit:
- EW = Ertragswert
- RE = Reinertrag
- BW = Bodenwert
- p = Liegenschaftszinssatz
- V = Vervielfacher (Barwertfaktor für die Kapitalisierung; Anlage 1 der ImmoWertV)
- boG = besondere objektspezifische Grundstücksmerkmale

Ertragswert = Rentenbarwert

Das Ertragswertverfahren fußt auf der Überlegung, dass der Reinertrag aus dem Grundstück die Verzinsung des Grundstückswerts (bzw. der Investition dafür) darstellt. Deshalb wird der Ertragswert als sog. Rentenbarwert[2] durch Kapitalisierung des Reinertrags bestimmt.

Aufspaltung des Reinertrags in Boden- und Gebäudeanteil

Der Reinertrag für ein bebautes Grundstück stellt sowohl die Verzinsung für den Grund und Boden als auch für die auf dem Grundstück vorhandenen baulichen und sonstigen Anlagen dar. Für die Kapitalisierung (d.h. die Ermittlung des Rentenbarwerts) ergibt sich deshalb bei dem Ertragswertverfahren ein besonderes **Problem:** Der **Boden** gilt grundsätzlich als **unvergänglich** (bzw. unzerstörbar); der auf den Boden entfallende Reinertragsanteil ist deshalb ewig erzielbar und demzufolge der Bodenwert als ewige Rente des auf den Grund und Boden entfallenden Teils am Reinertrag zu bestimmen. Dagegen ist der (wirtschaftliche) Nutzungszeitraum der baulichen und sonstigen Anlagen zeitlich begrenzt; der auf diese baulichen und sonstigen Anlagen entfallende Reinertragsanteil ist deshalb zur Bestimmung des (Ertrags)Werts der baulichen und sonstigen Anlagen als Zeitrente zu kapitalisieren. Der Nutzungszeitraum der baulichen und sonstigen Anlagen wird im Ertragswertmodell mit (wirtschaftlicher) Restnutzungsdauer bezeichnet.

---

1) Die Bewirtschaftungskosten sind gemäß § 19 Abs. 1 ImmoWertV die marktüblich entstehenden Aufwendungen, die für die ordnungsgemäße Bewirtschaftung einschließlich (Gebrauchs)Erhaltung und zulässige Nutzung des Grundstücks (insbesondere Gebäude) erforderlich sind.

2) Der Rentenbarwert ist der Wert, den zukünftige Zahlungen (hier Reinerträge) in der Gegenwart (hier am Wertermittlungsstichtag) besitzen. Er wird durch Abzinsung der zukünftigen Zahlungen und anschließendes Summieren ermittelt.

Der vorläufige Ertragswert setzt sich somit aus zwei **Schichten** zusammen: *Schichtmodell*

- dem Bodenwert ($\triangleq$ Barwert des Bodenanteils vom Reinertrag = BW) und

- dem (Ertrags)Wert der baulichen und sonstigen Anlagen ($\triangleq$ Barwert des Ge-
  bäudeanteils vom Reinertrag = [RE – BW $\times$ p] $\times$ V).[1]

Diesen Zusammenhang veranschaulicht die nachfolgende Abbildung:

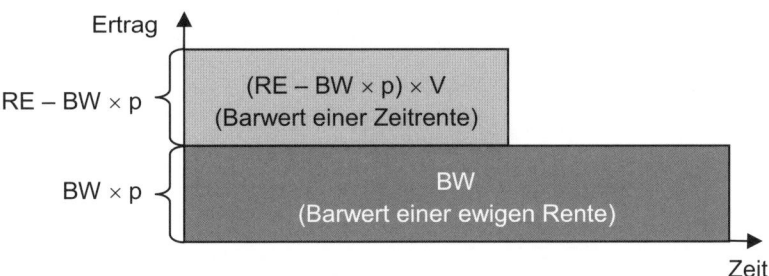

Abb. 5-3: ***Schematische Darstellung des Schichtmodells des allgemeinen
Ertragswertverfahrens***

Am vorläufigen Ertragswert sind (sofern vorhanden) abschließend Zu- oder Ab-   *besondere ob-*
schläge aufgrund von Wertbeeinflussungen zu berücksichtigen, welche im Er-   *jektspezifische*
tragswertverfahren bis zum vorläufigen Ertragswert noch unberücksichtigt geblie-   *Grundstücks-*
ben sind (besondere objektspezifische Grundstücksmerkmale).   *merkmale*

Die folgende Abbildung stellt den Verfahrensablauf des allgemeinen Ertragswertverfahrens im Detail dar.

---

1)   Vgl. § 17 Abs. 2 Ziffer 1 ImmoWertV.

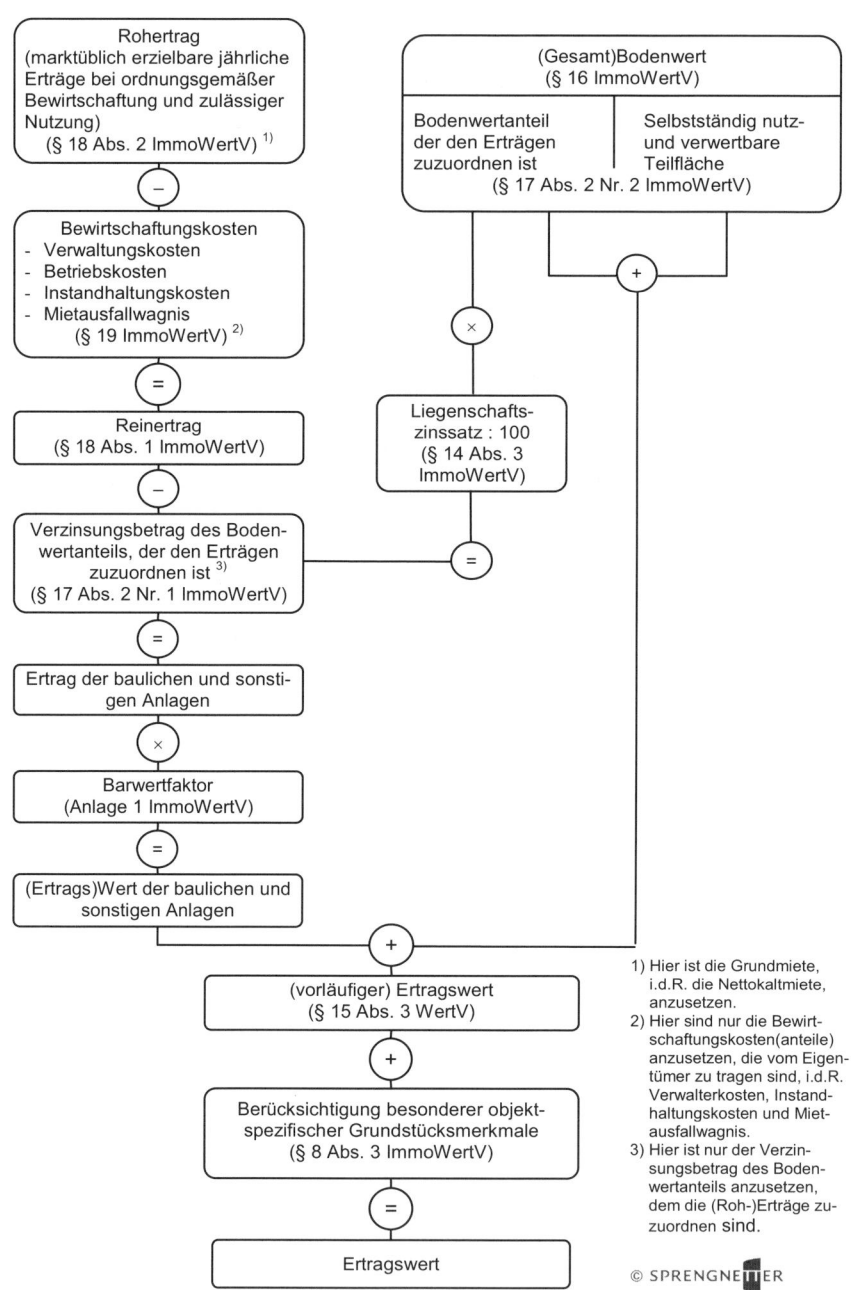

Abb. 5-4: **Rechenablauf des Allgemeinen Ertragsverfahrens (Schema)**

Diese Rechenvorschrift wird nachfolgend an einem einfachen Zahlenbeispiel nachvollzogen.

Beispiel: **Bewertung eines Wohn- und Geschäftshauses mit dem allgemeinen Ertragswertverfahren**

A. Sachverhalt:

Zu bewerten ist nebenstehendes Wohn- und Geschäftshausgrundstück.

- Grundstücksgröße: 800 m²

- Bodenwert: 330 €/m² × 800 m² = 264.000 €

- Nutzung: EG: Ladenfläche 300 m²
            1.OG: 2 Wohnungen je 100 m²
            2.OG: 2 Wohnungen je 100 m²
- Ortsübliche und marktüblich erzielbare
  Mieten: Laden: 7,00 €/m²
           Wohnraum: 6,50 €/m²
- Restnutzungsdauer: 39 Jahre, Gesamtnutzungsdauer: 70 Jahre (Tab. 5–2)
- keine besonderen objektspezifischen Grundstücksmerkmale

B. Aufgabe

Ermitteln Sie den Wert der Immobilie mit dem allgemeinen Ertragswertverfahren.

C. Lösung

Mieteinheiten	Nutz- bzw. Wohn- flächen (m²)	(€/m²)	marktüblich erzielbare Nettokaltmiete monatlich (€)	jährlich (€)
Laden (EG)	300	7,00	2.100,00	25.200,00
Wohnung (1.OG 1)	100	6,50	650,00	7.800,00
Wohnung (1.OG 2)	100	6,50	650,00	7.800,00
Wohnung (2.OG 1)	100	6,50	650,00	7.800,00
Wohnung (2.OG 2)	100	6,50	650,00	7.800,00

Rohertrag (Summe der marktüblich erzielbaren jährlichen Nettokaltmieten)		54.400,00 €
Bewirtschaftungskosten (nur Anteil des Vermieters)		
(23 % der jährlichen [Netto-Kalt-]Miete (Tab. 5–1))	–	12.972,00 €
jährlicher Reinertrag	=	43.428,00 €
Reinertragsanteil des Bodens (Verzinsungsbetrag nur des Bodenwertanteils, der den Erträgen zuzuordnen ist) bei Liegenschaftszinssatz p = 5,5 % (Tab. 5–9 und Tab. 5–10) [Liegenschaftszinssatz × Bodenwert (abgabenfrei)]	–	14.520,00 €
Ertrag der baulichen und sonstigen Anlagen	=	28.908,00 €
Barwertfaktor (gem. Anlage 1 zur ImmoWertV (Tab. 5–11)) bei Liegenschaftszinssatz p = 5,5 % (Tab. 5–9 und Tab. 5–10) und n = 39 Jahren RND	×	15,929
Ertragswert der baulichen und sonstigen Anlagen	=	460.475,53 €
Bodenwert (abgabenfrei)	+	264.000,00 €
vorläufiger Ertragswert des Grundstücks	=	724.475,53 €
besondere objektspezifische Grundstücksmerkmale	–	0,00 €
Ertragswert des Grundstücks	=	724.475,53 €
	rd.	**724.000,– €**

Linktipp

Unter www.1x1-der-immobilienbewertung.de (Rubrik: Materialien zum Buch) finden Sie weitere Bewertungsbeispiele mit differenzierter und nachvollziehbarer Ableitung aller Bewertungsdaten sowie ein Excelformular für das allgemeine Ertragswertverfahren. Die Zugangsdaten finden Sie am Ende des Buches in Kapitel 14.

5.2.2 Vereinfachtes Ertragswertverfahren

Das allgemeine Ertragswertverfahren lässt sich durch mathematische Umstellung in eine andere Variante des Ertragswertverfahrens überführen, dem sog. „vereinfachten Ertragswertverfahren" (§ 17 Abs. 2 Nr. 2 ImmoWertV).

Im vereinfachten Ertragswertverfahren wird der Ertragswert als Barwert der künftigen Reinerträge zuzüglich des über die Restnutzungsdauer der baulichen Anlagen diskontierten Bodenwerts ermittelt. Die Kapitalbindung wird also ohne Minderung des Reinertrags um den Bodenwertverzinsungsbetrag durch Abzinsung des Bodenwerts berücksichtigt. *Grundprinzip*

Das vereinfachte Ertragswertverfahren lässt sich in einer Formel wie folgt darstellen:

$$EW = RE \times V + BW \times 1/q^n + boG$$

mit:

EW = Ertragswert

RE = Reinertrag

BW = Bodenwert

V = Vervielfacher (Barwertfaktor für die Kapitalisierung; Anlage 1 der ImmoWertV)

$1/q^n$ = Abzinsungsfaktor mit $q = 1 + p$ (Anlage 2 der ImmoWertV)

p = Liegenschaftszinssatz

n = Restnutzungsdauer der baulichen Anlagen

boG = besondere objektspezifische Grundstücksmerkmale

Im vereinfachten Ertragswertverfahren setzt sich der (vorläufige) Ertragswert aus zwei **Säulen** zusammen: *Säulenmodell*

- dem Barwert des zeitlich befristeten Reinertrags ($RE \times V$) und
- dem diskontierten Bodenwert ($BW \times 1/q^n$).

Diesen Zusammenhang veranschaulicht die nachfolgende Abbildung:

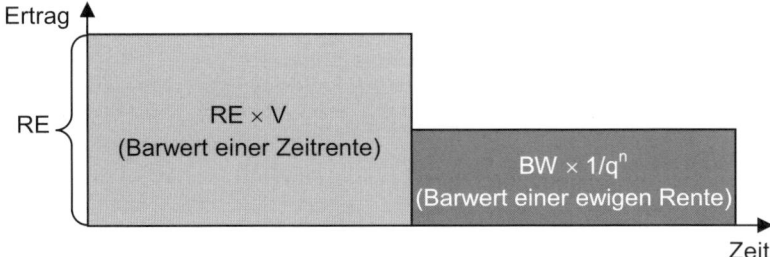

Abb.5-5: ***Schematische Darstellung des vereinfachten Ertragswertverfahrens als Säulenmodell***

Da sich das allgemeine Ertragswertverfahren durch mathematische Umstellung in das vereinfachte Ertragswertverfahren überführen lässt[1], **gelangen beide Verfahrensvarianten bei identischen Bewertungsansätzen zu denselben Ergebnissen**. Dies wird nachfolgend anhand eines Zahlenbeispiels verdeutlicht.

Die folgende Abbildung stellt den Verfahrensablauf des vereinfachten Ertragswertverfahrens im Detail dar:

---

1) Zur mathematischen Umstellung siehe Lehrbuch und Kommentar [2], Teil 6, Kapitel 9 (Sonstige Ertragswertmodelle), Abschnitt 1 (Die allgemeine Form des Ertragswertverfahrens).

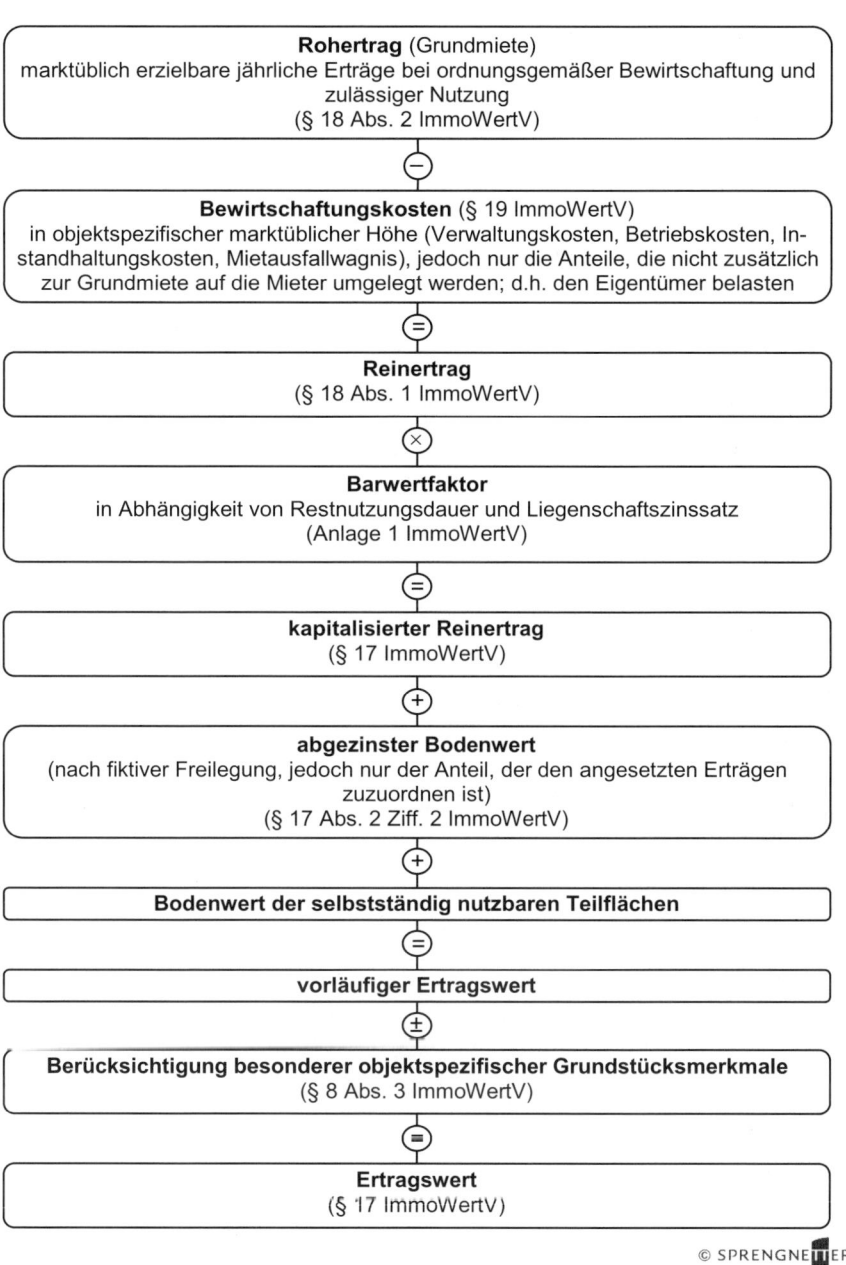

Abb. 5-6: **Vereinfachtes Ertragswertverfahren (gemäß § 17 Abs. 2 Ziff. 2 ImmoWertV)**

117

Beispiel: **Bewertung eines Wohn- und Geschäftshauses mit dem vereinfachten Ertragswertverfahren**

A. Sachverhalt:

Der Sachverhalt entspricht dem des vorangehenden Beispiels zum allgemeinen Ertragswertverfahren.

Zu bewerten ist nebenstehendes Wohn- und Geschäftshausgrundstück.

- Grundstücksgröße: 800 m²

- Bodenwert:
  330 €/m² × 800 m² = 264.000 €

- Nutzung: EG: Ladenfläche 300 m²
  1.OG: 2 Wohnungen je 100 m²
  2.OG: 2 Wohnungen je 100 m²

- Ortsübliche und marktüblich erzielbare
  Mieten: Laden: 7,00 €/m²
  Wohnraum: 6,50 €/m²

- Restnutzungsdauer: 39 Jahre, Gesamtnutzungsdauer: 70 Jahre
  (Tab. 5–2)

- keine besondere objektspezifische Grundstücksmerkmale

B. Aufgabe

Ermitteln Sie den Wert der Immobilie mit dem allgemeinen Ertragswertverfahren.

C. Lösung

Mieteinheiten	Nutz- bzw. Wohn- flächen (m²)	(€/m²)	marktüblich erzielbare Nettokaltmiete	
			monatlich (€)	jährlich (€)
Laden (EG)	300	7,00	2.100,00	25.200,00
Wohnung (1.OG 1)	100	6,50	650,00	7.800,00
Wohnung (1.OG 2)	100	6,50	650,00	7.800,00
Wohnung (2.OG 1)	100	6,50	650,00	7.800,00
Wohnung (2.OG 2)	100	6,50	650,00	7.800,00

Rohertrag (Summe der marktüblich erzielbaren jährlichen Nettokaltmieten)		54.400,00 €
Bewirtschaftungskosten (nur Anteil des Vermieters)		
(23 % der jährlichen [Netto-Kalt-]Miete (Tab. 5–1))	–	12.972,00 €
jährlicher Reinertrag	=	43.428,00 €
Barwertfaktor (gem. Anlage 1 zur ImmoWertV (Tab. 5–11) bei Liegenschaftszinssatz p = 5,5 % (Tab. 5–9 und Tab. 5–10) und n = 39 Jahren RND	×	15,929
kapitalisierter jährlicher Reinertrag	=	691.764,61 €
abgezinster Bodenwert (nur der Teilfläche, die den Erträgen zuzuordnen ist) 264.000 € × 0,1239 [Bodenwert abgabenfrei × Abzinsungsfaktor gemäß Anlage 2 zur ImmoWertV]	+	32.709,60 €
vorläufiger Ertragswert des Grundstücks	=	724.474,21 €
besondere objektspezifische Grundstücks- merkmale	–	0,00 €
Ertragswert des Grundstücks	=	724.474,21 €
	rd.	**724.000,– €**

Linktipp

Unter www.1x1-der-immobilienbewertung.de (Rubrik: Materialien zum Buch) finden Sie weitere Bewertungsbeispiele mit differenzierter und nachvollziehbarer Ableitung aller Bewertungsdaten sowie ein Excelformular für das vereinfachte Ertragswertverfahren. Die Zugangsdaten finden Sie am Ende des Buches in Kapitel 14.

Beispiel:	**Gegenüberstellung des Rechenwegs des allgemeinen und des vereinfachten Ertragswertverfahrens**	
Reinertrag (RE)	=	43.428 €
Bodenwert (BW)	=	264.000 €
Restnutzungsdauer	=	39 Jahre
Liegenschaftszinssatz (p)	=	5,5 %

allgemeines Ertragswertverfahren			vereinfachtes Ertragswertverfahren		
RE		43.428 €	RE		43.428 €
− BW × p	−	14.520 €			
		28.908 €			
× V$_{(39\ J.,\ 5,5\ \%)}$	×	15,929	× V$_{(39\ J.,\ 5,5\ \%)}$	×	15,929
		460.476 €			691.765 €
+ BW	+	264.000 €	+BW × 0,1239	+	32.710 €
Ertragswert		724.476 €	Ertragswert		724.475 €
	rd.	724.000 €		rd.	724.000 €

Das einfache Zahlenbeispiel zeigt, dass das allgemeine und das vereinfachte Ertragswertverfahren bei Wahl derselben Bewertungsansätze zu übereinstimmenden Ergebnissen führen.[1]

5.2.3 Ertragswertverfahren auf der Grundlage periodisch unterschiedlicher Erträge (DCF-Verfahren)

normiertes DCF-Verfahren

Als weitere Variante regelt die ImmoWertV in § 17 Abs. 3 mit Blick insbesondere auf Investmentobjekte mit veränderlichen Nutzungseinheiten, veränderlichen Mieten und unterschiedlichen Vertragslaufzeiten ein Verfahren, bei dem der Ertragswert auf der Grundlage periodisch unterschiedlicher Erträge ermittelt wird; dies entspricht einer Normierung des international gebräuchlichen Discounted-Cash-Flow-Verfahrens (DCF-Verfahrens) für Zwecke der Verkehrswertermittlung.

Anwendungsvoraussetzung

Besondere Anwendungsvoraussetzung für das in der ImmoWertV geregelte DCF-Verfahren ist, dass die Ertragsverhältnisse absehbar wesentlichen Veränderungen unterliegen oder wesentlich von den marktüblichen Erträgen abweichen.

Methodik

Beim DCF-Verfahren wird der Ertragswert nicht wie beim allgemeinen und vereinfachten Ertragswertverfahren auf der Grundlage marktüblicher sondern aus den durch gesicherte Daten abgeleiteten periodisch erzielbaren tatsächlichen Reinerträgen innerhalb eines Betrachtungszeitraums und dem Restwert des Grundstücks am Ende des Betrachtungszeitraums ermittelt. Die periodischen Reinerträge sowie der Restwert des Grundstücks sind jeweils auf den Wertermittlungsstichtag abzuzinsen.

---

1) Die Abweichung von wenigen Euro beruht auf der Rundung der Zwischenergebnisse.

Das in der ImmoWertV normierte DCF-Verfahren lässt sich in einer Formel wie folgt darstellen:

$$EW = RE_1 \times 1/q^1 + RE_2 \times 1/q^2 + ... + RE_n \times 1/q^n + RW \times 1/q^n + boG$$

mit:

EW =	Ertragswert	
RE_i =	Reinertrag der i-ten Periode	
$1/q^i$ =	Abzinsungsfaktor mit q = 1 + p	
p =	Liegenschaftszinssatz	
n =	Betrachtungszeitraum	
RW =	Restwert (ermittelt mittels vereinfachtem oder allgemeinem Ertragswertverfahren)	
boG =	besondere objektspezifische Grundstücksmerkmale	

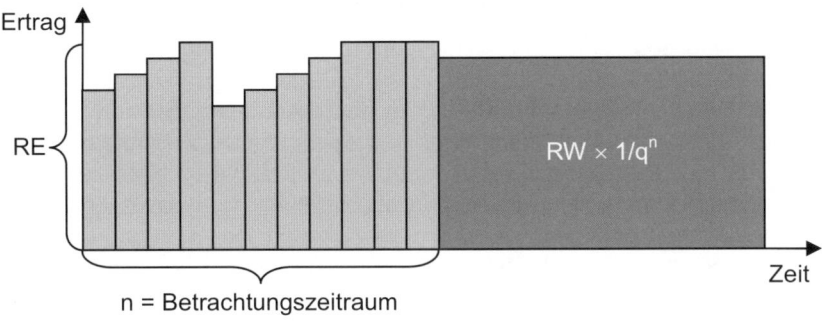

Abb. 5-7: **Schematische Darstellung des DCF-Verfahrens**

In der Formel des DCF-Verfahrens sind die periodischen Reinerträge sowie der Restwert des Grundstücks jeweils auf den Wertermittlungsstichtag abzuzinsen. Solche Abzinsungen kommen in der Immobilienbewertung relativ häufig vor. So z.B. auch zur Abzinsung des Bodenwerts im vereinfachten Ertragswertverfahren. Die Ermittlung der Abzinsungsfaktoren wird deshalb in einem eigenständigen Abschnitt 5.3.9 erläutert.

Abzinsung, Abzinsungsfaktoren

Buchtipp

Im Lehrbuch und Kommentar [2], Teil 6, Kapitel 10 ist das Discounted Cash-Flow (DCF)-Verfahren einschließlich dessen Einsatzes in der Marktwertermittlung detailliert beschrieben. Im vorliegenden Werk wird bewusst auf eine weitere Beschreibung dieses Verfahrens verzichtet, da dieses nicht zum „1 x 1" der Wertermittlung gehört.

5.3 Begriffe, Bewertungsgrundlagen und erforderliche Daten des Ertragswertverfahrens

5.3.1 Rohertrag

Definition

Gemäß § 18 Abs. 2 ImmoWertV ergibt sich der Rohertrag (RO) aus den bei ordnungsgemäßer Bewirtschaftung und zulässiger Nutzung **marktüblich erzielbaren Einnahmen** aus dem Grundstück, insbesondere Mieten und Pachten.

Einnahme-positionen

Zu den **Einnahmen aus einem Grundstück** gehören ggf.:

- Wohnungs-, Geschäfts-, Gewerbe- und Industrieraummieten;
- Mieten und Pachten für mieterspezifische Investitionen des Vermieters;
- Mieten und Pachten für Grundstücksfreiflächen, insbesondere Stellplatzmieten;
- Einnahmen aus der Vermietung von Werbeträgern;
- Einnahmen aus sonstigen Nutzungen (z.B. regelmäßig wiederkehrende Einnahmen aus Nutzungsrechten, die mit dem Grundstück fest verbunden sind).

Grundsatz

Grundsätzlich müssen Marktwertermittlungen (definitionsgemäß) auf den am Wertermittlungsstichtag am wahrscheinlichsten zu erzielenden Kaufpreis abstellen. Alle Wertbetrachtungen und Wertansätze sind deshalb grundsätzlich an den Überlegungen des potenziellen Nachfolgeeigentümers und -nutzers und **nicht** an denen des derzeitigen Eigentümers und Nutzers zu orientieren. Das bedeutet, dass die derzeitige, der subjektiven Nutzungsbetrachtung des derzeitigen Eigentümers unterliegende Nutzung, auf ihre Nachhaltigkeit hin zu überprüfen ist. Selbst durch möglicherweise bestehende langfristige Miet- bzw. Pachtverträge darf sich der Bewerter nicht zu überhöhten Ansätzen von Mieten bzw. Pachten oder aktuellen durch Leerstand zu niedrigen verleiten lassen.

Bei der Ermittlung der marktüblich erzielbaren Einnahmen wird dementsprechend zunächst unterstellt, dass das zu bewertende Objekt von der aktuellen Nutzung und von der bestehenden vertraglichen Situation frei sei und überlegt, welche Einnahmen dann für das Grundstück ortsüblich und nachhaltig ($\triangleq$ marktüblich) erzielbar wären. Von den so ermittelten marktüblich erzielbaren Einnahmen abweichende tatsächliche Einnahmen sind im allgemeinen und im vereinfachten Ertragswertverfahren demzufolge nicht bei der Ermittlung des vorläufigen Ertragswerts, sondern (erst) als so genannte besondere objektspezifische Grundstücksmerkmale sachgemäß zu berücksichtigen.

Im allgemeinen und im vereinfachten Ertragswertverfahren sind somit zunächst als Roherträge immer nur die marktüblich erzielbaren (und nicht die tatsächlich vertraglich vereinbarten) Einnahmen anzusetzen. [1]

---

1) Bei Anwendung des Ertragswertverfahrens auf der Grundlage periodisch unterschiedlicher Erträge (DCF-Verfahren, siehe Abschnitt 5.2.3) ergibt sich der Rohertrag demgegenüber insbesondere aus den vertraglichen Vereinbarungen.

Diese Vorgehensweise folgt aus der Überlegung, dass insbesondere die Rest-nutzungsdauer von baulichen Anlagen i.d.R. wesentlich höher ist als die Zeitdau-er, über die konkret am Wertermittlungsstichtag gegebene Vereinbarungen in Be-zug auf Nutzungsentgelte wie beispielsweise Mieten oder Pachten (voraussicht-lich) greifen. D.h., in dem weit überwiegenden Zeitraum des Bestandes der bauli-chen Anlagen werden voraussichtlich die marktüblich erzielbaren Einnahmen er-zielt werden und nur über eine vergleichsweise kurze Zeitspanne werden die am Wertermittlungsstichtag aufgrund vertraglicher Vereinbarungen gegebenen evtl. davon abweichenden tatsächlichen Einnahmen erzielt. *Hintergrund*

Im allgemeinen und im vereinfachten Ertragswertverfahren werden i.d.R. auch dann die marktüblich erzielbaren Einnahmen angesetzt, wenn z.B. wegen Leer-stand oder Eigennutzung am Wertermittlungsstichtag keine bzw. teilweise keine Erträge erwirtschaftet werden. *Leerstand, Eigennutzung*

Der Werteinfluss der von den marktüblich erzielbaren Einnahmen abweichenden tatsächlichen Einnahmen wird am Ende der Ertragswertermittlung als „besonde-res objektspezifisches Grundstücksmerkmal" berücksichtigt (vgl. schematische Darstellungen des allgemeinen und vereinfachten Ertragswertverfahrens in den Abschnitten 5.2.1 und 5.2.2). *Berücksichtigung von Mehr- und Mindermieten*

Linktipp

Unter www.1x1-der-immobilienbewertung.de (Rubrik: Materialien zum Buch) finden Sie ein Bewertungsbeispiel, bei dem u.a. die Besonderheit der Mindermiete be-rücksichtigt wird. Die Zugangsdaten finden Sie am Ende des Buches in Kapitel 14.

Als marktüblich können nur die nach den Marktverhältnissen am Wertermittlungs-stichtag für die jeweilige Grundstücksart in vergleichbaren Objekten durchschnitt-lich erzielten Erträge zugrunde gelegt werden. *marktüblich erzielbare Einnahmen*

Bei **freifinanziertem Wohnraum** ist als marktüblich erzielbarer Ertrag grundsätz-lich die **ortsübliche Vergleichsmiete** i.S.d. § 558 Abs. 2 BGB anzusetzen. Diese *„wird gebildet aus den üblichen Entgelten, die in der Gemeinde oder einer ver-gleichbaren Gemeinde für Wohnraum vergleichbarer Art, Größe, Ausstattung, Beschaffenheit und Lage in den letzten vier Jahren vereinbart oder ... geändert worden sind, ..."*. Sie ergibt sich aus Mietspiegeln oder an Hand von Vergleichs-objekten. Insbesondere dem Immobilienmakler sind oft nur die bei Neuvermie-tung vereinbarten Mieten (sog. Abschlussmieten) bekannt. Derartige Neuver-tragsmieten übersteigen häufig die o.g. ortsübliche Miete, die einen Durchschnitt der in den letzten 4 Jahren vereinbarten Mieten darstellt, bei entsprechend hoher Nachfragesituation zulässigerweise um bis zu 20 %.[1] *Wohnraum; ortsübliche Vergleichsmiete; Abschlussmieten*

---

1) Gemäß § 5 Wirtschaftsstrafgesetz handelt ordnungswidrig, wer infolge der Ausnutzung eines gerin-gen Angebots an vergleichbaren Räumen für die Vermietung von Wohnräumen Entgelte verlangt, die die ortsübliche Miete (i.S.d. § 558 BGB) um mehr als 20 % übersteigen.

Gewerberaum

Auch wenn die Mieten für **Geschäfts- und auch für andere Gewerberäume** wesentlich geringeren gesetzlichen Bindungen als Wohnraummieten unterliegen, kann in diesem Bereich bei der Ermittlung der marktüblich erzielbaren Einnahmen grundsätzlich entsprechend vorgegangen werden. D.h. im gewerblichen Bereich ist die marktüblich erzielbare Miete regelmäßig als das übliche Entgelt bestimmt, das in der Gemeinde oder in vergleichbaren Gemeinden für Gewerberaum vergleichbarer Art, Größe, Ausstattung, Beschaffenheit und Lage in den letzten vier Jahren (ausgehend vom Wertermittlungsstichtag) vereinbart oder geändert worden ist.

Behandlung unzulässiger Mieten; Wesentlichkeitsgrenze

Die marktüblich erzielbare Miete muss auch nach allgemeinen mietrechtlichen Bestimmungen zulässig sein. Gemäß § 5 Wirtschaftsstrafgesetz handelt ordnungswidrig, wer vorsätzlich oder leichtfertig für die Vermietung von Räumen zum Wohnen oder damit verbundene Nebenleistungen unangemessen hohe Entgelte fordert, sich versprechen lässt oder annimmt. Unangemessen hoch sind Entgelte, die infolge der Ausnutzung eines geringen Angebots an vergleichbaren Räumen für die Vermietung von Wohnräumen Entgelte verlangt, die die ortsübliche Miete (i.S.d. § 558 BGB) um mehr als 20 % übersteigen (Wesentlichkeitsgrenze).

unzulässige Nutzung

Gemäß § 18 Abs. 2 ImmoWertV dürfen bei der Ertragswertermittlung nur solche Roherträge angesetzt werden, die bei „zulässiger Nutzung" marktüblich erzielbar sind. Demnach ist insbesondere die planungs- und bauordnungsrechtliche Zulässigkeit der auf dem Grundstück gegebenen Nutzungen durch Überprüfung der Baugenehmigung kritisch zu hinterfragen. Die häufigsten Fälle der illegalen Nutzung sind anzutreffen in Form von

- unzulässigen Dachaufbauten,
- unzulässigen Wohnnutzungen im Untergeschoss (zum Beispiel bei mangelnder Raumhöhe oder mangelnder Belichtung) und
- unzulässigen baulichen Erweiterungen.

statischer Mietansatz

Modellbedingt sind bei der Ermittlung der marktüblich erzielbaren Einnahmen die **Wertverhältnisse zum Zeitpunkt des Wertermittlungsstichtags** zu Grunde zu legen. D.h., im allgemeinen und auch im vereinfachten Ertragswertverfahren wird unterstellt, dass sich die Erträge während der Restnutzungsdauer nicht verändern, obwohl dies mit großer Wahrscheinlichkeit so nicht sein wird. Der diesbezügliche „Modellfehler" wird jedoch durch den sachgemäßen Ansatz des Liegenschaftszinssatzes kompensiert,[1] so dass das Ergebnis „Ertragswert" dem am Markt durchschnittlich erzielbaren Preis entspricht.

---

1) Siehe hierzu die Ausführungen zum Liegenschaftszinssatz in Abschnitt 5.3.6. Vgl. auch Lehrbuch und Kommentar [2], Teil 6, Kapitel 9, Abschnitt 2.

Aus fehlertheoretischer Sicht sollte die Wertermittlung grundsätzlich **zustands-** *zustandsnahe*
nah durchgeführt werden.[1] Das bedeutet, die marktüblich erzielbaren Einnahmen *Bewertung*
sind auf der Grundlage des am Wertermittlungsstichtag gegebenen aktuellen Zustands der **vorhandenen baulichen Anlagen** zu ermitteln.

Alternativ zu diesem Bewertungsansatz „Fortbestand der an den vorhandenen
baulichen Anlagen orientierten Nutzung" kann jedoch, wenn realistische alternative – i.d.R. höherwertige – Nutzungschancen bestehen, auch eine Bewertung unter „Umnutzungsgesichtspunkten" durchgeführt werden, um festzustellen, ob
eventuell das Grundstück durch Umnutzung wirtschaftlicher verwertet werden
kann.[2]

Beispiel: **Ermittlung der marktüblich erzielbaren Miete auf der
Grundlage eines Mietspiegels**

Für folgende in der Stadt Bonn gelegene Wohnung ist die marktüblich
erzielbare Miete zum Stichtag 1. Juli 2007 zu ermitteln:

- gute Wohnlage

- Baujahr 1984

- Wohnungsgröße 75 m²

- sehr gute Ausstattung (Gemeinschaftseinrichtung Wäschetrockner,
  Satellitenanschluss, Gegensprechanlage, Isolierverglasung, Bade-
  zimmerwände mind. 2 m hoch gefliest, Badezimmerboden gefliest,
  hochwertige Armaturen, feste Duschabtrennung, guter optischer Ein-
  druck, guter Bauzustand, gute Fußbodenbeläge). Auf der Grundlage
  der beschriebenen Ausstattungsmerkmale ergibt sich im Mietspiegel
  eine Ausstattungskennziffer von 116 Punkten, was nach den Angaben des Bonner Mietspiegels einer sehr guten Ausstattung entspricht.

Hierzu steht folgender Mietspiegel (Auszug) zur Verfügung:

---

1) Vgl. Lehrbuch und Kommentar [2], Teil 9, Kapitel 60, Abschnitt 3.12 (Fehlerfortpflanzung und Verfahrenswahl bei großen boG).

2) Vgl. Lehrbuch und Kommentar [2], Teil 6, Kapitel 6.

Aus-stattung	einfache Wohnlage			(1)	mittlere Wohnlage			(2)	gute Wohnlage			(3)
	einfach 80-96 (94)	mittel 97-105 (101)	gut 106-113 (109)	sehr gut 114-135 (117)	einfach 80-96 (94)	mittel 97-105 (101)	gut 106-113 (109)	sehr gut 114-135 (117)	einfach 80-96 (94)	mittel 97-105 (101)	gut 106-113 (109)	sehr gut 114-135 (117)
Baujahr bis 1948												
25 m²	7,24	7,69	8,21	8,73	7,62	8,07	8,59	9,11	8,00	8,45	8,97	9,49
35 m²	6,57	6,98	7,44	7,91	6,91	7,32	7,79	8,26	7,25	7,66	8,13	8,60
45 m²	6,19	6,58	7,02	7,46	6,51	6,90	7,34	7,78	6,84	7,22	7,67	8,11
55 m²	5,95	6,32	6,75	7,17	6,26	6,63	7,06	7,48	6,57	6,95	7,37	7,79
65 m²	5,85	6,21	6,63	7,05	6,15	6,52	6,94	7,35	6,46	6,82	7,24	7,66
75 m²	5,77	6,13	6,54	6,96	6,07	6,43	6,85	7,26	6,38	6,74	7,15	7,56
95 m²	5,67	6,02	6,43	6,83	5,96	6,32	6,72	7,13	6,26	6,61	7,02	7,42
105 m²	5,63	5,98	6,38	6,79	5,92	6,28	6,68	7,08	6,22	6,57	6,97	7,38
120 m²	5,59	5,93	6,33	6,73	5,88	6,23	6,63	7,03	6,17	6,52	6,92	7,32
150 m²	5,52	5,87	6,26	6,66	5,81	6,16	6,55	6,95	6,10	6,45	6,84	7,24
Baujahr 1954												
25 m²	6,45	6,96	7,54	8,12	7,02	7,53	8,11	8,69	7,60	8,10	8,69	9,27
35 m²	5,74	6,20	6,71	7,23	6,25	6,71	7,22	7,74	6,76	7,22	7,73	8,25
45 m²	5,35	5,77	6,25	6,74	5,83	6,25	6,73	7,21	6,30	6,72	7,20	7,69
55 m²	5,12	5,52	5,98	6,45	5,57	5,98	6,44	6,90	6,03	6,43	6,89	7,35
65 m²	5,01	5,41	5,86	6,31	5,46	5,85	6,31	6,76	5,90	6,30	6,75	7,20
75 m²	4,94	5,33	5,77	6,21	5,37	5,76	6,21	6,65	5,81	6,20	6,64	7,09
95 m²	4,83	5,21	5,64	6,08	5,26	5,64	6,07	6,51	5,69	6,07	6,50	6,94
105 m²	4,79	5,17	5,60	6,03	5,22	5,59	6,03	6,46	5,64	6,02	6,45	6,88
120 m²	4,75	5,12	5,55	5,97	5,17	5,54	5,97	6,40	5,59	5,96	6,39	6,82
150 m²	4,68	5,05	5,47	5,90	5,10	5,47	5,89	6,31	5,51	5,88	6,30	6,73
Baujahr 1968												
25 m²	6,80	7,31	7,89	8,47	7,37	7,88	8,46	9,04	7,94	8,45	9,03	9,61
35 m²	6,05	6,50	7,02	7,54	6,56	7,01	7,53	8,05	7,07	7,52	8,04	8,56
45 m²	5,64	6,06	6,54	7,02	6,11	6,53	7,02	7,50	6,59	7,01	7,49	7,97
55 m²	5,40	5,80	6,26	6,72	5,85	6,25	6,71	7,17	6,30	6,71	7,17	7,63
65 m²	5,28	5,68	6,13	6,58	5,73	6,12	6,57	7,03	6,17	6,57	7,02	7,47
75 m²	5,20	5,59	6,03	6,48	5,64	6,03	6,47	6,92	6,08	6,47	6,91	7,35
95 m²	5,09	5,47	5,90	6,34	5,52	5,90	6,33	6,77	5,95	6,33	6,76	7,20
105 m²	5,05	5,43	5,86	6,29	5,47	5,85	6,28	6,71	5,90	6,28	6,71	7,14
120 m²	5,00	5,37	5,80	6,23	5,42	5,80	6,22	6,65	5,84	6,22	6,64	7,07
150 m²	4,93	5,30	5,72	6,15	5,35	5,72	6,14	6,56	5,76	6,13	6,56	6,98
Baujahr 1981												
25 m²	7,12	7,63	8,21	8,79	7,69	8,20	8,78	9,36	8,26	8,77	9,35	9,93
35 m²	6,34	6,79	7,31	7,83	6,85	7,30	7,82	8,33	7,36	7,81	8,33	8,84
45 m²	5,90	6,33	6,81	7,29	6,38	6,80	7,28	7,76	6,85	7,28	7,76	8,24
55 m²	5,65	6,05	6,51	6,98	6,10	6,51	6,97	7,43	6,56	6,96	7,42	7,88
65 m²	5,53	5,93	6,38	6,83	5,98	6,37	6,82	7,28	6,42	6,82	7,27	7,72
75 m²	5,45	5,84	6,28	6,72	5,88	6,27	6,72	7,16	6,32	6,71	7,16	7,60
95 m²	5,33	5,71	6,14	6,58	5,76	6,14	6,57	7,01	6,19	6,57	7,00	7,44
105 m²	5,29	5,66	6,10	6,53	5,71	6,09	6,52	6,95	6,14	6,51	6,95	7,38
120 m²	5,24	5,61	6,04	6,47	5,66	6,03	6,46	6,89	6,08	6,45	6,88	7,31
150 m²	5,17	5,54	5,96	6,38	5,58	5,95	6,37	6,80	6,00	6,37	6,79	7,21

Abb. 5-8: **Auszug aus dem Bonner Mietspiegel 2007**

Für die beschriebene Wohnung ergibt sich aus dem Bonner Mietspiegel ein Mietspiegelwert von 7,60 €/m². Dieser Wert wird als marktüblich erzielbar angehalten. Der für die Wohnung anzusetzende jährliche Rohertrag beträgt somit (75 m² × 7,60 €/m² × 12 Monate =) 6.840 €.

5.3.2 Wohn- bzw. Nutzfläche

Die marktüblich erzielbare Miete wird i.d.R. als Quadratmetermiete ausgewertet und angesetzt. Mit der Wohn- bzw. Nutzfläche multipliziert ergibt sich der für die Ertragswertermittlung benötigte Mietwert der Wohnung bzw. des Gewerberaums.

Die Wohnfläche einer Wohnung sollte nach den Vorschriften der Wohnflächen- *Wohnraum;* verordnung (WoFlV)[1] ermittelt werden. Hiernach ergibt sich die Wohnfläche aus *Wohnflächenver-* der Summe aller zur Wohnung gehörenden anrechenbaren Grundflächen. *ordnung (WoFlV)*

Zur Wohnfläche gehören auch die Grundflächen von *zugehörige*
Grundflächen

1. Wintergärten, Schwimmbädern und ähnlichen nach allen Seiten geschlossenen Räumen sowie

2. Balkonen, Loggien, Dachgärten und Terrassen,

wenn sie ausschließlich zu der Wohnung gehören.

Zur Wohnfläche gehören nicht die Grundflächen folgender Räume: *nicht zu berück-*
sichtigende
1. Zubehörräume, insbesondere: *Grundflächen*

   a) Kellerräume,

   b) Abstellräume und Kellerersatzräume außerhalb der Wohnung,

   c) Waschküchen,

   d) Bodenräume,

   e) Trockenräume,

   f) Heizungsräume und

   g) Garagen.

2. Räume, die nicht den an ihre Nutzung zu stellenden Anforderungen des Bauordnungsrechts der Länder genügen[2], sowie

3. Geschäftsräume.

Die Grundfläche ist nach den lichten Maßen zwischen den Bauteilen zu ermitteln; *Ermittlung der* dabei ist von der Vorderkante der Bekleidung der Bauteile auszugehen. *Grundflächen*

---

1) Die Verordnung ist anzuwenden, wenn die Wohnfläche nach dem Wohnraumförderungsgesetz zu berechnen ist. In Ermangelung einer speziellen Vorschrift gelangt die WoFlV jedoch auch im frei finanzierten Wohnungsbau zur Anwendung.

2) So müssen Aufenthaltsräume nach Bauordnungsrecht z.B. eine für ihre Benutzung ausreichende Grundfläche und eine lichte Höhe von i.d.R. 2,40 m haben. Sie müssen unmittelbar ins Freie führende Fenster von solcher Zahl und Beschaffenheit haben, dass die Räume ausreichend mit Tageslicht beleuchtet und gelüftet werden können.

Bei der Ermittlung der Grundfläche sind namentlich **einzubeziehen** die Grundflächen von

1. Tür- und Fensterbekleidungen sowie Tür- und Fensterumrahmungen,

2. Fuß-, Sockel- und Schrammleisten,

3. fest eingebauten Gegenständen, wie z.B. Öfen, Heiz- und Klimageräten, Herden, Bade- oder Duschwannen,

4. freiliegenden Installationen,

5. Einbaumöbeln und

6. nicht ortsgebundenen, versetzbaren Raumteilern.

Grundflächen, die außer Betracht bleiben

Bei der Ermittlung der Grundflächen bleiben **außer Betracht** die Grundflächen von

1. Schornsteinen, Vormauerungen, Bekleidungen, freistehenden Pfeilern und Säulen, wenn sie eine Höhe von mehr als 1,50 Meter aufweisen und ihre Grundfläche mehr als 0,1 m² beträgt,

2. Treppen mit über drei Steigungen und deren Treppenabsätzen,

3. Türnischen und

4. Fenster- und offenen Wandnischen, die nicht bis zum Fußboden herunterreichen oder bis zum Fußboden herunterreichen und 0,13 Meter oder weniger tief sind.

Die Grundfläche ist durch Ausmessung im fertig gestellten Wohnraum oder auf Grund einer Bauzeichnung[1] zu ermitteln.

(tlw.) Anrechnung der Grundflächen

Die Grundflächen

1. von Räumen und Raumteilen mit einer lichten Höhe von mindestens zwei Metern sind **vollständig**,

Dachschrägen

2. von Räumen und Raumteilen mit einer lichten Höhe von mindestens einem Meter und weniger als zwei Metern sind **zur Hälfte**,

Wintergärten, Schwimmbäder

3. von unbeheizbaren Wintergärten, Schwimmbädern und ähnlichen nach allen Seiten geschlossenen Räumen sind **zur Hälfte**,

Balkone, Loggien, Terrassen, Dachgärten

4. von Balkonen, Loggien, Dachgärten und Terrassen sind in der Regel **zu einem Viertel**, höchstens jedoch zur Hälfte

anzurechnen.

---

1) Ist die Grundfläche nach einer Bauzeichnung ermittelt worden und ist abweichend von dieser Bauzeichnung gebaut worden, ist die Grundfläche durch Ausmessung im fertig gestellten Wohnraum oder auf Grund einer berichtigten Bauzeichnung neu zu ermitteln.

Beispiel: **Ermittlung der Wohnfläche im Dachgeschoss**

Ein im Dachgeschoss gelegenes Zimmer besitzt zum Teil Dachschrägen (vgl. Abb. 5-9). Dadurch beträgt die lichte Höhe nicht im gesamten Zimmer (mindestens) 2 m.

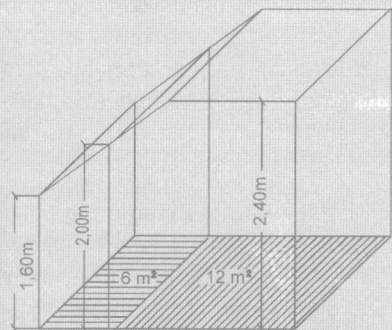

Abb. 5-9: **Grundflächen unter Dachschrägen**

Anteilige Grundfläche unter der Dachschräge mit einer lichten Höhe zwischen 1,0 m und 2,0 m (hier 6,0 m²) werden nur hälftig angerechnet.

Anrechenbare Grundfläche unter der Dachschräge:
6,0 m² × 0,5 = 3,0 m²

Wohnfläche des Zimmers insgesamt:
12,0 m² + 3,0 m² = 15,0 m²

Bei der Ermittlung der Nutzfläche von Gewerberäumen wird empfohlen, sich an den Vorgaben der GIF-Richtlinie MF-G (Richtlinie zur Berechnung der Mietfläche für gewerblichen Raum) zu orientieren.

Gewerberaum, GIF-Richtlinie

5.3.3 Berücksichtigung von Grundflächenbesonderheiten

Oft gehören zu Wohnungen Balkone, Terrassen, Loggien und Wintergärten. Teilweise verfügen die Wohnungen auch über Hobbyräume, Durchgangsräume, unübliche Raumhöhen usw. Diese Räume und Flächen werden als Grundflächenbesonderheiten bezeichnet. Ihr Mietwert bzw. ihr Wohnwert entspricht in der Regel nicht dem Mietwert „normaler" Flächen und Räume. Daher sind bei der Verwendung von Mietspiegelwerten und Mietwerten von Vergleichswohnungen solche Grundflächenbesonderheiten sachgemäß zu berücksichtigen; das heißt die Vergleichsmietwerte sind diesbezüglich an die Eigenschaften der zu bewertenden Wohnung anzupassen.

Beispiele für Grundflächenbesonderheiten

Linktipp

Unter www.1x1-der-immobilienbewertung.de (Rubrik: Materialien zum Buch) finden Sie ein Beispiel, wie mit verschiedenen Grundflächenbesonderheiten umgegangen werden kann. Die Zugangsdaten finden Sie am Ende des Buches in Kapitel 14.

Wohnflächen-
und Mietwert-
richtlinie (WMR)

In der von Sprengnetter herausgegebenen Wohnflächen- und Mietwertrichtlinie (WMR) werden hierzu für alle häufig auftretenden Grundflächenbesonderheiten sog. Wohnwertfaktoren zur sachgemäßen Anrechnung dieser Flächen bei der Mietwertermittlung vorgegeben.

Korrekturfaktoren
zur Berücksichti-
gung von Grund-
flächenbesonder-
heiten

Multipliziert man diese Wohnwertfaktoren mit den anrechenbaren Grundflächen der von den Besonderheiten betroffenen Räume erhält man die sog. „wohnwertabhängig anrechenbaren Grundflächen". Setzt man die Summe der „wohnwertabhängig anrechenbaren Grundflächen" und die Summe der nach den Vorschriften der WoFlV anrechenbaren Grundflächen der Wohnung ins Verhältnis erhält man einen Korrekturfaktor, mit dem der Mietwert an die Besonderheiten angepasst werden kann.

Linktipp und Buchtipp

In der von Sprengnetter herausgegebenen Wohnflächen- und Mietwertrichtlinie (WMR) finden Sie zu allen häufig vorkommenden Grundflächenbesonderheiten Vorschläge für sachgemäße Wohnflächenfaktoren. Die Richtlinie kann unter www.mietwertrichtlinie.de kostenfrei heruntergeladen werden. In dem zu dieser Richtlinie verfügbaren Kommentar [4] werden die Regelungen und die Faktoren anhand zahlreicher Beispiele im Detail erläutert.

Beispiel: **Mietwert einer Wohnung mit Durchgangszimmer**

Eine Wohnung, die nach Wohnflächenverordnung eine Wohnfläche (aGF_{WoFIV}) von 80,0 m² hat, besitzt die im nachfolgenden Berechnungsschema angegebene Raumaufteilung und den in Abb. 5-10 dargestellten Grundriss.

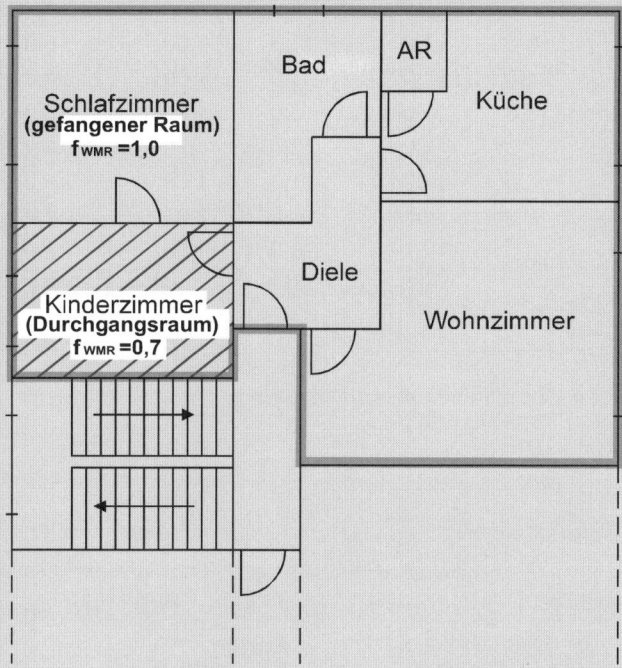

Abb. 5-10: **Wohnungsgrundriss mit Durchgangsraum und gefangenem Raum**

Das Schlafzimmer (als gefangener Raum) ist nur durch das Kinderzimmer (Durchgangsraum) erreichbar. Zur Berücksichtigung des verminderten Wohnwerts des Kinderzimmers ist aus dem Verhältnis der wohnwertabhängig anrechenbaren Grundfläche (aGF_{WMR}) und der nach WoFIV anrechenbaren Grundfläche (aGF_{WoFIV}) ein Korrekturfaktor (k) zu ermitteln.

Ermittlung des Korrekturfaktors (k) für Grundflächenbesonderheiten der Wohnung:

Raum	GFR [m²]	f_{WoFIV}	$aGFR_{WoFIV}$ [m²]	f_{WMR}	$aGFR_{WMR}$ [m²]
(1)	(2)	(3)	(4) = (2) × (3)	(5)	(6) = (2) × (5)
Schlafen	16,0	1,00	16,0	1,00	16,0
Wohnen	24,0	1,00	24,0	1,00	24,0
Küche / Essen	10,0	1,00	10,0	1,00	10,0
Kind	12,0	1,00	12,0	0,70[1]	8,4
Abstellraum	1,0	1,00	1,0	1,00	1,0
Bad	9,0	1,00	9,0	1,00	9,0
Diele	8,0	1,00	8,0	1,00	8,0
Summe			aGF_{WoFIV} = 80,0		aGF_{WMR} = 76,4

GFR = Grundfläche des einzelnen Raumes
GF = Gesamtgrundfläche

Korrekturfaktor für Grundflächenbesonderheiten k:

$$k = \frac{aGF_{WMR}}{aGF_{WoFIV}} = \frac{76,4 \text{ m}^2}{80,0 \text{ m}^2} = 0,955$$

In diesem Beispiel ist die z.B. aus einem Mietspiegel abgeleitete Quadratmetermiete der Wohnung aufgrund des Durchgangszimmers um 4,5 % zu reduzieren.

5.3.4 Bewirtschaftungskosten (BWK) und Reinertrag (RE)

Grundsätze

Für den wirtschaftlichen Wert eines Grundstücks ist nicht der Rohertrag, sondern vielmehr der beim Eigentümer verbleibende Reinertrag maßgeblich. Der Reinertrag errechnet sich als Rohertrag abzüglich der Bewirtschaftungskostenanteile die beim Eigentümer verbleiben. Als Bewirtschaftungskostenanteile des Eigentümers sind die Bewirtschaftungskosten zu verstehen, die der Eigentümer nicht zusätzlich zur Grundmiete als Umlage dem Mieter in Rechnung stellen kann und die demzufolge seinen Ertrag aus dem Grundstück schmälern.

---

1) Für das Kinderzimmer wird ein Wohnwertfaktor f_{WMR} = 0,7 angesetzt, da es (als Durchgangsraum) geringfügig schlechter nutzbar ist als das Schlafzimmer (gefangener Raum; vgl. Anlage zu § 9 WMR, Abschnitt 3, Absatz 1).

Berücksichtigungsfähige **Bewirtschaftungskosten** sind (vgl. § 19 ImmoWertV, §§ 24 – 29 II. BV)

- die **Verwaltungskosten**; sie umfassen die Kosten der zur Verwaltung des Grundstücks erforderlichen Arbeitskräfte und Einrichtungen, die Kosten der Aufsicht, den Wert der vom Eigentümer persönlich geleisteten Verwaltungsarbeit sowie die Kosten der Geschäftsführung;

Verwaltungs-kosten

- die **Instandhaltungskosten**; sie umfassen die Kosten, die infolge von Abnutzung oder Alterung zur Erhaltung des der Wertermittlung zugrunde gelegten Ertragsniveaus der baulichen Anlage während ihrer Restnutzungsdauer aufgewendet werden müssen;

Instandhaltungs-kosten

- das **Mietausfallwagnis**; es umfasst das Risiko von Ertragsminderungen, die durch uneinbringliche Rückstände von Mieten, Pachten und sonstigen Einnahmen oder durch vorübergehenden Leerstand von Raum entstehen, der zur Vermietung, Verpachtung oder sonstigen Nutzung bestimmt ist; es umfasst auch das Risiko von uneinbringlichen Kosten einer Rechtsverfolgung auf Zahlung, Aufhebung eines Mietverhältnisses oder Räumung;

Mietausfallwagnis

- die **Betriebskosten** (gemäß Betriebskostenverordnung – BetrKV).

Betriebskosten

Als Bewirtschaftungskosten sind die **marktüblich** (d.h. die im langjährigen Durchschnitt und nicht in einer zufällig ausgewählten Periode angefallenen) aufzuwendenden Kosten anzusetzen. So dürfen z.B. überdurchschnittliche Kosten infolge unsachgemäßer Bewirtschaftung oder unterdurchschnittliche Kosten infolge einer Idealbewirtschaftung nicht in Ansatz gebracht werden.

marktüblicher Ansatz

Aus diesem Grund sollten Erfahrungs(d.h. Durchschnitts-)sätze vergleichbarer Grundstücke herangezogen werden. Aber auch sonst besteht für die Anwendung von Erfahrungssätzen eine Notwendigkeit, da die für das Bewertungs(d.h. Einzel)objekt verfügbaren Angaben und Unterlagen sehr häufig mangelhaft oder unvollständig sind und nicht durchschnittlichen Aufwendungen entsprechen.

Verwendung von Erfahrungssätzen

In der Praxis ist als Grundmiete am häufigsten die sog. Nettokaltmiete vereinbart. Die Betriebskosten werden i.d.R. auf den Mieter umgelegt. Beim Vermieter für Wohnraum verbleibende Bewirtschaftungskostenanteile, die nicht zusätzlich zur Grundmiete auf den Mieter umgelegt werden können, setzen sich dann wie folgt zusammen:

Nettokaltmiete

- Verwaltungskosten,
- größere Instandhaltungskosten und
- Mietausfallwagnis.

3

Nachfolgend sind für die am häufigsten vorkommenden Grundstücksarten pauschalierte Bewirtschaftungskostenanteile des Vermieters in v.H. der Nettokaltmiete angegeben.

Grundstücksart	Bewirtschaftungskosten relative Restnutzungsdauer[1] [%]	
	≥ 80[2]	≤ 20
Einfamilienhausgrundstücke	17	27
Zweifamilienhausgrundstücke	20	30
Mehrfamilienhausgrundstücke/ Geschosshausgrundstücke	21	32
Gemischt genutzte Grundstücke (gewerbl. Anteil 20 – 80 %)[3]	20	28

Erforderliche Modifizierungen:

* Bei **Wohnungs- und Teileigentum** sind alle Tabellenwerte zu erhöhen um
  bei Wohnungen   > 110 m²: + 1 %-Punkt
  bei Wohnungen   > 70 – 110 m²: + 2 %-Punkt
  bei Wohnungen   50 – 70 m²: + 3 %-Punkt
  bei Wohnungen   < 50 m²: + 1 %-Punkt

* Ohne **Bad** oder **ohne Zentralheizung** alle Werte + 4 %-Punkte.

* Mit **Aufzug** alle Werte + 0,5 %-Punkte.

* Bei **Bodenwertniveaus** abweichend von 100 €/m² – 200 €/m² sind alle Tabellenwerte zu modifizieren um[4]
  Bodenwert   < 30 €/m²   + 4 %-Punkte
  Bodenwert   30 – 99 €/m²   + 2 %-Punkte
  Bodenwert   > 200 – 400 €/m²   – 2 %-Punkte
  Bodenwert > 400 – 1.200 €/m²   – 4 %-Punkte
  Bodenwert   > 1.200 €/m²   – 6 %-Punkte

Tab. 5–1:   **Pauschalierte Bewirtschaftungskosten(anteile) des Vermieters in v.H. der Nettokaltmiete (Quelle: Sprengnetter)**

---

1) Die relative Restnutzungsdauer ergibt sich aus dem Verhältnis Restnutzungsdauer zu Gesamtnutzungsdauer.

2) Die tatsächlichen Bewirtschaftungskosten für neu erstellte Objekte (relative RND > 80 %) sind wegen des anfangs geringeren Instandhaltungsaufwands deutlich niedriger. Jedoch müssen die Bewirtschaftungskosten im statischen Modell der ImmoWertV über den gesamten Kapitalisierungszeitraum (die wirtschaftliche Restnutzungsdauer) betrachtet werden. Die vorgeschlagenen Ansätze für Objekte mit einer relativen RND > 80 % stellen deshalb einen „abgezinsten Durchschnittswert" dar; d. h. die angesetzten Bewirtschaftungskosten berücksichtigen auch den zukünftig ansteigenden Instandhaltungsaufwand.

3) Bezogen auf den anteiligen Jahresrohertrag, d. h. nicht unter Bezug auf die Wohn-/Nutzflächen.

4) Bei niedrigen Bodenwertniveaus sind auch niedrigere Mieten gegeben. Die Verwaltungskosten und auch die Instandhaltungskosten sind dann aber nur unterproportional niedriger, das Mietausfallwagnis ist eher höher.

Buchtipp

In den Marktdaten und Praxishilfen [1] sind in Kapitel 3.05 für zahlreiche weitere Grundstücksarten (Gewerbe-/Industriegrundstücke, Garagenhöfe, Lagergrundstücke und Verbrauchermärkte) durchschnittliche pauschalierte Bewirtschaftungskosten angegeben. Darüber hinaus sind dort auch die für einen Einzelkostenansatz wichtigen Erfahrungssätze für Instandhaltungskosten, Schönheitsreparaturen, Verwaltungskosten, Mietausfallwagnis und Betriebskosten tabelliert.

Beispiel: Ermittlung der Bewirtschaftungskosten für ein Wohn- und Geschäftshaus

Es sind die durchschnittlichen pauschalierten Bewirtschaftungskosten in v.H. der Nettokaltmiete für ein Wohn- und Geschäftshaus zu ermitteln. Der gewerbliche Anteil beträgt 50 % des Jahresrohertrags. Das Gebäude verfügt über einen Aufzug. Die Gesamtnutzungsdauer des Gebäudes beträgt 70 Jahre, die Restnutzungsdauer 39 Jahre. Das Objekt liegt in einer Region mit einem Bodenwertniveau für Allgemeine Wohngebiete von rd. 800 €/m².

1. Ableitung des prozentualen Bewirtschaftungskostenansatzes

Bei 39 Jahren Restnutzungsdauer und 70 Jahren Gesamtnutzungsdauer beträgt die relative Restnutzungsdauer (39 Jahre / 70 Jahre =) rd. 56 %.

Die Bewirtschaftungskosten ergeben sich aus Tab. 5–1 durch Interpolation zwischen den Werten für 80 % und 20 % relative Restnutzungsdauer.

Interpolation (zur linearen Interpolation vgl. Abschnitt 4.4.3):

rel. RND: 80 % – 20 % = 60 %

             80 % – 56 % = 24 %

BWK: 28 % – 20 % = 8 %

$$20\ \% + 8\ \% \times \frac{24\ \%}{60\ \%} = 23{,}2\ \%$$

Erforderliche Modifizierungen:

- wegen Aufzug   + 0,5 %-Punkte
- wegen abweichendem Bodenwertniveau   – 4,0 %-Punkte

Die Bewirtschaftungskosten betragen somit

23,2 %-Punkte + 0,5 %-Punkte – 4 %-Punkte = 19,7 %-Punkte.

Die Bewirtschaftungskosten für das Wohn- und Geschäftshaus mit einer Restnutzungsdauer von 39 Jahren und einer Gesamtnutzungsdauer von 70 Jahren betragen rd. 20 %[1] des jährlichen Rohertrages.

2. Berechnung der Bewirtschaftungskosten und des Reinertrags:

Schema		Beispiel
jährlicher Rohertrag	**RO**	64.800 €/Jahr
./.	./.	./.
jährliche Bewirtschaftungskosten	**BWK**	12.960 €/Jahr (20 % des RO)
=	=	=
Jährlicher Reinertrag	**RE**	51.840 €/Jahr

5.3.5 Restnutzungsdauer

„Die Restnutzungsdauer ist die Zahl der Jahre, in denen die baulichen Anlagen bei ordnungsgemäßer Bewirtschaftung voraussichtlich noch wirtschaftlich genutzt werden können." (vgl. § 6 Abs. 6 ImmoWertV)

wirtschaftliche und nicht technische Restnutzungsdauer

Durch diese gesetzliche Definition wird klargestellt, dass die für Marktwertermittlungen anzusetzende Restnutzungsdauer (nachfolgend RND abgekürzt) baulicher Anlagen nicht an ihrer „technischen Lebensdauer", z.B. bezogen auf die noch zu erwartende bautechnische Standdauer, abgeleitet aus der Haltbarkeitsgrenze der konstruktiven Bauteile, zu orientieren ist. Sie ist vielmehr ein Maß für die voraussichtliche Dauer ihrer wirtschaftlichen Verwertbarkeit. Während die technische Standdauer von Gebäuden oftmals 200 und mehr Jahre beträgt, ist nach vorherrschender Meinung die wirtschaftliche Gesamtnutzungsdauer (GND) baulicher Anlagen überwiegend auf 60 – 80 Jahre (mit fallender Tendenz wegen der immer kurzperiodischer vorzunehmenden grundlegenden Modernisierungsmaßnahmen) begrenzt.

wirtschaftliche Gesamtnutzungsdauer

In der nachfolgenden Tabelle sind die durchschnittlichen wirtschaftlichen Gesamtnutzungsdauern für die am häufigsten vorkommenden Objektarten tabelliert.

---

1) Die Bewirtschaftungskosten pro Grundstück werden üblicherweise auf 1 %- oder 0,5 %-Werte gerundet.

Objektart	Gebäudestandard[1]				
	1	2	3	4	5
Ein- und Zweifamilienhaus (massiv)	60	65	70	75	80
Ein- und Zweifamilienhaus (Holzblockhaus)	55	60	65	70	75
Ein- und Zweifamilienhaus (Holz in Rahmenbauweise, Fachwerkgebäude)	50	55	60	65	70
Ein- und Zweifamilienhaus (Holz in Tafelbauweise)	40	45	50	55	60
Mehrfamilienhaus	60	65	70	75	80
Wohn- und Geschäftshaus	60	65	70	75	80
Garagen[2]	50	55	60	65	70

Tab. 5–2: **Durchschnittliche wirtschaftliche Gesamtnutzungsdauer in Jahren**

Buchtipp

In den Marktdaten und Praxishilfen [1] sind in Kapitel 3.02.5 für alle Gebäudearten (z.B. auch für Wohnheime, Geschäfts-, Gewerbe- und Industriebauten, Hotels, Gasthöfe, Freizeitgebäude, Gemeinbedarfsgebäude und landwirtschaftliche Betriebsgebäude) durchschnittliche wirtschaftliche Gesamtnutzungsdauern tabelliert.

In Abschnitt 6.5.10 (Alterswertminderung) ist ein Beispiel abgedruckt, wie die Gesamtnutzungsdauer zu bestimmen ist, wenn die einzelnen Bauteile des Gebäudes unterschiedlichen Standardstufen zuzuordnen sind (Standardmix).   *Standardmix*

Die in der Wertermittlung anzusetzende RND hängt neben dem Gebäudealter insbesondere von folgenden wirtschaftlichen Faktoren ab: *Einflussfaktoren*

- Lage (insbesondere bei Geschäftsgrundstücken), auch Umfeld;
- Grundriss;

---

1) Zur Ermittlung des Gebäudestandards vgl. Kapitel 6, Abschnitt 6.5.5.
2) Wenn integriert oder überbaut: wie Hauptgebäude.

- funktionale Zuordnung von Räumen;

- Geschosshöhen (zu niedrig, überhoch);

- Belichtung und Besonnung;

- zeitgemäße Ausstattung (z.B. unzureichende sanitäre Einrichtungen wie fehlendes Bad oder Toilette im Hof);

- zeitgemäße Baumaterialien und Baugestaltung;

- durchgeführte Instandsetzungen oder Modernisierungen;

- unterlassene Instandhaltungen, Modernisierungsstau.

Die anzusetzende RND wird auch davon beeinflusst, ob die vorbeschriebenen Eigenschaften mit wirtschaftlich vertretbarem Aufwand auf einen zeitgemäßen Standard gebracht werden können.

Beispiel: Regelfallformel zur Ermittlung der Restnutzungsdauer

Die **Restnutzungsdauer** kann grundsätzlich nach folgender „Regelfallformel" ermittelt werden:

Schema		Beispiel
übliche Gesamtnutzungsdauer	**GND**	70 Jahre[1]
./.	./.	./.
Gebäudealter am Wertermittlungsstichtag	**GA**	31 Jahre
=	=	=
„rechnerische" Restnutzungsdauer	**RND$_r$**	39 Jahre

Dabei wird das **Gebäudealter** grundsätzlich wie folgt errechnet:

Schema		Beispiel
Jahr des Wertermittlungsstichtags	**WS**	2013
./.	./.	./.
Baujahr	**BJ**	1982
=	=	=
Gebäudealter	**GA**	31 Jahre

---

1) Gemäß Tab. 5–2 hier für ein Wohn- und Geschäftshaus mit Gebäudestandard 3.

Die in dem vorhergehenden Beispiel beschriebene Regelfallformel versagt, wenn

- das ursprüngliche Gebäude nicht nur normal instand gehalten, sondern durch wesentliche Modernisierungs-[1] und/oder Erweiterungsmaßnahmen oder gar durch Entkernung und Erneuerung in seiner ursprünglichen Substanz verändert worden ist,

Modernisierung, Kernsanierung

- wichtige Instandhaltungen unterlassen wurden,
- die nach der Einfachformel errechnete RND $\leq 10\,\%$ der GND beträgt.

Bei vollständiger Entkernung[2] und Erneuerung ist das fiktive Gebäudealter zu bestimmen.

Entkernung, Kernsanierung

Beispiel: Restnutzungsdauer eines komplett entkernten Gebäudes

Ein 1916 errichtetes Wohn- und Geschäftshaus wurde 1991 komplett entkernt und erneuert. Es soll die Restnutzungsdauer zum Wertermittlungsstichtag 2013 ermittelt werden.

Zunächst wird das fiktive Baujahr ermittelt. Hierzu ist das ursprüngliche Jahr der Entkernung und Erneuerung unter Berücksichtigung der erhalten gebliebenen (also nicht erneuerten) Gebäudeteile mit einem **prozentualen Abschlag** X % zu versehen. Bleiben bei der Entkernung im Wesentlichen nur die Fundamente, die Fassade und die Dachkonstruktion erhalten, so beträgt der Abschlag X = 10 %. Bleiben auch die Geschossdecken und die tragenden und nicht tragenden Wände erhalten, so beträgt der Abschlag X = 20 %.

fiktives Baujahr

Als **übliche Gesamtnutzungsdauer** sollte zur Ermittlung des fiktiven Baujahres bei kernsanierten Objekten unabhängig vom Gebäudestandard bei Wohn- und Geschäftshäusern grundsätzlich 80 Jahre angesetzt werden.

Schema		Beispiel
Jahr der Entkernung und Erneuerung	Bj_E	1991
./.	./.	./.
X % der üblichen Gesamtnutzungsdauer	GND	10 % x 80 J.
=	=	=
fiktives Baujahr	Bj_f	1983

---

1) Modernisierungen im Sinne der ImmoWertV sind beispielsweise Maßnahmen, die eine wesentliche Verbesserung der Wohn- oder sonstigen Nutzungsverhältnisse oder wesentliche Einsparungen von Energie oder Wasser bewirken.

2) Unter Kernsanierung wird die Wiederherstellung eines bestehenden Gebäudes in einen nahezu neuwertigen Zustand verstanden. Hierzu wird das Gebäude bis auf die tragenden Strukturen, wie etwa Fundamente, tragende Wände und Decken, zurückgebaut. Zu den Bestandteilen einer Kernsanierung gehören auch das Erneuern der Dachkonstruktion samt Dacheindeckung sowie die Gestaltung der Fassade mit Fenstern und Türen. Die Kernsanierung geht somit deutlich über eine „durchgreifende Modernisierung" hinaus.

*fiktives
Gebäudealter*

Aus dem fiktiven Baujahr ergibt sich das fiktive Gebäudealter:

Schema		Beispiel
Jahr des Wertermittlungsstichtags	**WS**	2013
./.	./.	./.
fiktives Baujahr	**BJ$_f$**	1983
=	=	=
fiktives Gebäudealter	**GA$_f$**	30 Jahre

Die Restnutzungsdauer errechnet sich dann wieder nach der Regelfall-formel:

Schema		Beispiel
übliche Gesamtnutzungsdauer	**GND**	70 Jahre[1]
./.	./.	./.
fiktives Gebäudealter	**GA$_f$**	30 Jahre
=	=	=
Restnutzungsdauer	**RND**	40 Jahre

*Punktraster-
methode*

Bei nachträglich erfolgten durchgreifenden Modernisierungen kann für die Bestimmung der „modifizierten" Restnutzungsdauer die sog. „Punktrastermethode"[2] herangezogen werden.

Beispiel: **Restnutzungsdauer eines umfassend modernisierten Gebäudes**

Ein 1930 errichtetes Mehrfamilienhaus wurde 2010 umfassend modernisiert. Es wurde das Dach erneuert und gedämmt, neue isolierverglaste Fenster eingebaut, das komplette Leitungssystem ausgetauscht, die Außenwände gedämmt, neue Bäder und WCs eingebaut, der Innenausbau modernisiert und z.T. auch die Grundrissgestaltung verbessert. Insgesamt wird durch die Maßnahme das Gebäude auf den Gebäudestandard 4 angehoben. Die übliche Gesamtnutzungsdauer beträgt unter Berücksichtigung des sich durch die Modernisierungsmaßnahmen ergebenden Gebäudestandards 75 Jahre (vgl. Tab. 5–2).

Es ist zum Wertermittlungsstichtag 2012 die durch die Modernisierungsmaßnahmen modifizierte Restnutzungsdauer zu bestimmen. Hier-

1) Gemäß Tab. 5–2 hier für ein Wohn- und Geschäftshaus mit Gebäudestandard 3.
2) Die Punktrastermethode wurde ursprünglich vom Arbeitskreis der Gutachterausschüsse in NRW (AGVGA-NRW) entwickelt. Sprengnetter hat die Methode fortentwickelt und verfeinert. In der Sachwertrichtlinie wurde sie als Anlage 4 aufgenommen.

zu ist mittels dem folgenden Punktraster zunächst der Modernisierungsgrad zu ermitteln.

Modernisierungselemente; typische Fälle[1] (Maßnahmen in den letzten 15 Jahren[2])	Punkte max.	Punkte tats.
Dacherneuerung inkl. Verbesserung der Wärmedämmung im Dach bzw. Dämmung der obersten Geschossdecke $(x)^{3)}$	4	4
Modernisierung der Fenster und Außentüren	2	2
Modernisierung der Leitungssysteme (Strom, Wasser, Abwasser, Gas etc.)	2	2
Modernisierung der Heizungsanlage	2	2
Wärmedämmung der Außenwände $(x)^{3)}$	4	4
Modernisierung von Bädern	2	0
Modernisierung des Innenausbaus, z.B. Decken und Fußböden und Treppen	2	2
wesentliche Verbesserung der Grundrissgestaltung $(x)^{3)}$	2	1[4]
Gesamtpunktzahl[5]: (Modernisierungsgrad)		17

*Tab. 5–3: **Punktraster für Modernisierungsmaßnahmen***

Der Modernisierungsgrad beträgt in diesem Beispiel somit 17 Punkte.

Aus der nachfolgenden Tabelle ergibt sich die modifizierte relative Restnutzungsdauer in % der üblichen Gesamtnutzungsdauer (relative RND = RND / GND).

Das relative Gebäudealter = Gebäudealter / GND beträgt vorliegend (2012 – 1930) / 75 Jahre = 109 %.

---

1) Hier sind die wesentlichsten Modernisierungselemente für Wohngebäude zusammengestellt. Für andere Gebäude sind die Modernisierungselemente objektartspezifisch zu modifizieren.

2) Liegen die Maßnahmen weiter zurück (z.B. 20 Jahre) oder führten diese nicht zu einem partiell zeitgemäßen Gebäudestandard, ist ggf. zu prüfen, ob nicht eine geringere als die maximale Punktzahl (evtl. sogar keine Punkte) anzusetzen ist.
Wichtig: Hierbei sind auch die Maßnahmen als bereits durchgeführt anzusetzen, für die bei der Wertermittlung Abzüge wegen eines vom ortsüblichen abweichenden baulichen Zustands angebracht werden, insbesondere bei bestehenden Bauschäden, Instandhaltungsstaus und Modernisierungserfordernissen (vgl. Lehrbuch und Kommentar [2], Teil 9, Kapitel 61, Abschnitt 2.6).

3) Bei den mit (x) gekennzeichneten Maßnahmen sollten zur Erreichung plausibler Ergebnisse (Teil)Punkte auch dann gegeben werden, wenn diese Anforderungen bereits historisch gegeben waren und am Bewertungsstichtag noch zeitgemäßen Anforderungen entsprechen.

4) Da die Grundrissgestaltung hier nur in Teilen verbessert wurde, wird lediglich 1 von 2 möglichen Punkten vergeben.

5) Maximal können in der Summe 20 Punkte vergeben werden.

relatives Gebäude-alter [%]	Modernisierungsgrad				
	≤ 1	4	8	13	≥ 18
	modifizierte relative Restnutzungsdauer [%]				
0	100	100	100	100	100
5	95	95	95	95	95
10	90	90	90	90	90
15	85	85	85	86	87
20	80	80	81	83	86
25	75	76	78	81	84
30	70	72	74	78	82
35	65	68	71	76	81
40	60	64	68	73	79
45	55	60	65	71	78
50	50	57	62	69	77
55	45	53	59	67	76
60	40	50	57	65	75
65	36	46	54	64	74
70	32	43	52	62	73
75	28	40	50	61	72
80	25	37	48	60	71
85	22	34	46	58	71
90	19	32	44	57	70
95	16	29	43	57	70
≥ 100	14	27	41	56	70

Tab. 5–4: Modifizierte relative Restnutzungsdauer in % der üblichen Gesamtnutzungsdauer (Modell Sprengnetter)[1]

Bei einem relativen Gebäudealter von mehr als 100 % und einem Modernisierungsgrad von 17 Punkten ergibt sich aus Tab. 5–4 eine modifizierte relative Restnutzungsdauer von (interpoliert) 67 % der GND.

Die aufgrund umfassender Modernisierungsmaßnahmen modifizierte RND beträgt somit (67 % von 75 Jahren GND =) 50 Jahre.

---

1) Das Sprengnetter-Modell weicht geringfügig von dem in Anlage 4 der SW-RL tabellierten Modell ab. Insbesondere wirkt sich eine leichte Modernisierung (4 Punkte) im Sprengnetter-Modell stärker auf die relative Restnutzungsdauer aus als im SW-RL-Modell. Hierdurch wird der zweite Grundsatz marktkonformer Wertermittlung, Gleiches gleich und Ungleiches ungleich zu bewerten, im Sprengnetter-Modell besser erfüllt.

Buchtipp

In den Marktdaten und Praxishilfen [1] sind in Kapitel 3.02.4 weitere und auch differenziertere Tabellen zur Bestimmung der modifizierten Restnutzungsdauer abgedruckt. Im Lehrbuch und Kommentar [2] sind in Teil 6, Kapitel 2, Abschnitt 6.2.5 neben der Punktrastermetode weitere Methoden zur Bestimmung der Restnutzungsdauer modernisierter und entkernter Gebäude erläutert. In Abschnitt 6.2.6 wird auf die Verkürzung der RND eingegangen und in Abschnitt 6.2.7 Sonderfälle der RND-Ermittlung beschrieben.

Bezüglich der erforderlichen Genauigkeit der RND-Bestimmung gilt folgende Merkregel:

Genauigkeits-betrachtung

Je höher die RND, desto weniger wird der Ertragswert durch eine ungenaue (oder fehlerhafte) RND-Schätzung verfälscht.[1]

In der Ertragswertermittlung wirkt sich eine grobe Fehleinschätzung der RND i.d.R. erst bei einer relativen RND von weniger als 50 % der GND wesentlich auf das Bewertungsergebnis aus.

5.3.6 Liegenschaftszinssatz

§ 14 Abs. 3 Satz 1 ImmoWertV definiert den **Liegenschaftszinssatz (p)** als *„Zinssatz, mit dem der Verkehrswert eines Grundstücks je nach Grundstücksart im Durchschnitt marktüblich verzinst wird."*

Definition

Gemäß § 14 Abs. 3 Satz 2 ImmoWertV ist der Liegenschaftszinssatz *„auf der Grundlage geeigneter Kaufpreise und der ihnen entsprechenden Reinerträge für gleichartig bebaute und genutzte Grundstücke unter Berücksichtigung der Restnutzungsdauer der Gebäude nach den Grundsätzen des Ertragswertverfahrens abzuleiten."*

Ermittlungs-vorschrift

Diese Definition des Verordnungsgebers (Satz 1), insbesondere aber die Ermittlungsvorschrift (Satz 2) drücken aus, dass

Rechengröße des Ertragswert-verfahrens

a) der Liegenschaftszinssatz vorrangig nur eine Rechengröße im Ertragswertverfahren der ImmoWertV darstellt;

b) sich der Liegenschaftszinssatz als Mittelwert (Durchschnitt) der für verschiedene vergleichbare Objektarten nach dem Ertragswertmodell abgeleiteten Verzinsungen errechnet. **Die Verzinsung ist dabei durch Umkehrung des für das Ertragswertverfahren vorgeschriebenen Rechengangs zu ermitteln;**

---

1) Vgl. Lehrbuch und Kommentar [2], Teil 6, Kapitel 2, Abschnitt 6.2.2 und Abschnitt 6.3.3.

c) für unterschiedliche Grundstücksteilmärkte (Objektarten) abweichende Liegenschaftszinssätze bestehen (z.B. für Einfamilienhausgrundstücke andere als für Geschäftshausgrundstücke).

Marktanpassungsfaktor des Ertragswertverfahrens

Der **Liegenschaftszinssatz ist** demzufolge (insbesondere aufgrund b) **der Marktanpassungsfaktor des Ertragswertverfahrens nach der ImmoWertV.**[1] Er stellt sicher, dass das „Rechenergebnis" Ertragswert marktkonform ist. Der richtige objekt- und stichtagsbezogene Mietansatz ist demgegenüber dafür bestimmend, dass der Ertragswert objekt- und wertermittlungsstichtagsbezogen zutreffend ermittelt wird.

Der Liegenschaftszinssatz ist das Mittel der für eine spezifische Grundstücksart (Objektgruppe) nach dem Ertragswertmodell der ImmoWertV abgeleiteten Verzinsung.

Näherungsweise ergibt sich die Verzinsung (p) einer Objektgruppe zu:[2]

$$p = \varnothing \frac{\text{Reinertrag}}{\text{Kaufpreis}}$$

Abhängigkeit vom Risiko

Der Liegenschaftszinssatz ist um so **höher** (anzusetzen), **je unsicherer** die nachhaltige Erzielung der **Grundstückserträge** bzw. je risikobehafteter die Grundstücksnutzung eingeschätzt wird.

Abhängigkeit von der RND

Des Weiteren ist innerhalb der Objektarten der Zinssatz nach der Restnutzungsdauer der Gebäude zu differenzieren. **Je höher die Restnutzungsdauer, umso größer der Liegenschaftszinssatz.**

Genauigkeitsbetrachtung

Wie genau muss der Liegenschaftszinssatz ermittelt werden?

Hierzu gilt folgende Merkregel:

Der Liegenschaftszinssatz beeinflusst (neben dem Reinertrag) den Ertragswert am stärksten. Je geringer die Restnutzungsdauer, desto weniger wird jedoch das Bewertungsergebnis durch eine ungenaue (oder fehlerhafte) Schätzung des Liegenschaftszinssatzes verfälscht.[3]

Da die Liegenschaftszinssätze oft aus Kaufpreisen als Funktion der Restnutzungsdauer und/oder der Objektgröße abgeleitet werden, sollten die so ermittelten Funktionswerte auch mit zwei Nachkommastellen ermittelt werden und in die Wertermittlung einfließen.

---

1) Definition nach Sprengnetter (1978).
2) Die strenge Formel zur Ermittlung der Liegenschaftszinssätze ist in Lehrbuch und Kommentar [2], Teil 6, Kapitel 2, Abschnitt 5.3 abgedruckt.
3) Vgl. diesbezüglich die Ausführungen in Lehrbuch und Kommentar [2], Teil 6, Kapitel 2, Abschnitt 6.3.3.

Woher erhält man die Liegenschaftszinssätze?

Um zu sachrichtigen Ansätzen für Liegenschaftszinssätze zu gelangen, empfiehlt sich folgende Vorgehensweise:

Datenquelle

1. **Örtliche Liegenschaftszinssätze bei der Geschäftsstelle des zuständigen Gutachterausschusses erfragen:**

   Von vielen Gutachterausschüssen werden diesbezüglich gute Bewertungsdaten abgeleitet und i.d.R. in Form von Grundstücksmarktberichten zur Verfügung gestellt.

2. **Ableitung des Liegenschaftszinssatzes aus vergleichbaren Regionen**

   Hat der zuständige Gutachterausschuss keine geeigneten Liegenschaftszinssätze abgeleitet, so sollten hilfsweise Liegenschaftszinssätze aus vergleichbaren Regionen herangezogen werden. Als vergleichbar sind zunächst die Regionen anzusehen, die mit der Region, in der das Bewertungsobjekt liegt, hinsichtlich des Boden(richt)wert- bzw. Mietwert- und Immobilienwertniveaus weitgehend übereinstimmen. Mittels dieser Werte wird es bei fehlenden örtlichen Liegenschaftszinssätzen i.d.R. unter Bezug auf Werte aus vergleichbaren Regionen (z.B. aus Nachbarkreisen oder -städten) möglich sein, die sachgemäße Größenordnung des anzuwendenden Liegenschaftszinssatzes abzuleiten. Dabei können die in den folgenden Tabellen abgedruckten bundesdurchschnittlichen Werte hilfreich sein (vgl. 4.)

3. **Eigene Untersuchungen anstellen**

   Hat der Gutachterausschuss keine Liegenschaftszinssätze abgeleitet und stehen keine geeigneten Zinssätze aus vergleichbaren Regionen zur Verfügung, müssen diese selbst abgeleitet werden.[1)]

4. **Verwendung von bundesdurchschnittlichen Liegenschaftszinssätzen**

   In den nachfolgend abgedruckten Tabellen sind bundesdurchschnittliche Liegenschaftszinssätze zusammengestellt. Sollten vom Gutachterausschuss nur vereinzelte, d.h. nicht für sämtliche Grundstücksteilmärkte differenzierte Liegenschaftszinssätze abgeleitet worden sein, liegen keine entsprechenden Zinssätze aus vergleichbaren Regionen vor oder sollten nur für einzelne Objekte Liegenschaftszinssätze aus verfügbarem Datenmaterial ableitbar sein, so kann mithilfe der Angaben einer bundesdurchschnittlichen Liegenschafts-

---

1) Die Ableitung örtlicher Liegenschaftszinssätze ist ausführlich in den Marktdaten und Praxishilfen [1] in Kapitel 3.04, Abschnitt 3.1 erläutert.

zinssatztabelle eine örtliche Liegenschaftszinssatzstruktur abgeleitet werden.[1]

Expertengremien

5. Gemeinsame Ableitung valider Daten in den Sprengnetter-Expertengremien

Seit 2008 hat Sprengnetter Immobilienbewertung bundesweit rd. 60 Expertengremien gegründet. In den jeweiligen regionalen Gruppen werden u.a. örtliche Liegenschaftszinssatzsysteme durch Nachbewertung veräußerter bebauter Grundstücke gemeinsam abgeleitet. Da diese Ableitungen nach fest vorgegebenen Standards erfolgen, wurden in diesem System erstmals

a)   eine bundesweite Datenauswertung möglich und

b)   bundesweit vergleichbare Liegenschaftszinssätze für alle Immobilienarten bereit gestellt[2].

Bewertungs-
modell

Den nachfolgend abgedruckten bundesdurchschnittlichen Referenzdaten liegt folgendes Bewertungsmodell zugrunde:

Modell / Datengrundlage	
Mieten:	marktüblich erzielbare Nettokaltmiete (nicht Neuabschlussmieten)
Bewirtschaftungskosten:	Tab. 5–1
Restnutzungsdauer:	übliche Gesamtnutzungsdauern (siehe Angaben in der letzten Spalte) Restnutzungsdauerverlängerung nach Modernisierung oder Standardverbesserung: Tab. 5–3 und Tab. 5–4.
Bodenwerte:	abgabenfreie Bodenwerte für (fiktiv) unbebaute Grundstücke
Kaufpreise	Bei Eigennutzungsobjekten (EFH, ZFH, Wohnungseigentum) für **unvermietete**, ansonsten für **voll vermietete** Objekte; nur Zweiterwerbe

*Tab. 5–5: **Bewertungsmodell zur Ableitung und Anwendung der bundesdurchschnittlichen Liegenschaftszinssätze***

---

1) In der Sprengnetter-Software (ProSa [9], SmartValue [8], ProBel) stehen Berechnungsassistenten zur Verfügung, die es ermöglichen, auf der Grundlage der bundesdurchschnittlichen Daten mit relativ wenigen Kaufpreisen ein eigenes valides örtliches Liegenschaftszinssatzsystem aufzubauen.

2) Seit 2010 leitet Sprengnetter Marktforschung in Zusammenarbeit mit Realkreditinstituten deutschlandweit flächendeckend örtliche Liegenschaftszinssätze ab. Diese stehen im Sprengnetter-Marktdatenshop zum Download bereit.

Die in der nachfolgenden Tab. 5–6 abgedruckten Liegenschaftszinssätze gelten nur für **unvermietete**, üblicherweise eigengenutzte **Ein- und Zweifamilienhausgrundstücke**. Die vermieteten Objekte stellen (wegen den davon abweichenden rechtlichen und wirtschaftlichen Gegebenheiten) einen selbstständig zu behandelnden Grundstücksteilmarkt dar. Viele Kaufpreisauswertungen sind diesbezüglich nicht hinreichend differenziert. Für vermietete Ein- und Zweifamilienhausgrundstücke werden i.d.R. bei nicht unmittelbarer Eigennutzungsmöglichkeit für den Erwerber deutlich niedrigere Kaufpreise gezahlt. Umgekehrt errechnen sich höhere Liegenschaftszinssätze.

unvermietete Ein- und Zweifamilienhausgrundstücke, Vermietungsabschlag

Art des Objekts (Grundstücksnutzung)	Liegenschaftszinssatz relative Restnutzungsdauer [%]						Gesamtnutzungsdauer (Jahre)
	20	30	40	60	80	100	
Einfamilienhäuser (unvermietet, Ø 130 m² WF)	1,00	1,45	1,90	2,50	2,88	3,10	60-80
Zweifamilienhäuser (EFH mit Einlieger-Wohnung, Ø 155 m² WF)	1,60	2,05	2,42	3,09	3,51	3,70	60-80
Zweifamilienhäuser (2 ca. gleich große Wohnungen, Ø 180 m² WF)	1,80	2,20	2,58	3,29	3,75	4,05	60-80

Tab. 5–6: Liegenschaftszinssätze für freistehende Ein- und Zweifamilienhausgrundstücke

Die in Tab. 5–6 abgedruckten Zinssätze gelten nur für freistehende Ein- und Zweifamilienhausgrundstücke. Bei abweichender Anbauart sind folgende Anpassungen vorzunehmen:

Anbauart, Reihenhaus, Doppelhaus

- bei Reihenmittelhäusern alle Werte
  × 1,04 bei geringer RND, bis × 1,07 bei hoher RND
- bei Doppelhaushälften und Reihenendhäusern
  × 1,02 bei geringer RND, bis × 1,04 bei hoher RND

Beispiel: **Ermittlung des Liegenschaftszinssatzes für ein Reihenmittelhaus**

Es ist ein Reihenmittelhaus zu bewerten. Die Wohnfläche beträgt 130 m². Die Gesamtnutzungsdauer beträgt 70 Jahre, die Restnutzungsdauer 42 Jahre.

Aus Tab. 5–6 ergibt sich für ein freistehendes Einfamilienhaus bei einer Gesamtnutzungsdauer von 70 Jahren und einer relativen Restnutzungsdauer von (42 Jahre / 70 Jahre =) 60 % ein Liegenschaftszinssatz von 2,50 %.

Dieser Tabellenwert ist wegen der Anbauart (Reihenmittelhaus) noch zu korrigieren.

p = 2,50 % × 1,06 = 2,65 %

Der Liegenschaftszinssatz für das Reihenmittelhaus beträgt somit rd. 2,65 %.

unvermietete Eigentums- wohnung, Ver- mietungsabschlag

Die in der nachfolgenden Tab. 5–7 abgedruckten Liegenschaftszinssätze gelten nur für **unvermietete**, üblicherweise eigengenutzte **Eigentumswohnungen**. Die vermieteten Wohnungen stellen (wegen den davon abweichenden rechtlichen und wirtschaftlichen Gegebenheiten) einen selbstständig zu behandelnden Grundstücksteilmarkt dar. Viele Kaufpreisauswertungen sind diesbezüglich nicht hinreichend differenziert. Für individuelle Wohnungseigentume (z.B. Penthouse-Wohnungen) werden i.d.R. bei nicht unmittelbarer Eigennutzungsmöglichkeit für den Erwerber deutlich niedrigere Kaufpreise gezahlt. Umgekehrt errechnen sich höhere Liegenschaftszinssätze.

Art des Objekts (Grundstücksnutzung) ETW in MFH mit	Liegenschaftszinssatz relative Restnutzungsdauer [%]						Gesamtnut- zungsdauer (Jahre)
	20	30	40	60	80	100	
3 Wohneinheiten (Ø 250 m² WF)	2,89	3,12	3,28	3,51	3,67	3,79	60 – 80
5 Wohneinheiten (Ø 400 m² WF)	3,11	3,33	3,47	3,68	3,84	3,95	60 – 80
8 Wohneinheiten (Ø 600 m² WF)	3,31	3,52	3,67	3,88	4,03	4,14	60 – 80
20 Wohneinheiten (Ø 1.500 m² WF)	3,61	3,82	3,97	4,18	4,33	4,44	60 – 80

Tab. 5–7: **Liegenschaftszinssätze für Wohnungseigentume mit einer durch- schnittlichen Wohnungsgröße von 80 m²**

Bei einer von 80 m² abweichenden Wohnungsgröße des Bewertungsobjekts ist eine diesbezügliche Anpassung der Tabellenwerte vorzunehmen.

Wohnungs-größe	Umrechnungs-faktor	Wohnungs-größe	Umrechnungs-faktor
30 m²	0,76	120 m²	1,13
40 m²	0,81	130 m²	1,16
50 m²	0,86	140 m²	1,19
60 m²	0,91	150 m²	1,21
70 m²	0,96	160 m²	1,24
80 m²	1,00	170 m²	1,27
90 m²	1,04	180 m²	1,31
100 m²	1,07	190 m²	1,33
110 m²	1,10	200 m²	1,36

Tab. 5–8: Umrechnungsfaktoren für die Abhängigkeit des Liegenschafts-zinssatzes einer Eigentumswohnung von der Wohnungsgröße

Beispiel: Ermittlung des Liegenschaftszinssatzes für eine Eigentumswohnung

In einem Mehrfamilienhaus (MFH) mit 5 Wohneinheiten ist eine Eigentumswohnung (ETW) zu bewerten. Die Wohnung ist 60 m² groß. Die Gesamtnutzungsdauer beträgt 70 Jahre, die Restnutzungsdauer 42 Jahre.

Aus Tab. 5–7 ergibt sich für eine ETW im MFH mit 5 Wohneinheiten bei einer Gesamtnutzungsdauer von 70 Jahren und einer relativen Restnutzungsdauer von (42 Jahre / 70 Jahre =) 60 % ein Liegenschaftszinssatz von 3,68 %.

Dieser Tabellenwert ist wegen der von 80 m² abweichenden Wohnungsgröße noch mit Hilfe den in Tab. 5–8 abgedruckten Umrechnungsfaktoren wie folgt anzupassen.

p = 3,68 % × 0,91 = 3,35 %

Der Liegenschaftszinssatz für die 60 m² große Eigentumswohnung beträgt somit 3,35 %.

Die in der nachfolgenden Tab. 5–9 abgedruckten Liegenschaftszinssätze gelten für **Mehrfamilienhäuser** mit bis zu 8 Wohneinheiten. Tabelliert sind auch Liegenschaftszinssätze für Wohn- und Geschäftshäuser.

Art des Objekts (Grundstücksnutzung) Mehrfamilienhäuser	Liegenschaftszinssatz relative Restnutzungsdauer [%]						Gesamtnut- zungsdauer (Jahre)
	20	30	40	60	80	100	
mit 3 Wohneinheiten (∅ 250 m² WF)	3,59	3,83	3,99	4,23	4,40	4,53	60 – 80
mit 5 Wohneinheiten (∅ 400 m² WF)	4,01	4,22	4,36	4,57	4,72	4,83	60 – 80
mit 8 Wohneinheiten (∅ 600 m² WF)	4,44	4,61	4,74	4,91	5,03	5,13	60 – 80
mit gewerbl. Anteil < 20 % (∅ 600 m² WF und NF)	4,72	4,87	4,98	5,13	5,24	5,33	60 – 80
mit gewerbl. Anteil 20 – 50 % (∅ 600 m² WF und NF)	5,02	5,17	5,28	5,43	5,54	5,63	60 – 80

Tab. 5–9: **Liegenschaftszinssätze für Mehrfamilienhausgrundstücke**

Abhängigkeit von der Wohn- bzw. Nutzfläche

Bei einer von der jeweils angegebenen Wohnfläche abweichenden Größe des Bewertungsobjekts ist eine diesbezügliche Anpassung der Tabellenwerte vorzunehmen.

Objektgröße	Umrechnungs- koeffizient	Objektgröße	Umrechnungs- koeffizient
100 m²	0,69	250 m²	1,10
130 m²	0,79	400 m²	1,19
155 m²	0,87	600 m²	1,26
180 m²	0,95	1.000 m²	1,35
200 m²	1,00	1.500 m²	1,43
225 m²	1,05	2.000 m²	1,48
275 m²	1,12	2.500 m²	1,52
300 m²	1,13	3.000 m²	1,55
325 m²	1,15		

Tab. 5–10: **Umrechnungskoeffizienten für die Abhängigkeit des Liegen- schaftszinssatzes eines Mehrfamilienhauses von der Objektgröße**

> Beispiel: **Ermittlung des Liegenschaftszinssatzes für ein Mehrfami-**
> **lienhausgrundstück**
>
> Es ist ein Mehrfamilienhaus mit 5 Wohneinheiten zu bewerten. Die
> Wohnfläche aller Wohnungen beträgt insgesamt 600 m². Die Gesamt-
> nutzungsdauer beträgt 70 Jahre, die Restnutzungsdauer 42 Jahre.
>
> Aus Tab. 5–9 ergibt sich für ein MFH mit 5 Wohneinheiten bei einer Ge-
> samtnutzungsdauer von 70 Jahren und einer relativen Restnutzungs-
> dauer von (42 Jahre / 70 Jahre =) 60 % ein Liegenschaftszinssatz von
> 4,57 %.
>
> Dieser Tabellenwert ist wegen der von 400 m² abweichenden Objekt-
> größe noch mit Hilfe den in Tab. 5–10 abgedruckten Umrechnungskoef-
> fizienten wie folgt anzupassen.
>
> $p = 4{,}57\ \% \times 1{,}26/1{,}19 = 4{,}84\ \%$
>
> Der Liegenschaftszinssatz für das Mehrfamilienhaus mit 600 m² Wohn-
> fläche beträgt somit 4,84 %.

5.3.7 Bodenwertanteil am Reinertrag (REB)

Der in Abschnitt 5.3.4 beschriebene Reinertrag für ein bebautes Grundstück ist
das Entgelt für die Nutzung der Gebäude **und** des Grund und Bodens sowie der
Außenanlagen. In Abschnitt 5.2.1 wurde bereits erläutert, dass und weshalb im
allgemeinen Ertragswertverfahren dieser Reinertrag in seine Anteile für den Boden und die baulichen und sonstigen Anlagen aufzuspalten ist.

Diese Aufspaltung erfolgt gemäß § 17 Abs. 2 Nr. 1 ImmoWertV wie nachfolgend
beschrieben:

> Beispiel: **Verminderung des Reinertrags um die angemessene Ver-**
> **zinsung des Bodenwerts**
>
> | Schema | | Beispiel | |
> |---|---|---|---|
> | jährlicher Reinertrag | **RE** | 50.654,16 €/Jahr | |
> | ./. | ./. | ./. | |
> | Reinertragsanteil des Bodens | **REB** | 10.322,40 €/Jahr | |
> | (= Bodenwert BW × | **(= BW ×** | bei | |
> | Liegenschaftszinssatz p) | **p)** | BW | = 264.000,– € |
> | | | p | = 3,91 % = 0,0391 |
> | = | = | = | |
> | Reinertragsanteil der baulichen und sonstigen Anlagen | **REG** | 40.331,76 €/Jahr | |

selbstständig nutzbare Teilflächen

Grundsätzlich darf vom Reinertrag nur der Verzinsungsbetrag des Bodenwertanteils abgezogen werden, der den im Rohertrag angesetzten Erträgen (insbesondere aus Gebäuden) zuzuordnen ist. Das bedeutet, der Wert von selbstständig nutzbaren, beispielsweise **abtrennbaren und veräußerbaren oder selbstständig verpachtbaren Grundstücksteilen** darf bei der Ermittlung der Verzinsung des Bodenwertanteils nicht berücksichtigt werden.[1]

§ 17 Abs. 2 ImmoWertV schreibt hierzu vor: *„Bei der Ermittlung des Bodenwertverzinsungsbetrags sind selbstständig nutzbare Teilflächen nicht zu berücksichtigen ... Eine selbstständig nutzbare Teilfläche ist der Teil eines Grundstücks, der für die angemessene Nutzung der baulichen Anlagen nicht benötigt wird und selbstständig genutzt werden kann.“*

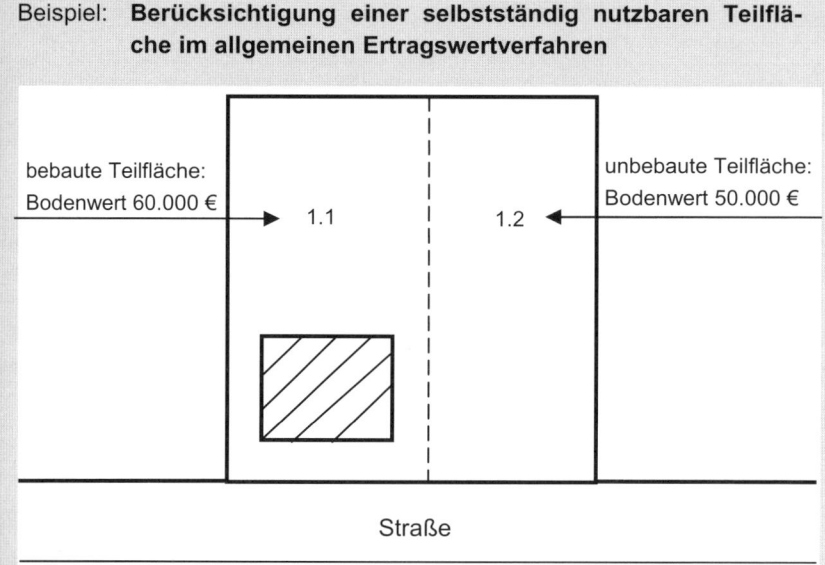

Beispiel: Berücksichtigung einer selbstständig nutzbaren Teilfläche im allgemeinen Ertragswertverfahren

bebaute Teilfläche:
Bodenwert 60.000 €

1.1

1.2

unbebaute Teilfläche:
Bodenwert 50.000 €

Straße

Im allgemeinen Ertragswertverfahren darf für das dargestellte bebaute überbreite Grundstück als Verzinsungsbetrag des Bodenwerts nur die Verzinsung des Bodenwerts der Teilfläche 1.1 (Bodenwertanteil = 60.000 €) angesetzt werden, da die Teilfläche 1.2 selbstständig nutz- und verwertbar ist (z.B. in diesem Fall als eigenständiges Baugrundstück). Bei einer fehlerhaften Ermittlung des Bodenwertanteils am Reinertrag (d.h. vorliegend auch Einbeziehung der Teilfläche 1.2 zur Er-

---

1) Weitere Beispiele zur Behandlung selbstständig verwertbarer Teilflächen bei der Ertragswertermittlung können in Lehrbuch und Kommentar [2], Teil 6, Kapitel 2, Abschnitt 4 nachgelesen werden.

mittlung der Bodenwertverzinsung) ergibt sich i.d.R. ein deutlich zu niedriger Ertragswert. In Extremfällen übersteigt der ermittelte Verzinsungsbetrag des Bodenwerts den Reinertrag, was irrtümlich auf eine unwirtschaftliche Nutzung des Grundstücks hinzuweisen scheint.

Im **vereinfachten Ertragswertverfahren** wird nur der Bodenwert der Teilfläche, die den angesetzten Erträgen zuzuordnen ist, über die Restnutzungsdauer der Gebäude abgezinst. Die Bodenwerte selbstständig nutzbarer Teilflächen werden nicht abgezinst.

selbstständig nutzbare Teilflächen im vereinfachten Ertragswertverfahren

Im Ertragswertverfahren ist i.d.R. der **abgabenfreie[1) Bodenwert** anzusetzen. Dies ist darin begründet, dass beispielsweise die Miete, anders als der Wert des Grundstücks, nur vom Erschließungszustand, nicht jedoch vom beitrags- und abgabenrechtlichen Zustand beeinflusst wird.

Berücksichtigung von Erschließungsbeiträgen und Abgaben

Grundsatz:

Auch wenn Erschließungsbeiträge oder andere öffentliche Beiträge oder Abgaben (z.B. Ausbaubeiträge) noch nicht entstanden oder noch nicht fällig geworden sind, muss im Ertragswertverfahren der abgabenfreie Bodenwert angesetzt werden. Der Werteinfluss von ausstehenden Erschließungsbeiträgen und anderen öffentlichen Beiträgen und Abgaben ist als besonderes objektspezifisches Grundstücksmerkmal (boG) zu berücksichtigen.[2)

Die nachfolgende Alternativrechnung verdeutlicht, wie sich eine fehlerhafte Berücksichtigung des abgabenrechtlichen Zustands des Grundstücks im Ertragswertverfahren (hier am Beispiel des allgemeinen Ertragswertverfahrens) mit einem angenommenen Erschließungsbeitrag von 14.000,– €[3) bei einer Restnutzungsdauer von 70 Jahren und einem Liegenschaftszinssatz von 4 % auswirkt.

---

1) Abgabenfrei bedeutet, frei von der Pflicht zur Entrichtung von nichtsteuerlichen Abgaben. Dies sind insbesondere Erschließungsbeiträge nach BauGB und Ausbaubeiträge nach Kommunalabgabengesetz.

2) Zur Berücksichtigung besonderer objektspezifischer Grundstücksmerkmale vgl. Kapitel 8.

3) In diesem Beispiel wird vereinfachend davon ausgegangen, dass der Werteinfluss der noch ausstehenden Erschließungsbeiträge der Höhe der zu erwartenden Beiträge entspricht.

Beispiel:	**Berücksichtigung von Erschließungsbeiträgen im allgemeinen Ertragswertverfahren**		

falsch		**richtig**	
RE	40.000 €	RE	40.000 €
BW_{ebf}	264.000 €	BW_{ebf}	264.000 €
Werteinfluss Erschließungsbeitrag	– 14.000 €		
BW_{ebpf}	= 250.000 €		
$BW_{ebpf} \times 0,04$	= 10.000 €	$BW_{ebf} \times 0,04$	= 10.560 €
$RE - BW_{ebpf} \times 0,04$	= 30.000 €	$RE - BW_{ebf} \times 0,04$	= 29.440 €
$\times$ V (= 23,395)	$\times$ 701.850 €	$\times$ V (= 23,395)	$\times$688.749 €
$+ BW_{ebpf}$	+ 250.000 €	$+ BW_{ebf}$	+264.000 €
		= vorl. EW	=952.749 €
		– boG (Werteinfluss des Erschließungsbeitrags)	– 14.000 €
= EW	= 951.850 €	= EW	=938.749 €
	rd. 952.000 €		rd. 939.000 €
Höhe der Berücksichtigung:		Höhe der Berücksichtigung:	
vorl. EW (richtig)	952.749 €		
EW (falsch)	– 951.850 €		
=	**899 €**	als boG	**= 14.000 €**
↪Entsprechend **nur** 6,43 % des angesetzten Werteinflusses des Erschließungsbeitrags!		↪100 %iger Ansatz des angesetzten Werteinflusses des Erschließungsbeitrags.	

Die vorstehenden Ergebnisse zeigen, dass der Werteinfluss der noch ausstehenden Erschließungsbeiträge in Höhe von 14.000 € bei der falschen Berechnung nur mit lediglich 899 € (rd. 94 % zu gering!) berücksichtigt würden.

Auch im **vereinfachten Ertragswertverfahren** gilt der Grundsatz immer den abgabenfreien Bodenwert anzusetzen. Andernfalls würde der im Bodenwert berücksichtigte Werteinfluss der Beiträge und Abgaben nur abgezinst in den Ertragswert einfließen. Im vorangegangen Beispiel bedeutet das: Berücksichtigt man fälschlicherweise den Werteinfluss des Erschließungsbeitrags im Bodenwert und nicht als boG, so wird dieser Werteinfluss in Höhe von 14.000 € zusammen mit dem Bodenwert über 70 Jahre mit dem Liegenschaftszinssatz von 4 % abgezinst. Der Werteinfluss würde also nur in Höhe von 899 € berücksichtigt. Dies entspricht dem Ergebnis des allgemeinen Ertragswertverfahrens.

5.3.8 Barwertfaktor für die Kapitalisierung (Vervielfältiger)

Im vereinfachten Ertragswertverfahren sind die Reinerträge (RE) und im allgemeinen Ertragswertverfahren die um die Bodenwertverzinsungsbeträge reduzierten Reinerträge (REG)[1] zu kapitalisieren. Hierzu werden die in Anlage 1 der ImmoWertV abgedruckten „Barwertfaktoren für die Kapitalisierung" – oft auch als Vervielfältiger (V) bezeichnet – verwendet.

Ergebnis der Kapitalisierung ist der Barwert. Der Barwert (z.T. auch als Gegenwartswert bezeichnet) ist ein Begriff aus der Finanzmathematik. Der Barwert ist der Wert, den zukünftige Zahlungen (hier die Reinerträge bzw. Gebäudeanteile der Reinerträge) in der Gegenwart besitzen. Er wird durch Abzinsung der zukünftigen Zahlungen und anschließendes Summieren ermittelt. Dies veranschaulicht die nachfolgende Abbildung. Hier werden die zukünftigen Rentenraten (R) abgezinst. *(Barwert, Kapitalisierung)*

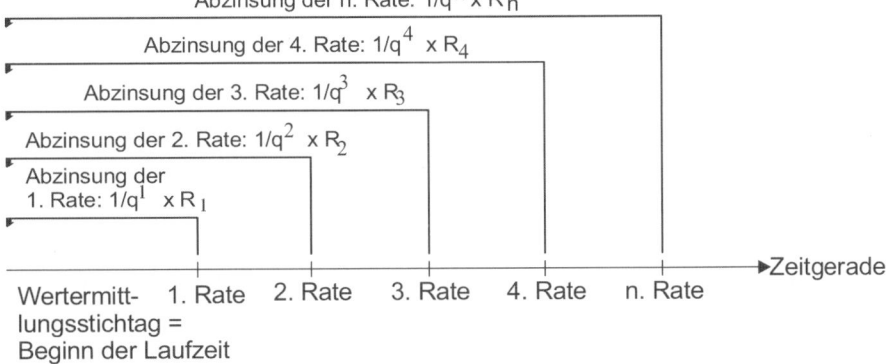

Abb. 5-11: **Barwert der Rentenraten (hier jährlich nachschüssig)**
$$B_n = 1/q^1 \times R_1 + 1/q^2 \times R_2 + 1/q^3 \times R_3 + 1/q^4 \times R_4 + \ldots + 1/q^n \times R_n$$

In der nachfolgenden Tabelle sind die Barwertfaktoren für die Kapitalisierung gemäß Anlage 1 ImmoWertV für Liegenschaftszinssätze zwischen 2,0 % und 6,5 % und Restnutzungsdauern (RND) zwischen 1 Jahr und 80 Jahren abgedruckt. Barwertfaktoren für weitere Zinssätze sind u.a. in Kapitel 3.07 der Marktdaten und Praxishilfen [1] tabelliert. *(Vervielfältigertabelle, Barwertfaktoren für die Kapitalisierung)*

---

1) Vgl. Abschnitt 5.3.7.

RND	Barwertfaktoren									
von ...	Bei einem Liegenschaftszinssatz von ..... %									
Jahren	1,0	1,5	2,0	2,5	3,0	3,5	4,0	4,5	5,0	5,5
1	0,990	0,985	0,980	0,976	0,971	0,966	0,962	0,957	0,952	0,948
2	1,970	1,956	1,942	1,927	1,913	1,900	1,886	1,873	1,859	1,846
3	2,941	2,912	2,884	2,856	2,829	2,802	2,775	2,749	2,723	2,698
4	3,902	3,854	3,808	3,762	3,717	3,673	3,630	3,588	3,546	3,505
5	4,853	4,783	4,713	4,646	4,580	4,515	4,452	4,390	4,329	4,270
6	5,795	5,697	5,601	5,508	5,417	5,329	5,242	5,158	5,076	4,996
7	6,728	6,598	6,472	6,349	6,230	6,115	6,002	5,893	5,786	5,683
8	7,652	7,486	7,325	7,170	7,020	6,874	6,733	6,596	6,463	6,335
9	8,566	8,361	8,162	7,971	7,786	7,608	7,435	7,269	7,108	6,952
10	9,471	9,222	8,983	8,752	8,530	8,317	8,111	7,913	7,722	7,538
11	10,368	10,071	9,787	9,514	9,253	9,002	8,760	8,529	8,306	8,093
12	11,255	10,908	10,575	10,258	9,954	9,663	9,385	9,119	8,863	8,619
13	12,134	11,732	11,348	10,983	10,635	10,303	9,986	9,683	9,394	9,117
14	13,004	12,543	12,106	11,691	11,296	10,921	10,563	10,223	9,899	9,590
15	13,865	13,343	12,849	12,381	11,938	11,517	11,118	10,740	10,380	10,038
16	14,718	14,131	13,578	13,055	12,561	12,094	11,652	11,234	10,838	10,462
17	15,562	14,908	14,292	13,712	13,166	12,651	12,166	11,707	11,274	10,865
18	16,398	15,673	14,992	14,353	13,754	13,190	12,659	12,160	11,690	11,246
19	17,226	16,426	15,678	14,979	14,324	13,710	13,134	12,593	12,085	11,608
20	18,046	17,169	16,351	15,589	14,877	14,212	13,590	13,008	12,462	11,950
21	18,857	17,900	17,011	16,185	15,415	14,698	14,029	13,405	12,821	12,275
22	19,660	18,621	17,658	16,765	15,937	15,167	14,451	13,784	13,163	12,583
23	20,456	19,331	18,292	17,332	16,444	15,620	14,857	14,148	13,489	12,875
24	21,243	20,030	18,914	17,885	16,936	16,058	15,247	14,495	13,799	13,152
25	22,023	20,720	19,523	18,424	17,413	16,482	15,622	14,828	14,094	13,414
26	22,795	21,399	20,121	18,951	17,877	16,890	15,983	15,147	14,375	13,662
27	23,560	22,068	20,707	19,464	18,327	17,285	16,330	15,451	14,643	13,898
28	24,316	22,727	21,281	19,965	18,764	17,667	16,663	15,743	14,898	14,121
29	25,066	23,376	21,844	20,454	19,188	18,036	16,984	16,022	15,141	14,333
30	25,808	24,016	22,396	20,930	19,600	18,392	17,292	16,289	15,372	14,534
31	26,542	24,646	22,938	21,395	20,000	18,736	17,589	16,544	15,593	14,724
32	27,270	25,267	23,468	21,849	20,389	19,069	17,874	16,789	15,803	14,904
33	27,990	25,879	23,989	22,292	20,766	19,390	18,148	17,023	16,003	15,075
34	28,703	26,482	24,499	22,724	21,132	19,701	18,411	17,247	16,193	15,237
35	29,409	27,076	24,999	23,145	21,487	20,001	18,665	17,461	16,374	15,391

RND von ... Jahren	Barwertfaktoren Bei einem Liegenschaftszinssatz von ..... %									
	1,0	1,5	2,0	2,5	3,0	3,5	4,0	4,5	5,0	5,5
36	30,108	27,661	25,489	23,556	21,832	20,290	18,908	17,666	16,547	15,536
37	30,800	28,237	25,969	23,957	22,167	20,571	19,143	17,862	16,711	15,674
38	31,485	28,805	26,441	24,349	22,492	20,841	19,368	18,050	16,868	15,805
39	32,163	29,365	26,903	24,730	22,808	21,103	19,584	18,230	17,017	15,929
40	32,835	29,916	27,355	25,103	23,115	21,355	19,793	18,402	17,159	16,046
41	33,500	30,459	27,799	25,466	23,412	21,599	19,993	18,566	17,294	16,157
42	34,158	30,994	28,235	25,821	23,701	21,835	20,186	18,724	17,423	16,263
43	34,810	31,521	28,662	26,166	23,982	22,063	20,371	18,874	17,546	16,363
44	35,455	32,041	29,080	26,504	24,254	22,283	20,549	19,018	17,663	16,458
45	36,095	32,552	29,490	26,833	24,519	22,495	20,720	19,156	17,774	16,548
46	36,727	33,056	29,892	27,154	24,775	22,701	20,885	19,288	17,880	16,633
47	37,354	33,553	30,287	27,468	25,025	22,899	21,043	19,415	17,981	16,714
48	37,974	34,043	30,673	27,773	25,267	23,091	21,195	19,536	18,077	16,790
49	38,588	34,525	31,052	28,071	25,502	23,277	21,341	19,651	18,169	16,863
50	39,196	35,000	31,424	28,362	25,730	23,456	21,482	19,762	18,256	16,932
51	39,798	35,468	31,788	28,646	25,951	23,629	21,618	19,868	18,339	16,997
52	40,394	35,929	32,145	28,923	26,166	23,796	21,748	19,969	18,418	17,058
53	40,984	36,383	32,495	29,193	26,375	23,957	21,873	20,066	18,493	17,117
54	41,569	36,831	32,838	29,457	26,578	24,113	21,993	20,159	18,565	17,173
55	42,147	37,271	33,175	29,714	26,774	24,264	22,109	20,248	18,633	17,225
56	42,720	37,706	33,505	29,965	26,965	24,410	22,220	20,333	18,699	17,275
57	43,287	38,134	33,828	30,210	27,151	24,550	22,327	20,414	18,761	17,322
58	43,849	38,556	34,145	30,448	27,331	24,686	22,430	20,492	18,820	17,367
59	44,405	38,971	34,456	30,681	27,506	24,818	22,528	20,567	18,876	17,410
60	44,955	39,380	34,761	30,909	27,676	24,945	22,624	20,638	18,929	17,450
61	45,500	39,784	35,060	31,130	27,840	25,067	22,715	20,706	18,980	17,488
62	46,040	40,181	35,353	31,347	28,000	25,186	22,803	20,772	19,029	17,524
63	46,574	40,572	35,640	31,558	28,156	25,300	22,887	20,834	19,075	17,558
64	47,103	40,958	35,921	31,764	28,307	25,411	22,969	20,894	19,119	17,591
65	47,627	41,338	36,197	31,965	28,453	25,518	23,047	20,951	19,161	17,622
66	48,145	41,712	36,468	32,161	28,595	25,621	23,122	21,006	19,201	17,651
67	48,659	42,081	36,733	32,352	28,733	25,721	23,194	21,058	19,239	17,679
68	49,167	42,444	36,994	32,538	28,867	25,817	23,264	21,108	19,275	17,705
69	49,670	42,802	37,249	32,720	28,997	25,910	23,330	21,156	19,310	17,730
70	50,169	43,155	37,499	32,898	29,123	26,000	23,395	21,202	19,343	17,753

RND von ... Jahren	Barwertfaktoren Bei einem Liegenschaftszinssatz von ..... %									
	1,0	1,5	2,0	2,5	3,0	3,5	4,0	4,5	5,0	5,5
71	50,662	43,502	37,744	33,071	29,246	26,087	23,456	21,246	19,374	17,776
72	51,150	43,845	37,984	33,240	29,365	26,171	23,516	21,288	19,404	17,797
73	51,634	44,182	38,220	33,405	29,481	26,253	23,573	21,328	19,432	17,817
74	52,113	44,514	38,451	33,566	29,593	26,331	23,628	21,367	19,459	17,836
75	52,587	44,842	38,677	33,723	29,702	26,407	23,680	21,404	19,485	17,854
76	53,056	45,164	38,899	33,876	29,808	26,480	23,731	21,439	19,510	17,871
77	53,521	45,482	39,117	34,025	29,910	26,551	23,780	21,473	19,533	17,887
78	53,981	45,795	39,330	34,171	30,010	26,619	23,827	21,505	19,555	17,903
79	54,437	46,103	39,539	34,313	30,107	26,685	23,872	21,536	19,576	17,917
80	54,888	46,407	39,745	34,452	30,201	26,749	23,915	21,565	19,596	17,931

Tab. 5–11: **Barwertfaktoren für die Kapitalisierung (Vervielfältiger) gemäß Anlage 1 der ImmoWertV**

Restnutzungsdauer und Liegenschaftszinssatz bestimmen die Höhe des Barwertfaktors und somit indirekt den Wert der baulichen Anlagen sowie den Ertragswert.

> **Beispiel: Kapitalisierung des Reinertrags der baulichen und sonstigen Anlagen im allgemeinen Ertragswertverfahren**
>
> Nach der Reduzierung des Reinertrags um die Bodenwertverzinsung verbleibt ein Reinertrag der baulichen und sonstigen Anlagen (REG) in Höhe von 40.331,76 €/Jahr. Dieser soll über eine Restnutzungsdauer von 39 Jahren mit einem Liegenschaftszinssatz von 3,91 % kapitalisiert werden.
>
> Den hierfür benötigten Barwertfaktor erhält man durch Interpolation[1] der Faktoren in Tab. 5–11:
>
> Interpolation zwischen dem Barwertfaktor für einen Liegenschaftszinssatz von 3,50 % und 39 Jahren Restnutzungsdauer und dem Barwertfaktor für einen Liegenschaftszinssatz von 4,00 % und 39 Jahren Restnutzungsdauer:
>
> $$V = V_{3,5\,\%} + \frac{19,584 - 21,103}{4,00\,\% - 3,50\,\%} \times (3,91\,\% - 3,50\,\%)$$
>
> $$V = 21,103 + \frac{-1.519}{0,50\,\%} \times 0,41\,\% = 19,857$$

---

1) Zur Interpolation vgl. Abschnitt 4.4.3.

Schema		Beispiel
Reinertrag der baulichen und sonstigen Anlagen	**REG**	40.331,76 €/Jahr
×	×	×
Barwertfaktor für die Kapitalisierung (V) (abhängig vom Liegenschaftszinssatz p und der Restnutzungsdauer RND)	**V**(p; RND) bei p = 3,91 % RND = 39 Jahre	19,857
=	=	=
(Ertrags)Wert der baulichen Anlagen	**EWG**	800.867,76 €

Bei den in Anlage 1 der ImmoWertV tabellierten Barwertfaktoren handelt es sich um Rentenbarwertfaktoren einer jährlich nachschüssig zahlbaren statischen Rente. Diesen Barwertfaktoren liegt folgende Berechnungsvorschrift zugrunde:

Zahlungsweise

Barwertfaktoren gemäß Anlage 1 ImmoWertV

tabelliert nach der Formel für den Rentenbarwertfaktor einer jährlich nachschüssig zahlbaren statischen Zeitrente:

$$V = \frac{1}{q^n} \times \frac{q^n - 1}{q - 1}$$

Mittels dieser Formel kann der im vorangegangenen Beispiel durch Interpolation ermittelte Barwertfaktor auch direkt errechnet werden:

Rentenbarwertformel

$$V = \frac{1}{1,0391^{39}} \times \frac{1,0391^{39} - 1}{1,0391 - 1} = 19,845 \, ^{1)}$$

Linktipp

Ein Excel-Formular zur einfachen und schnellen Ermittlung der Barwertfaktoren ist im Internet unter www.1x1-der-immobilienbewertung.de (Rubrik: Materialien zum Buch) zu finden. Die Zugangsdaten finden Sie am Ende des Buches in Kapitel 14.

Buchtipp

Die rententheoretische Erläuterung und mathematische Ableitung des Vervielfältigers kann in Lehrbuch und Kommentar [2], Teil 13, Abschnitt 3.1.4; die bewertungstheoretischen Hinweise können dort in Teil 6, Kapitel 2, Abschnitt 6.3 nachgelesen werden.

---

1) Die Abweichung gegenüber dem aus der Tabelle durch Interpolation ermittelten Wert ist rundungsbedingt.

5.3.9 Barwertfaktor für die Abzinsung (Abzinsungsfaktoren)

Im vereinfachten Ertragswertverfahren ist der Bodenwert auf den Wertermittlungsstichtag abzuzinsen. Hierzu werden die in Anlage 2 der ImmoWertV abgedruckten „Barwertfaktoren für die Abzinsung" (Abzinsungsfaktoren) verwendet.

Abzinsung, Diskontierung

Die Abzinsung (auch Diskontierung genannt) ist eine Rechenoperation aus der Finanzmathematik, bei der der Wert einer zukünftigen Zahlung (hier des Reinertrags und des Restwerts) für einen bestimmten Zeitpunkt (Wertermittlungsstichtag), der vor der Zahlung liegt, berechnet wird. Mit Hilfe der Abzinsung wird das Anfangskapital ermittelt. Dies ist der durch Abzug aller Zins- und Zinseszinsen entstehende aktuelle Wert eines (End)Kapitals, d.h. der auf den (aktuellen) Wertermittlungsstichtag bezogene (Bar)Wert eines Kapitals, das erst nach einer Laufzeit „n" zur Auszahlung kommen soll.

Abzinsungsfaktor

Der Abzinsungsfaktor (Af) errechnet sich aus der Formel:

$$Af = \frac{1}{q^n}$$

mit q = 1 + p

p = Abzinsungszinssatz in %

n = Abzinsungszeitraum in Jahren

Beispiel: **Abzinsung des Bodenwerts im vereinfachten Ertragswertverfahren**

Im vereinfachten Ertragswertverfahren wird der Bodenwert (BW) über die Restnutzungsdauer der baulichen Anlagen mit dem Liegenschaftszinssatz abgezinst.

Bodenwert (BoW) = 100.000 €

Restnutzungsdauer (n) = 10 Jahre

Liegenschaftszinssatz (p) = 6 %

Der Barwert (BW) des Bodenwerts (BoW) ermittelt sich dann wie folgt:

$$
\begin{aligned}
BW &= BoW \times \frac{1}{q^n} \\
&= 100.000\ € \times \frac{1}{(1 + 0{,}06)^{10}} \\
&= 100.000\ € \times 0{,}5584 \\
&= 55.840\ €
\end{aligned}
$$

Der auf den Wertermittlungsstichtag abgezinste Bodenwert beträgt somit 55.840 €.

Würde man diesen Barwert mit 6 % verzinst über 10 Jahre anlegen, so ergäbe sich unter Berücksichtigung von Zinseszinsen das Endkapital (EK) in Höhe von 100.000 €.

$\text{EK} = \text{BW} \times q^n$ (Aufzinsung)   *Aufzinsung*

$= 55.840 \text{ €} \times (1 + 0{,}06)^{10}$

$= 55.840 \text{ €} \times 1{,}7908$

$= 99.998{,}27 \text{ €}$

rd. 100.000 €

Sowohl die Abzinsungs- als auch Aufzinsungsfaktoren lassen sich einfach und bequem mit einem geeigneten Taschenrechner (z.B. einem scientific calculator) berechnen. In den Marktdaten und Praxishilfen [1] sind diese jedoch auch im Kapitel 3.09.4 Abschnitte 1 und 2 für die gebräuchlichsten Zinssätze tabelliert. Die Abzinsungsfaktoren können zudem der Anlage 2 der ImmoWertV entnommen werden.

Aufzinsungs- und Abzinsungsfaktor

Linktipp

Ein Excel-Formular zur einfachen und schnellen Ermittlung der Barwertfaktoren ist im Internet unter www.1x1-der-immobilienbewertung.de (Rubrik: Materialien zum Buch) zu finden. Die Zugangsdaten finden Sie am Ende des Buches in Kapitel 14.

5.3.10 Berücksichtigung besonderer objektspezifischer Grundstücksmerkmale

Besondere objektspezifische Grundstücksmerkmale (boG), wie beispielsweise eine wirtschaftliche Überalterung, ein überdurchschnittlicher Erhaltungszustand, Baumängel oder Bauschäden sowie von den marktüblich erzielbaren Erträgen erheblich abweichende Erträge können, soweit dies dem gewöhnlichen Geschäftsverkehr entspricht, durch marktgerechte Zu- und Abschläge am vorläufigen Ertragswert oder in anderer geeigneter Weise berücksichtigt werden.

boG

Die Berücksichtigung der besonderen objektspezifischen Grundstücksmerkmale ist anhand zahlreicher Beispiele ausführlich in Kapitel 8 erläutert.

5.3.11 Marktanpassung

Jeder Verfahrenswert, also auch der Ertragswert, ist so zu bemessen, dass er eine eigenständige finale Marktwertschätzung darstellt.[1]

Grundsätzlich ist bei sachgemäßer Verwendung von Marktdaten (vorrangig des grundstücksmarktspezifischen Liegenschaftszinssatzes und der ortsüblichen und marktüblich erzielbaren Erträge) und sachgemäßer Berücksichtigung der individuellen besonderen objektspezifischen Grundstücksmerkmale (vgl. Kapitel 8) sichergestellt, dass der Ertragswert unmittelbar bei dem durchschnittlich für vergleichbare Objekte erzielbaren Kaufpreis (d.h. dem Marktwert) liegt. D.h., grundsätzlich erfolgt die **Marktanpassung bei der Ertragswertermittlung im Rechenmodell** selbst.

In wenigen **Ausnahmefällen** ist jedoch eine zusätzliche Marktanpassung des Rechenergebnisses „Ertragswert" erforderlich.

Dies kann insbesondere sachgemäß sein, wenn z.B.

- **nach Ableitung der Marktdaten** (insbesondere Mieten und Liegenschaftszinssätze) wesentliche Marktveränderungen eingetreten sind (z.B. negativer Einfluss des Hauptstadtbeschlusses der Bundesregierung auf den Bonner Grundstücksmarkt);

- **die Marktdaten** zwar **für** vergleichbare aber **nicht identische Objekte abgeleitet** wurden (z.B. überdurchschnittlich großes Gewerbeobjekt in einer kleinen Gemeinde, wenn der Liegenschaftszinssatz und die marktüblich erzielbare Miete aus kleineren Gewerbeobjekten oder größeren Städten abgeleitet wurden);

- bei Bergsenkungsgefährdung (soweit noch nicht in den Marktdaten berücksichtigt).

---

1) Forderung von Sprengnetter (1978).

5.4 Unrentierliche bauliche Anlagen

5.4.1 Überprüfung der Rentierlichkeit der Nutzung

Unrentierliche bauliche Anlagen oder eine unrentierliche Gebäude- bzw. Grundstücksnutzung sind in erster Linie dann gegeben, wenn der Bodenwert des fiktiv unbebauten Grundstücks den im Ertragswertverfahren ermittelten Ertragswert erreicht oder übersteigt. Dies ist bei der Ertragswertermittlung sachgemäß zu berücksichtigen.

Ertragswert ≤ Bodenwert

Beispiel: Nicht mehr nutzbare bauliche Anlage

Das zu bewertende Grundstück liegt in einem Wohngebiet und ist mit einem baufälligen Schuppen bebaut. Der Schuppen kann aufgrund seines schlechten Zustands nicht genutzt werden. Es lohnt sich im Hinblick auf eine mögliche Bebauung des Grundstücks mit einem Einfamilienhaus auch keine Instandsetzung des Schuppens. Die derzeitige Nutzung ist somit unrentierlich.

Nicht immer ist es so offensichtlich, dass die Nutzung unrentierlich ist.

Beispiel: Bodenwertverzinsung höher als der Gebäudereinertragsanteil

Das zu bewertende Grundstück liegt in einem Wohngebiet und ist mit einer Lagerhalle bebaut. Der Bodenwert des fiktiv unbebauten Grundstücks beträgt 200.000 €. Der marktüblich erzielbare Ertrag für die Lagerhallennutzung beträgt 12.000 €/Jahr. Bei Bewirtschaftungskosten in Höhe von 20 % und einem Liegenschaftszinssatz von 7 % für die Lagerhallennutzung ergibt sich im allgemeinen Ertragswertverfahren ein negativer Reinertragsanteil des Gebäudes und somit ein Ertragswert, der geringer ist als der Bodenwert des fiktiv unbebauten Grundstücks.

	jährlicher Rohertrag (RO)	12.000,– €
./.	20 % Bewirtschaftungskosten (BWK)	– 2.400,– €
=	Reinertrag (RE)	9.600,– €
./.	Bodenwertverzinsung	– 14.000,– €
	(7 %[1] von 200.000 €)	
=	Reinertragsanteil des Gebäudes (REG)	–4.400,– €

Die Lagerhallennutzung ist somit unrentierlich.

---

[1] Streng genommen ist bei der Überprüfung der Rentierlichkeit der Nutzung bei der Bodenwertverzinsung der Liegenschaftszinssatz im Hinblick auf die mögliche Nachfolgenutzung zu wählen. In diesem Fall für eine Nutzung mit einem Mehrfamilienhaus.

Es gibt jedoch auch Fälle, in denen der Gebäudereinertragsanteil nicht negativ wird, die Nutzung dennoch unrentierlich ist. Dies ist z.B. dann der Fall, wenn zur Erzielung eines entsprechenden Rohertrags sehr hohe Sanierungsaufwendungen erforderlich sind.

Beispiel: Unwirtschaftliche Sanierung

Das zu bewertende 1.000 m² große Grundstück liegt in einem Wohngebiet (200 €/m² Bodenwert) und ist mit einem Mehrfamilienhaus bebaut. Das Wohnhaus verfügt über 480 m² Wohnfläche und befindet sich in einem schlechten Zustand. Um nachhaltig Erträge erzielen zu können, ist eine durchgreifende Sanierung des Gebäudes erforderlich. Die diesbezüglichen Kosten betragen rd. 1.000 €/m². Bei unterstellter durchgreifender Sanierung kann von einer marktüblich erzielbaren Miete in Höhe von 6 €/m², einer Restnutzungsdauer von 56 Jahren und einem Liegenschaftszinssatz in Höhe von 4,75 % ausgegangen werden.

	jährlicher Rohertrag (RO)	34.560,00 €
	(480 m² × 6 €/m² × 12 Monate)	
./.	21 % Bewirtschaftungskosten (BWK)	− 7.257,60 €
=	Reinertrag (RE)	27.302,40 €
./.	Bodenwertverzinsung	− 9.500,00 €
	(4,75 % von 200.000 €)	
=	Reinertragsanteil des Gebäudes (REG)	17.802,40 €
×	Barwertfaktor für die Kapitalisierung	× 19,516
	bei p = 4,75 % und RND = 56 Jahren	
=	Ertragswert der baulichen Anlagen	347.431,64 €
+	Bodenwert	+ 200.000,00 €
=	vorläufiger Ertragswert	547.431,64 €
./.	boG (Sanierungskosten 480 m² × 1.000 €/m²)	− 480.000,00 €
=	Ertragswert	67.431,64 €
		rd. 67.000,00 €

Der Bodenwert des fiktiv unbebauten Grundstücks in Höhe von 200.000 € übersteigt somit den ermittelten Ertragswert des bebauten Grundstücks um rd. 133.000 €. Die unterstellte Nutzung und die damit verbundene durchgreifende Sanierung des Gebäudes ist somit unrentierlich.

Eine unrentierliche Grundstücksnutzung kann auch dann vorliegen, wenn die Bewirtschaftungskosten höher sind als der Reinertrag des Grundstücks.

BWK ≥ RE

Wichtiger Hinweis zur Behandlung selbstständig nutzbarer Teilflächen:

Im allgemeinen Ertragswertverfahren darf bei der Ermittlung des Bodenwertverzinsungsbetrags eine selbstständig nutzbare Teilfläche des Grundstücks nicht berücksichtigt werden. Entsprechend darf im vereinfachten Ertragswertverfahren der Bodenwert der selbstständig nutzbaren Teilfläche nicht abgezinst werden.[1]

selbstständig nutzbare Teilfläche

5.4.2 Nutzungsvarianten unrentierlicher baulicher Anlagen

§ 16 Abs. 3 ImmoWertV schreibt vor, dass in Fällen unrentierlicher baulicher Anlagen[2] der Bodenwert um die üblichen Freilegungskosten zu mindern ist. Die Verordnung vernachlässigt dabei jedoch vollkommen die häufig wesentlich wirtschaftlichere Variante der Umnutzung unter Verwendung (von Teilen) der vorhandenen baulichen Anlagen.

Umnutzungsvariante

Je nach dem Zustand und dem Umnutzungspotenzial der vorhandenen baulichen Anlagen (i.d.R. Gebäude) hat der jeweilige Grundstückseigentümer dann zwei Entscheidungsmöglichkeiten:

Entscheidungsmöglichkeiten

1. Abbruch der Gebäude oder

2. Umnutzung der Gebäude in eine nachhaltig rentierliche Nutzung.

Diese Zusammenhänge sind für die Anwendung des Ertragswertverfahrens in dem nachfolgenden Schema zusammengefasst.

---

1) Die Behandlung selbstständig nutzbarer Teilflächen ist auch ausführlich in Abschnitt 5.3.7 erläutert.

2) Also in den Fällen, in denen der Bodenwert des fiktiv unbebauten Grundstücks den Ertragswert des bebauten Grundstücks erreicht oder übersteigt.

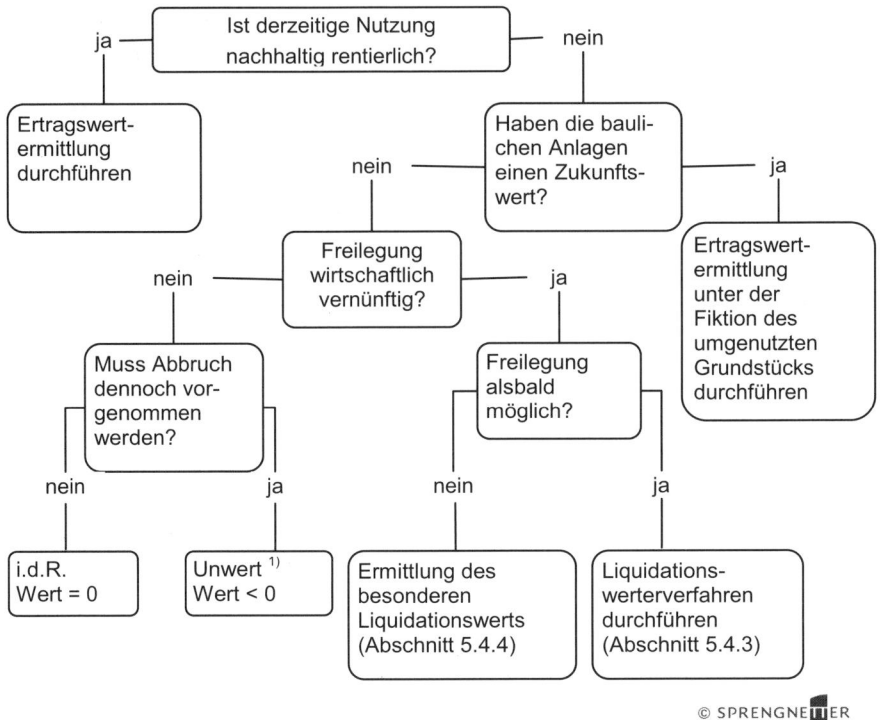

© SPRENGNETTER

Abb. 5-12: **Entscheidungssystematik bei unrentierlichen baulichen Anlagen**

In den nachfolgenden Abschnitten wird nur die Ermittlung des Liquidationswerts und des besonderen Liquidationswerts kurz beschrieben. Bezüglich der Ertragswertermittlung unter der Fiktion des umgenutzten Grundstücks wird auf weiterführende Literatur verwiesen.[2]

---

1) Ein negativer Marktwert (Unwert) kann z.B. vorliegen, wenn eine bauliche Anlage einsturzgefährdet ist und aus Gründen der öffentlichen Sicherheit und Ordnung (z.B. wenn sie an einer öffentlichen Straße steht) abgebrochen werden muss.

2) Vgl. Lehrbuch und Kommentar [2], Teil 6, Kapitel 6, Abschnitt 2 und Teil 9, Kapitel 60, Abschnitt 3.12.

Beim Vorliegen von unrentierlichen baulichen Anlagen – wenn also sowohl die derzeitige Nutzung als auch eine Umwandlung nicht rentierlich ist – (insbesondere bei negativem Ertrag der baulichen Anlagen) würde jeder wirtschaftlich vernünftig handelnde Marktteilnehmer die sofortige Freilegung des Grundstücks und dadurch die Herbeiführung einer rentierlichen Nutzung des Bodens vorbereiten. Ist eine unmittelbare Freilegung des Grundstücks möglich, so ist das sog. Liquidationswertverfahren (Verfahren bei sofortiger Freilegungsmöglichkeit) anzuwenden.

Liquidationswertverfahren, unmittelbare Freilegung

In vielen Fällen ist aus rechtlichen oder sonstigen Gründen (z.B. bestehende Wohnungsrechte, Mietbindungen etc.) eine alsbaldige Freilegung nicht möglich. Dann muss die unrentierliche Situation noch über eine bestimmte Zeitdauer hingenommen werden; man spricht dann von einer verhinderten oder aufgeschobenen Liquidation. Die Ertragswertermittlung ist in diesen Fällen nach dem besonderen Liquidationswertverfahren (Verfahren bei aufgeschobener Freilegung) durchzuführen.

besonderes Liquidationswertverfahren, aufgeschobene Liquidation

5.4.3 Liquidationswertverfahren

Ein mit unrentierlichen baulichen Anlagen bebautes Grundstück, dessen bauliche Anlagen unmittelbar beseitigt werden können, besitzt im Vergleich zu einem unbebauten (z.B. benachbarten), ansonsten aber gleichartigen Grundstück einen Minderwert, der darin begründet ist, dass zur Herbeiführung einer (mit dem Nachbargrundstück vergleichbaren) rentierlichen Nutzung des Grund und Bodens Freilegungsaufwendungen erforderlich sind.

Minderwert wegen unrentierlichen baulichen Anlagen

Gemäß § 16 Abs. 3 ImmoWertV handelt es sich um einen Sonderfall der Bodenwertermittlung. In diesem Fall ergibt sich der Marktwert des Grundstücks aus dem Bodenwert des fiktiv unbebauten Grundstücks abzüglich der üblichen Freilegungskosten.

Sonderfall der Bodenwertermittlung

Zu den Freilegungskosten gehören auch die diesbezüglichen Baunebenkosten (z.B. Ausschreibungskosten), ggf. auch Ertragsausfälle während der Freilegungszeit. Sie werden in der Höhe angesetzt, wie sie den Eigentümer belasten und wie sie im üblichen Geschäftsverkehr berücksichtigt werden.

Freilegungskosten

Mögliche Erlöse aus der Freilegung (z.B. für wiederverwendbare Bauteile) sind sachgemäß werterhöhend zu berücksichtigen.

Freilegungserlöse

Die Anwendung des Liquidationswertverfahrens setzt voraus, dass

Anwendungsvoraussetzungen

- eine unrentierliche Grundstückssituation gegeben ist (Bodenwert ≥ Ertragswert),

- ein Abbruch wirtschaftlicher als eine Umnutzung ist,

- der Abbruch tatsächlich und rechtlich möglich ist und

- der Abbruch wirtschaftlich vernünftig ist (Bodenwert > Freilegungskosten).

Der Ertragswert nach dem Liquidationswertverfahren ermittelt sich dann wie folgt:

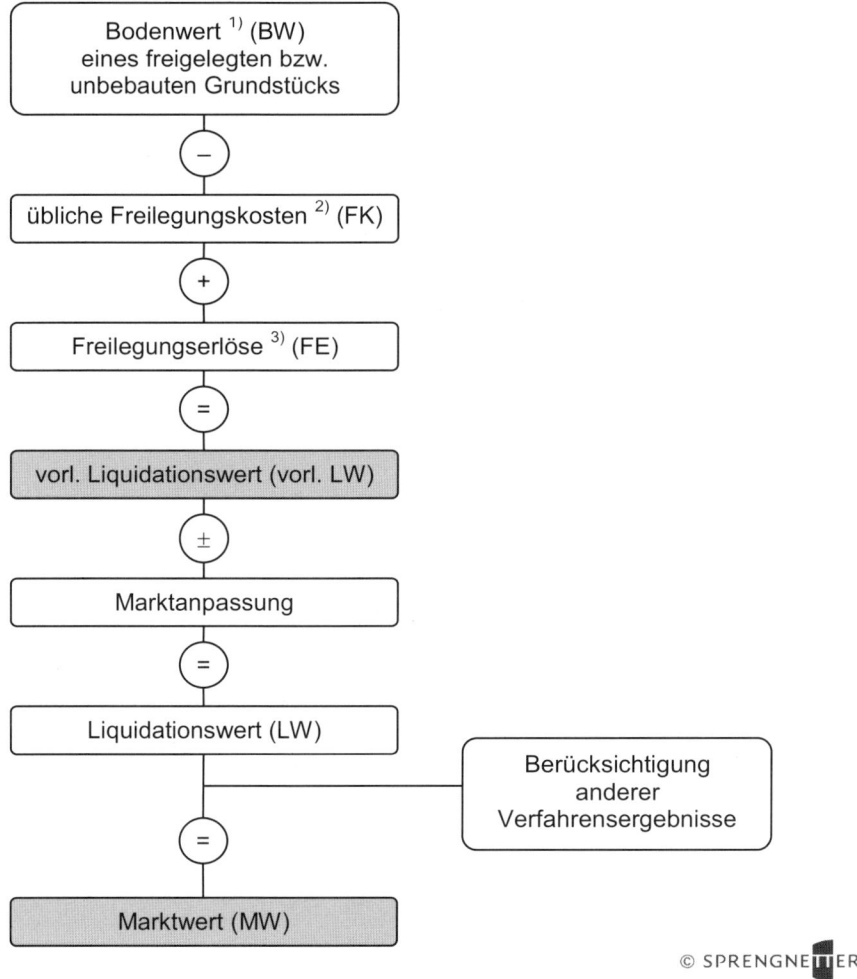

Abb. 5-13: **Liquidationswertverfahren**

---

1) Unter Berücksichtigung der nach der Liquidation bestehen bleibenden Rechte und Belastungen.

2) Aktuelle örtliche Freilegungskosten können durch Befragung örtlicher Abbruchunternehmen erkundet werden. Anhaltswerte finden Sie auch in den Marktdaten und Praxishilfen [1], Kapitel 3.02.2, Abschnitt 3.1.

3) Wenn vorhanden. Ggf. aufgrund wiederverwertbarer Bauteile.

Beispiel: Liquidationswertverfahren gemäß § 16 Abs. 3 ImmoWertV – Verfahren bei unmittelbarer Freilegungsmöglichkeit

	Bodenwert (BW)	60.000,– €
./.	Freilegungskosten (FK)	– 32.000,– €
	(800 m³ BRI × 40 €/m³ BRI)	
+	FE (wiederverwertbares Kellergeschoss)	+ 10.000,– €
=	vorläufiger Liquidationswert (vorl. LW)	38.000,– €
./.	Marktanpassung wegen Unsicherheit der endgültigen Freilegungskosten (rd. 10 % der FK)	– 3.200,– €
=	Liquidationswert (LW)	34.800,– €
=	**Marktwert (MW)**	**35.000,– €**

Linktipp

Ein Excel-Formular für das Liquidationswertverfahren ist im Internet unter www.1x1-der-immobilienbewertung.de (Rubrik: Materialien zum Buch) zu finden. Die Zugangsdaten finden Sie am Ende des Buches in Kapitel 14.

5.4.4 Besonderes Liquidationswertverfahren

Das besondere Liquidationswertverfahren ist dann anzuwenden, wenn bei vorhandenen unrentierlichen baulichen Anlagen eine Umnutzung insbesondere der baulichen Anlagen nicht rentierlich ist und das Grundstück aus rechtlichen oder sonstigen Gründen alsbald nicht freigelegt werden kann.   *Anwendungsfall*

Die Gründe für die Verhinderung können sowohl öffentlich-rechtliche (z.B. Denkmalschutz, Baulasten), privatrechtliche (z.B. Mietverträge, Wohnungsrechte) oder auch sonstige Ursachen (z.B. Abbruch unrentierlich, solange das Nachbargebäude noch bestehen bleibt) haben.   *Verhinderungsgründe*

Dieser Fall war vor dem Inkrafttreten der ImmoWertV als eigenständiges Verfahren in der WertV (§ 20 Abs. 2 WertV88) geregelt. Einer solchen Regelung bedarf es jedoch nicht, weil sich der Fall mit dem in der ImmoWertV geregelten vereinfachten Ertragswertverfahren nach § 17 Abs. 2 Nr.2 i.V.m. dem in § 16 Abs. 3 geregelten Sonderfall der Bodenwertermittlung (Liquidationswertverfahren) lösen lässt.   *Spezialfall des vereinfachten Ertragswertverfahrens*

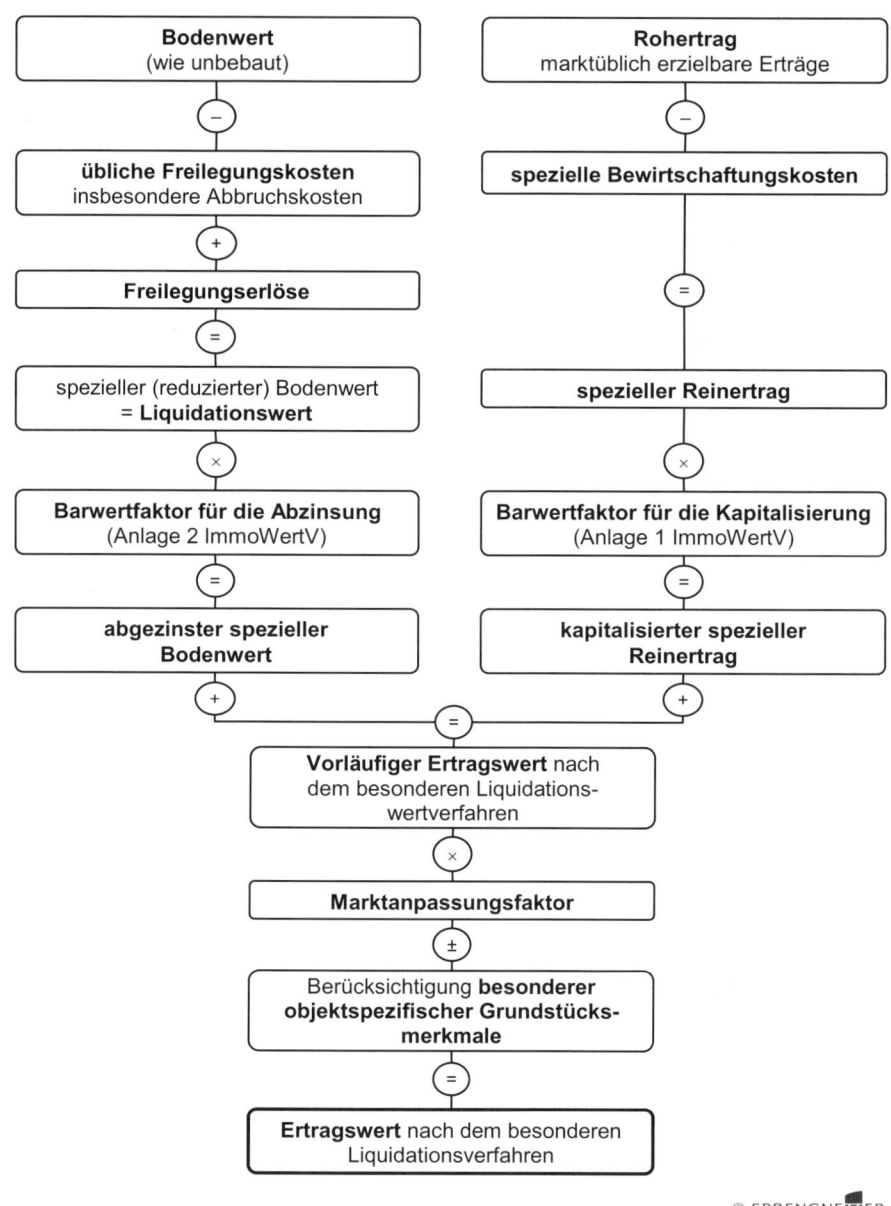

Abb. 5-14: **Besonderes Liquidationswertverfahren gemäß § 17 Abs. 2 Nr. 2 i.V.m. § 16 Abs. 3 ImmoWertV – Verfahren bei aufgeschobener Freilegung**

Entsprechend dem vorstehenden Ablaufschema ist, wie in Abschnitt 5.4.3 beschrieben, der **Liquidationswert** zu ermitteln. Dieser ist über den Zeitraum bis zur möglichen Freilegung mit dem in Anlage 2 der ImmoWertV tabellierten **Barwertfaktor (Abzinsungsfaktor)** abzuzinsen.[1]

Liquidationswert, Abzinsung

Als **Abzinsungszinssatz** ist der **Liegenschaftszinssatz** für Objekte mit kurzer Restnutzungsdauer anzuhalten. Da dieser Liegenschaftszinssatz i.d.R. für „normale" Ertragswertobjekte abgeleitet wird, sollte dieser wegen des höheren Risikos und auch geringeren Marktnachfrage bei Liquidationsobjekten, die nicht unmittelbar freigelegt werden können, um **10 % erhöht** werden.

Abzinsungszinssatz

Beispiel: Verwendung des Liegenschaftszinssatzes bei aufgeschobener Liquidation

Das Grundstück ist bebaut mit einem unrentierlichen Mehrfamilienhaus mit 5 Wohneinheiten. Aufgrund der bestehenden Mietverträge ist eine Freilegung jedoch erst in 4 Jahren möglich. Der Liquidationswert ist deshalb mit den um 10 % erhöhten Liegenschaftszinssatz abzuzinsen. Gemäß Tab. 5–9 beträgt der Liegenschaftszinssatz für „normale" Objekte mit niedriger Restnutzungsdauer 4,01 %. Der Liquidationswert wird deshalb mit 4,41 % (= 4,01 % × 1,1) abgezinst.

Nach erfolgter Abzinsung erhält man den **abgezinsten speziellen Bodenwert.** Diesem ist der **kapitalisierte spezielle Reinertrag hinzuzurechnen,** der auf dem im Zeitraum bis zur Freilegung erzielbaren Rohertrag abzüglich spezieller Bewirtschaftungskosten beruht. Es sind hier nicht die üblichen Bewirtschaftungskosten[2], sondern ggf. reduzierte (sog. **spezielle) Bewirtschaftungskosten** anzusetzen, da wegen der kurzen Bindungsfrist und somit Restnutzungsdauer der baulichen Anlagen nur noch die absolut unvermeidlichen Instandhaltungen getätigt werden.

spezieller Reinertrag, spezielle Bewirtschaftungskosten

Der so ermittelte spezielle Reinertrag wird dann mit dem in Anlage 1 der Immo-WertV tabellierten Barwertfaktor (Vervielfältiger)[3] über den Zeitraum bis zur Freilegung kapitalisiert.

Kapitalisierung der speziellen Reinerträge

Als **Kapitalisierungszinssatz** wird derselbe Zinssatz angewendet, der auch bei der Abzinsung des Liquidationswerts verwendet wird (s.o.). D.h., es wird **der um 10 % erhöhte Liegenschaftszinssatz** für Objekte mit kurzer Restnutzungsdauer angehalten.

Kapitalisierungszinssatz

---

1) Zur Abzinsung und der Ermittlung der Abzinsungsfaktoren vgl. Abschnitt 5.3.9.
2) Vgl. Abschnitt 5.3.4.
3) Vgl. Abschnitt 5.3.8.

Zusätzlich sind besondere objektspezifische Grundstücksmerkmale, wie z.B. die für die Aufrechterhaltung von gesunden Wohn- und Arbeitsverhältnissen notwendigen Reparaturaufwendungen, zu berücksichtigen. Der so ermittelte vorläufige Ertragswert ist abschließend an den Markt anzupassen. Erfahrungsgemäß liegt der **Marktanpassungsfaktor** nahe bei 1,0, da der o.g. modifizierte Liegenschaftszinssatz die Überlegungen eines wirtschaftlich handelnden Marktteilnehmers widerspiegeln und deshalb der ermittelte vorläufige Ertragswert auf dem Markt auch realisiert werden kann.

Beispiel: **Besonderes Liquidationswertverfahren gemäß § 17 Abs. 2 Nr. 2 i.V.m. § 16 Abs. 3 ImmoWertV – Verfahren bei nicht unmittelbarer Freilegungsmöglichkeit**

A. Sachverhalt (Gewerbegrundstück)

Bodenwert	400.000,– €
Liegenschaftszinssatz	3,0 %
Nettokaltmiete pro Jahr	10.000,– €
übliche Bewirtschaftungskosten pro Jahr	2.000,– €
spez. Bewirtschaftungskosten pro Jahr	1.000,– €
Bindungsfrist (Pachtvertrag)	5 Jahre
Reparaturaufwendungen für einen sofort zu behebenden Schaden	8.000,– €
Brutto-Rauminhalt (BRI)	1.200 m³
Abbruchkosten (pro m³ BRI)	20,– €/m³

Nachfolgend wird zuerst eine **Wertermittlung** mit dem allgemeinen Ertragswertverfahren (gemäß der § 17 Abs. 2 Nr. 1 ImmoWertV) durchgeführt (vgl. Abschnitt 5.2.1).[1]

B. Ertragswertermittlung (gem. § 17 Abs. 2 Nr. 1 ImmoWertV)

jährliche (Netto-Kalt-)Miete (Rohertrag)	10.000,– €
übliche Bewirtschaftungskosten	– 2.000,– €
jährlicher Reinertrag	8.000,– €
Reinertragsanteil des Bodens (Verzinsungsbetrag nur des Bodenwertanteils, der den Erträgen zuzuordnen ist)	
3,0 % von 400.000,– €	
(Liegenschaftszinssatz × Bodenwert)	– 12.000,– €
Ertrag der baulichen Anlagen	**–4.000,– €**

---

[1] Ebenso gut könnte man auch eine Wertermittlung im vereinfachten Ertragswertverfahren nach § 17 Abs. 2 Nr. 2 ImmoWertV durchführen.

Da der **(Rein)Ertrag(santeil)** der baulichen Anlagen **negativ** ist[1], ist zu überlegen, ob unter Verwendung von Gebäude(teile)n eine wirtschaftliche Umnutzungsmöglichkeit besteht. Da im vorliegenden Fall die Bausubstanz insgesamt veraltet ist, jedoch aufgrund eines Pachtvertrags eine Nutzungsbindung über 5 Jahre besteht, ist die Wertermittlung nach dem besonderen Liquidationswertverfahren durch- bzw. fortzuführen.

C. Ertragswertermittlung nach dem besonderen Liquidationswertverfahren (gem. § 17 Abs. 2 Nr. 2 i.V.m. § 16 Abs. 3 ImmoWertV)

Bodenwert (BW)	400.000,– €
übliche Freilegungskosten (FK)	– 24.000,– €
spezieller (reduzierter) Bodenwert (= Liquidationswert bzw. Marktwert, wenn alsbald freigelegt werden kann)	**376.000,– €**

Abzinsungsfaktor gem. Anlage 2 ImmoWertV:

$$\frac{1}{q^n} = \frac{1}{(1+0{,}033)^5} \qquad \times\, 0{,}8502$$

q = 1 + p
p = 3,3 % (Liegenschaftszinssatz zzgl. 10 % wegen erhöhtem Risiko und geringerer Marktnachfrage)
n = Zeitdauer bis zur Freilegung = 5 Jahre

abgezinster spezieller Bodenwert	**319.675,– €**
jährliche (Netto-Kalt-)Miete (Rohertrag)	10.000,– €
spezielle Bewirtschaftungskosten (nur Anteil des Vermieters)	– 1.000,– €
spezieller Reinertrag	**9.000,– €**
Barwertfaktor für die Kapitalisierung (gem. Anlage 1 ImmoWertV)[2]	× 4,541

p = 3,3 % (Liegenschaftszinssatz zzgl. 10 % wegen erhöhtem Risiko und geringerer Marktnachfrage)
n = Zeitdauer bis zur Freilegung = 5 Jahre

kapitalisierter spezieller Reinertrag	**40.869,– €**
Berücksichtigung besonderer objektspezifischer Grundstücksmerkmale (gem. § 8 Abs. 3 ImmoWertV); hier Reparaturaufwand	– 8.000,– €
Ertragswert nach dem besonderen Liquidationswertverfahren[3]	352.544,– € **rd. 353.000,– €**

---

[1] Damit übersteigt der Bodenwert des fiktiv unbebauten Grundstücks den Ertragswert des bebauten Grundstücks.

[2] Vgl. Abschnitt 5.3.8.

[3] Der Marktanpassungsfaktor ist mit 1,0 angesetzt.

Linktipp

Ein Excel-Formular für das Liquidationswertverfahren ist im Internet unter www.1x1-der-immobilienbewertung.de (Rubrik: Materialien zum Buch) zu finden. Die Zugangsdaten finden Sie am Ende des Buches in Kapitel 14.

Kapitel 6: Sachwertverfahren

6.1 Verfahrensgrundsatz (Sachwertermittlung ist Kaufpreisvergleich)

Sachwertermittlung als Preisvergleich zum Zwecke der Marktwertschätzung

Mit dem Sachwertverfahren nach ImmoWertV wird, ebenso wie mit den sonstigen in der ImmoWertV geregelten Vergleichs- und Ertragswertverfahren, eine Schätzung des wahrscheinlichsten Kaufpreises im nächsten Verkaufsfall, d.h. des Marktwerts vorgenommen. Richtig angewendet ist das Sachwertverfahren – wie in diesem Kapitel verdeutlicht wird – ebenfalls ein Preisvergleich.

Insbesondere durch die Verwendung des aus vielen Vergleichskaufpreisen abgeleiteten Sachwert-Marktanpassungsfaktors (= Kaufpreise / Substanzwerte)[1] ist das richtig angewendete Sachwertverfahren eine verfahrensmäßige Umsetzung eines Kaufpreisvergleichs. In diesem Verfahren bewirken die in dieses Bewertungsmodell eingeführten Einflussgrößen, vorrangig die Lage (diese fließt sowohl in den Bodenwert als auch in den Sachwert-Marktanpassungsfaktor ein) und der richtig verstandene Substanzwert der Gebäude[2], die Wertbildung des Bewertungsobjekts und insbesondere die Wertunterschiede zwischen unterschiedlichen Objekten.

6.2 Allgemeines Ablaufschema

Verfahrensablauf gemäß ImmoWertV (Grundstruktur)

Die Vorgehensweise für die Ermittlung des Sachwerts ist in den §§ 21 – 23 ImmoWertV geregelt. Die sich daraus ergebende Grundstruktur des Sachwertmodells nach der ImmoWertV ist in dem nachfolgenden Schema dargestellt.

---

1) Vgl. hierzu Abschnitt 6.5.12.
2) Vgl. hierzu Abschnitt 6.5.2.

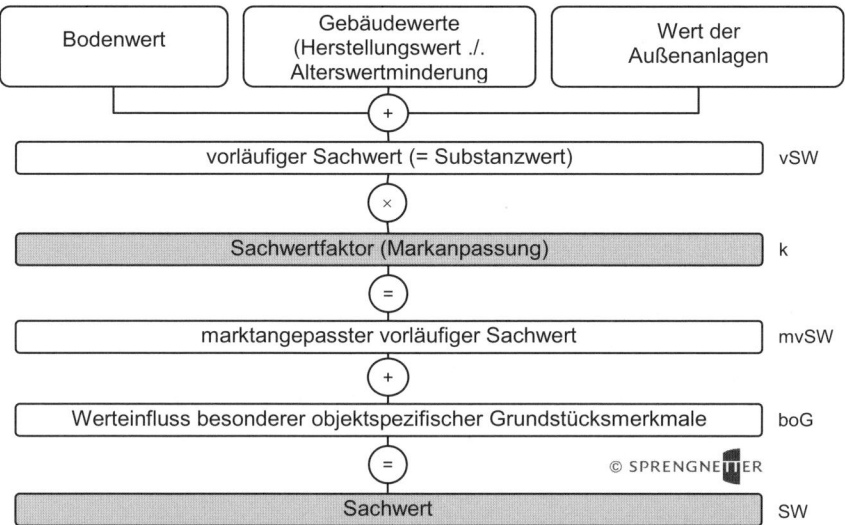

Abb. 6-1: Allgemeines Ablaufschema des Sachwertverfahrens

Der Sachwert wird aus der Summe des Bodenwerts und den (Zeit-)Werten der auf dem Grundstück vorhandenen nutzbaren baulichen Anlagen (wie Gebäude sowie der baulichen Außenanlagen) und der sonstigen (Außen-)Anlagen (vgl. § 21 Abs. 1 ImmoWertV) abgeleitet. — *Sachwert*

Der Bodenwert ist getrennt vom Wert der baulichen und sonstigen Anlagen i.d.R. im Vergleichswertverfahren nach den § 16 ImmoWertV grundsätzlich so zu ermitteln, wie er sich ergeben würde, wenn das Grundstück unbebaut wäre.[1] — *Bodenwert des fiktiv unbebauten Grundstücks*

Der Zeitwert der Gebäude (einschließlich besonderer Bauteile und besonderer Einrichtungen) ist auf der Grundlage ihrer gewöhnlichen Herstellungskosten[2] oder nach Erfahrungssätzen und unter Berücksichtigung der Alterswertminderung zu ermitteln (§ 21 Abs. 3 ImmoWertV). — *Zeitwert; Alterswertminderung*

Der Wert der Außenanlagen wird entsprechend der Vorgehensweise für die Gebäude i.d.R. auf der Grundlage von gewöhnlichen Herstellungskosten bzw. von Erfahrungssätzen für diesbezügliche Grundstückswertbeeinflussungen (vgl. § 21 Abs. 3 ImmoWertV) abgeleitet.[3] — *Außenanlagen*

Die Summe aus Bodenwert, Wert der Gebäude und Wert der Außenanlagen ergibt den vorläufigen Sachwert des Grundstücks. — *vorläufiger Sachwert – Substanzwert*

---

1) Vgl. Abschnitt 6.8 (Bodenwert im Sachwertverfahren).
2) Vgl. diesbezüglich Abschnitt 6.5.2 (Herstellungskosten).
3) Vgl. Abschnitt 6.5.11 (Außenanlagen).

Marktanpassung

Der so rechnerisch ermittelte und vorrangig auf Herstellungskostenüberlegungen basierende vorläufige Sachwert ist hinsichtlich seiner Realisierbarkeit auf dem örtlichen Grundstücksmarkt zu beurteilen. Zur Ableitung des marktangepassten vorläufigen Sachwerts ist deshalb regelmäßig ein Zu- oder Abschlag am vorläufigen Sachwert erforderlich (vgl. § 21 Abs. 1 i.V.m. § 14 Abs. 2 Nr. 1 Immo-WertV).[1] Erst diese „Marktanpassung" des vorläufigen Sachwerts an die Lage auf dem örtlichen Grundstücksmarkt führt im Ergebnis zum am Markt realisierbaren Sachwert des Grundstücks und stellt damit den „wichtigsten Rechenschritt" innerhalb der Sachwertermittlung dar.

Das Sachwertverfahren ist insbesondere durch die Verwendung von aus tatsächlich realisierten Kaufpreisen abgeleiteten Sachwert-Marktanpassungsfaktoren ein Preisvergleich, bei dem die Zeitwerte der Substanz (Boden + Gebäude + Außenanlagen) den Vergleichsmaßstab bilden.[2]

boG

Besondere objektspezifische Grundstücksmerkmale wie bspw. eine wirtschaftliche Überalterung, ein überdurchschnittlicher Erhaltungszustand, Baumängel oder Bauschäden sowie von den marktüblich erzielbaren Erträgen abweichende Erträge sind, soweit dies dem gewöhnlichen Geschäftsverkehr entspricht, durch marktgerechte Zu- und Abschläge oder in anderer geeigneter Weise i.d.R. nach der Marktanpassung zu berücksichtigen (§ 8 Abs. 3 ImmoWertV).

6.3 Anwendungsbereiche, Verfahrenswahl

Anwendung vorrangig bei Eigennutzungsobjekten

Vorrangig (traditionell) wird das Sachwertverfahren zur Bewertung solcher bebauter Grundstücke angewendet, die **üblicherweise** nicht zur Erzielung von Renditen, sondern zur renditeunabhängigen **Eigennutzung** verwendet (erworben bzw. bebaut) werden.

Beispiele: **Üblicherweise eigengenutzte Objekte**

- Einfamilienhausgrundstücke
- üblicherweise überwiegend eigengenutzte Eigentumswohnungen
- üblicherweise überwiegend eigengenutzte Ferienhausgrundstücke
- üblicherweise überwiegend eigengenutzte Geschäfts- und Gewerbegrundstücke

---

Anwendung zur Ergebniskontrolle bei Renditegrundstücken

Das Sachwertverfahren kann jedoch – zumindest **zur Ergebniskontrolle – auch für die Bewertung üblicherweise fremdgenutzter Geschäfts- und Gewerbegrundstücke angewendet** werden. Dies ist damit begründbar, **weil**

---

1) Vgl. Abschnitt 6.5.12 (Marktanpassung) sowie Marktdaten und Praxishilfen [1], Kapitel 3.03.
2) Sprengnetter 1978.

- die in dem Sachwertmodell einbezogenen Einflussgrößen (z.B. Unterschiede in der Lage, im Bodenwert, in der Substanz, in der wirtschaftlichen Restnutzungsdauer, im baulichen Zustand) ganz allgemein auf dem Grundstücksmarkt bei der Bemessung von Preisunterschieden beachtet werden;

- ein wirtschaftlich handelnder Marktteilnehmer alternativ zur Anmietung bzw. Kaufpreisermittlung über den Ertrag auch überlegen wird, welchen Zukunftswert ihm die Substanz der Gebäude garantiert, ggf. auch welche Kosten ihm bei der Realisierung eines vergleichbaren Vorhabens entstehen werden.

Zu bedenken ist hierbei auch, dass eine *„solide Rendite nur auf einer gesunden Sachwertbasis"*[1] erzielbar ist und dass der (richtig verstandene) Substanzwert oftmals den Wert einer Immobilie nachhaltiger bestimmt als die (aktuell) zu erzielende Miete. Der Sachwertansatz (d.h. die Kaufpreisschätzung mittels Substanzwertvergleich) ist demnach grundsätzlich sachgemäß. Denn: **Nur bei einer guten Substanz ist ein nachhaltiger Ertrag gesichert.** Die Substanz ist – wie die Geschichte gezeigt hat – vielfach krisenfester als der Ertrag.

Beispiel: **Begründung der Verfahrenswahl bei üblicherweise eigengenutzten Objekten**

„Entsprechend den Gepflogenheiten im gewöhnlichen Geschäftsverkehr ist der Marktwert derartiger Objekte vorrangig mithilfe des Sachwertverfahrens zu ermitteln, weil diese üblicherweise nicht zur Erzielung von Erträgen, sondern zur persönlichen oder zweckgebundenen Eigennutzung errichtet oder erworben werden.

Zusätzlich wird eine Ertragswertermittlung durchgeführt. Das Ergebnis wird jedoch nur zur unabhängigen Kontrolle des errechneten Sachwerts herangezogen."

Begründung der Verfahrenswahl (Beispieltext)

Zudem wird das Sachwertverfahren auch dann vorrangig (oder zumindest stützend) angewendet, wenn die marktüblich erzielbaren Erträge für das Grundstück mangels Kenntnis von Vergleichsmieten nur unsicher geschätzt werden können, wohingegen die für die Sachwertermittlung benötigten Daten (insbesondere der Bodenwert und der Sachwert-Marktanpassungsfaktor) für vergleichbare Objekte genauer schätzbar sind. Entsprechend regelt die ImmoWertV in § 8 Abs. 1 Satz 2, dass die Verfahren auch im Hinblick auf die zur Verfügung stehenden Daten zu wählen sind.

Datengrundlage entscheidend für Verfahrenswahl

---

1) Werbespruch der offenen Immobilienfonds (Lehrbuch und Kommentar [2], Teil 9, Kapitel 13).
   Hinweis: Zum Substanzwert gehört auch die lage(wert)abhängige Größe „Bodenwert". Diese bestimmt auch wesentlich die Höhe des Sachwert-Marktanpassungsfaktors und damit den lageabhängigen Wert der baulichen und sonstigen Anlagen.

Bewertung einer Schreinerei im ländlichen Bereich

> **Beispiel: Verfahrenswahl für die Bewertung einer gewerblich genutzten Immobilie im ländlichen Bereich**
>
> Es ist eine Halle einer Schreinerei zu bewerten, die in einem ländlich strukturierten Gebiet liegt. Immobilien dieser Objektart werden in der Region überwiegend eigengenutzt. Deshalb stehen Vergleichsmieten zur Ermittlung der marktüblich erzielbaren Miete nicht im ausreichenden Umfang zur Verfügung. Die Ermittlung der marktüblich erzielbaren Miete ist somit mit einer relativ hohen Unsicherheit verbunden. Der örtlich zuständige Gutachterausschuss hat aber für diese Objektart geeignete Sachwert-Marktanpassungsfaktoren abgeleitet und veröffentlicht.
>
> Die Immobilie ist aufgrund der zur Verfügung stehenden Daten vorrangig im Sachwert- und stützend im Ertragswertverfahren zu bewerten.

Buchtipp

In den Marktdaten und Praxishilfen [1] sind in Kapitel 3.03, Abschnitt 4.7 auch Sachwert-Marktanpassungsfaktoren für die Bewertung von Gewerbegrundstücken (Handwerk, Gewerbe) für verschiedene Bodenwertniveaus zwischen 15 und 240 €/m² abgedruckt.

stützende Anwendung; 2-Säulen-Prinzip

Stützend, ggf. auch gleichrangig zu anderen Wertermittlungsverfahren, wird das Sachwertverfahren aus den vorgenannten Gründen regelmäßig auch zur Bewertung von bebauten Grundstücken angewendet, die üblicherweise sowohl fremdgenutzt als auch eigengenutzt werden.

> **Beispiele: Üblicherweise sowohl fremdgenutzte als auch eigengenutzte Objekte**
>
> - Zweifamilienhausgrundstücke
> - Gewerbegrundstücke
> - Geschäftsgrundstücke mit Läden im Erdgeschoss und einer bis zwei Wohnungen in den Obergeschossen

Begründung für ergänzende Sachwertberechnung (Beispieltext)

> **Beispiel: Begründung der Verfahrenswahl bei Zweifamilienhausgrundstücken (bzw. Einfamilienhäuser mit Einliegerwohnung)**
>
> *„Zweifamilienhäuser (bzw. Einfamilienhäuser mit Einliegerwohnung) werden überwiegend zum Zecke der Eigennutzung errichtet oder erworben. Demzufolge ist der Marktwert derartiger Objekte vorrangig mithilfe des Sachwertverfahrens zu ermitteln.*

> *Für die Errichtung bzw. den Erwerb der (oftmals vermieteten) zweiten Wohnung sind jedoch vielfach Ertrags(wert)gesichtspunkte entscheidend. Deshalb wird ergänzend zur Sachwertermittlung auch eine Ertragswertermittlung durchgeführt."*

Sollten die baulichen Anlagen offensichtlich nicht mehr nutzbar sein oder sollte sich bei der Wertermittlung für ein bebautes Grundstück in der Ertragswertermittlung der **Ertrag der baulichen und sonstigen Anlagen negativ** ergeben bzw. ein Ertragswert ergeben, der geringer ist als der Bodenwert und die Freilegung des Grundstücks als wirtschaftlich sinnvollste (Nutzungs)Alternative beurteilt werden, so macht ein positiver Wertansatz für die Gebäude keinen Sinn, da infolge der vorgesehenen Freilegung des Grundstücks den Gebäuden und i.d.R. auch den vorhandenen sonstigen baulichen Anlagen kein Substanzwert beizumessen ist.[1]

Liquidationsobjekte

Hinweis

Beispieltexte zur Begründung der Verfahrenswahl für üblicherweise fremd genutzte Objekte finden Sie in Kapitel 5, Abschnitt 5.1.

6.4 Differenziertes Ablaufschema

Vorschriften für die Berechnung des Sachwerts enthalten die §§ 21 bis 23 ImmoWertV. In Abschnitt 6.1, Abb. 6-1 wurde bereits ein allgemeines Ablaufschema des Sachwertverfahrens vorgestellt. Die nachfolgende Abbildung stellt das Sachwertverfahren in seiner Differenziertheit bezüglich der einzelnen, später zu erläuternden Rechenschritte dar.

---

1) Vgl. diesbezüglich auch Abschnitt 5.4 (Unrentierliche bauliche Anlagen) und Abschnitt 6.10 (Häufige Anwendungsfehler).

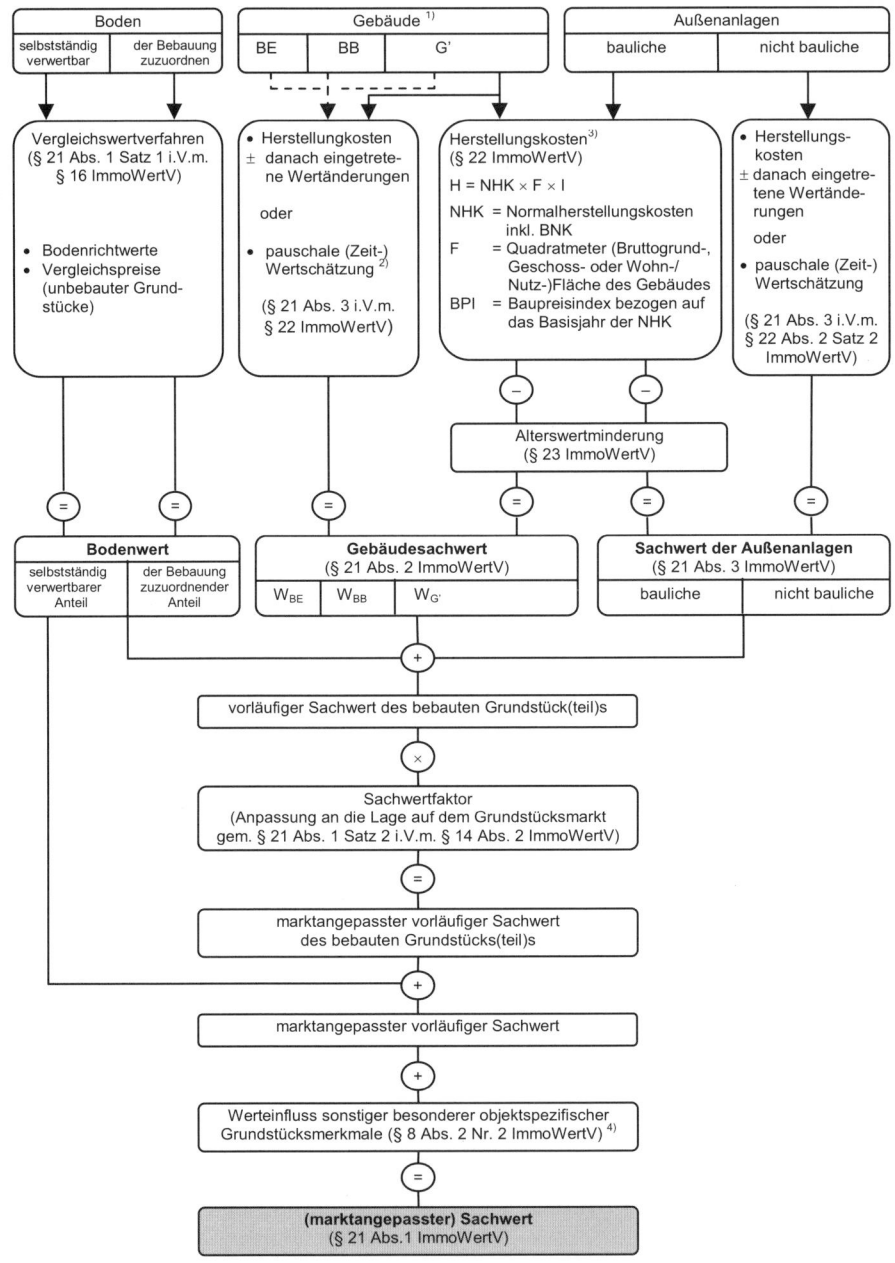

Die Fußnoten sind auf der Folgeseite abgedruckt.

1) Gebäudeteile
   G' = Normgebäude ohne BE und BB
   BE = besondere (Betriebs)Einrichtungen und sonstige Vorrichtungen/Anlagen
   BB = besondere Bauteile
2) Für wertmäßig untergeordnete Gebäude (jedoch nur ausnahmsweise) zulässig.
3) Ermittlung der Herstellungskosten mittels gewöhnlicher Herstellungskosten (Normalherstellungskosten) (§ 22 Abs. 1 ImmoWertV).
4) Der Werteinfluss ist für jedes besondere objektspezifische Grundstücksmerkmal (boG) getrennt anzugeben und vorzeichenrichtig zu addieren (d.h. wertmindernde boG führen zu einem Wertabschlag, werterhöhende zu einem Wertzuschlag).

Abb. 6-2: ***Differenziertes Ablaufschema des Sachwertverfahrens gemäß ImmoWertV***

6.5 Bewertungsbeispiel; Begriffe, Bewertungsgrundlagen und erforderliche Daten des Sachwertverfahrens

In diesem Abschnitt wird zunächst anhand eines einfachen Beispiels die Funktionsweise des Sachwertverfahrens dargestellt. In dem Beispiel wird Bezug genommen auf einzelne Tabellen, denen die erforderlichen Daten entnommen werden können. In den weiteren Unterabschnitten werden alle im Sachwertverfahren enthaltenen Einzelgrößen begrifflich erläutert und Modelle zu ihrer Berechnung angegeben.

6.5.1 Bewertungsbeispiel

Beispiel: **Bewertung eines Einfamilienhausgrundstücks im Sachwertverfahren**

Sachwertermittlung für ein Einfamilienhausgrundstück mit Garage

A. Sachverhalt

- Zu bewerten ist das in der Karte gekennzeichnete Grundstück, das mit einem freistehenden Einfamilienhaus und einer Garage bebaut ist.
- Wertermittlungsstichtag: 01.02.2013
- Grundstücksgröße: 450 m²
- Bodenwert: 120 €/m² x 450 m² = 54.000 €
- Baujahr: 1982, Alter: 31 Jahre
- Bauweise: massiv, unterkellert, Erdgeschoss, Obergeschoss, nicht zu Wohnzwecken ausbaubares Dachgeschoss (Typ 1.14)
- Wohnfläche: 150 m²
- Gebäudestandard: 3 (Tab. 6-10)

- Gesamtnutzungsdauer: 70 Jahre (Tab. 5-2)
- Restnutzungsdauer: 39 Jahre
  (= 70 Jahre – 31 Jahre)
- Herstellungskosten inkl. Baunebenkosten bezogen auf das
  Basisjahr 2010: 299.500 €
  [Normgebäude: 150 m² × 1.890 €/m² (Tab. 6-3)
    + besondere Bauteile: 5.000 € für Kelleraußentreppe und
      Hauseingangstreppe mit Überdachung (Tab. 6-12)
    + besondere Einrichtungen: 6.000 € für Sauna (Tab. 6-13)
    + Garage: 5.000 € (Tab. 6-6)]
- Zeitwert der Außenanlagen: 8.000 € (Tab. 6-16)
- boG: Schäden an Fassade (Werteinfluss ca. –10.000 €)

B. Aufgabe

Ermitteln Sie den Wert der Immobilie mit dem Sachwertverfahren.

C. Lösung

Herstellungskosten der baulichen Anlagen zum Basisjahr 2010 (ohne Außenanlagen; inkl. BNK)	299.500 €
Baupreisindex (2010 = 100), Wertermittlungsstichtag 01.02.2013 (Tab. 6-14)	× 1,068
Herstellungskosten am Wertermittlungsstichtag	*319.866 €*
./. lineare Alterswertminderung (1 – 39/70 = 44,3 %)	– 141.701 €
Zeitwert der baulichen Anlagen	*178.165 €*
+ Zeitwert der Außenanlagen	+ 8.000 €
+ Bodenwert	+ 54.000 €
vorläufiger Sachwert	*240.165 €*
× Sachwertfaktor (Tab. 6-17)	× 1,00
vorläufiger marktangepasster Sachwert	*240.165 €*
./. besondere objektspezifische Grundstücksmerkmale (Schäden an der Fassade)	– 10.000 €
Sachwert	*230.165 €*
	rd. 230.000 €

Der Sachwert des mit einem Einfamilienhaus und einer Garage bebauten Grundstücks beträgt am Wertermittlungsstichtag 01.02.2013 rund 230.000 €.

Linktipp

Unter www.1x1-der-immobilienbewertung.de (Rubrik: Materialien zum Buch) finden Sie weitere Bewertungsbeispiele mit differenzierter und nachvollziehbarer Ableitung aller Bewertungsdaten sowie ein Excelformular für das Sachwertverfahren. Die Zugangsdaten finden Sie am Ende des Buches in Kapitel 14.

6.5.2 Herstellungskosten

Die Herstellungskosten[1] der baulichen Anlagen werden i.d.R. wie folgt ermittelt:

Schema	Formel
Normalherstellungskosten NHK [€/m² Gebäudefläche]	**NHK**
×	×
Gebäudefläche F (GF, BGF bzw. WF in m²)[2]	**F**
=	=
Herstellungskosten HK	**HK**

Herstellungs-kostenermittlung

Abb. 6-3: **Ermittlung der Herstellungskosten gemäß § 22 Abs. 1 ImmoWertV**

Einzelne Bauteile, Einrichtungen und sonstige Vorrichtungen, die bei dieser Ermittlung der Herstellungskosten der baulichen Anlagen noch nicht erfasst wurden, sind durch Zu- oder Abschläge zu berücksichtigen (vgl. § 22 Abs. 2 Satz 2 ImmoWertV). Zu den diesbezüglich gesondert zu berücksichtigenden Gebäudeteilen gehören

- Bauteile, die mit dem Gebäude fest verbunden sind, aber bei der Ermittlung der Gebäudeflächen nicht erfasst wurden – insbesondere Gebäudeteile, die sich außen am sog. Normgebäude befinden (z.B. Kelleraußentreppen, Balkone, Eingangsüberdachungen) sowie

besondere Bauteile (Definition)

- Einrichtungen, die normalerweise in vergleichbaren Objekten nicht vorhanden und demzufolge in den aus den tatsächlichen Herstellungskosten abgeleiteten Normalherstellungskosten nicht berücksichtigt sind (z.B. Sauna im Einfamilienhaus).

besondere Einrichtungen (Definition)

Der Gebäudesachwert setzt sich demnach aus 3 Anteilen zusammen (vgl. Abb. 6-2):

3 Anteile des Gebäudesachwerts

- Dem Wert des Gebäudes ohne besondere Bauteile und ohne besondere (Betriebs)Einrichtungen; im weiteren mit Wert des Normgebäudes G' bezeichnet,

- dem Wert der besonderen Bauteile BB und

- dem Wert der besonderen Einrichtungen BE.

---

1) § 22 Abs. 1 Satz 1 ImmoWertV: *„Zur Ermittlung der Herstellungskosten sind die gewöhnlichen Herstellungskosten je Flächen-, Raum- oder sonstiger Bezugseinheit (Normalherstellungskosten) mit der Anzahl der entsprechenden Bezugseinheiten der baulichen Anlagen zu vervielfachen."*

2) Zur Wahl der geeigneten Bezugseinheit für die NHK siehe Abschnitt 6.5.3.

Einzelkosten-
ansatz

Insbesondere aus Gründen der Modellkonformität können die Herstellungskosten der baulichen Anlagen nur ausnahmsweise nach den gewöhnlichen Herstellungskosten einzelner Bauleistungen (Einzelkosten) ermittelt werden (§ 22 Abs. 2 Satz 4 ImmoWertV). Ein Einzelkostenansatz ist also z.B. möglich, wenn auch bei der Ableitung der Sachwertfaktoren entsprechend vorgegangen wurde (vgl. Abschnitt 6.5.12).

tatsächliche Her-
stellungskosten

Die tatsächlichen Herstellungskosten weichen aufgrund individueller Vorlieben des Bauherren hinsichtlich der Ausstattungs- und Gestaltungsmerkmale und wegen Eigenleistungen im unterschiedlichen Umfang z.T. erheblich von den gewöhnlichen Herstellungskosten ab. Solche Herstellungskosten sind nicht geeignet, um damit den Marktwert als durchschnittlichen Preis für Jedermann zu ermitteln. Zudem besteht auch hier das Problem der Modellkonformität. Aus diesem Grund lässt die ImmoWertV den Ansatz der tatsächlichen Herstellungskosten auch nicht ausnahmsweise zu.

Substitutions-
gebäude

Bei der Ermittlung der Herstellungskosten ist auf die nachhaltige Nutzung des Bewertungsobjekts abzustellen. Ggf. ist ein Substitutionsgebäude zu unterstellen.

Beispiel: Fabrikgebäude (Lagerhalle) aus Ziegelsteinmauerwerk mit Außenstuck

Ein Anfang des 19. Jahrhunderts in einem Gewerbegebiet errichtetes Fabrikgebäude (Lagerhalle) mit 42 cm dicken Ziegelsteinaußenmauern und einem Stahlbinderdach sowie gestalteter Stuckfassade würde heute als Normalhallenbauwerk errichtet. Bei der Sachwertermittlung zur Ermittlung des Marktwerts setzt man deshalb die Herstellungskosten an, die zur Errichtung eines dem Wertermittlungsobjekt in vergleichbarer Weise nutzbaren Neubaus (Substitutionsgebäude) unter Zugrundelegung neuzeitlicher, wirtschaftlicher Bauweisen aufzuwenden wären. Das sind die Herstellungskosten für eine Normhalle, so wie sie in den NHK 2010 tabelliert sind. Keinesfalls werden in einem solchen Fall die deutlich höheren Rekonstruktionskosten angesetzt.

Wichtiger Grundsatz

Die Herstellungskosten sind wertorientiert und nicht (herstellungs-)kostenorientiert anzusetzen!

Wer diesen Grundsatz des Sachwertverfahrens nicht beachtet, verfehlt schnell das Ziel, nämlich den Marktwert zu ermitteln; er zählt Steine.

6.5.3 Bezugseinheit (WF, BGF, BRI, uR)

6.5.3.1 Zur Wahl der geeigneten Bezugseinheit für das Sachwertverfahren

Gemäß § 22 Abs. 1 ImmoWertV sind *„zur Ermittlung der Herstellungskosten die gewöhnlichen Herstellungskosten je Flächen-, Raum- oder sonstiger Bezugseinheit (Normalherstellungskosten) mit der Anzahl der entsprechenden Bezugseinheiten der baulichen Anlagen zu vervielfachen."* Die ImmoWertV überlässt es somit dem Sachverständigen, die geeignete Bezugseinheit zu wählen. In Frage kommen grundsätzlich die Maßstäbe Brutto-Grundfläche (BGF), Wohnfläche (WF) und Brutto-Rauminhalt (BRI). Im Wesentlichen hängt die Wahl der Bezugseinheit davon ab, mit welcher Bezugseinheit die Normalherstellungskosten tabelliert sind.

Wahl der Bezugseinheit nach ImmoWertV

Auch die Sachwertrichtlinie (SW-RL) lässt als Bezugseinheit sowohl den Flächen- als auch den Rauminhalt zu (Abschnitt 4.1 Absatz 3 SW-RL). Die in der SW-RL abgedruckten Kostenkennwerte der NHK 2010 sind jedoch nur in Euro/m² Brutto-Grundfläche angegeben. Demzufolge regelt die SW-RL auch nur die Ermittlung der Brutto-Grundfläche im Detail. Zu den anderen Bezugseinheiten enthält sie keine weiteren Hinweise.

Wahl der Bezugseinheit nach SW-RL

Die Anwendung der Brutto-Grundfläche in der Sachwertermittlung kann jedoch vor allem bei Ein- und Zweifamilienhäusern zu Problemen führen. Auf ihrer Basis ist die marktgerechte Unterscheidung des Werteinflusses von nutzbaren/nicht nutzbaren und ausgebauten/nicht ausgebauten Dachgeschossen nur bedingt möglich.

Mangelnde Eignung der BGF bei EFH und ZFH

Im Bereich der Wohnimmobilien ist die Wohnfläche aus Sicht der Marktteilnehmer der (alleinige) Maßstab für die Objektgröße. I.d.R. ist die Wohnfläche auch die einzige Maßzahl, die beiden Kaufparteien bei Vertragsanbahnung bekannt ist und nach der die Immobilie gehandelt wird. Dies zeigt sich auch in den Kaufinseraten für Immobilien, in denen – wenn überhaupt – die Wohnfläche als eines der zentralen, den Kaufpreis bestimmenden Merkmale angegeben ist. So gut wie nie wird dort die BGF oder der BRI als Größenmaßstab angegeben.

Marktüblichkeit

Aus diesem Grund hat Sprengnetter die in der Sachwertrichtlinie veröffentlichen BGF-bezogenen NHK 2010 für Wohnimmobilien auf den besser geeigneten Bezugsmaßstab Wohnfläche umgestellt. Dies ist möglich, weil die hierzu erforderlichen Nutzflächenfaktoren[1] zu dem den NHK 2010 zugrunde liegenden Datenmaterial bekannt sind.

wohnflächen-bezogene NHK

Wohnimmobilien sollten somit auf der Grundlage der Wohnfläche, gewerblich genutzte und sonstige Immobilien können hingegen auf der Grundlage der Brutto-Grundfläche bewertet werden. In den folgenden Abschnitten wird deshalb insbesondere die Ermittlung dieser beider Maßstäbe erläutert.

Empfehlung für die Wahl der Bezugseinheit

---

1) Nutzflächenfaktoren spiegeln das Verhältnis aus Wohnfläche und Brutto-Grundfläche wider.

6.5.3.2 Wohnfläche (WF)

Entsprechend den Ausführungen des vorangegangenen Abschnitts bildet die Wohnfläche für die Bewertung von Wohnimmobilien den am Besten geeigneten Bezugsmaßstab.

Wohnflächenver-
ordnung (WoFIV)

Die Ermittlung der Wohnfläche erfolgt i.d.R. auf der Grundlage der Wohnflächenverordnung (WoFIV). Ihre Ermittlung ist ausführlich in Abschnitt 5.3.2 erläutert.

Wichtiger Hinweis

Da die (Garten)Terrasse in der Sachwertermittlung zu den Außenanlagen zählt, ist die **Wohnfläche** im Sachwertverfahren um den diesbezüglichen **Anteil der Terrasse zu bereinigen**.

Plausibilisierung
der Wohnfläche

Gemäß § 8 Abs. 1 Satz 3 ImmoWertV sind bei der Ableitung des Marktwertes die Ergebnisse der herangezogenen Verfahren zu würdigen. Das bedeutet, dass die Ergebnisse auf Plausibilität geprüft werden müssen. I.d.R. wird hierzu der Marktwert auf der Grundlage von zwei möglichst voneinander unabhängigen Verfahren ermittelt. Da die Wohnfläche im Regelfall auch in den anderen Wertermittlungsverfahren (Ertrags- und Vergleichswertverfahren) als Bezugsmaßstab verwendet wird, fehlt jedoch eine Überprüfung dieser, das Wertermittlungsergebnis stark beeinflussenden, Größe. Es ist deshalb zu empfehlen, die Wohnfläche mithilfe der Brutto-Grundfläche und des nachfolgend tabellierten Nutzflächenfaktors einer gesonderten Überprüfung zu unterziehen.

Nutzflächenfaktor

$$\text{Nutzflächenfaktor (NFK)} = \frac{\text{Brutto-Grundfläche (BGF)}}{\text{Wohnfläche (WF)}}$$

Die Höhe des Nutzflächenfaktors hängt insbesondere von der Anzahl der Geschosse, der Unterkellerung und des Dachgeschossausbaus ab.

Anzahl der Ge-schosse	Flachdach	ohne DG-Ausbau	mit DG-Ausbau
1	2,56	3,29	2,14
2	1,92	2,29	1,83
3	1,71	1,95	1,69
4	1,60	1,79	1,60
5	1,54	1,68	1,55

Tab. 6-1: **Nutzflächenfaktoren (BGF/WF) für Gebäude _mit_ Keller**

Anzahl der Geschosse	Flachdach	ohne DG-Ausbau	mit DG-Ausbau
1	1,22	2,01	1,42
2	1,28	1,65	1,37
3	1,28	1,53	1,35
4	1,28	1,46	1,34
5	1,28	1,43	1,33

*Tab. 6-2: **Nutzflächenfaktoren (BGF/WF) für Gebäude <u>ohne</u> Keller***

Buchtipp

In den Marktdaten und Praxishilfen [1] sind in Kapitel 3.11 auch Nutzflächenfaktoren für Gebäude mit 6 bis 11 Geschossen abgedruckt. Zudem finden Sie in diesem Kapitel weitere Nutzflächenfaktoren, z.B. für das Verhältnis aus Wohnfläche und Geschossfläche.

Beispiel: Überprüfung der ermittelten Wohnfläche mittels Nutzflächenfaktor

Wohnflächen-plausibilisierung

Für ein eingeschossiges unterkellertes Wohnhaus mit innenliegendem Treppenhaus und nicht ausgebautem Satteldach wurde eine Wohnfläche von 68 m² ermittelt. Gemäß den vorliegenden Architektenunterlagen beträgt die Brutto-Grundfläche des Gebäudes 232 m². Der sich aus diesen Werten ergebende Nutzflächenfaktor beträgt somit 3,41 (= 232 m² / 68 m²). Gemäß der Tab. 6-1 beträgt der übliche Nutzflächenfaktor für diesen Gebäudetyp 3,29. Der tatsächlich Nutzflächenfaktor weicht nur um 3,6 % vom üblichen Nutzflächenfaktor ab. Eine Abweichung von bis zu 5 % ist nicht ungewöhnlich und weist deshalb nicht auf eine falsch ermittelte Wohnfläche hin. Die Wohnfläche ist somit plausibel.

Abweichungen

Ist der tatsächliche Nutzflachenfaktor deutlich größer als der übliche Nutzflächenfaktor, so kann das zwei Ursachen haben:

1. Eine der beiden Größen (WF oder BGF) wurde falsch ermittelt.
2. Das Gebäude weist unwirtschaftliche Grundrisse auf.

Im ersten Fall ist die falsch ermittelt Größe zu korrigieren. Sollten jedoch beide Größen korrekt ermittelt sein, so ist i.d.R. die Wohnfläche der Wertermittlung zugrunde zu legen, da in dieser nur die wirtschaftlich nutzbaren Grundflächen berücksichtigt werden. Nur diese sind grundsätzlich für den Wert der Immobilie maßgebend.

> Beispiel: **Unwirtschaftlicher Grundriss infolge eines übergroßen Kellers**
>
> Bei der Bewertung eines Mehrfamilienhausgrundstücks ergab sich eine große Differenz zwischen Sachwert und Ertragswert. Zudem besaß der berechnete Nutzflächenfaktor einen signifikant überdurchschnittlich hohen Wert.
>
> *übergroßer Keller*   Bei näherer Betrachtung wurde festgestellt, dass das Gebäude infolge einer Hofunterkellerung ein weit überdurchschnittlich großen Keller besitzt. Da der übergroße Kellerteil keine eigenständigen rentierlichen Nutzung zugänglich ist, bleibt dieser auch in der Sachwertermittlung weitgehend unberücksichtigt.
>
> Würde man in der Sachwertermittlung als Bezugsmaßstab die BGF wählen, so wäre diese um den „überschüssigen" Kelleranteil zu kürzen. Bei Verwendung der Wohnfläche als Bezugsmaßstab erübrigt sich eine Korrektur, da der übergroße Keller quasi keinen Einfluss auf die Wohnfläche hat.

übergroßer Keller

6.5.3.3 Brutto-Grundfläche (BGF)

Die in der Sachwertrichtlinie (SW-RL) tabellierten Kostenkennwerte der NHK 2010 sind in Euro/m² Brutto-Grundfläche (€/m² BGF) angegeben. Demzufolge regelt die Sachwertrichtlinie in Abschnitt 4.1.1.4 die Ermittlung der BGF im Detail.

BGF als markt-üblich nutzbare Grundflächen definiert

Die Sachwertrichtlinie definiert die BGF als marktüblich nutzbare Grundfläche und löst sich somit von der rein technischen Definition der DIN 277. Allerdings lehnt sie sich eng an die Regelungen des Normenausschusses für Bauwesen (NABau) im Deutschen Institut für Normung e.V. (DIN) an. Dieser Ausschuss hat in der DIN 277 die BGF normiert. Die aktuelle Fassung stammt aus dem Jahr 2005.

Linktipp

Unter http://www.nabau.din.de steht die DIN 277 zu einem Preis von derzeit € 133,70 zum download bereit. Teil 1 der DIN 277 (DIN 277-1; € 31,50) enthält die Festlegungen für die Berechnung von Flächen- und Rauminhalten von Bauwerken. Teil 2 der DIN 277 (DIN 277-2; € 31,50) regelt die Gliederung der Netto-Grundfläche (Nutzflächen, Technische Funktionsflächen und Verkehrsflächen) und Teil 3 (DIN 277-3; € 70,70) legt die Bezugseinheiten für Kostengruppen nach DIN 276 fest.

Die Sachwertrichtlinie versteht unter der BGF die Summe der bezogen auf die jeweilige Gebäudeart marktüblich nutzbaren Grundflächen aller Grundrissebenen eines Bauwerks.

Summe der Grundflächen aller Grundriss-ebenen

In Anlehnung an die DIN 277-1 sind bei den Grundflächen folgende Bereiche zu unterscheiden:

Unterscheidung in 3 Bereiche

- Bereich a: überdeckt und allseitig in voller Höhe umschlossen,
- Bereich b: überdeckt, jedoch nicht allseitig in voller Höhe umschlossen (z.B. die Grundfläche einer überdachten Loggia oder einer Durchfahrt durch Gebäude),
- Bereich c: nicht überdeckt (z.B. die Grundfläche eines Balkons).

Für die Anwendung der in der Sachwertrichtlinie tabellierten NHK 2010 sind im Rahmen der Ermittlung der BGF nur die Grundflächen der Bereiche a und b zu Grunde zu legen. Balkone, auch wenn sie überdeckt sind, sind dem Bereich c zuzuordnen (vgl. Abb. 6-1).

Bereiche a und b maßgebend

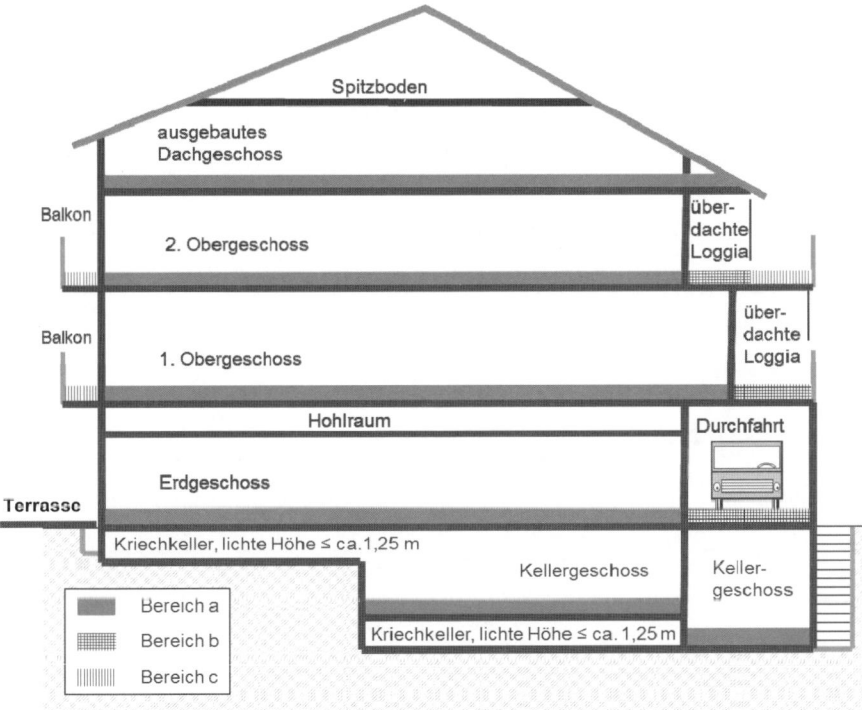

Abb. 6-1: **Zuordnung der Grundflächen zu den Bereichen a, b, c**

Ermittlung nach Außenmaßen

Für die Ermittlung der BGF sind die äußeren Maße der Bauteile einschließlich Bekleidung, z.B. Putz und Außenschalen mehrschaliger Wandkonstruktionen, in Höhe der Bodenbelagsoberkanten anzusetzen.

anrechenbare Flächen

Aus der Abb. 6-1 wird deutlich, dass die Grundflächen nahezu aller Grundrissebenen, also grundsätzlich auch die des Kellers und des nicht ausgebauten Dachgeschosses, auf die BGF anzurechnen sind.

nicht anrechenbare Flächen

Nicht zur Brutto-Grundfläche gehören z.B. Flächen von Spitzböden und Kriechkellern, Flächen, die ausschließlich der Wartung, Inspektion und Instandsetzung von Baukonstruktionen und technischen Anlagen dienen sowie Flächen in konstruktiven Hohlräumen, z.B. über abgehängten Decken.

Anrechenbarkeit der Grundflächen in Dachgeschossen

Entscheidend für die Anrechenbarkeit der Grundflächen in Dachgeschossen ist ihre Nutzbarkeit. Dabei genügt es nach der Sachwertrichtlinie auch, dass nur eine untergeordnete Nutzung, wie z.B. als Lager- und Abstellräume oder Räume für betriebstechnische Anlagen, möglich ist (eingeschränkte Nutzbarkeit). Als nutzbar können Dachgeschosse ab einer lichten Höhe von ca. 1,25 m behandelt werden, soweit sie begehbar sind. Eine Begehbarkeit setzt eine feste Decke und die Zugänglichkeit voraus.

Flachdach und flach geneigtes Dach

Bei Gebäuden mit Flachdach bzw. flach geneigtem Dach ist auf Grund der Dachkonstruktion eine Dachgeschossnutzung nicht möglich, so dass eine Anrechnung der Grundfläche des Dachgeschosses bei der Berechnung der BGF nicht vorzunehmen ist.

Die Anrechenbarkeit der Grundfläche im Dachgeschoss wird in der nachfolgenden Abbildung verdeutlicht.

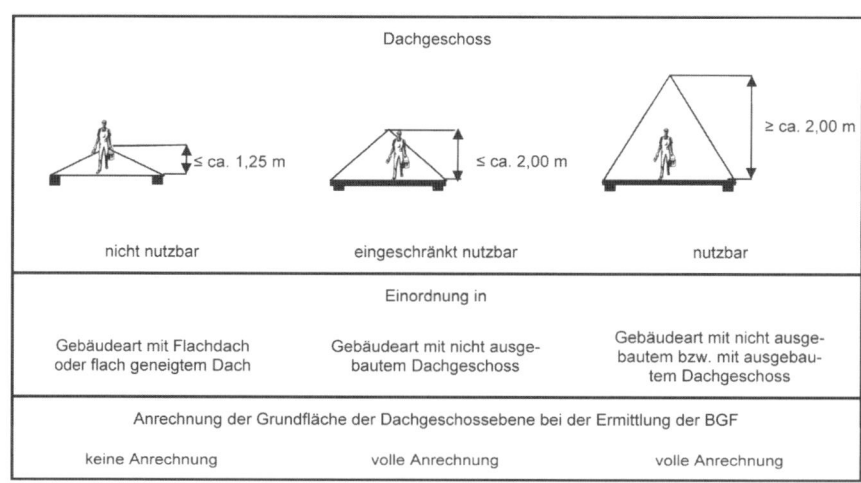

*Abb. 6-2: **Anrechenbarkeit der Grundfläche im Dachgeschoss***

Beispiel: Berechnung der Brutto-Grundfläche

Es ist die BGF eines viergeschossigen Mehrfamilienhauses mit flach geneigtem Pultdach zu ermitteln. Das Gebäude ist voll unterkellert.

Grundfläche[1] (18 m × 24 m)   =   432 m²

Grundrissebenen[2]   ×   5

Brutto-Grundfläche (BGF)   = 2.160 m²

6.5.3.4 Brutto-Rauminhalt (BRI)

Grundsätzlich kommt auch der in der DIN 277 definierte Brutto-Rauminhalt als Bezugseinheit in Frage. Da die NHK 2010 jedoch BGF- bzw. WF-bezogen tabelliert sind, scheidet der BRI bei Verwendung dieser Normalherstellungskosten schon aus praktikablen Gründen aus.

definiert in DIN 277

Es wäre jedoch auch denkbar, die NHK 2010 auf den BRI-Bezug umzurechnen. In diesem Fall könnte der BRI auch als geeigneter Bezugsmaßstab herangezogen werden.

Eignung als Bezugsmaßstab

Der Brutto-Rauminhalt wird – wie die BGF – nach den Außenmaßen des fertigen Gebäudes berechnet. D.h. es sind zu ggf. vorhandenen Maßen aus der Rohbauzeichnung die (geschätzten) Stärken des Außenputzes und der Dacheindeckung mit zu berücksichtigen. Unterhalb des Kellers ist auch die Bodenplatte mit einzubeziehen.[3]

Ermittlung nach Außenmaßen

Buchtipp

In den Marktdaten und Praxishilfen [1] ist in Kapitel 3.12 der Kubikmeteraufwand tabelliert. Anhand dieser Tabellen kann überschlägig aus dem Brutto-Rauminhalt die Wohnfläche oder die Brutto-Grundfläche und umgekehrt aus den v.g. Gebäudeflächen der Brutto-Rauminhalt ermittelt werden.

---

1) In Höhe des Bodenbelags des Erdgeschosses nach Außenmaßen ermittelt.

2) 4 Obergeschosse zzgl. Kellergeschoss

3) Ausführliche Erläuterungen zur Ermittlung des Brutto-Rauminhalts finden Sie im Lehrbuch und Kommentar [2], Teil 1, Kapitel 16.

6.5.3.5 Umbauter Raum (uR)

Bezugsmaßstab der NHK13; DIN 277 (1950)

Bis 1997 war es in der Sachwertermittlung üblich, auf NHK 13 (Normalherstellungskosten mit dem Basisjahr 1913) zurückzugreifen. Diese Tabellenwerte bezogen sich auf den umbauten Raum, der in einer älteren Fassung der DIN 277, nämlich der aus dem Jahr 1950, definiert war.

Anrechnung des nicht ausgebauten Dachgeschosses nur zu ein Drittel

Anders als beim Brutto-Rauminhalt wird bei der Ermittlung des umbauten Raums der Rauminhalt eines nicht ausgebauten Dachgeschosses zu nur ein Drittel auf die Kubatur angerechnet. Umbauter Raum und Brutto-Rauminhalt können somit erheblich voneinander abweichen.

Eignung

Für die Bewertung mit aktuellen Normalherstellungskosten ist der Bezugsmaßstab umbauter Raum ungeeignet.

Bauunterlagen älterer Gebäude

Dennoch wird der Sachverständige auch heute noch mit dieser Größe konfrontiert. Nämlich bei der Bewertung älterer Gebäude (Baujahre vor 1987). Denn bei diesen Objekten findet sich in den Bauunterlagen nur eine Ermittlung des umbauten Raums und keine BRI-Ermittlung.

Buchtipp

In den Marktdaten und Praxishilfen [1] ist in Kapitel 3.12 der Kubikmeteraufwand tabelliert. Anhand dieser Tabellen kann überschlägig aus dem umbauten Raum die Wohnfläche, die Brutto-Grundfläche oder der Brutto-Rauminhalt ermittelt werden.

6.5.4 Normalherstellungskosten (NHK)

Normalherstellungskosten (Definition)

Unter den NHK versteht man durchschnittliche, auf eine Flächeneinheit (z.B. 1 m² Brutto-Grundfläche, Wohnfläche oder Nutzfläche) oder eine Raumeinheit (z.B. 1 m³ Brutto-Rauminhalt) bezogene Herstellungskosten für Gebäude oder sonstige bauliche Anlagen, wie z.B. Außenanlagen.

Der Wortteil Normal(-herstellungskosten) soll dabei zweierlei ausdrücken:

- Zum einen, dass es sich hierbei um normierte, d.h. auf eine einheitliche Bezugseinheit (z.B. 1 m² Fläche bzw. 1 m³ Rauminhalt) zurückgerechnete gewöhnliche Herstellungskosten handelt;

- zum anderen, dass hier normalerweise anfallende, d.h. durchschnittliche Herstellungskosten anzusetzen sind.

Kostenstand, Basisjahr, NHK 2010

Die NHK beziehen sich auf den Kostenstand eines bestimmten Jahres (Basisjahr). Aktuell ist das das Basisjahr 2010. Mittels Baupreisindizes werden die NHK auf die allgemeinen Wertverhältnisse am Wertermittlungsstichtag umgerechnet (siehe Abschnitt 6.5.9).

Die in Anlage 1 der Sachwertrichtlinie tabellierten NHK 2010 verstehen sich inkl. der Baunebenkosten (BNK) und 19 % Umsatzsteuer. Die Höhe der eingerechneten BNK wird in den Tabellen gesondert ausgewiesen. Zu den BNK zählen gemäß § 22 Abs. 2 Satz 2 ImmoWertV die Kosten für Planung, Baudurchführung, behördliche Prüfungen und Genehmigungen.

Baunebenkosten, Umsatzsteuer

Die Berücksichtigung der regionalen Baupreisverhältnisse erfolgt im Rahmen der Marktanpassung (vgl. Nr. 5 Abs. 1 SW-RL). Auf eine Regionalisierung der Herstellungskosten wird also bewusst verzichtet.

Regionalfaktoren

In den nachfolgenden Tabellen sind die NHK 2010 für die Gebäudearten Ein-, Zwei- und Mehrfamilienhäuser, bezogen auf die Bezugseinheit Wohnfläche, abgedruckt.

WF-bezogene NHK 2010 für Wohnhäuser

Buch- und Linktipp

Unter www.1x1-der-immobilienbewertung.de (Rubrik: Materialien zum Buch) finden Sie in der Sachwertrichtlinie die BGF-bezogenen NHK 2010 für Wohnhäuser und viele weitere Gebäudearten. Die Zugangsdaten finden Sie am Ende des Buches in Kapitel 14. Alle BGF-bezogenen NHK 2010 finden Sie auch in einer besonders praxisgerechten Darstellung und um NHK 2010 für in der Sachwertrichtlinie fehlende Standardstufen erweiterte sowie um Anpassungs- und Korrekturfaktoren ergänzte Werte in Kapitel 3.01 der Marktdaten und Praxishilfen [1].

Die tabellierten Kostenkennwerte hängen ab von der Gebäudeart, der Geschossigkeit, der Dachform, der Unterkellerung, dem Dachgeschossausbau, der Objektgröße und dem Gebäudestandard. Die in Tab. 6-3 verwendeten Piktogramme haben folgende Bedeutungen:

Bedeutung der Piktogramme

 Dachgeschoss voll ausgebaut, Spitzboden nicht ausgebaut bzw. nicht vorhanden

 Dachgeschoss nicht ausgebaut, aber geometrisch für Hauptnutzung „Wohnung" ausbaubar. Nicht für Ausbau vorbereitet (fehlendes Treppenhaus, fehlende Leitungsführung etc.)

 Dachgeschoss nicht ausgebaut und geometrisch nicht zu Wohnzwecken ausbaubar; allerdings eingeschränkt nutzbar (z.B. für Lagerzwecke)

 Flachdach oder flach geneigtes Dach

NHK 2010
für EFH/ZFH

Wohnflächenbezogene NHK 2010 für Ein- und Zweifamilienhäuser inkl. USt und 17 % BNK

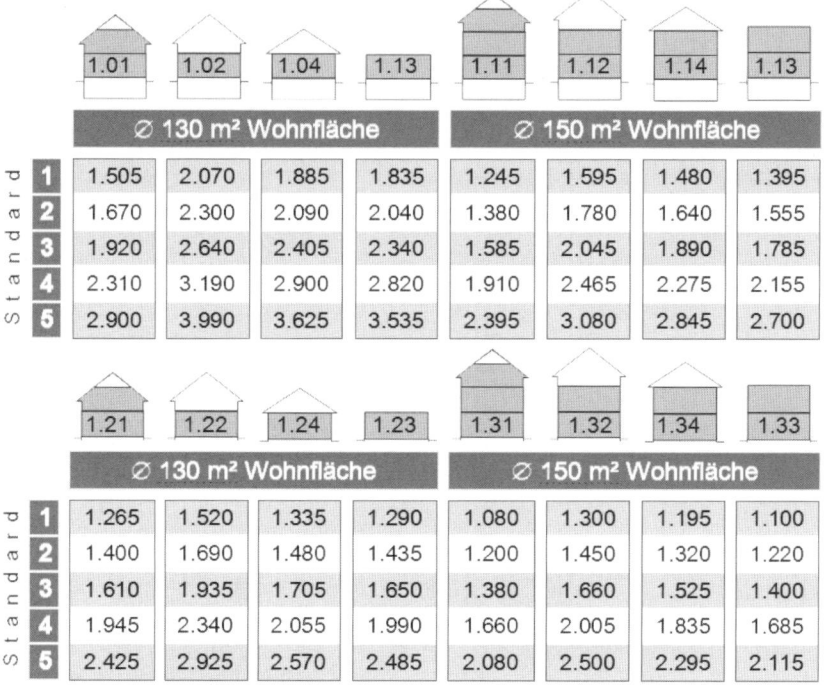

Tab. 6-3: NHK 2010 in €/m² Wohnfläche (WF) für freistehende EFH, gegliedert nach Gebäudetyp und den fünf Gebäudestandards

abweichende Gebäudearten

Für abweichende Gebäudearten sind die tabellierten Kostenkennwerte entsprechend den Angaben der nachfolgenden Tabelle anzupassen.

ZFH, Doppelhäuser, Reihenhäuser, Fertighäuser

Abweichende Gebäudeart	Anmerkungen	Faktor
Zweifamilienhäuser		1,05
Doppelhaushälften / Reihenendhäuser	gleiche Objektgröße	0,94
Reihenmittelhäuser	wie freistehende EFH	0,88
Fertighäuser massiver Bauweise	vor / nach 1990	0,84 / 0,92
Fertighäuser in Tafel-/Rahmenbauweise	vor / nach 1990	0,80 / 0,90

Tab. 6-4: Faktoren zur Anpassung der NHK 2010 für EFH

Größenabhängigkeit

Grundsätzlich gilt: Je größer ein Haus, desto geringer die Herstellungskosten pro Quadratmeter Wohnfläche. In Tab. 6-3 ist deshalb angegeben, für welche Objektgrößen die tabellierten Kostenkennwerte gelten. Mit Hilfe der nachfolgenden Kreuztabelle können die Werte auf abweichende Objektgrößen umgerechnet werden.

Wohnungsgröße in m² WF des Bewertungsobjekts

WF=	50	60	70	80	90	100	110	120	130	140	150	160	170	180	190	200	210	220	250	300
50	1,00	0,96	0,92	0,89	0,87	0,85	0,83	0,81	0,79	0,78	0,77	0,75	0,74	0,73	0,72	0,71	0,71	0,70	0,68	0,65
60	1,05	1,00	0,96	0,93	0,91	0,88	0,86	0,85	0,83	0,81	0,80	0,79	0,78	0,77	0,76	0,75	0,74	0,73	0,71	0,68
70	1,08	1,04	1,00	0,97	0,94	0,92	0,90	0,88	0,86	0,85	0,83	0,82	0,81	0,80	0,79	0,78	0,77	0,76	0,73	0,70
80	1,12	1,07	1,03	1,00	0,97	0,95	0,93	0,91	0,89	0,87	0,86	0,85	0,83	0,82	0,81	0,80	0,79	0,78	0,76	0,73
90	1,15	1,10	1,06	1,03	1,00	0,97	0,95	0,93	0,91	0,90	0,88	0,87	0,86	0,85	0,83	0,82	0,81	0,81	0,78	0,75
100	1,18	1,13	1,09	1,06	1,03	1,00	0,98	0,96	0,94	0,92	0,91	0,89	0,88	0,87	0,86	0,85	0,84	0,83	0,80	0,77
110	1,21	1,16	1,12	1,08	1,05	1,02	1,00	0,98	0,96	0,94	0,93	0,91	0,90	0,89	0,88	0,87	0,86	0,85	0,82	0,78
120	1,24	1,18	1,14	1,10	1,07	1,05	1,02	1,00	0,98	0,96	0,95	0,93	0,92	0,91	0,89	0,88	0,87	0,86	0,84	0,80
130	**1,26**	**1,21**	**1,16**	**1,12**	**1,09**	**1,07**	**1,04**	**1,02**	**1,00**	**0,98**	**0,97**	**0,95**	**0,94**	**0,92**	**0,91**	**0,90**	**0,89**	**0,88**	**0,85**	**0,82**
140	1,28	1,23	1,18	1,15	1,11	1,08	1,06	1,04	1,02	1,00	0,98	0,97	0,95	0,94	0,93	0,92	0,91	0,90	0,87	0,83
150	1,30	1,25	1,20	1,16	1,13	1,10	1,08	1,06	1,04	1,02	1,00	0,98	0,97	0,96	0,94	0,93	0,92	0,91	0,88	0,85
160	1,33	1,27	1,22	1,18	1,15	1,12	1,09	1,07	1,05	1,03	1,02	1,00	0,99	0,97	0,96	0,95	0,94	0,93	0,90	0,86
170	1,34	1,29	1,24	1,20	1,17	1,14	1,11	1,09	1,07	1,05	1,03	1,01	1,00	0,99	0,97	0,96	0,95	0,94	0,91	0,87
180	1,36	1,30	1,26	1,22	1,18	1,15	1,13	1,10	1,08	1,06	1,05	1,03	1,01	1,00	0,99	0,97	0,96	0,95	0,92	0,88
190	1,38	1,32	1,27	1,23	1,20	1,17	1,14	1,12	1,10	1,08	1,06	1,04	1,03	1,01	1,00	0,99	0,98	0,97	0,94	0,90
200	1,40	1,34	1,29	1,25	1,21	1,18	1,16	1,13	1,11	1,09	1,07	1,06	1,04	1,03	1,01	1,00	0,99	0,98	0,95	0,91
210	1,42	1,35	1,30	1,26	1,23	1,20	1,17	1,15	1,12	1,10	1,08	1,07	1,05	1,04	1,02	1,01	1,00	0,99	0,96	0,92
220	1,43	1,37	1,32	1,28	1,24	1,22	1,18	1,16	1,14	1,12	1,10	1,08	1,06	1,05	1,04	1,02	1,01	1,00	0,97	0,93
250	1,48	1,41	1,36	1,32	1,28	1,25	1,22	1,19	1,17	1,15	1,13	1,11	1,10	1,08	1,07	1,06	1,04	1,03	1,00	0,96
300	1,54	1,48	1,42	1,38	1,34	1,30	1,27	1,25	1,22	1,20	1,18	1,16	1,15	1,13	1,12	1,10	1,09	1,08	1,05	1,00

Wohnungsgröße in m² WF des Vergleichsobjekts

Tab. 6-5: **Kreuztabelle zur Umrechnung der NHK 2010 bei abweichender Wohnungsgröße für Ein- und Zweifamilienhäuser**

Beispiel: **Herstellungskosten für ein Zweifamilienhaus**

Zu bewerten ist ein unterkellertes zweigeschossiges Zweifamilienhaus mit nicht ausgebautem Dachgeschoss (Typ 1.12). Jede Wohnung besitzt eine Wohnfläche von 100 m². Der Gebäudestandard entspricht der Standardstufe 3.

NHK-Grundwert 2.045 €/m² (Tab. 6-3; Typ 1.12, Standard 3)

Gebäudeart × 1,05 (Tab. 6-4, Zweifamilienhaus)

Objektgröße × 0,93 (Tab. 6-5, Anpassung von 150 m² nach 200 m²)

angepasster
NHK-Grundwert = 1.997 €/m²

Der an die besonderen Merkmale des Bewertungsobjekts angepasste NHK-Grundwert beträgt somit 1.997 €/m².

NHK für Garagen und Carports

Viele Ein- und Zweifamilienhäuser verfügen über Garagen oder Carports. Nachfolgend sind die NHK 2010 für diese Gebäudearten bezogen auf die Bezugseinheit Brutto-Grundfläche abgedruckt.

BGF-bezogene NHK 2010 für Garagen und Carports inkl. USt und 12 % BNK

Standard	Einzel-garagen	Carports
3	245	190
4	485	–
5	780	–

Tab. 6-6: *NHK 2010 in €/m² BGF für Einzelgaragen; gegliedert nach Gebäudeart und den drei Gebäudestandards*

Doppelgarage, Reihengarage

Die Kostenkennwerte sind bei abweichender Anbauweise wie folgt anzupassen.

Anbauweise	Faktor
Doppelgarage	0,95
Reihengarage	0,90

Tab. 6-7: *Anpassungsfaktoren zur Berücksichtigung der Anbauweise bei Garagen*

Buchtipp

NHK 2010 für Hochgaragen, Tiefgaragen und Nutzfahrzeuggaragen finden Sie in Kapitel 3.01.1 der Marktdaten & Praxishilfen [1].

Die NHK 2010 für Mehrfamilienhäuser werden differenziert nach Anzahl der Wohneinheiten und Gebäudestandard angegeben.

NHK 2010 für Mehrfamilien-häuser

Wohnflächenbezogene NHK 2010 für MFH inkl. USt und 19 % BNK

Standard	≤ 6 WE Typ 4.1	≤ 20 WE Typ 4.2	> 20 WE Typ 4.3
1	1.210	1.085	955
2	1.320	1.180	1.035
3	1.510	1.350	1.190
4	1.805	1.615	1.420
5	2.180	1.950	1.720

Tab. 6-8: **NHK 2010 in €/m² Wohnfläche für Mehrfamilienhäuser; gegliedert nach Gebäudetyp (4.1 bis 4.3) und den fünf Gebäudestandards**

Wegen abweichender Anbauweise, Wohnungsgröße, Grundrissart und Bauweise sind ggf. Anpassungen erforderlich. Die hierzu benötigten Anpassungsfaktoren können der nachfolgenden Tabelle entnommen werden.

Anbauweise, Wohnungsgröße, Grundrissart, Bauweise

Anbauweise	Faktor
freistehende MFH	1,00
Reihenendhäuser	0,98
Reihenmittelhäuser	0,97
Abweichende Wohnungsgröße	**Faktor**
∅ ca. 35 m² Wohnfläche/Wohneinheit	1,08
∅ ca. 50 m² Wohnfläche/Wohneinheit	1,00
∅ ca. 135 m² Wohnfläche/Wohneinheit	0,83
Abweichende Grundrissart	**Faktor**
Einspänner	1,05
Zweispänner	1,00
Abweichende Grundrissart	**Faktor**
Dreispänner	0,97
Vierspänner	0,95
Besondere Bauweise	**Faktor**
Fehlender Keller	0,82

Tab. 6-9: **Anpassungs-/Korrekturfaktoren für Mehrfamilienhäuser wegen abweichender Anbauweise, Wohnungsgröße, Grundrissart und besonderer Bauweise**

Buchtipp

BGF-bezogene NHK 2010 für Mehrfamilienhäuser und weitere Anpassungsfaktoren für besondere Bauweisen (Platten- oder Großblockbauweise, Terrassenhäuser und Seiten-/Hintergebäude) finden Sie in Kapitel 3.01.1 der Marktdaten & Praxishilfen [1].

6.5.5 Gebäudestandard

Gebäudestandard, Standardstufen

Die NHK 2010 unterscheiden bei den einzelnen Gebäudearten zwischen bis zu fünf Gebäudestandards. Das Wertermittlungsobjekt ist dementsprechend auf der Grundlage seiner Standardmerkmale zu qualifizieren. Zur Orientierung stellt die SW-RL in Anlage 2 entsprechende Tabellen zur Verfügung, in denen die Standardmerkmale zum Bezugsjahr der NHK 2010 beispielhaft beschrieben sind. In diesen Tabellen können nicht alle in der Praxis auftretenden Standardmerkmale aufgeführt werden. Merkmale, die die jeweilige Tabelle nicht beschreibt, sind zusätzlich zu berücksichtigen. Es müssen nicht alle aufgeführten Merkmale zutreffen. Die in den Tabellen angegebenen Jahreszahlen beziehen sich auf die im jeweiligen Zeitraum gültigen Wärmeschutzanforderungen; in Bezug auf das konkrete Bewertungsobjekt ist zu prüfen, ob von diesen Wärmeschutzanforderungen abgewichen wird. Nachfolgend sind die Tabellen zur Qualifizierung der Gebäudestandards von Ein- und Zweifamilienhäusern (Tab. 6-10) und von Mehrfamilienhäusern (Tab. 6-11) abgedruckt.

Buchtipp

Standardtabellen für 13 weitere Gebäudearten (gewerbliche und landwirtschaftliche Gebäude) finden Sie in Kapitel 3.01.1 der Marktdaten und Praxishilfen [1].

1	2	3	4	5
Außenwände (23 %)				
Holzfachwerk, Ziegelmauerwerk; Fugenglattstrich, Putz, Verkleidung mit Faserzementplatten, Bitumenschindeln oder einfachen Kunststoffplatten; kein oder deutlich nicht zeitgemäßer Wärmeschutz (vor ca. 1980)	ein-/zweischaliges Mauerwerk (z.B. Gitterziegel oder Hohlblocksteine); verputzt und gestrichen oder Holzverkleidung; nicht zeitgemäßer Wärmeschutz (vor ca. 1995)	ein-/zweischaliges Mauerwerk, z.B. aus Leichtziegeln, Kalksandsteinen, Gasbetonsteinen; Edelputz; Wärmedämmverbundsystem oder Wärmedämmputz (nach ca. 1995)	Verblendmauerwerk, zweischalig, hinterlüftet, Vorhangfassade (z.B. Naturschiefer); Wärmedämmung (nach ca. 2005)	aufwendig gestaltete Fassaden mit konstruktiver Gliederung (Säulenstellungen, Erker etc.), Sichtbeton-Fertigteile, Natursteinfassade, Elemente aus Kupfer-/ Eloxalblech, mehrgeschossige Glasfassaden; Dämmung im Passivhausstandard
Dach (15 %)				
Dachpappe, Faserzementplatten/Wellplatten; keine bis geringe Dachdämmung	einfache Betondachsteine oder Tondachziegel, Bitumenschindeln; nicht zeitgemäße Dachdämmung (vor ca. 1995)	Faserzement-Schindeln, beschichtete Betondachsteine und Tondachziegel, Folienabdichtung; Rinnen und Fallrohre aus Zinkblech; Dachdämmung (nach ca. 1995)	glasierte Tondachziegel, Flachdachausbildung tlw. als Dachterrassen; Konstruktion in Brettschichtholz, schweres Massivflachdach; besondere Dachformen, z.B. Mansarden-, Walmdach; Aufsparrendämmung, überdurchschnittliche Dämmung (nach ca. 2005)	hochwertige Eindeckung (z.B. aus Schiefer oder Kupfer), Dachbegrünung, befahrbares Flachdach; aufwendig gegliederte Dachlandschaft, sichtbare Bogendachkonstruktionen; Rinnen und Fallrohre aus Kupfer; Dämmung im Passivhausstandard
Fenster- und Außentüren (11 %)				
Einfachverglasung; einfache Holztüren	Zweifachverglasung (vor ca. 1995); Haustür mit nicht zeitgemäßem Wärmeschutz (vor ca. 1995)	Zweifachverglasung (nach ca. 1995), Rollläden (manuell); Haustür mit zeitgemäßem Wärmeschutz (nach ca. 1995)	Dreifachverglasung, Sonnenschutzglas, aufwendigere Rahmen, Rollläden (elektr.); höherwertige Türanlage (z.B. mit Seitenteil), besonderer Einbruchschutz	große feststehende Fensterflächen, Spezialverglasung (Schall- und Sonnenschutz); Außentüren in hochwertigen Materialien

1	2	3	4	5
Innenwände und -türen (11 %)				
Fachwerkwände, einfache Putze/ Lehmputze, einfache Kalkanstriche; Füllungstüren, gestrichen, mit einfachen Beschlägen ohne Dichtungen	massive tragende Innenwände, nicht tragende Wände in Leichtbauweise (z.B. Holzständerwände mit Gipskarton), Gipsdielen; leichte Türen, Stahlzargen	nicht tragende Innenwände in massiver Ausführung bzw. mit Dämmmaterial gefüllte Ständerkonstruktionen; schwere Türen, Holzzargen	Sichtmauerwerk, Wandvertäfelungen (Holzpaneele); Massivholztüren, Schiebetürelemente, Glastüren, strukturierte Türblätter	gestaltete Wandabläufe (z.B. Pfeilervorlagen, abgesetzte oder geschwungene Wandpartien); Vertäfelungen (Edelholz, Metall), Akustikputz, Brandschutzverkleidung; raumhohe aufwendige Türelemente
Deckenkonstruktion und Treppen (11 %)				
Holzbalkendecken ohne Füllung, Spalierputz; Weichholztreppen in einfacher Art und Ausführung; kein Trittschallschutz	Holzbalkendecken mit Füllung, Kappendecken; Stahl- oder Hartholztreppen in einfacher Art und Ausführung	Beton- und Holzbalkendecken mit Tritt- und Luftschallschutz (z.B. schwimmender Estrich); geradläufige Treppen aus Stahlbeton oder Stahl, Harfentreppe, Trittschallschutz	Decken mit größerer Spannweite, Deckenverkleidung (Holzpaneele/Kassetten); gewendelte Treppen aus Stahlbeton oder Stahl, Hartholztreppenanlage in besserer Art und Ausführung	Decken mit großen Spannweiten, gegliedert, Deckenvertäfelungen (Edelholz, Metall); breite Stahlbeton-, Metall- oder Hartholztreppenanlage mit hochwertigem Geländer
Fußböden (5 %)				
ohne Belag	Linoleum-, Teppich-, Laminat- und PVC-Böden einfacher Art und Ausführung	Linoleum-, Teppich-, Laminat- und PVC-Böden besserer Art und Ausführung, Fliesen, Kunststeinplatten	Natursteinplatten, Fertigparkett, hochwertige Fliesen, Terrazzobelag, hochwertige Massivholzböden auf gedämmter Unterkonstruktion	hochwertiges Parkett, hochwertige Natursteinplatten, hochwertige Edelholzböden auf gedämmter Unterkonstruktion
Sanitäreinrichtungen (9 %)				
einfaches Bad mit Stand-WC; Installation auf Putz, Ölfarbenanstrich, einfache PVC-Bodenbeläge	1 Bad mit WC, Dusche oder Badewanne; einfache Wand- und Bodenfliesen, teilweise gefliest	1 Bad mit WC, Dusche und Badewanne, Gäste-WC; Wand- und Bodenfliesen, raumhoch gefliest	1–2 Bäder mit tlw. zwei Waschbecken, tlw. Bidet/Urinal, Gäste-WC, bodengleiche Dusche; Wand- und Bodenfliesen; jeweils in gehobener Qualität	mehrere großzügige, hochwertige Bäder, Gäste-WC; hochwertige Wand- und Bodenplatten (oberflächenstrukturiert, Einzel- und Flächendekors)

1	2	3	4	5
Heizung (9 %)				
Einzelöfen, Schwerkraftheizung	Fern- oder Zentralheizung, einfache Warmluftheizung, einzelne Gasaußenwandthermen, Nachtstromspeicher-, Fußbodenheizung (vor ca. 1995)	elektronisch gesteuerte Fern- oder Zentralheizung, Niedertemperatur- oder Brennwertkessel	Fußbodenheizung, Solarkollektoren für Warmwassererzeugung, zusätzlicher Kaminanschluss	Solarkollektoren für Warmwassererzeugung und Heizung, Blockheizkraftwerk, Wärmepumpe, Hybrid-Systeme; aufwendige zusätzliche Kaminanlage
Sonstige technische Ausstattung (6 %)				
sehr wenige Steckdosen, Schalter und Sicherungen, kein Fehlerstromschutzschalter (FI-Schalter), Leitungen teilweise auf Putz	wenige Steckdosen, Schalter und Sicherungen	zeitgemäße Anzahl an Steckdosen und Lichtauslässen, Zählerschrank (ab ca. 1985) mit Unterverteilung und Kippsicherungen	zahlreiche Steckdosen und Lichtauslässe, hochwertige Abdeckungen, dezentrale Lüftung mit Wärmetauscher, mehrere LAN- und Fernsehanschlüsse	Video- und zentrale Alarmanlage, zentrale Lüftung mit Wärmetauscher, Klimaanlage, Bussystem

Tab. 6-10: **Beschreibung der fünf Gebäudestandards mit Wägungsanteilen für Ein- und Zweifamilienhäuser**

In der nachfolgenden Tabelle ist die Beschreibung der Gebäudestandards für Mehrfamilienhäuser und Wohnhäuser mit Mischnutzung abgedruckt. Die in Anlage 2 der SW-RL fehlenden Angaben zu den Standardstufen 1 und 2 sowie zu den Wägungsanteilen wurden von Sprengnetter ergänzt.

Gebäudestandard für MFH und Wohnhäuser mit Mischnutzung

1	2	3	4	5
Außenwände (23 %)				
Holzfachwerk, Ziegelmauerwerk; Fugenglattstrich, Putz, Verkleidung mit Faserzementplatten, Bitumen schindeln oder einfachen Kunststoffplatten; kein oder deutlich nicht zeitgemäßer Wärmeschutz (vor ca. 1980)	ein-/zweischaliges Mauerwerk (z.B. Gitterziegel oder Hohlblocksteine); verputzt und gestrichen oder Holzverkleidung; nicht zeitgemäßer Wärmeschutz (vor ca. 1995)	ein-/zweischaliges Mauerwerk (z.B. aus Leichtziegeln), Kalksandsteinen, Gasbetonsteinen; Edelputz, Wärmedämmverbundsystem oder Wärmedämmputz (nach ca. 1995)	Verblendmauerwerk, zweischalig, hinterlüftet, Vorhangfassade (z.B. Naturschiefer); Wärmedämmung (nach ca. 2005)	aufwendig gestaltete Fassaden mit konstruktiver Gliederung (Säulenstellungen, Erker etc.), SichtbetonFertigteile, Natur steinfassade, Elemente aus Kupfer-/Eloxalblech, mehrgeschossige Glasfassaden; hochwertigste Dämmung

1	2	3	4	5
Dach (15 %)				
Dachpappe, Faserzementplatten/Wellplatten; keine bis geringe Dachdämmung	einfache Betondachsteine oder Tondachziegel, Bitumenschindeln; nicht zeitgemäße Dachdämmung (vor ca. 1995)	Faserzement-Schindeln, beschichtete Betondachsteine und Tondachziegel, Folienabdichtung; Dachdämmung (nach ca. 1995)	glasierte Tondachziegel, Flachdachausbildung tlw. als Dachterrassen; Konstruktion in Brettschichtholz, schweres Massivflachdach; besondere Dachform (z.B. Mansarden-, Walmdach); Aufsparrendämmung, überdurchschnittliche Dämmung (nach ca. 2005)	hochwertige Eindeckung (z.B. aus Schiefer oder Kupfer), Dachbegrünung, befahrbares Flachdach; stark überdurchschnittliche Dämmung
Fenster- und Außentüren (11 %)				
Einfachverglasung; einfache Holztüren	Zweifachverglasung (vor ca. 1995); Haustür mit nicht zeitgemäßem Wärmeschutz (vor ca. 1995)	Zweifachverglasung (nach ca. 1995), Rollläden (manuell); Haustür mit zeitgemäßem Wärmeschutz (nach ca. 1995)	Dreifachverglasung, Sonnenschutzglas, aufwendigere Rahmen, Rollläden (elektr.); höherwertige Türanlagen (z.B. mit Seitenteil), besonderer Einbruchschutz	große feststehende Fensterflächen, Spezialverglasung (Schall- und Sonnenschutz); Außentüren in hochwertigen Materialien
Innenwände und -türen (11 %)				
Fachwerkwände, einfache Putze/Lehmputze, einfache Kalkanstriche; Füllungstüren, gestrichen, mit einfachen Beschlägen ohne Dichtungen	massive tragende Innenwände, nicht tragende Wände in Leichtbauweise (z.B. Holzständerwände mit Gipskarton), Gipsdielen; leichte Türen, Stahlzargen	nicht tragende Innenwände in massiver Ausführung bzw. mit Dämmmaterial gefüllte Ständerkonstruktionen; schwere Türen	Sichtmauerwerk; Massivholztüren, Schiebetürelemente, Glastüren, strukturierte Türblätter	gestaltete Wandabläufe (z.B. Pfeilervorlagen, abgesetzte oder geschwungene Wandpartien); Brandschutzverkleidung; raumhohe aufwendige Türelemente
Deckenkonstruktion (11 %)				
Holzbalkendecken ohne Füllung, Spalierputz	Holzbalkendecken mit Füllung, Kappendecken	Betondecken mit Tritt- und Luftschallschutz (z.B. schwimmender Estrich); einfacher Putz	zusätzlich Deckenverkleidung	Deckenvertäfelungen (Edelholz, Metall);

1	2	3	4	5
Fußböden (5 %)				
ohne Belag	Linoleum-, Teppich-, Laminat- und PVC-Böden einfacher Art und Ausführung	Linoleum-, Teppich-, Laminat- und PVC-Böden besserer Art und Ausführung, Fliesen, Kunststeinplatten	Natursteinplatten, Fertigparkett, hochwertige Fliesen, Terrazzobelag, hochwertige Massivholzböden auf gedämmter Unterkonstruktion	hochwertiges Parkett, hochwertige Natursteinplatten, hochwertige Edelholzböden auf gedämmter Unterkonstruktion
Sanitäreinrichtungen (9 %)				
einfaches Bad mit Stand-WC; Installation auf Putz, Ölfarbenanstrich, einfache PVC-Bodenbeläge	1 Bad mit WC, Dusche oder Badewanne; einfache Wand- und Bodenfliesen, teilweise gefliest	1 Bad mit WC je Wohneinheit; Dusche und Badewanne; Wand- und Bodenfliesen, raumhoch gefliest	1–2 Bäder je Wohneinheit mit tlw. zwei Waschbecken, tlw. Bidet/Urinal, Gäste-WC, bodengleiche Dusche; Wand- und Bodenfliesen jeweils in gehobener Qualität	2 und mehr Bäder je Wohneinheit; hochwertige Wand- und Bodenplatten (oberflächenstrukturiert, Einzel- und Flächendekors)
Heizung (9 %)				
Einzelöfen, Schwerkraftheizung	Fern- oder Zentralheizung, einfache Warmluftheizung, einzelne Gasaußenwandthermen, Nachtstromspeicher-, Fußbodenheizung (vor ca. 1995)	elektronisch gesteuerte Fern- oder Zentralheizung, Niedertemperatur- oder Brennwertkessel	Fußbodenheizung, Solarkollektoren für Warmwassererzeugung	Solarkollektoren für Warmwassererzeugung und Heizung, Blockheizkraftwerk, Wärmepumpe, Hybrid-Systeme
Sonstige technische Ausstattung (6 %)				
sehr wenige Steckdosen, Schalter und Sicherungen und kein Fehlerstromschutzschalter (FI-Schalter), Leitungen teilweise auf Putz	wenige Steckdosen, Schalter und Sicherungen	zeitgemäße Anzahl an Steckdosen und Lichtauslässen; Zählerschrank (ab ca. 1985) mit Unterverteilung und Kippsicherungen	zahlreiche Steckdosen und Lichtauslässe, hochwertige Abdeckungen, dezentrale Lüftung mit Wärmetauscher, mehrere LAN- und Fernsehanschlüsse; Personenaufzugsanlagen	Video- und zentrale Alarmanlage, zentrale Lüftung mit Wärmetauscher, Klimaanlage, Bussystem; aufwendige Personenaufzugsanlagen

Tab. 6-11: **Beschreibung der fünf Gebäudestandards mit Wägungsanteilen für Mehrfamilienhäuser und Wohnhäuser mit Mischnutzung**

Standardmix

Beispiel: **Herstellungskosten für ein Einfamilienhaus mit Standardmix**

 Zu bewerten ist ein 1980 errichtetes, mehrfach modernisiertes unterkellertes zweigeschossiges Einfamilienhaus. Das Dachgeschoss ist voll ausgebaut (Typ 1.01). Die Wohnfläche beträgt 130 m². Der Gebäudestandard ist je nach Gebäudeteil sehr unterschiedlich.

Mit Hilfe des nachfolgenden Formulars lässt sich wie folgt ein standardgewogener NHK-Grundwert ermitteln.

NHK-Grundwertermittlung (Gebäudeart: ....*lrt. EFH, Typ: 1.01*....)

(1)	(2)	(3)	(4)	(5)	(6)	(7)	(8)	(9)	(10)	(11)	(12)
Bauteil	Wägungs-anteil	Standardstufe									
		1		2		3		4		5	
		Anteil	(2)×(3)	Anteil	(2)×(5)	Anteil	(2)×(7)	Anteil	(2)×(9)	Anteil	(2)×(11)
Außenwände	23 %					1	23%				
Dach	15 %					0,5	7,5%	0,5	7,5%		
Fenster- und Außentüren	11 %							1			
Innenwände und -türen	11 %					0,5	5,5%	0,5	5,5%		
Deckenkonstruktion und Treppen	11 %							1			
Fußböden	5 %					0,5	2,5%	0,5	2,5%		
Sanitärein-richtungen	9 %	1	9%								
Heizung	9 %					0,6	5,4%	0,4	3,6%		
sonstige technische Ausstattung	6 %	0,5	3%	0,5	3%						
(a) Summe	100 %		12%		3%		43,9%		41,1%		
(b) NHK [€/m²]	WF		1.505		1.670		1.920		2.310		2.400
(c) (a) × (b)	€/m²		180,6		50,10		842,88		949,41		

NHK-Grundwert: Summe (c) = ...**2.022,99**..... = rd....**2.025,-**... €/m² **WF**

Der standardgewogene NHK-Grundwert beträgt 2.025 €/m² WF und liegt somit zwischen den für die Standardstufen 3 und 4 tabellierten Kostenkennwerten. Der Gebäudestandard des Bewertungsobjekts kann somit mit 3 bis 4 qualifiziert werden.

Hat ein Gebäude in Teilbereichen erheblich voneinander abweichende Standardmerkmale oder unterschiedliche Nutzungen, kann es sinnvoll sein, die Herstellungskosten getrennt nach Teilbereichen zu ermitteln.

6.5.6 Herstellungskosten umgenutzter Gebäude

Bei der Ermittlung der gewöhnlichen Herstellungskosten ist der Kostenkennwert zu Grunde zu legen, der dem Wertermittlungsobjekt nach Gebäudeart und Gebäudestandard hinreichend entspricht. Sind Gebäude nachhaltig umgenutzt worden, so ist bei der Zuordnung zu einem Kostenkennwert auf die aktuelle Nutzung abzustellen. Wird in der Wertermittlung eine Umnutzung unterstellt, so ist auf die unterstellte Nutzung abzustellen.

Herstellungskosten umgenutzter Gebäude

> **Beispiel: Als Garage genutzte Scheune**
>
> Es ist ein Wohnhaus zu bewerten, das Teil einer ehemaligen Hofstelle ist. Zu dem Wohnhaus gehört eine ehemalige Scheune, die nachhaltig als Garage genutzt wird. In der Sachwertermittlung ist deshalb von Kostenkennwerten für Garagengebäude auszugehen.

6.5.7 Besondere Bauteile und besondere Einrichtungen

6.5.7.1 Besonders zu veranschlagende Bauteile (BB)

Die für den jeweiligen Gebäudetyp von der Ermittlung der BGF (bzw. der WF) erfassten Gebäudeteile werden als „Normgebäude" bezeichnet. Werterhöhende äußere Gebäudeteile sind durch sachgemäße Zuschläge zu berücksichtigen. Hierzu gehören insbesondere:

Besondere Bauteile

- Kelleraußentreppen

- Hauseingangstreppen und deren Überdachungen

Praxistipp:

Fundamente, Schornsteine und normale Kellerlichtschächte sind in der Ableitung der NHK berücksichtigt. Für diese darf deshalb kein Wertzuschlag angebracht werden.

In der nachfolgenden Tabelle sind NHK 2010 für die am häufigsten vorkommenden besonderen Bauteile abgedruckt. Auf dieser Grundlage können die Wertzuschläge geschätzt bzw. berechnet werden.

Besonderes Bauteil	übliche Lebens- dauer (Jahre)	Einheit	NHK 2010 (inkl. BNK) (€)		pauschaler (üblicher) Wertansatz (€)	
			von	bis	von	bis
1 Kelleraußentreppe mit Wange aus Mauerwerk (verputzt) oder Beton	80	lfd. m Stufen- länge	220	340	**2.500**	**4.000**
2 Hauseingangstreppe, Beton, 2 m breit					**500**	**3.000**
• bis 5 Stufen	60	Stufe	170	220		
• bis 10 Stufen	60	Stufe	220	300		
Zuschläge für Beläge: Klinker: 50 % Naturstein: 100 %						
3 Eingangsüberdachung					**500**	**3.500**
• schwere Konstruktion aus Stahlbeton oder Stahl auf Stützen	80	m²	600	1.050		
• als Betonplatte mit Abde- ckung (Pappe, Kies u.ä.)	80	m²	450	520		
• Holzkonstruktion mit Ab- deckung (Pappe, Schie- fer u.ä.)	60	m²	300	370		
• Glasdach (auf Eisen- konstruktion)	60	m²	300	370		

Tab. 6-12: **Normalherstellungskosten für besonders zu veranschlagende Bauteile inkl. BNK und USt**

Buchtipp

Normalherstellungskosten für sämtliche in der Bewertungspraxis benötigten besonderen Bauteile finden Sie in Kapitel 3.01.4 der Marktdaten & Praxishilfen [1].

Balkone, Dachgauben

Wenn basierend auf der Bezugseinheit Brutto-Grundfläche bewertet wird, sind i.d.R. auch Zuschläge für Balkone und Dachgauben an Gebäudeherstellungskosten anzubringen. Bei Verwendung der Bezugseinheit Wohnfläche sind diese bereits wertmäßig in den Gebäudeherstellungskosten enthalten, da diese ihrem Nutzwert entsprechend die Wohnfläche vergrößern.

6.5.7.2 Besonders zu veranschlagende Einrichtungen (BE)

Unter den besonders zu veranschlagenden Einrichtungen (BE) versteht man die werterhöhenden **Einrichtungen im Inneren** des Gebäudes, die üblicherweise in vergleichbaren Gebäuden nicht enthalten sind. Diese sind deshalb bei der Ableitung der NHK nicht mit erfasst.

Besondere Einrichtungen

Praxistipp

Ob eine besondere Einrichtung im Wert der NHK enthalten ist, kann der zum jeweiligen Gebäudetyp zugeordneten Gebäudestandard-Tabelle[1] entnommen werden.

Zu den besonderen Einrichtungen können insbesondere gehören:

* Einbauküchen

* Saunen

* Aufzüge in Gebäuden mit weniger als 4 Geschossen.

Praxistipp

Nicht jede besondere Einrichtung ist auch (i.S.d. Marktwertdefinition) werterhöhend. Beispiele:

* Die Werterhöhung durch eine sehr individuelle Einbauküche liegt deutlich unter ihren Anschaffungskosten.

* Ein Einbauschrank oder ein Aufzug in einem EFH können wertmindernd sein.

In der nachfolgenden Tabelle sind NHK 2010 für die am häufigsten vorkommenden besondere Einrichtungen abgedruckt. Auf dieser Grundlage können die Wertzuschläge geschätzt bzw. berechnet werden.

	Besondere Einrichtung	übliche Lebens- dauer (Jahre)	Einheit	NHK 2010 €/Maßeinheit		pauschaler (üblicher) Wertansatz (€)	
				von	bis	von	bis
1	Alarmanlagen (je gesicherter Wandöffnung)	20	Stück	550	850	**2.000**	**7.000**
3	**(Personen)Aufzüge** 2 – 6 Haltestellen, Nutzlast 300 – 750 kg	25				**40.000**	**100.000**
4	**Einbauküchen**	10 – 20				**1.500**	**35.000**

---

1) Vgl. Tab. 6-10 und Tab. 6-11.

Besondere Einrichtung	übliche Lebens- dauer (Jahre)	Einheit	NHK 2010 €/Maßeinheit		pauschaler (üblicher) Wertansatz (€)	
			von	bis	von	bis
5 Klimaanlagen (Zuschlag für klima- tisierte Räume je m³ BRI)	30	m³	30	55	2.000	15.000
6 offener Kamin	30 – 60				1.300	35.000
7 Saunen (inkl. Einbau)	20				4.000	12.000

Tab. 6-13: NHK 2010 für besondere (Betriebs)Einrichtungen inkl. BNK und USt

Buchtipp

Normalherstellungskosten für sämtliche in der Bewertungspraxis benötigten beson- deren Einrichtungen finden Sie in Kapitel 3.01.3 der Marktdaten & Praxishilfen [1].

6.5.8 Baunebenkosten

Baunebenkosten

Zu den Normalherstellungskosten gehören auch die üblicherweise entstehenden Baunebenkosten (BNK), insbesondere Kosten für Planung, Baudurchführung, behördliche Prüfungen und Genehmigungen (vgl. § 22 Abs. 2 ImmoWertV).

BNK in NHK enthalten

Die BNK sind in den NHK 2010 bereits enthalten und müssen deshalb in der Sachwertermittlung nicht gesondert berücksichtigt werden. Bei Wohngebäuden betragen diese rd. 17 % bis 19 % der Herstellungskosten der baulichen Anlagen.

6.5.9 Baupreisindex

Indexzahlen

Indexzahlen geben die relativen Preisveränderungen bezogen auf ein Basisjahr an, dessen Preisverhältnisse = 100 (%) gesetzt sind.

Baupreisindizes

Baupreisindizes geben die relativen Änderungen der Herstellungskosten für Ge- bäude an. Diese werden vom Statistischen Bundesamt für unterschiedliche Ge- bäudearten ermittelt und vierteljährlich veröffentlicht.

Die in diesem Buch angegebenen Normalherstellungskosten beziehen sich auf die Preisverhältnisse im Jahr 2010. Sie sind deshalb mit den vom Statistischen Bundesamt veröffentlichten Baupreisindizes auf den Wertermittlungsstichtag um- zurechnen.

Die nachfolgende Abbildung zeigt die zeitliche Veränderung der Baupreise für Wohngebäude in Deutschland für den Zeitraum 2000 bis Anfang 2013.

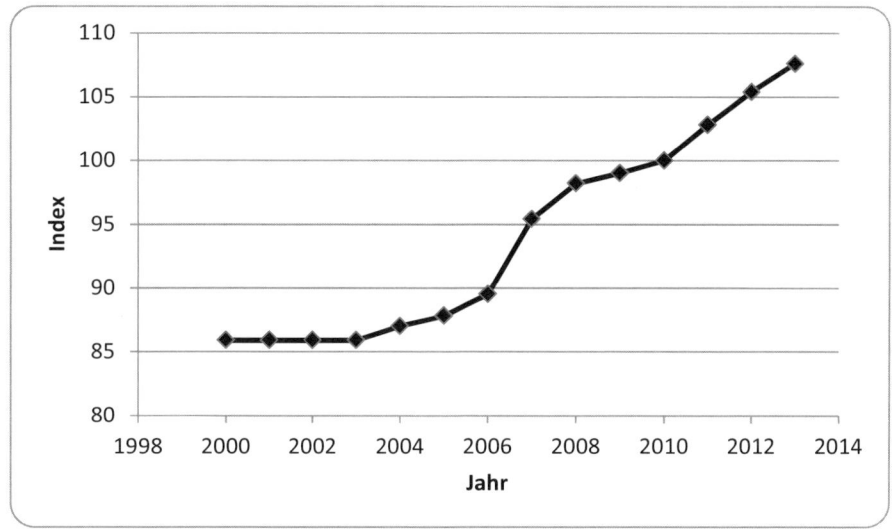

Abb. 6-4: **Baupreisindex des Statistischen Bundesamtes für den Neubau konventionell gefertigter Wohngebäude (Basis 2010 = 100)**

In der nachfolgenden Tabelle sind die Baupreisindizes des Statistischen Bundesamtes für Wohngebäude zum Basisjahr 2010 = 100 für den Zeitraum 2000 bis Mitte 2013 angegeben.

Linktipp

Stets aktuelle Baupreisindizes finden Sie auch in den Materialien zum Buch unter www.1x1-der-immobilienbewertung.de. Die Zugangsdaten finden Sie am Ende des Buchs in Kapitel 14.

Buchtipp

Komplette Zeitreihen (ab 1913) sowie stets aktuelle Indizes für verschiedene Gebaudearten (Wohngebäude, Bürogebäude und gewerbliche Betriebsgebäude) und Basisjahre (1913, 1914, 2000 und 2010) sind in den Marktdaten und Praxishilfen [1] in Kapitel 4.04 abgedruckt.

Jahr bzw. Monat	2010 = 100
2000	85,9
2001	85,9
2002	85,9
2003	85,9
2004	87,0
2005	87,8
2006	89,5
2007	95,4
2008	98,2
2009	99,0
2010	100,0
2011	102,8
2012	105,4
Februar 2013	106,8
Mai 2013	107,4
August 2013	107,8

Tab. 6-14: **Baupreisindizes des Statistischen Bundesamtes für den Neubau konventionell gefertigter Wohngebäude**

Umsatzsteuer-änderung

Mit der Verwendung des Baupreisindex wird auch eine ggf. erfolgte Umsatzsteueränderung berücksichtigt.

Beispiel: **Anpassung der NHK 2010 an den Wertermittlungsstichtag Februar 2013**

NHK (Basisjahr 2010 = 100)   1.890 €/m²

× BPI am Wertermittlungsstichtag Februar 2013

$$\left(\frac{\text{Index am Wertermittlungsstichtag}}{\text{Index im Basisjahr}} = \frac{106,8}{100,0} \right)$$ × 1,068

NHK (Febr. 2013)   **2.019 €/m²**

Inter- und Extrapolation

Beispiele zur Inter- und Extrapolation von Indexreihen finden Sie in Kapitel 4, Abschnitt 4.4.3.

6.5.10 Alterswertminderung

Gemäß § 21 Abs. 2 ImmoWertV sind die – wie zuvor beschrieben – ermittelten Herstellungskosten der baulichen Anlagen um den Einfluss infolge des Alters zu korrigieren.

Einfluss des Alters

Die Alterswertminderung ist unter Berücksichtigung des Verhältnisses der Restnutzungsdauer zur Gesamtnutzungsdauer der baulichen Anlagen zu ermitteln (§ 23 ImmoWertV). Dabei ist gemäß ImmoWertV i.d.R. eine gleichmäßige Wertminderung zugrunde zu legen (lineare Alterswertminderung).

lineare Alterswertminderung

> **Beispiel: Ermittlung der linearen Alterswertminderung**
>
> Bei einer Gesamtnutzungsdauer von 80 Jahren und einer Restnutzungsdauer von 50 Jahren wird die lineare Alterswertminderung wie folgt ermittelt:
>
> Restwert in % = RND / GND × 100 = 50 / 80 × 100 = 62,5 %
>
> Alterswertminderung in % = 100 % – Restwert in % = 100 % – 62,5 % = 37,5 %

Die Gesamtnutzungsdauer und die Restnutzungsdauer werden wie in Abschnitt 5.3.5 beschrieben ermittelt. In dem nachfolgenden Beispiel wird erläutert, wie die Gesamtnutzungsdauer eines Gebäudes ermittelt werden kann, bei dem die einzelnen Bauteile unterschiedliche Standards aufweisen.

Standardmix

> **Beispiel: GND eines Einfamilienhauses mit Standardmix**
>
> In Abschnitt 6.5.5 ist ein Beispiel zur Bestimmung der Herstellungskosten bei Standardmix abgedruckt. In diesem Beispiel betragen die Wägungsanteile der einzelnen Standardstufen:
>
> - Standard 1: 12,0 %
> - Standard 2:   3,0 %
> - Standard 3: 43,9 %
> - Standard 4: 41,1 %
> - Standard 5:   0,0 %
>
> Nun wird anhand dieser Wägungsanteile eine gewogene Gesamtnutzungsdauer ermittelt. Gemäß Tab. 5-2 beträgt die GND je nach Gebäudestandard zwischen 60 und 80 Jahren. Hieraus ergibt sich folgende Berechnung:
>
> GND = 60 J. × 12,0 % + 65 J. × 3,0 % + 70 J. × 43,9 % + 75 J. × 41,1 %
> = 70,7 J.
>
> Die standardgewogene Gesamtnutzungsdauer beträgt somit rd. 71 Jahre.

Alterswertminde-
rung nach Ross

In der Immobilienbewertung wurde bis zum Inkrafttreten der ImmoWertV im Jahre 2010 zur Alterswertminderung von Gebäuden traditionell die von Ross diesbezüglich veröffentlichte Funktion angewendet. Diese gelangt heute nur noch aus Gründen der Modellkonformität ausnahmsweise zum Einsatz. Nämlich dann, wenn die in der Wertermittlung verwendeten Sachwertfaktoren unter Verwendung der Ross'schen Alterswertminderung abgeleitet wurden. Dies ergibt sich dann aus den Modellbeschreibungen des Datenlieferanten (z.B. Gutachterausschüsse).

6.5.11 Außenanlagen

Außenanlagen
(Definition)

Außenanlagen sind alle auf dem Grundstück befindlichen und mit diesem fest verbundenen Anlagen (d.h. wesentliche Bestandteile des Grundstücks), die nicht Bestandteil des Gebäudes sind.

Der Wert der Außenanlagen kann pauschal nach Erfahrungssätzen oder differenziert nach Herstellungskosten ermittelt werden.

Pauschalen

Objektart	üblicher Umfang	besserer Umfang	aufwändiger Umfang
1 – 2-geschossige Wohngebäude	2 – 4	5 – 6	7 – 8
3 – 5-geschossige Wohngebäude	2 – 3	4 – 5	5 – 6

Tab. 6-15: **Pauschalen für den Ansatz der Außenanlagen in Prozent vom Wert der baulichen Anlagen**

Herstellungs-
kosten

Nr.	Außenanlagen	übliche Lebens- dauer (Jahre)	Einheit	NHK 2010 in € (inkl. BNK)
1	**Ver- und Entsorgungsanlagen**			
1.1	**Entwässerungsleitungen**			
	inkl. Graben ziehen, Rohre verlegen, Graben verfüllen und sonstige Nebenarbeiten			
	D = 150 – 200 mm			
	Beton Regenwasser	50	lfd. m	190
	Beton Schmutzwasser	40	lfd. m	190
	Steinzeug	80	lfd. m	260
	PVC	60	lfd. m	85
1.2	**Wasserleitungen**, t = ca. 1,5 m			
	D = 1 ½"	50	lfd. m	125
	2 ½"	50	lfd. m	150

Nr.	Außenanlagen	übliche Lebens- dauer (Jahre)	Einheit	NHK 2010 in € (inkl. BNK)
1.3	**Gasleitungen**, t = 1,0 – 1,5 m			
	D = 1 ½"	50	lfd. m	120
	2 ½"	50	lfd. m	140
1.4	**Elektroleitungen**			
	D = 10 mm	40	lfd. m	60
	50 mm	40	lfd. m	125
	70 mm	40	lfd. m	150
2	**Bodenbefestigungen** mit Unterbau			
2.1	**Betonplatten**	50	m²	50
2.2	**Betonpflaster,** 8 cm stark	50	m²	55
2.3	**Terrassen**			
	• Bruchsteinplatten	40	m²	220
	• Waschbetonplatten	40	m²	195
	• Fliesen/Klinkerplatten	40	m²	210
3	**Einfriedungen, Stützmauern**			
3.1	**Holzzaun** (Latten- oder Jägerzaun)			
	h = 1,0 m	10[1] - 30[2]	lfd. m	45
	1,5 m	10[1] - 30[2]	lfd. m	55
3.2	**Drahtzaun** verzinkt oder kunststoffummantelt, Profil- oder Rohrstützen			
	h = 1,0 m	20	lfd. m	50
	1,8 m	20	lfd. m	70
	2,5 m	20	lfd. m	90

1) Weichholz
2) Hartholz

Nr.	Außenanlagen	übliche Lebens-dauer (Jahre)	Einheit	NHK 2010 in € (inkl. BNK)
3.3	**Mauerwerk** einschließlich Abdeckung, Pfeilervorlagen etc.			
	• Beton d = 24 cm, h = 1,0 m	80	lfd. m	300
	h = 3,0 m	80	lfd. m	500
	• Ziegelstein, d = 11,5 cm beidseitig verputzt zwischen Mauerpfeilern (24/24)			
	insgesamt h = 1,0 m	50	lfd. m	180
	insgesamt h = 2,0 m	50	lfd. m	330
	• Ziegelstein, d = 24 cm beidseitig verputzt			
	insgesamt h = 1,0 m	60	lfd. m	220
	insgesamt h = 2,0 m	60	lfd. m	390
4	**Pergolen,** Holzkonstruktion t = 4,0 m; h = 2,5 m	30	lfd. m	550

Tab. 6-16: **Normalherstellungskosten 2010 für bauliche Außenanlagen inkl. BNK und USt** *(D = Durchmesser, h = Höhe, d = Dicke, b = Breite, t = Tiefe)*

Buchtipp

Normalherstellungskosten für viele weitere bauliche Außenanlagen finden Sie in Kapitel 3.01.5 der Marktdaten & Praxishilfen [1].

Herstellungs-kosten ≠ Wert-erhöhung

Der Wert von Außenanlagen ist grundsätzlich nur im üblichen und im von Grundstückskäufern allgemein akzeptierten Umfang anzusetzen. Zudem sind die für die Außenanlagen aufgewendeten Kosten nicht immer identisch mit der durch die Außenanlagen bedingten Wertsteigerung des Grundstücks. Bei der Schätzung des Werts der Außenanlagen ist demzufolge auf die Einschätzung im gewöhnlichen Geschäftsverkehr abzustellen. So erhöhen aufwendige Außenanlagen (z.B. wertvolle kunstschmiedeeiserne Einfriedungen und parkartige Gartenanlagen) den Wert eines Villengrundstücks wesentlicher als dieselben Außenanlagen den Wert eines einfachen Siedlungshauses erhöhen. Auch eine überhohe Einfriedung oder überlange Ver- und Entsorgungsleitungen sind demnach nur in sachgemäßer Höhe zu berücksichtigen.

Beispiel: **Überdurchschnittliche innere Erschließung**

25 m

6 m

Straße

Das Grundstück ① ist zu bewerten. Für die Ver- und Entsorgungsleitungen sind bei der Marktwertermittlung nicht die Kosten anzusetzen, die tatsächlich angefallen sind, sondern nur die Kosten, die üblicherweise für ein Einfamilienhausgrundstück anfallen. Als übliches durchschnittliches Einfamilienhausgrundstück ist ② anzusehen. Demnach werden nicht die Kosten für 25 m Leitungen, sondern nur für 6 m Leitungen in der Sachwertermittlung angesetzt.

Wertminderungen

Ggf. ist für Außenanlagen sogar ein Wertabschlag anzubringen, beispielsweise wenn eine vorhandene Klärgrube alsbald durch einen Abwasser-Kanalanschluss ersetzt wird. Dies kann sogar so weit gehen, dass eine noch intakte Klärgrube wertmindernd anzusetzen ist, weil das Grundstück dem Anschlusszwang unterliegt und die Stilllegung der Klärgrube in der Regel mit Kosten verbunden ist. Auch Bäume, die sich innerhalb der überbaubaren Grundstücksfläche befinden, können wertmindernd sein.

6.5.12 Marktanpassung

Der vorläufige Sachwert (Substanzwert) des bebauten Grundstücks ergibt sich aus der Summe von Bodenwert, Gebäudewert und Wert der Außenanlagen:[1]

> vorl. Sachwert = Bodenwert + Gebäudewert + Wert der Außenanlagen

Substanzwert ungleich Marktwert

Bei dem vorläufigen Sachwert handelt es sich um einen rein rechnerisch ermittelten und vorrangig auf reinen Herstellungskostenüberlegungen basierenden Wert. Ziel aller in der ImmoWertV beschriebenen Wertermittlungsverfahren ist es jedoch, den Marktwert, d.h. den am Markt durchschnittlich für vergleichbare Objekte zu erzielenden Preis zum Wertermittlungsstichtag zu ermitteln.[2]

Berücksichtigung der allgemeinen Wertverhältnisse auf dem Grundstücksmarkt

Hierzu ist es erforderlich, den rechnerisch ermittelten vorläufigen Sachwert insbesondere durch Verwendung von Sachwertfaktoren an die allgemeinen Wertverhältnisse auf dem Grundstücksmarkt anzupassen (§ 8 Abs. 2 Nr. 1 und § 21 Abs. 1 ImmoWertV).

Ableitung der Sachwertfaktoren aus Kaufpreisen

Sachwertfaktoren werden aus dem Verhältnis geeigneter realisierter Kaufpreise zu entsprechenden vorläufigen Sachwerten abgeleitet (§ 14 Abs. 2 Nr. 1 ImmoWertV). Hierzu werden eine Vielzahl verkaufter Objekte „gegenbewertet". Vereinfacht ausgedrückt lässt sich der Sachwertfaktor wie folgt bestimmen:

$$\text{Sachwertfaktor (k)} = \varnothing \; \frac{\text{Kaufpreis}}{\text{vorläufiger Sachwert}} \qquad \textit{(Gleichung 1)}$$

Der Sachwertfaktor stellt demnach das durchschnittliche Verhältnis aus Kaufpreisen und den ihnen entsprechenden, nach den Vorschriften der ImmoWertV ermittelten vorläufigen Sachwerten (Substanzwerten) dar.

Der so ermittelte Sachwertfaktor ist im Bewertungsfall geeignet, den nach den Vorschriften der ImmoWertV zur Ermittlung des marktangepassten Sachwerts errechneten vorläufigen Sachwert an den Markt anzupassen. Durch Umstellung der obigen (Gleichung 1) errechnet sich nämlich:

$$\varnothing \, \text{Kaufpreis} = k \times \text{vorläufiger Sachwert} \qquad \textit{(Gleichung 2)}$$

In dieser Gleichung entspricht der marktangepasste Sachwert dem $\varnothing$ Kaufpreis.

Schema und Zahlenbeispiel

Nachfolgend wird die Anwendung der Sachwertfaktoren im Sachwertverfahren anhand eines Schemas und Zahlenbeispiels erläutert.

---

1) Vgl. Abb. 6-1.
2) Vgl. Marktwertdefinition in Kapitel 1, Abschnitt 1.3.2.

Schema	Formel	Beispiel
Gebäudewert insgesamt	$W_{G'} + W_{BB} + W_{BE}$	220.000 €
+	+	+
Wert der Außenanlagen	W_A	11.000 €
+	+	+
Bodenwert	BW	54.000 €
=	=	=
vorläufiger Sachwert	vSW	285.000 €
×	×	×
Sachwertfaktor	k	0,95[1]
=	=	=
(marktangepasster) vorl. Sachwert	mvSW	270.750 €

Hierin bedeuten:

$W_{G'}$ = Wert des Normgebäudes, d.h. Gebäudewert ohne BB und BE

W_{BB} = Wert der besonderen Bauteile

W_{BE} = Wert der besonderen Einrichtungen

Abb. 6-5: **Anwendung des Sachwertfaktors**

Da der Sachwertfaktor von verschiedenen Einflussfaktoren abhängt, kann dieser nicht als einfacher Durchschnitt aus allen realisierten Kaufpreisen und den diesen entsprechenden vorläufigen Sachwerten (Substanzwerten) ermittelt werden. Es ist erforderlich, hinsichtlich der Einflussfaktoren für die praktische Anwendung eine hinreichende Differenzierung vorzunehmen.

funktionale Abhängigkeiten

Sprengnetter hat schon vor Jahrzehnten die wesentlichen Einflussfaktoren für die Höhe des Sachwertfaktors analysiert:

Einflussfaktoren

- Bewertungsmodell[2]
- sachlicher Teilmarkt (Objektart)
- Bodenwertniveau
- Höhe des vorläufigen Sachwerts (d.h. des Substanzwerts)
- Region
- Zeit

---

1) Der Sachwertfaktor ist Tab. 6-17 für das Bodenwertniveau 120 €/m² und den vorläufigen Sachwert von rd. 285.000,– € mit ca. 0,95 entnommen (0,96 für 275.000,– €).

2) 1. Grundsatz marktkonformer Immobilienbewertung: Bei der Ableitung der für die Wertermittlung erforderlichen Daten muss identisch dasselbe Bewertungs- bzw. Rechenmodell (Sachwertmodell) angewendet werden, das auch bei der Bewertung der Grundstücke mittels Sachwertverfahren zu Grunde gelegt wird. Zur Erzielung marktkonformer Sachwerte gilt es vorrangig, diese Forderung bei der Ableitung der Faktoren zur Anpassung des vorläufigen Sachwerts an die Lage auf dem Grundstücksmarkt (den sog. Sachwertfaktoren) so streng wie möglich einzuhalten.

Beispiel: **Historische Marktanpassungskurve im Landkreis Ahrweiler**

Im Landkreis Ahrweiler (bei Bonn) wurde für die Objektart „freistehende Ein- und Zweifamilienhausgrundstücke" und für ein Bodenrichtwertniveau von 125,– €/m² für Verkäufe schon im Jahr 1994 die nachfolgend abgebildete Sachwert-Marktanpassungskurve in Abhängigkeit vom vorläufigen Sachwert ermittelt und veröffentlicht.

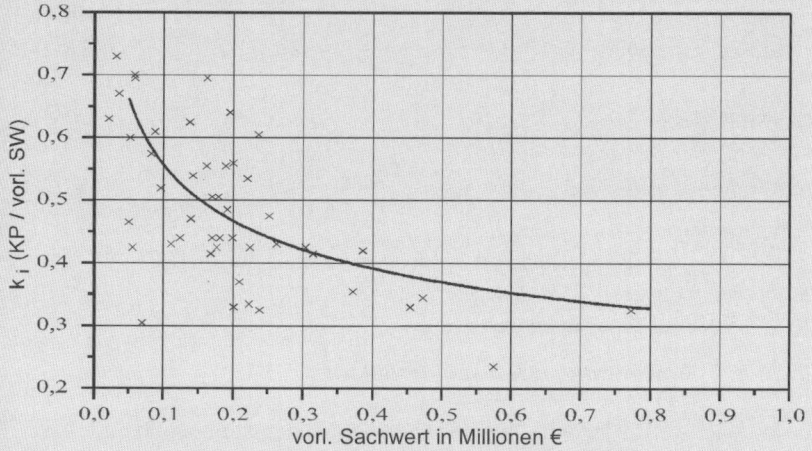

Abb. 6-6: *Marktanpassungskurve für freistehende Ein- und Zweifamilienhausgrundstücke im Landkreis Ahrweiler bei einem Bodenwertniveau von 125,– €/m² zu den allgemeinen Wertverhältnissen des Jahres 1994*

Jedes × in der Abbildung stellt einen aus einem realisierten Kauffall (i) abgeleiteten Quotienten „k(i) = Kaufpreis / vorl. Sachwert" dar. Die Marktanpassungskurve ist eine ausgleichende Funktion zwischen allen Kreuzen. Aus dieser Funktion kann für Objekte in der betreffenden Region in Abhängigkeit vom vorläufigen Sachwert der jeweilige durchschnittliche Sachwertfaktor ermittelt werden.

Quelle: Grundstücksmarktberichte der Gutachterausschüsse

Zwischenzeitlich haben viele Gutachterausschüsse entsprechende Untersuchungen durchgeführt und die Ergebnisse in ihren Grundstücksmarktberichten veröffentlicht. Diese Faktoren eignen sich für die Bewertung jedoch nur dann, wenn die den Auswertungen zugrunde gelegten Bewertungsmodelle mit veröffentlicht werden (siehe entsprechende Hinweise in Anlage 5 der SW-RL). Bei Anwendung der in diesem Buch abgedruckten NHK 2010 ist unbedingt darauf zu achten, dass die Sachwertfaktoren im NHK 2010-Modell abgeleitet wurden.

Einen guten Anhalt für die erforderlichen Marktanpassungen bietet das von Sprengnetter als Bundesdurchschnitt abgeleitete und veröffentlichte Sachwertfaktor-Gesamt- und Referenzsysteme. In diesem System wird der Sachwertfaktor als Funktion des Bodenwertniveaus (15 €/m² bis 960 €/m²) und des vorläufigen Sachwerts dargestellt.

Sachwertfaktor-Gesamt- und Referenzsystem

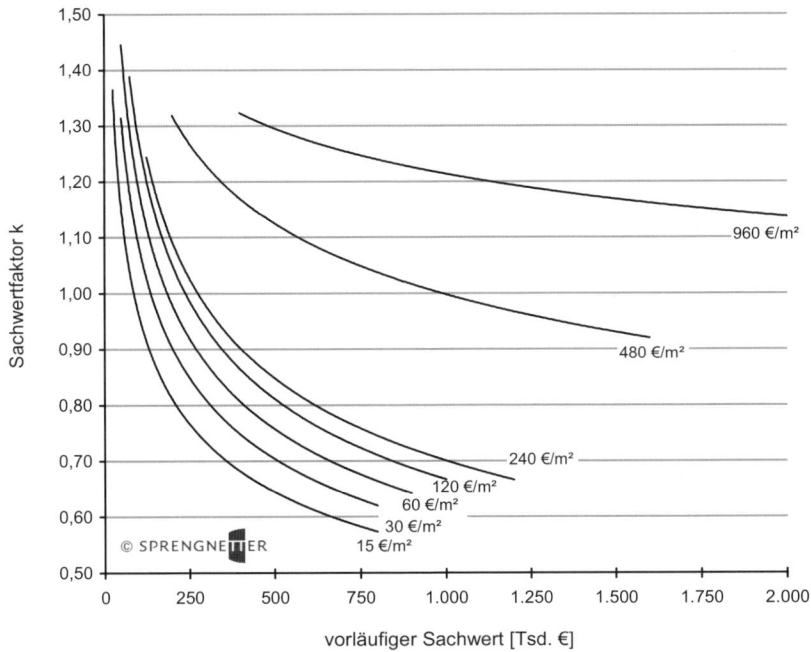

Abb. 6-7: **Sprengnetter-Sachwertfaktor-Gesamt- und Referenzsystem 2012 (NHK 2010) für freistehende Ein- und Zweifamilienhausgrundstücke; Deutschland insgesamt**

Aus diesem Gesamtsystem lassen sich folgende grundsätzlichen Gesetzmäßigkeiten des Immobilienmarktes ablesen:

Gesetzmäßigkeiten

1. Je höher der vorläufige Sachwert, desto niedriger der Sachwertfaktor (desto höher der Marktanpassungsabschlag)

2. Je höher das Bodenwertniveau, desto höher der Sachwertfaktor (desto niedriger der Marktanpassungsabschlag[1])

Wie lassen sich diese Gesetzmäßigkeiten des Immobilienmarkts erklären?

---

1) Tlw. sind auch Zuschläge erforderlich.

Angebot und Nachfrage

Angebot und Nachfrage regelt den Preis einer Ware. Dieser Grundsatz gilt auch für Immobilien. Ein knappes Angebot führt grundsätzlich zu steigenden Preisen. Ein steigender Preis bedeutet allerdings auch einen Rückgang der Nachfrage.

Höhe des Substanzwertes

Das bedeutet z.B., je größer eine Immobilie desto höher der vorläufige Sachwert. Diese Preiszunahme führt zu einer Abnahme der Nachfrage und somit zu einer Dämpfung der Preiszunahme.

Bodenwertniveau als Indikator für Wirtschaftskraft

In Regionen mit hoher Wirtschaftskraft ist zumeist das Immobilienangebot knapp und die Nachfrage groß. Dementsprechend kosten die Immobilien in diesen Regionen mehr als in wirtschaftlich schwächeren Regionen. In den wirtschaftlich starken Regionen ist in aller Regel auch der Bodenwert entsprechend hoch. Das Bodenwertniveau ist somit ein idealer Indikator für die Wirtschaftskraft der Region und für die Angebots- und Nachfragesituation auf dem Immobilienmarkt. Daraus folgt dann, dass in ländlichen Regionen mit niedrigen Bodenwertniveaus die Sachwertfaktoren niedriger sind als in Ballungsgebieten mir hohen Bodenwertniveaus.

Die vorgestellten Gesetzmäßigkeiten funktionieren grundsätzlich in ganz Deutschland. Mithilfe des Sprengnetter-Gesamt- und Referenzsystems ist es deshalb möglich, für nahezu jede Lage in Deutschland einen passenden Sachwertfaktor zu ermitteln. Allerdings muss der Nutzer des Systems prüfen, ob das System unmittelbar angewendet werden kann oder ob eine Anpassung des Systems an die örtlichen Marktverhältnisse erforderlich ist[1]. Hierzu ermittelt man in möglichst vielen Fällen mithilfe des Sprengnetter-Systems jeweils den marktangepassten Sachwert und stellt diese den tatsächlich für die jeweiligen bewerteten Objekte realisierten Kaufpreisen unter Verwendung der (Gleichung 1[2]) gegenüber. Man erhält einzelne Sachwertfaktoren, die von den Faktoren des Sprengnetter-Referenzsystems ggf. systematisch abweichen. Aus diesen Abweichungen wird ein mittlerer Zu- bzw. Abschlag ermittelt, der als regionales Korrekturglied an die Sachwertfaktoren des Referenzsystems anzubringen ist.

---

1) Sprengnetter (1978): „Die Zusammenhänge sind global, die Märkte lokal."
2) Siehe Seite 218.

Beispiel: **Kalibrierung des Sprengnetter-Gesamt- und Referenzsystems auf die örtlichen Marktverhältnisse**

Es liegen fünf aktuelle Kaufpreise vor, zu denen jeweils der vorläufige Sachwert ermittelt wurde. Für jeden Kauffall (i) ergibt sich aus dem Sprengnetter-Gesamt- und Referenzsystem ein Referenzwert für den Sachwertfaktor k. Aus dem Verhältnis vorläufiger Sachwert zu Kaufpreis ergibt sich für jeden Kauffall ein kauffallbezogener Sachwertfaktor k(i). Dieser weicht jeweils um eine Differenz (Δ) vom Referenzwert ab.

lfd. Nr. (i)	Kaufpreis(i) [€]	vorl. SW(i) [€]	k(i)	Referenz-k	Differenz Δ
1	300.000 €	350.000	0,86	0,94	–0,08
2	450.000	580.000	0,78	0,84	–0,06
3	200.000	200.000	1,00	1,05	–0,05
4	275.000	300.000	0,92	0,96	–0,04
5	165.000	150.000	1,10	1,14	–0,04
				∅	–0,05

Im Durchschnitt beträgt die Differenz Δ = –0,05. Aus dieser kleinen Stichprobe von fünf Kaufpreisen ergibt sich somit, dass in der Region der erhobenen Kaufpreise die Sachwertfaktoren des Referenzsystem aktuell um 0,05 Punkte abzusenken sind.

Hinweis

Sprengnetter Expertengremien ermitteln seit 2008 in einheitlichen, d.h. standardisierten Bewertungsmodellen, bundesweit regionale Korrekturen zu den von Sprengnetter veröffentlichten bundesdurchschnittlichen Sachwertfaktoren. Hierzu werten die Experten Kaufpreise und Grundstücksmarktberichte aus. Hierdurch sind erstmals

a) bundesweite Datenauswertungen möglich und

b) bundesweit vergleichbare Sachwertfaktoren gegeben.

Sprengnetter wertet diese Informationen zusammen mit weiteren eigenen Kaufpreisanalysen[1] aus und stellt die so ermittelten adressbezogenen Sachwertfaktoren vierteljährlich aktualisiert im Online-Marktdatenportal für Einzelabrufe zur Verfügung.

---

1) Jedes Jahr wertet Sprengnetter mehr als 100.000 Kaufpreise und zahlreiche weitere Immobilienmarktinformationen aus.

In der nachfolgenden Tabelle sind die Sachwertfaktoren des Sprengnetter-Gesamt- und Referenzsystems gegliedert nach vorläufigem Sachwert und Bodenwertniveau zusammengestellt.

vorl. Sach-wert [€]	Bodenwertniveau (abgabenfrei)						
	15 €/m²	30 €/m²	60 €/m²	120 €/m²	240 €/m²	480 €/m²	960 €/m²
25.000	1,36						
50.000	1,15	1,31	1,44				
75.000	1,04	1,18	1,29	1,39			
100.000	0,96	1,09	1,19	1,28			
125.000	0,91	1,02	1,12	1,20	1,24		
150.000	0,87	0,98	1,06	1,14	1,18		
175.000	0,84	0,94	1,02	1,09	1,13		
200.000	0,81	0,90	0,98	1,05	1,09	1,32	
225.000	0,79	0,87	0,95	1,02	1,06	1,29	
250.000	0,77	0,85	0,92	0,99	1,03	1,27	
275.000	0,75	0,83	0,90	0,96	1,00	1,25	
300.000	0,73	0,81	0,87	0,94	0,98	1,23	
325.000	0,72	0,79	0,85	0,92	0,96	1,21	
350.000	0,71	0,78	0,84	0,90	0,94	1,20	
375.000	0,69	0,76	0,82	0,88	0,92	1,18	
400.000	0,68	0,75	0,81	0,86	0,90	1,17	1,32
425.000	0,67	0,74	0,79	0,85	0,89	1,16	1,32
450.000	0,66	0,72	0,78	0,84	0,87	1,15	1,31
475.000	0,65	0,71	0,77	0,82	0,86	1,13	1,30
500.000	0,65	0,70	0,76	0,81	0,85	1,12	1,30
525.000	0,64	0,69	0,75	0,80	0,84	1,12	1,29
550.000	0,63	0,69	0,74	0,79	0,83	1,11	1,28
575.000	0,62	0,68	0,73	0,78	0,82	1,10	1,28
600.000	0,62	0,67	0,72	0,77	0,81	1,09	1,27
625.000	0,61	0,66	0,71	0,76	0,80	1,08	1,27
650.000	0,60	0,66	0,70	0,75	0,79	1,07	1,26
675.000	0,60	0,65	0,70	0,74	0,78	1,07	1,26
700.000	0,59	0,64	0,69	0,74	0,77	1,06	1,26
725.000	0,59	0,64	0,68	0,73	0,76	1,05	1,25
750.000	0,58	0,63	0,68	0,72	0,76	1,05	1,25
800.000	0,57	0,62	0,66	0,71	0,74	1,04	1,24
850.000			0,65	0,70	0,73	1,03	1,23
900.000			0,64	0,69	0,72	1,02	1,23
950.000				0,68	0,71	1,01	1,22
1.000.000				0,67	0,70	1,00	1,21

vorl. Sach-wert [€]	Bodenwertniveau (abgabenfrei)						
	15 €/m²	30 €/m²	60 €/m²	120 €/m²	240 €/m²	480 €/m²	960 €/m²
1.100.000					0,68	0,98	1,20
1.200.000					0,67	0,97	1,19
1.300.000						0,95	1,18
1.400.000						0,94	1,18
1.500.000						0,93	1,17
1.600.000						0,92	1,16
1.700.000							1,16
1.800.000							1,15
1.900.000							1,14
2.000.000							1,14

Tab. 6-17: *Sprengnetter-Sachwertfaktor-Gesamt- und Referenzsystem 2012 (NHK 2010) für freistehende Ein- und Zweifamilienhausgrundstücke; Deutschland insgesamt; Stand 2006/2012*

Bewertungsmodell:

- NHK: NHK 2010 (SW-RL); keine Gebäudebaujahresklassen; ohne Regionalisierung; inkl. BNK; mit Objektgrößenanpassung (Kap. 3.01)

- Bezugsmaßstab: Wohnfläche gemäß WoFlV / WMR bzw. BGF gemäß Nr. 4.1.1.4 SW-RL

- BPI: Neubau von Wohngebäuden insgesamt (Kap. 4.04/1)

- GND: übliche, standardbedingte Gesamtnutzungsdauer bei ordnungsgemäßer Instandhaltung (gem. Anl. 3 SW-RL)

- AWM: linear

- BW: lagebezogenes Bodenwertniveau (ohne/vor der ggf. beim Einzelobjekt erforderlichen Anpassung an die Grundstücksfläche, WGFZ, etc.); abgabenfrei; ungedämpft

- Zeitraum: ausgewertete Vergleichskaufpreise aus dem Zeitraum 2002 – 2005; danach laufend plausibilisiert mit aktuellen Kaufpreisen

- Anzahl: 1.901 Kauffälle

*Gutachteraus-
schüsse liefern
oftmals objektart-
spezifische
regionale Sach-
wertfaktoren.*

Praxistipp:

Geeignete Sachwertfaktoren können oftmals bei der Geschäftsstelle des zuständigen Gutachterausschusses erfragt werden. Bei Verwendung der von Gutachterausschüssen zur Verfügung gestellten Sachwertfaktoren ist der Sachverständige gezwungen – will er marktkonforme Sachwerte erhalten –, das bei der Ableitung verwendete Modell bei der Bewertung anzuwenden. Das bedeutet, er muss z.B. die Normalherstellungskosten auf der Grundlage derselben Tabellenwerte schätzen und dieselbe Alterswertminderungsfunktion verwenden. Sachwertfaktoren zu denen das verwendete Ableitungsmodell nicht bekannt ist, sind für eine ImmoWertV-konforme Bewertung ungeeignet.

Wenn der zuständige Gutachterausschuss keine geeigneten Sachwertfaktoren zur Verfügung stellt, sollten hilfsweise Faktoren aus vergleichbaren Regionen der näheren Umgebung angewendet werden. Vergleichbar sind solche Regionen, die hinsichtlich des Bodenwert- bzw. Mietwertniveaus weitgehend übereinstimmen.

Sollten auch auf diese Weise keine geeigneten Sachwertfaktoren zur Verfügung stehen, können die in Tab. 6-17 veröffentlichten Sprengnetter-Referenzwerte der Wertermittlung zugrunde gelegt werden. Diese sollten – wie im obigen Beispiel beschrieben – vom Sachverständigen anhand einzelner Kaufpreisinformationen auf die örtlichen Marktverhältnisse kalibriert werden.

Buchtipp

In den Marktdaten und Praxishilfen [1] sind in Kapitel 3.03 für zahlreiche weitere Objektarten Sachwertfaktor-Gesamt- und Referenzsysteme abgedruckt. U.a. für freistehende Ein- und Zweifamilienhäuser, Reihenendhäuser und Doppelhaushälften (EFH), Reihenmittelhäuser (EFH), Mehrfamilienhäuser, Eigentumswohnungen, Wohn- und Geschäftshäuser u.v.a.m.

6.6 Besondere objektspezifische Grundstücksmerkmale

boG

Besondere objektspezifische Grundstücksmerkmale (boG), wie beispielsweise eine wirtschaftliche Überalterung, ein überdurchschnittlicher Erhaltungszustand, Baumängel oder Bauschäden sowie von den marktüblich erzielbaren Erträgen erheblich abweichende Erträge, können gemäß § 8 Abs. 3 ImmoWertV, soweit dies dem gewöhnlichen Geschäftsverkehr entspricht, durch marktgerechte Zu- oder Abschläge oder in anderer geeigneter Weise berücksichtigt werden.

Verfahrensablauf

Die boG sind im Sachwertverfahren gemäß § 8 Abs. 2 ImmoWertV regelmäßig nach der Marktanpassung zu anzubringen.

Im Einzelnen sind die boG und ihre Berücksichtigung bei der Wertermittlung ausführlich in Kapitel 8 beschrieben.

Beispiel: Berücksichtigung der boG im Sachwertverfahren

Für unser Bewertungsbeispiel aus dem vorangegangenen Abschnitt werden als besondere objektspezifische Grundstücksmerkmale Schäden an der Fassade angegeben. Die Kosten für die Beseitigung dieser Schäden werden sachverständig auf ca. 10.000 € geschätzt. Da es sich um reine Schadensbeseitigungskosten ohne Gestaltungsspielraum des Erwerbers handelt, kann davon ausgegangen werden, dass der Werteinfluss den Kosten entspricht. Es ergibt sich dann folgender weiterer Rechengang:

Schema	Formel	Beispiel
marktangepasster vorl. Sachwert	mvSW	270.750 €
–	±	–
besondere objektspezifische Grundstücksmerkmale	boG	10.000 €
=	=	=
Sachwert des Grundstücks	SW	260.750 € **rd. 260.000 €**

6.7 Selbstständig nutz- oder verwertbare Grundstücksteilflächen

Oftmals sind bebaute Grundstücke zu bewerten, bei denen ein unbebautes Teilgrundstück abtrennbar und selbstständig nutzbar ist (z.B. als sog. Baulandreserven). Dieses Teilgrundstück wird für eine angemessene Nutzung der vorhandenen baulichen Anlagen auch nicht benötigt. Für diesen Sonderfall enthält die ImmoWertV zur Vermeidung von Fehlbewertungen in § 17 Abs. 2 für das Ertragswertverfahren eine Bewertungssonderregelung (vgl. Kapitel 5, Abschnitt 5.3.7). Für das Sachwertverfahren regelt die ImmoWertV diesen Sonderfall jedoch nicht. Dennoch sind auch bei Anwendung des Sachwertverfahrens zur Vermeidung von Fehlbewertungen die nachfolgenden diesbezüglichen Hinweise zu beachten. *Berücksichtigung im Ertragswertverfahren*

Die in Tab. 6-17 dargestellten Sachwertfaktoren sind grundsätzlich nur auf den vorläufigen Sachwert bebauter Grundstücke anzuwenden. *Sachwertfaktoren nur für bebaute Grundstücke.*

Der Wert der selbstständig nutzbaren oder verwertbaren unbebauten Grundstücksteile darf deshalb nicht an den Markt mittels Sachwertfaktoren angepasst werden, weil dieser Wert ja unmittelbar aus Vergleichspreisen anderer unbebauter Grundstücke abgeleitet worden ist. Oder anders ausgedrückt: Der Marktanpassungsfaktor unbebauter Grundstücke, die mittels des Vergleichswertverfahrens bewerten wurden, beträgt 1,0.

Beispiel: **Berücksichtigung selbstständig nutzbarer oder verwertbarer Teilflächen in der Sachwertermittlung**

A. Sachverhalt

Das nebenstehend abgebildete 1.000 m²
große Grundstück 1 besteht aus der der
Bebauung zuzuordnenden Teilfläche 1.1
und der selbstständig nutzbaren und be-
baubaren, aber noch unbebauten Teilfläche 1.2.

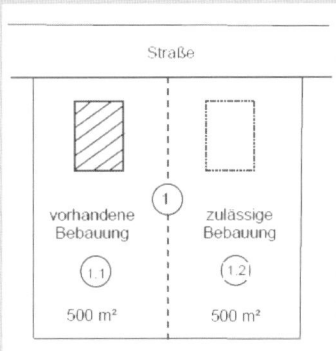

Der Bodenwert des Bewertungsobjekts
beträgt 120,– €/m² $\triangleq$ 120.000,– € bzw.
für die Teilflächen jeweils 60.000,– €;
der Wert der Gebäude und Außenanlagen auf der Teilfläche 1.1 beträgt
240.000,– €.

B. Lösung

a) richtige Bewertung:

vorläufiger Sachwert der Teilfläche 1.1	300.000,– €
[Wert Gebäude und Außenanlagen (= 240.000,– €)	
+ Bodenwertanteil (= 60.000,– €)]	
Sachwertfaktor (k)	× 0,94[1]
marktangep. Sachwert der Teilfläche 1.1	282.000,– €
Bodenwert der Teilfläche 1.2 ($BW_{1.2}$)	+ 60.000,– €
marktangep. Sachwert des Grundstücks 1	
(mSW_1)	= **342.000,– €**

a) falsche Bewertung:

Würde man den Bodenwert der Teilfläche 1.2 fälschlicherweise mit „markt-
anpassen", so hätte man folgendes falsches Ergebnis erhalten:

vorläufiger Sachwert der Teilflächen 1.1 und 1.2	360.000,– €
Sachwertfaktor (k)	× 0,89[2]
marktangepasster Sachwert des	
Grundstücks 1 $\left(mSW_{\bar{1}}\right)$	= **320.400,– €**

Der falsch ermittelte $mSW_{\bar{1}}$ weicht um 342.000 € – 320.400 € = 21.600 €
($\triangleq$ 6 %) vom korrekt ermittelten mSW_1 ab.

---

1) Vgl. Tab. 6-17.

2) Wegen dem höheren vorläufigen Sachwert ergibt sich ein geringerer Sachwertfaktor (vgl. Tab. 6-17).

> **Ergänzender Hinweis:**
>
> In beiden Fällen sind noch die Teilungskosten für die Abtrennung der Teilfläche 1.2 (Vermessungskosten, Grundbuch- und Katastergebühren) i.d.R. beim Bodenwert der selbstständig nutzbaren Teilfläche als „besonderes objektspezifisches Grundstücksmerkmal" vom ermittelten Wert in Abzug zu bringen. Dies ist darin begründet, dass der für die Teilfläche 1.2 angesetzte Bodenwert für selbstständig handelbare, d.h. bereits vermessene/abgetrennte Grundstücke gilt.
>
> Die Teilungskosten betragen ca. 2 % bei hohen (1.000,– €/m²) und ca. 5 % bei niedrigen (< 25,– €/m²) Bodenwerten.[1] Die Prozentwerte beziehen sich auf den Bodenwert der kleineren Teilfläche.

Teilungskosten

Linktipp

Unter www.1x1-der-immobilienbewertung.de (Rubrik: Materialien zum Buch) finden Sie ein Bewertungsbeispiel, bei dem u.a. die Besonderheit einer selbstständig verwertbaren Teilfläche vorliegt. Die Zugangsdaten finden Sie am Ende des Buches in Kapitel 14.

6.8 Bodenwert im Sachwertverfahren

Gemäß § 21 Abs. 1 i.V.m. § 16 Abs. 1 ImmoWertV ist der Bodenwert auch bei der Sachwertermittlung i.d.R. im Vergleichswertverfahren zu ermitteln. Neben oder anstelle von Vergleichspreisen können auch geeignete Bodenrichtwerte zur Ermittlung des Bodenwerts herangezogen werden (§ 16 Abs. 1 Satz 2 ImmoWertV). Zur Vermeidung von Fehlbewertungen sind jedoch einige Sonderfälle zu beachten. Die vier am häufigsten vorkommenden werden nachfolgend angesprochen.

Modifizierte Bodenwertansätze nur in wenigen Sonderfällen.

Sonderfall 1: Selbstständig verwertbare unbebaute Teilgrundstücke

Zur Berücksichtigung des Bodenwerts selbstständig nutzbarer oder verwertbarer Grundstücksteilflächen in der Sachwertermittlung vgl. die diesbezüglichen Ausführungen im vorangegangenen Abschnitt 6.7.

Baulandreserven

Sonderfall 2: Vorübergehend über- oder unterausgenutzte Grundstücke

Bei über- und unterausgenutzten Grundstücken, d.h. das tatsächliche bzw. realisierbare Maß oder die Art der baulichen Nutzung weicht von der (im Falle einer fiktiv unterstellten Neubebauung nach Freilegung) planungs- und bauordnungsrechtlich zulässigen wirtschaftlichsten Nutzung ab, ist im Sachwertverfahren nicht

über- oder unterausgenutzte Grundstücke

---

1) Differenzierte Tabellen für Teilungskosten befinden sich in Marktdaten und Praxishilfen [1], Kapitel 3.10.11 und in der Software „Sprengnetter-SmartValue" [5].

der „freigelegte" Bodenwert, d.h. nicht der dem freigelegten Grundstück entsprechende Bodenwert, sondern der sog. „nutzungsentsprechende Bodenwert" anzusetzen. Der sich aus der vorübergehenden Über- oder Unterausnutzung ergebende Werteinfluss wird in Form eines marktkonformen Zu- oder Abschlags als besonderes objektspezifisches Grundstücksmerkmal berücksichtigt. Die Behandlung dieses Sonderfalls ist ausführlich als Besonderheit der Bodenwertermittlung in Kapitel 4, Abschnitt 4.6 behandelt.

Sonderfall 3: **Unrentierliche Nutzung**

Liquidationswert-verfahren

Sind die baulichen Anlagen nicht mehr wirtschaftlich nutzbar, so haben diese auch keinen Sachwert. Im Sachwertverfahren kann deshalb gemäß § 21 Abs. 1 ImmoWertV der Sachwert des Grundstücks nur aus dem Sachwert der **nutzbaren** baulichen Anlagen und sonstigen Anlagen sowie dem Bodenwert ermittelt werden. Nicht wirtschaftlich nutzbare bauliche Anlagen bleiben im Sachwertverfahren somit ohne Wertansatz. Ggf. sind als besonderes objektspezifisches Grundstücksmerkmal die Freilegungskosten zu berücksichtigen. Siehe hierzu die ausführlichen Abhandlungen in Kapitel 4, Abschnitt 4.6 (Bewertung über- und unterausgenutzter Grundstücke, Liquidation), in Kapitel 5, Abschnitt 5.4 (unrentierliche bauliche Anlagen) und in Kapitel 8, Abschnitt 8.5.7 (Freilegungs-, Teilabriss- und Sicherungsmaßnahmen).

Sonderfall 4: **Erschlossenes, aber abgabenpflichtiges Grundstück**

Erschließungs-beiträge etc.

Für erschlossene, aber noch beitrags- und abgabenpflichtige Grundstücke gelten die diesbezüglichen Ausführungen zum Ertragswertverfahren (siehe Kapitel 5, Abschnitt 5.3.7) für das Sachwertverfahren entsprechend.[1]

D.h.: Bis zum vorläufigen Sachwert ist mit dem abgabenfreien Bodenwert zu bewerten. Beim Bewertungsobjekt noch ausstehende Beiträge und Abgaben für Erschließungsanlagen sind als besondere objektspezifische Grundstücksmerkmale marktkonform in Abzug zu bringen. Erst mittelfristig anfallende Aufwendungen sollten abgezinst abgezogen werden.

Bei Nichtbeachtung dieser Regel werden die Beiträge und Abgaben fälschlich der Marktanpassung unterzogen. Der Bewertungsfehler errechnet sich zu: Abgabenhöhe $\times (1 - k)$.

---

1) Zur Berücksichtigung der Erschließungs- und Ausbaubeiträge in der Bodenwertermittlung siehe Kapitel 4, Abschnitt 4.4.6.

6.9 Häufige Besonderheiten

Nachstehend einige Tipps zur Berücksichtigung häufig vorkommender Besonderheiten (Sonderfälle) der Herstellungswertermittlung.

Teilweiser Ausbau des Dachgeschosses bzw. teilweise Unterkellerung, Anbauten

Ein teilweiser Ausbau des Dachgeschosses bzw. eine teilweise Unterkellerung können durch anteilige Heranziehung der jeweiligen Kostenkennwerte für die verschiedenen Gebäudetypen berücksichtigt werden (Mischkalkulation).

Gebäudemix

Beispiel: **Mischkalkulation zur Ermittlung des Kostenkennwerts bei teilweiser Unterkellerung**

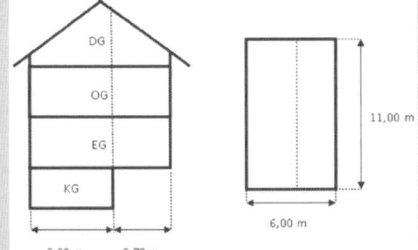

Gebäudedaten:

Reihenendhaus

teilweise unterkellert, Erdgeschoss, Obergeschoss, ausgebautes Dachgeschoss

Gebäudestandard 3

Gebäudetyp und Kostenkennwert der NHK 2010

Gebäudetyp unterkellert	1.11	1.490 €/m² WF	Gebäudetyp nicht unterkellert	1.31	1.297 €/m² WF

unterkellerter Gebäudeteil

Grundfläche: 3,3 m x 11 m = 36,3 m²
BGF: 4 Ebenen x 36,3 m² = 145,2 m²

nicht unterkellerter Gebäudeteil

Grundfläche: 2,7 m x 11 m = 29,7 m²
BGF: 3 Ebenen x 29,7 m² = 89,1 m²

$$\frac{145{,}2 \text{ m}^2 \text{ BGF} \times 1.490 \text{ €/m}^2 \text{ WF} + 89{,}1 \text{ m}^2 \text{ BGF} \times 1.297 \text{ €/m}^2 \text{ WF}}{145{,}2 \text{ m}^2 + 89{,}1 \text{ m}^2} = 1.417 \text{ €/m}^2 \text{ WF}$$

Der mittels der Brutto-Grundfläche der einzelnen Gebäudeteile gewogene Kostenkennwert des teilunterkellerten Gebäudes beträgt somit rd. 1.420 €/m² WF.

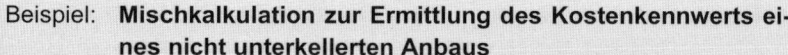

Beispiel: **Mischkalkulation zur Ermittlung des Kostenkennwerts eines nicht unterkellerten Anbaus**

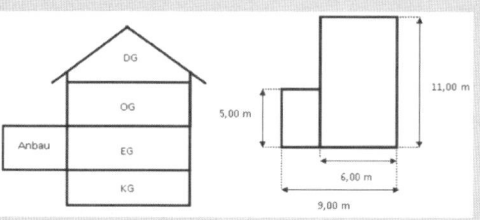

Gebäudedaten:

Reihenendhaus

unterkellert, Erdgeschoss, Obergeschoss, ausgebautes Dachgeschoss

nicht unterkellerter Anbau mit Flachdach

Gebäudestandard 3

Gebäudetyp und Kostenkennwert der NHK 2010

Gebäudetyp unterkellert	1.11	1.490 €/m² WF	Gebäudetyp nicht unterkellert, Flachdach	1.23	1.551 €/m² WF

Gebäude ohne Anbau

Grundfläche: 6 m x 11 m = 66 m²
BGF: 4 Ebenen x 66 m² = 264 m²

Anbau

Grundfläche/BGF: 3 m x 5 m = 15 m²

$$\frac{264 \text{ m}^2 \text{ BGF} \times 1.490 \; € / \text{m}^2 \text{ WF} + 15 \text{ m}^2 \text{ BGF} \times 1.551 \; € / \text{m}^2 \text{ WF}}{264 \text{ m}^2 + 15 \text{ m}^2} = 1.493 \; € / \text{m}^2 \text{ WF}$$

Der mittels der Brutto-Grundfläche der einzelnen Gebäudeteile gewogene Kostenkennwert des Gebäudes mit Anbau beträgt somit rd. 1.495 €/m² WF.

Kellerteilausbau

teilweise ausgebauter Keller

Der Kostenkennwert für ein Gebäude mit teilweise ausgebautem Keller kann ebenfalls via Gebäudemix aus den Kostenkennwerten für unterkellerte und für nicht unterkellerte Gebäude ermittelt werden.

Alternativ kann auch mittels der Kostenkennwerte für unterkellerte Gebäude bewertet werden. Der ausgebaute Keller ist dann durch einen sog. Ausbauzuschlag zu berücksichtigen.

Fehlende Gebäudefertigstellung

In einem Einfamilienhaus (Neubau) fehlt z.B. der gesamte Badausbau; lediglich die Installationsanschlüsse sind vorhanden. Die Ermittlung des Herstellungswerts erfolgt in diesen Fällen sachgemäß auf der Grundlage der Wohnfläche des Gebäudes und den Normalherstellungskosten für Einfamilienhäuser mit üblicher, d.h. fertiggestellter Badausstattung. Am so berechneten vorläufigen Sachwert ist als besonderes objektspezifisches Grundstücksmerkmal eine marktkonforme Wertminderung anzubringen, die auf der Grundlage der Kosten für die Fertigstellung des Badausbaus ermittelt wird. Die Kosten können auf der Grundlage der in Marktdaten und Praxishilfen [1], Kapitel 3.02.2, Abschnitt 3 enthaltenen Sachwertdaten (Kosten für Modernisierungen und Instandsetzungen) bestimmt werden. Die marktkonforme Berücksichtigung solcher Kosten in der Wertermittlung ist in Kapitel 8 ausführlich beschrieben.

fehlende Fertigstellung

6.10 Häufige Anwendungsfehler

Negativer (Ertrags-)Wert der baulichen Anlagen

Wenn sich im Ertragswertverfahren ein negativer Wert der baulichen Anlagen ergibt, wird in Wertgutachten oftmals dennoch ein Sachwert berechnet und bei der Wertableitung verwendet.

unrentierliche Nutzungen

Ein negativer Wert der baulichen Anlagen zeigt aber gerade auf, dass das zu bewertende bebaute Grundstück einen geringeren Reinertrag als ein ansonsten gleiches unbebautes Grundstück besitzt. Ein Wertzuschlag zum Bodenwert wegen vorhandener Bebauung ist deshalb in diesen Fällen grundsätzlich unplausibel.

Praxistipp

Die Nichtaufteilung des Gesamtbewertungsobjekts in Teilgrundstücke oder Bewertungsteilbereiche ist andererseits oftmals Ursache dafür, dass nicht erkannt wird, dass für einzelne Gebäude ein negativer Reinertragsanteil besteht.[1]

Falscher Bodenwert bei unterausgenutzten Grundstücken

Der Bodenwert bei zeitlich befristet über- oder unterausgenutzten Grundstücken ist als sog. „nutzungsentsprechender Bodenwert" anzusetzen und der Werteinfluss der Über- oder Unterausnutzung als besonderes objektspezifisches Grundstücksmerkmal zu berücksichtigen.[2]

Über- oder Unterausnutzung

---

1) Vgl. Lehrbuch und Kommentar [2], Teil 6, Kapitel 2, Abschnitt 6.5.
2) Vgl. Kapitel 4, Abschnitt 4.6.

Fehlerhafte Marktanpassung

Es wird kein oder ein falscher Sachwertfaktor verwendet.

fehlende Markt-anpassung

Eine fehlende Marktanpassung ist i.d.R. auf Unkenntniss des Bewerters zurück-zuführen.

Missachtung der Modelltreue

Der Sachwertfaktor ist oft falsch, weil die Modelltreue nicht eingehalten wird. So werden z.B. Sachwertfaktoren, die im NHK 2000-Modell abgeleitet wurden in Be-wertungen eingesetzt, die auf NHK 2010 basieren. Diesbezügliche Fehlbewer-tungen in Höhe von 20 % und mehr sind keine Seltenheit.

Selbstständige Grundstücksteile werden falsch behandelt

Baulandreserven

Selbstständig verwertbare unbebaute Teilflächen werden auch der Marktanpas-sung unterworfen. Vgl. hierzu die diesbezüglichen Ausführungen in Abschnitt 6.7.

Unterschied zwischen Kosten und Wert nicht beachtet

Wert ≠ Kosten

Es wird nicht zwischen Kosten und Wert unterschieden. Diese nicht hinreichende Differenzierung liegt teilweise in den unglücklichen Definitionen der Begriffe Nor-malherstellungs**kosten** und Herstellungs**kosten** der ImmoWertV begründet. Das Verfahren wird demzufolge häufig fälschlich als Sach**kosten**verfahren statt als Sach**wert**verfahren angewendet.

- Nur beim Einsatz des Sachwertfaktors werden Kosten (= vorl. Sachwert) in Wert (= wahrscheinlichster Kaufpreis) überführt.

- Das Sachwertverfahren darf nur in die Zukunft betrachtet und nicht vergan-genheitsbezogen angewendet werden. D.h. bei den Herstellungskosten und in den Normalherstellungskosten dürfen nur zeitgemäße Wertigkeiten (= zu-kunftsorientierte Herstellungskosten) angesetzt werden.[1]

Merke:

Was hohe Herstellungskosten verursacht hat, muss nicht unbedingt viel wert sein (Wert ≠ Kosten)!

Beispiel: **Ehemalige Hofscheune auf einem Wohngrundstück**

Es ist das in einer Kleinstadt gelegene und mit einem straßenseitigen Wohngebäude und einem rückwärtigen ehemaligen zweigeschossigen Scheunengebäude bebaute Grundstück 11 zu bewerten. Die Gebäude stammen ursprünglich aus dem Jahre 1890. Das Wohnhaus wurde mehr-fach modernisiert, das Scheunengebäude nur normal instandgehalten. Die

---

1) Merksatz: *„Bei Gebäuden kommt es nur nachrangig darauf an, was sie hinter sich haben; viel wich-tiger ist, was sie noch vor sich haben"* (Sprengnetter 1978). Es sind erforderlichenfalls (N)HK eines sog. Substitutionsgebäudes (Ersatzgebäudes) anzusetzen.

Hofeinfahrt besitzt auf dem Bewertungsgrundstück selbst eine lichte Durchfahrtsbreite von 1,5 m.

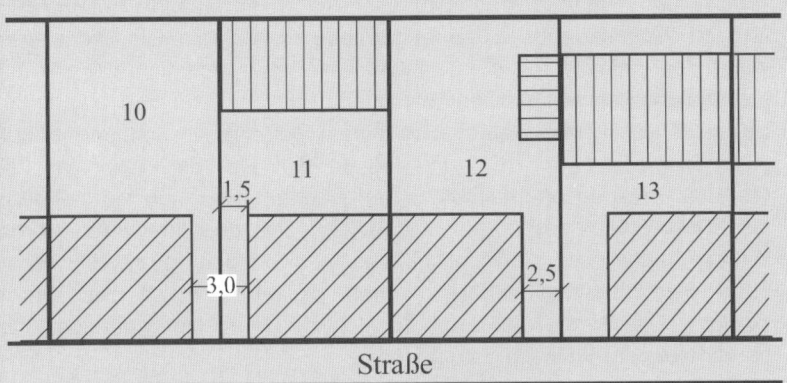

Bei den Wertermittlungsansätzen für das ehemalige Scheunengebäude ist folgendes zu bedenken:

In der Ertragswertermittlung ist der Mietwert des Scheunengebäudes unabhängig vom Substanzwert danach zu schätzen, wie viel nachhaltige Mehrmiete für das Grundstück 11 wegen des zusätzlichen Scheunengebäudes gegenüber dem ansonsten vergleichbaren bebauten Grundstück 10 erzielbar ist. Wegen der Breite der Hofzufahrt von nur 1,5 m ist die Hofscheune des Bewertungsgrundstücks nicht als Garage nutzbar. Der Mietertrag (und damit auch der Substanzwert) ist deshalb – obwohl vorliegend das 11-fache Bauvolumen eines Garagengebäudes gegeben ist (vgl. Grundstück 12) – noch unterhalb der Miete für eine Garage anzusetzen.

Sachwertansätze immer gemäß zukünftiger Nutzbarkeit.

Entsprechend den (Miet-)Wertansätzen im Ertragswertverfahren sind die Sachwertansätze auf den zukünftigen Nutzungswert des ehemaligen Scheunengebäudes abzustellen. Diese kann z.B. eine Nutzung als Schuppen für Gartengeräte (das wäre das sog. „Substitutionsgebäude")[1] o.ä. sein. Wäre die Hofzufahrt breiter, könnte auch eine zusätzliche Garagennutzung in Frage kommen.

Substitutionsgebäude

---

1) Vgl. auch Abschnitt 6.5.2.

Demzufolge ist es nicht sachgemäß, den Sachwert des ehemals als Scheune errichteten Gebäudes auf der Grundlage des vorhandenen Brutto-Rauminhalts für das zweigeschossige Hofgebäude (520 m³ BRI) und NHK-Ansätzen für Scheunengebäude zu ermitteln. Die Sachwertansätze sind vielmehr auf die Substanzwertanteile bezüglich der zukünftigen Nutzbarkeit abzustellen; vorliegend maximal auf den Rauminhalt bzw. auf die Brutto-Grundfläche eines Gartengeräteschuppens (z.B. 30 m³ BRI oder 10 m² BGF) und dessen NHK. Darüber hinaus kann der restliche Teil des ehemaligen Scheunengebäudes auch wertmindernd sein (z.B. Reduzierung des Bodenwerts und des Mietwerts für das Wohngebäude, weil die Möglichkeit zur Gartennutzung und die Besonnung der Hoffläche verloren gehen; vgl. Nutzbarkeit des Grundstücks 12). Außerdem ist auch der nicht für die Nutzung benötigte Gebäudeteil weiterhin instand zu halten.

Bunker, Kirchen, Schwimmbäder etc.

Vergleichbare Sachverhalte sind bei der Bewertung von Bunkern, Kirchen, privaten Hallenschwimmbädern aus den 70er Jahren sowie Objekten mit Spezialeinbauten ohne allgemeine Drittverwendungsfähigkeit (z.B. Sicherheitsschleusen in Landeszentralbanken) gegeben.

6.11 Zusammenfassende Beurteilung und Empfehlungen

Das Sachwertverfahren ist in der Fachliteratur und der Wertermittlungspraxis vielfältiger Kritik ausgesetzt. Diese Kritik basiert im Wesentlichen auf

Ursachen für die (nicht gerechtfertigte) Kritik

- unzulänglichen Verfahrensmaßgaben in der WertV (Vorgänger der Immo-WertV),

- unzulänglichen Darlegungen der bewertungstheoretischen Zusammenhänge in der Fachliteratur (Modell-Marktbezug) und

- Anwendungsfehlern in der Praxis.

Es sind also keine wesentlichen Mängel des Verfahrens, sondern es sind erhebliche Defizite bei der Darlegung und der Anwendung festzustellen.

Die sachrichtige Anwendung des Sachwertverfahrens verlangt – wie die Anwendung anderer Wertermittlungsverfahren auch – spezielle Kenntnisse und Erfahrungen. Die marktkonforme Sachwertermittlung ist oftmals eben keine einfache Rechenoperation (Menge × Preis × Index – Alterswertminderung). Es ist nicht ausreichend, irgendwelche NHK aus Tabellen zu entnehmen und zu glauben, mit dem auf dieser Grundlage berechneten Euro-Betrag abschließend die Grundlage zur Schätzung des Immobilienwertes gefunden zu haben.

Die voranstehenden Erläuterungen zeigen, dass das Sachwertverfahren – richtig verstanden und richtig angewendet – ein Verfahren darstellt, in dem das Bewertungsobjekt unter Berücksichtigung all seiner wertbeeinflussenden Eigenschaften mit Kaufpreisen für Vergleichsgrundstücke preislich hinreichend abgestimmt und somit

Sachwertverfahren = indirektes Vergleichswertverfahren

- sehr gut geeignet ist, den am Wertermittlungsstichtag im gewöhnlichen Geschäftsverkehr am wahrscheinlichsten zu erzielenden Kaufpreis (d.h. den Marktwert) zu ermitteln;

- ebenso wie die übrigen Wertermittlungsverfahren (insbesondere Vergleichswert- und Ertragswertverfahren) eine hinreichende Marktnähe und somit die Erfüllung des Marktwertprinzips sichert.

Das Sachwertverfahren sollte grundsätzlich bei jeder Bewertung bebauter Grundstücke (vorrangig oder nur stützend) angewendet werden. Mit seiner Hilfe lässt sich die Sicherheit des ermittelten Marktwerts erhöhen und damit Personen, die im Vertrauen auf die Wertermittlung Vermögensdispositionen vornehmen, vor diesbezüglichen Fehlentscheidungen schützen. In Kapitel 9, Abschnitt 1 ist dargelegt, dass alle Wertermittlungsverfahren, ihre jeweils sachrichtige Anwendung vorausgesetzt, zu – zumindest theoretisch – identischen Ergebnissen führen, nämlich zum Marktwert. Auch dem Sachverständigen gibt die zusätzliche Durchführung dieses Verfahrens und hinreichende Übereinstimmung des Sachwerts mit den anderen Verfahrensergebnissen eine erhöhte Sicherheit, dass seine Bewertung zu einem richtigen Ergebnis führte.

erhöhte Sicherheit durch Einhaltung des Zwei-Säulen-Prinzips

Kapitel 7: Vergleichsfaktorverfahren zur Bewertung bebauter Grundstücke

7.1 Modellbeschreibung, Anwendungsbereiche

Anwendungs-
varianten

Bei bebauten Grundstücken können im Vergleichswertverfahren gemäß § 15 Abs. 2 ImmoWertV neben oder anstelle von Vergleichspreisen[1] geeignete Vergleichsfaktoren herangezogen werden.

Definition

Vergleichsfaktoren werden aus einer ausreichenden Anzahl von Vergleichspreisen abgeleitet. Es sind durchschnittliche, auf eine geeignete Bezugseinheit (z.B. auf den Quadratmeter Wohnfläche) bezogene Werte für Grundstücke mit bestimmten wertbeeinflussenden Grundstücksmerkmalen (z.B. Objektart, Lage, Größe, Baujahr, Restnutzungsdauer, Zustand etc.). Die Vergleichsfaktoren beziehen sich also auf definierte Normobjekte.

Ertragsfaktoren,
Gebäudefaktoren

Die Vergleichsfaktoren gliedern sich in

- Ertragsfaktoren (Ef) und
- Gebäudefaktoren (Gf).

Ableitung

Die Abb. 7-1 stellt am Beispiel eines Kauffalles vereinfacht dar, wie die beiden Faktorarten aus Kaufpreisen abgeleitet werden. Der Ertrags- bzw. der Gebäudefaktor ist jeweils als Durchschnitt aus mehreren vergleichbaren Kauffällen zu ermitteln.

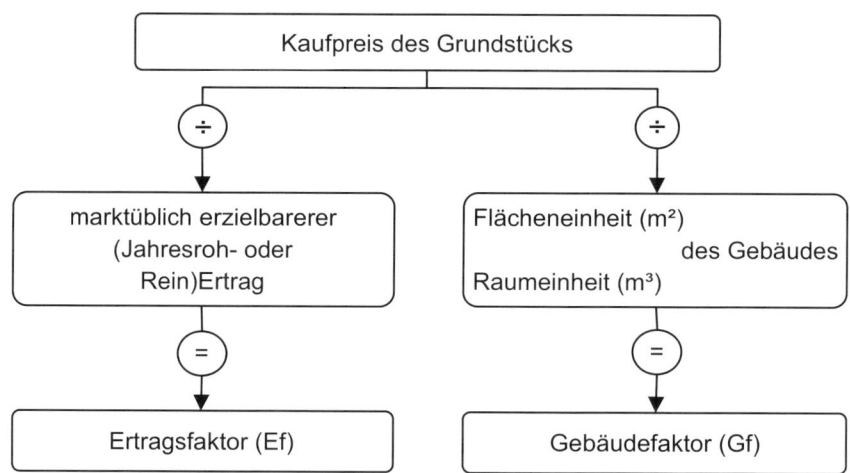

Abb. 7-1:   **Ableitung von Vergleichsfaktoren für bebaute Grundstücke**

---

1) Zum Vergleichspreisverfahren siehe Kapitel 3.

Der Vergleichswert ergibt sich durch Vervielfachung des jährlichen Ertrags oder der sonstigen Bezugseinheit des zu bewertenden Grundstücks mit dem Vergleichsfaktor. Dies verdeutlicht die Abb. 7-2.

Anwendung

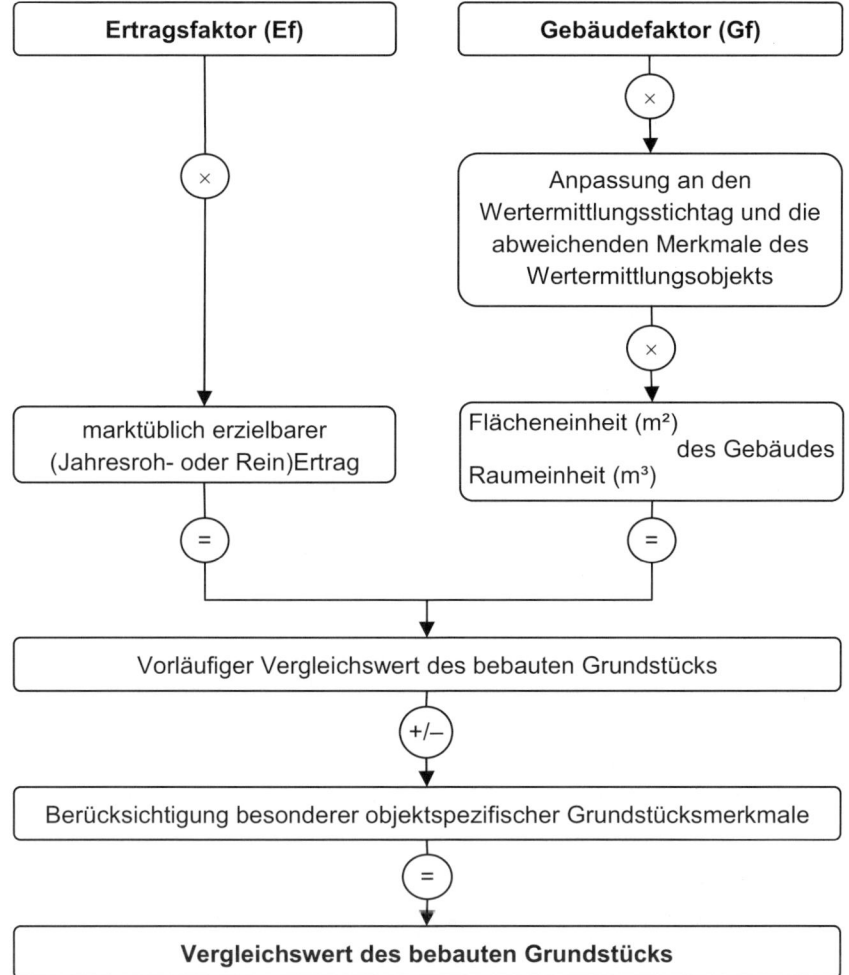

Abb. 7-2: **Bewertung mittels Vergleichsfaktoren für bebaute Grundstücke**

Sofern die Gebäudefaktoren wegen wertrelevanter Abweichungen der Grundstücksmerkmale des Wertermittlungsobjektes (z.B. Wohnungs- bzw- Gebäudegröße, Baujahr, Ausstattung, Lage etc.) und/oder wegen der Änderung der allgemeinen Wertverhältnisse nicht unmittelbar verwendet werden können, sind die

Anpassungen,
Umrechnungs-
koeffizienten,
Indexreihen, boG

Gebäudefaktoren anzupassen. Dabei kann wie bei der Verwendung von Vergleichspreisen u.a. auf Umrechnungskoeffizienten (vgl. Kapitel 3, Abschnitt 3.3.5) und Indexreihen (vgl. Kapitel 3, Abschnitt 3.3.4 und Kapitel 4, Abschnitt 4.4.3) zurückgegriffen werden. Bei Verwendung von Ertragsfaktoren sind solche Abweichungen ggf. als besondere objektspezifische Grundstücksmerkmale zu berücksichtigen.

vorläufiger
Vergleichswert

Der vorläufige Vergleichswert ergibt sich durch Vervielfachung des ggf. angepassten Vergleichsfaktors mit der jeweiligen Bezugsgröße (marktüblich erzielbarer Ertrag oder Objektgröße).

boG

Natürlich sind auch hier, wie bei jedem anderen in der ImmoWertV geregelten Verfahren, am Ende des Verfahrens die besonderen objektspezifischen Grundstücksmerkmale (boG) zu berücksichtigen (vgl. Kapitel 8).

Ergebnis

Ergebnis ist der Vergleichswert des bebauten Grundstücks.

Anforderungen,
geeignete Ver-
gleichsfaktoren

Mit dem Vergleichsfaktorverfahren wird also – ebenso wie mit dem Vergleichspreisverfahren (vgl. Kapitel 3), dem Ertragswertverfahren (vgl. Kapitel 5) und dem Sachwertverfahren (vgl. Kapitel 6) – eine Schätzung des Marktwertes vorgenommen. Voraussetzung ist jedoch, dass geeignete Vergleichsfaktoren zur Verfügung stehen. Vergleichsfaktoren sind gemäß § 15 Abs. 2 Satz 3 ImmoWertV geeignet, wenn die Grundstücksmerkmale der ihnen zugrunde gelegten Grundstücke hinreichend mit denen des zu bewertenden Grundstücks übereinstimmen. Das ist gegeben, wenn

1. sie entsprechend den örtlichen Verhältnissen unter Berücksichtigung der Lage und der Objektart gegliedert nach den wertrelevanten Grundstücksmerkmalen (z.B. Baujahr oder Restnutzungsdauer, Ausstattung, Objektgröße, Bodenwertanteil) hinreichend bestimmt sind (Modellangaben[1]),

2. die beschriebenen Grundstücksmerkmale des Vergleichsfaktors hinreichend mit denen des zu bewertenden Grundstücks übereinstimmen und

3. sie in ihrer absoluten Höhe plausibel sind.

Die Unterschiede zwischen dem Normobjekt und dem Wertermittlungsobjekt müssen durch geeignete Umrechnungskoeffizienten oder geeignete Indexreihen oder in anderer sachgerechter Weise berücksichtigt werden können.

Plausibilisierung,
Würdigung der
Aussagefähigkeit

In der Praxis stehen oft nur Vergleichsfaktoren zur Verfügung, die nach den wertrelevanten Grundstücksmerkmalen nicht hinweichend differenziert abgeleitet wurden oder/und bei denen die wesentlichen Modellparameter nicht bekannt sind. Solche Vergleichsfaktoren eignen sich im Sinne der ImmoWertV nicht für

---

1) Eine Zusammenstellung wesentlicher Modellparameter für die Ableitung von Vergleichsfaktoren enthält Anlage 6 der Vergleichswertrichtlinie.

eine „vollwertige" Vergleichswertermittlung. In diesen Fällen ist der Marktwert des Grundstücks mittels Vergleichspreisverfahren, Ertragswertverfahren oder Sachwertverfahren zu ermitteln. Die (nicht geeigneten) Vergleichsfaktoren können in diesen Fällen jedoch herangezogen werden, um die Aussagefähigkeit der anderen Verfahrensergebnisse i.S.v. § 8 Abs. 1 Satz 3 ImmoWertV zu würdigen. Mit anderen Worten: Solche Vergleichsfaktoren eignen sich zur Plausibilisierung der Verfahrensergebnisse.

Auch für einfache, überschlägige Wertermittlungen eignen sich (i.S.d. Immo-WertV für formale Marktwertermittlungen nicht geeignete) Vergleichswertfaktoren. Siehe hierzu die Ausführungen in Abschnitt 7.2.2 zur Maklermethode.

überschlägige Wertermittlung, Maklermethode

7.2 Zur Anwendung von Ertragsfaktoren

7.2.1 Relation Liegenschaftszinssatz und Ertragsfaktor

Die bewertungstheoretischen Abhandlungen zur Ertragswertermittlung sind in Kapitel 5 dargelegt. Dort ist vorrangig die Ertragswertermittlung nach den Vorschriften der §§ 17 – 20 ImmoWertV erläutert. Alternativ dazu kann der Ertragswert auch mittels geeigneter sogenannter Ertragsfaktoren (i.S.d. § 13 Immo-WertV) ermittelt werden.[1]

Alternative zum Ertragswertverfahren

Unter der Bedingung, dass die Vervielfacher ebenfalls aus denselben Vergleichskaufpreisen wie die Liegenschaftszinssätze abgeleitet wurden, müssen beide Verfahren (nämlich das Ertragswertverfahren und das Ertragsfaktorverfahren) identische Ergebnisse liefern.

Zwischen dem Ertragsfaktor (Ef) und dem Liegenschaftszinssatz (p) besteht folgende Relation:[2]

Liegenschaftszinssatz versus Ertragsfaktor

$$Ef = \frac{KP}{RE} \approx \frac{1}{p} \qquad \text{bzw.} \qquad p \approx \frac{RE}{KP} = \frac{1}{Ef}$$

Der (Reinertrags-)Vervielfacher Ef ist ebenso wie der Liegenschaftszinssatz objektartenspezifisch gegliedert abzuleiten und variiert zudem – wie durch empirische Analysen festgestellt wurde – insbesondere mit

Abhängigkeiten der Ertragsfaktoren, notwendige Modellangaben

• der Restnutzungsdauer und/oder Baujahr,

• dem Bodenwertanteil am Gesamtwert,

• der Region,

• der Zeit.

---

1) Zu den Anforderungen an geeignete Vergleichsfaktoren vgl. Abschnitt 7.1.

2) Vgl. auch Abschnitt 5.3.6.

Datenquellen

Viele Gutachterausschüsse für Grundstückswerte leiten Ertragsfaktoren ab und veröffentlichen diese in ihren Grundstücksmarktberichten.

Es gibt aber auch andere Anbieter, die Ertragsfaktoren ableiten und veröffentlichen. So z.B. der IVD, der solche Werte in seinem Immobilienpreisservice regelmäßig veröffentlicht.

Egal für welche Quelle Sie sich entscheiden. Achten Sie auf eine modellkonforme Anwendung der Vergleichsfaktoren. Das Ableitungsmodell und die Datengrundlage für die Ableitung sollten Sie in Ihrem Gutachten angeben.

Buchtipp

In den Marktdaten und Praxishilfen [1] finden Sie in Kapitel 3.08 Nettokaltmieten-Faktoren, Reinertragsfaktoren, Mietvervielfacher für Renditeobjekte des IVD und weiterer Maklerfirmen sowie Mietvervielfacher einzelner Gutachterausschüsse. In Kapitel 3.41 finden Sie darüber hinaus Ertragsfaktoren für die Bewertung von Geschäfts- und Gewerbegrundstücken.

7.2.2 Mietvervielfacher der Maklerverbände

Maklermethode Die Ertragsfaktormethode ist in vereinfachter Form als sog. „Maklermethode" bekannt. IVD, RDM und auch andere Organisationen veröffentlichen seit vielen Jahren Mietvervielfacher (i.d.R. als Vervielfacher der Jahres-Nettokaltmiete).[1] Leider sind die dort mitgeteilten Vervielfacher nicht nach den sie wesentlich beeinflussenden Einflussfaktoren (Objektart, RND etc.) differenziert. Sie ermöglichen deshalb nur eine relativ überschlägige Wertermittlung bzw. Plausibilitätskontrolle eines Wertermittlungsergebnisses.

> Beispiel: **Bewertung eines Mietwohnhauses im Westteil Berlins, Baujahr 1975, in mittlerer Wohnlage mit Vergleichsfaktor (Ertragsfaktor)**
>
> Die Jahresnettokaltmiete beträgt lt. Mieterliste 100.000 €. Der überschlägige Marktwert beträgt somit:
>
> 100.000 € x 12,5 = **1.250.000 €**

---

1) Vgl. Marktdaten und Praxishilfen [1], Kapitel 3.08, Abschnitt 4 (IVD-Mietvervielfacher für Renditeobjekte).

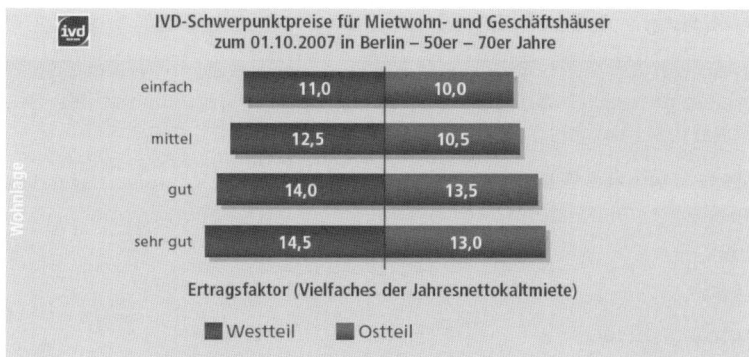

IVD-Schwerpunktpreise für Mietwohn- und Geschäftshäuser zum 01.10.2007 in Berlin – 50er – 70er Jahre

Wohnlage	Westteil	Ostteil
einfach	11,0	10,0
mittel	12,5	10,5
gut	14,0	13,5
sehr gut	14,5	13,0

Ertragsfaktor (Vielfaches der Jahresnettokaltmiete)

■ Westteil   ■ Ostteil

Abb. 7-3: **Hier beispielhaft ein Auszug aus dem IVD-Immobilienpreisservice 2007/2008 – Berlin-Brandenburg**

Der Anwendbarkeit dieser Methode sind jedoch enge Grenzen gesetzt:

Der Vervielfacher führt nur dann direkt zum Ertragswert bzw. Vergleichswert, wenn keine besonderen objektspezifischen Grundstücksmerkmale vorliegen, insbesondere wenn

eingeschränkte Anwendbarkeit

- keine Abweichungen der tatsächlichen Miete von der marktüblich erzielbaren Miete gegeben sind,
- keine Unterhaltungsbesonderheiten gegeben sind und
- keine selbstständig verwertbaren Teilflächen vorliegen.

Diese und andere Besonderheiten sind entsprechend der Vorgehensweise im Ertragswertverfahren zusätzlich in sachgemäßer Höhe zu berücksichtigen. So kann, wenn bei einem durchschnittlichen Ef = 12,5 der tatsächliche Wert (z.B. bei kurzer Restnutzungsdauer und geringer tatsächlicher Mieten und größeren Bauschäden) bei Ef = 8,0 oder (z.B. bei überhoher Miete) bei Ef = 16,0 liegen.

Hieraus folgt:

Die Maklermethode ist eine geeignete Schnellmethode (z.B. für Makler), um vor Ort (z.B. beim Kunden) eine erste überschlägige Wertschätzung vornehmen zu können.

Eignung für überschlägige Wertschätzungen

Als vollwertige (ImmoWertV-konforme) hinreichend gesichert zum Marktwert führende Wertermittlungsmethode ist sie jedoch nicht geeignet. Mit ihr lassen sich aber die z.B. mit dem Ertragswertverfahren ermittelten Marktwerte auf Plausibilität überprüfen. Eine solche Würdigung der Verfahrensergebnisse verlangt die ImmoWertV in § 8 Abs. 1 Satz 3.

Würdigung der Verfahrensergebnisse

7.3 Zur Anwendung von Gebäudefaktoren

Gebäudefaktoren werden durch Bezug von Kaufpreisen auf die m²-Wohn-, Nutz- oder Geschossfläche bzw. Brutto-Grundfläche oder den m³-Rauminhalt des Gebäudes abgeleitet (vgl. Abschnitt 7.1 in diesem Kapitel).

Abhängigkeiten, erforderliche Modellangaben

Sie werden ebenso wie die Ertragsfaktoren aus realisierten Kaufpreisen abgeleitet.[1] Die so ermittelten Gebäudefaktoren sind insbesondere abhängig von

- der Objektart,
- der Objektgröße,
- der Restnutzungsdauer,
- dem Bodenwertanteil am Gesamtwert,
- der Lage und
- der Zeit.

Einfluss von Lage und Zeit

Anders als bei der Bewertung mittels Ertragsfaktoren, wo der Einfluss der Lage und der Zeit im Wesentlichen in der Miete (Nettokaltmiete oder Reinertrag) berücksichtigt wird, erfolgt die Berücksichtigung dieser Einflüsse bei der Bewertung mittels Gebäudefaktoren in der Hauptsache in den Faktoren selbst. D.h., die Gebäudefaktoren unterliegen weit mehr den Lage- und Zeiteinflüssen als die Ertragsfaktoren.

räumliche Übertragbarkeit

Die Anwendung von Gebäudefaktoren, bei deren Ableitung der lagebedingte Einfluss nicht herausgerechnet wurde, führt zu orts- bzw. lagespezifischen Ergebnissen. D.h., deren Anwendung ist auf den örtlichen Grundstücksteilmarkt beschränkt, aus dem sie abgeleitet wurden. In Regionen mit abweichenden Marktverhältnissen (Bodenwertniveaus und Marktanpassungsfaktoren) lassen sich diese nicht anwenden; es müssen hierfür eigene orts- bzw. lagespezifische Gebäudefaktoren ermittelt werden.

Anpassungen

Sofern geeignete Umrechnungskoeffizienten, Indexreihen oder andere geeignete Umrechnungsdaten zur Verfügung stehen, können die Vergleichsfaktoren an die vom Normobjekt abweichenden Grundstücksmerkmale und an die allgemeinen Wertverhältnisse am Wertermittlungsstichtag angepasst werden.

Anwendungsfälle

Häufigste Anwendung finden Gebäudefaktoren bei der Bewertung von Eigentumswohnungen, da diese Objektart in Städten häufig den größten Teilmarkt bildet (z.B. ca. 60 % aller Transaktionen in Berlin).

---

1) Vgl. Abschnitt 7.1.

Datenquellen

Viele Gutachterausschüsse für Grundstückswerte leiten Gebäudefaktoren (insbesondere für Eigentumswohnungen und Einfamilienhäuser) ab und veröffentlichen diese in ihren Grundstücksmarktberichten. Auch die für die Anpassungen erforderlichen Umrechnungskoeffizienten und Indexreihen werden dort oft bereit gestellt.

Es gibt aber auch andere Anbieter, die Gebäudefaktoren ableiten und veröffentlichen. So z.B. der IVD Berlin-Brandenburg, der solche Werte in seinem Immobilienpreisservice regelmäßig veröffentlicht.

Auch Sprengnetter stellt in seinem Online-Marktdatenportal deutschlandweit Vergleichsfaktoren für Eigentumswohnungen zur Verfügung.

Egal für welche Quelle Sie sich entscheiden. Achten Sie auf eine modellkonforme Anwendung der Vergleichsfaktoren. Das Ableitungsmodell und die Datengrundlage für die Ableitung sollten Sie in Ihrem Gutachten angeben.

Buchtipp

In den Marktdaten und Praxishilfen [1] finden Sie zahlreiche Umrechnungskoeffizienten, die Sie bei der Bewertung von Eigentumswohnungen im Vergleichswertverfahren gebrauchen können. So z.B. Koeffizienten für die Berücksichtigung der Wohnungsgröße (Kapitel 3.32) und der Geschosslage (Kapitel 3.33).

> **Beispiel: Bewertung einer Eigentumswohnung**
>
> Unter www.1x1-der-Immobilien-bewertung.de (Rubrik: Materialien zum Buch) steht ein ausführliches Beispiel zur Bewertung einer Eigentumswohnung u.a. mit Hilfe des Vergleichsfaktorverfahrens zur Verfügung. Die Zugangsdaten finden Sie am Ende des Buches in Kapitel 14.

Kapitel 8: Berücksichtigung besonderer objektspezifischer Grundstücksmerkmale (boG)

8.1 Was sind boG?

Definition

Besondere objektspezifische Grundstücksmerkmale (boG) sind wertbeeinflussende Umstände des einzelnen Wertermittlungsobjekts, die erheblich vom Üblichen abweichen und denen der Grundstücksmarkt einen eigenständigen Werteinfluss beimisst.[1]

Beispiele

§ 8 Abs. 3 ImmoWertV nennt beispielhaft einige typische boG:

- wirtschaftliche Überalterung,
- überdurchschnittlicher Erhaltungszustand,
- Baumängel oder Bauschäden sowie
- von den marktüblich erzielbaren Erträgen erheblich abweichende Erträge.

In der SW-RL und der VW-RL werden darüber hinaus als Beispiele genannt:

- besondere Ertragsverhältnisse,
- Bodenverunreinigungen und
- grundstücksbezogene Rechte und Belastungen

Überblick

Diese und weitere häufig in der Praxis vorkommende boG werden in der nachfolgenden Übersicht systematisiert.

---

1) So auch die Definitionen in Nr. 6 Abs. 1 Satz 1 der SW-RL und in Nr. 7 Abs. 1 Satz 1 der VW-RL.

8.2   Die wichtigsten boG (Überblick)

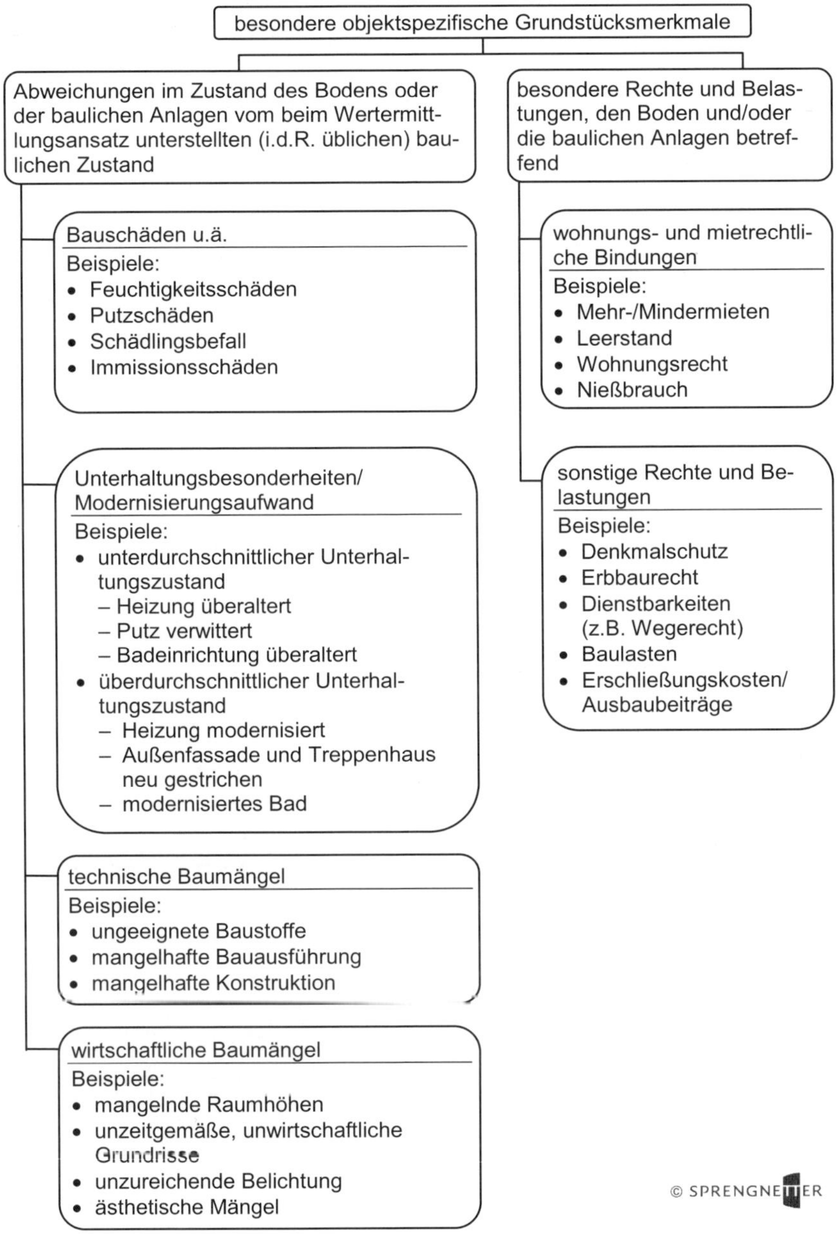

besondere objektspezifische Grundstücksmerkmale

Abweichungen im Zustand des Bodens oder der baulichen Anlagen vom beim Wertermittlungsansatz unterstellten (i.d.R. üblichen) baulichen Zustand

besondere Rechte und Belastungen, den Boden und/oder die baulichen Anlagen betreffend

Bauschäden u.ä.

Beispiele:
- Feuchtigkeitsschäden
- Putzschäden
- Schädlingsbefall
- Immissionsschäden

wohnungs- und mietrechtliche Bindungen

Beispiele:
- Mehr-/Mindermieten
- Leerstand
- Wohnungsrecht
- Nießbrauch

Unterhaltungsbesonderheiten/ Modernisierungsaufwand

Beispiele:
- unterdurchschnittlicher Unterhaltungszustand
  - Heizung überaltert
  - Putz verwittert
  - Badeinrichtung überaltert
- überdurchschnittlicher Unterhaltungszustand
  - Heizung modernisiert
  - Außenfassade und Treppenhaus neu gestrichen
  - modernisiertes Bad

sonstige Rechte und Belastungen

Beispiele:
- Denkmalschutz
- Erbbaurecht
- Dienstbarkeiten (z.B. Wegerecht)
- Baulasten
- Erschließungskosten/ Ausbaubeiträge

technische Baumängel

Beispiele:
- ungeeignete Baustoffe
- mangelhafte Bauausführung
- mangelhafte Konstruktion

wirtschaftliche Baumängel

Beispiele:
- mangelnde Raumhöhen
- unzeitgemäße, unwirtschaftliche Grundrisse
- unzureichende Belichtung
- ästhetische Mängel

© SPRENGNETTER

Abb. 8-1:   ***Besondere objektspezifische Grundstücksmerkmale***

Die Zusammenstellung der Abb. 8-1 erhebt nicht den Anspruch auf Vollständigkeit; sie enthält jedoch die in der Wertermittlungspraxis am häufigsten auftretenden besonderen objektspezifischen Grundstücksmerkmale.

8.3 Wo sind boG innerhalb der Wertermittlungsverfahren zu berücksichtigen?

boG zusätzlich zum vorläufigen Verfahrensergebnis

Die in den einzelnen Wertermittlungsverfahren angesetzten bzw. die für diese abgeleiteten Bewertungsdaten (z.B. Normalherstellungskosten, Restnutzungsdauern, Sachwertfaktoren, Liegenschaftszinssätze) werden grundsätzlich für Objekte in bauschadens- und baumangelfreiem Zustand[1] sowie mit ortsüblichen und marktüblich erzielbaren Erträgen abgeleitet. Verfahrensergebnisse, die mit diesen Daten ermittelt werden (vorläufiger Sach-, Ertrags- und/oder Vergleichswert), sind deshalb noch hinsichtlich der wertmäßigen Auswirkungen der ggf. beim Bewertungsobjekt vorhandenen besonderen objektspezifischen Grundstücksmerkmale (boG) zu korrigieren.

Regelfall

In der Regel sind die boG, wie bereits 1978 von Sprengnetter vorgeschlagen, gemäß § 8 Abs. 2 ImmoWertV in den Wertermittlungsverfahren nach der Marktanpassung zu berücksichtigen. Die Marktanpassung selbst erfolgt z.B. im Ertragswertverfahren durch den Liegenschaftszinssatz bereits im vorl. Ertragswert und im Sachwertverfahren durch den Sachwertfaktor im vorl. Sachwert.

Ausnahme

Ausnahmsweise können die boG jedoch bereits in den Bewertungsansätzen (z.B. im Bodenwert, der Miete, der Wohnfläche, den NHK etc.) berücksichtigt werden.

Beispiel: Berücksichtigung eines ungünstigen Wohnungsgrundrisses

Durchgangszimmer, gefangener Raum

Bei dem Bewertungsobjekt ist das Bad mit Toilette (gefangener Raum) nur durch das Elternschlafzimmer (Durchgangszimmer) zu erreichen. Hierbei handelt es sich um eine Besonderheit, die nicht in den aus z.B. Mietspiegeln abgeleiteten marktüblich zu erzielenden Mieten berücksichtigt ist. Es handelt sich um ein besonderes objektspezifisches Grundstücksmerkmal, das

1. z.B. im Sachwertverfahren als Wertabschlag in Höhe der kapitalisierten Mindermiete nach der Marktanpassung (Regelfall) oder

2. z.B. im Ertragswertverfahren durch einen Abschlag an der angesetzten marktüblich erzielbaren Miete oder der Wohnfläche des Durchgangszimmers (Ausnahme)

---

1) Demzufolge erfolgt eine teilweise Berücksichtigung der Zustandsbesonderheit bereits in den Wertermittlungsverfahren, d.h. bei der Ermittlung der vorläufigen Verfahrenswerte.

berücksichtigt werden kann. Natürlich kann der Regelfall auch in beiden Verfahren angewendet werden.

Die für den Regelfall in der ImmoWertV vorgeschriebene Reihenfolge für die Berücksichtigung der boG in den einzelnen Wertermittlungsverfahren ist in diesem Buch auch in folgenden Abbildungen (Ablaufschemata) dargestellt:

- Abb. 5–2: Allgemeines Ertragswertverfahren (Ablaufschema)
- Abb. 5–3: Vereinfachtes Ertragswertverfahren (Ablaufschema)
- Abb. 6–1: Sachwertverfahren (Ablaufschema)
- Abb. 7–2: Vergleichsfaktorverfahren (Ablaufschema)

8.4 Wie sind boG zu berücksichtigen (Grundsätze)?

§ 8 Absatz 3 ImmoWertV regelt, wie boG zu berücksichtigen sind:

Maßgaben der ImmoWertV

„Besondere objektspezifische Grundstücksmerkmale ... können, soweit dies dem gewöhnlichen Geschäftsverkehr entspricht, durch marktgerechte Zu- oder Abschläge oder in anderer geeigneter Weise berücksichtigt werden."

Nr. 6 Absatz 2 SW-RL und Nr. 7 Absatz 2 VW-RL führen hierzu ergänzend aus:

ergänzende Maßgaben der SW-RL und der VW-RL

„Die Ermittlung der Werterhöhung bzw. Wertminderung hat marktgerecht zu erfolgen und ist zu begründen. Werden zusätzlich weitere Wertermittlungsverfahren durchgeführt, sind die besonderen objektspezifischen Grundstücksmerkmale, soweit möglich, in allen Verfahren identisch anzusetzen."

Im Regelfall sind also die boG (nach der Marktanpassung) durch marktgerechte Zu- oder Abschläge zu berücksichtigen. Die Betonung liegt hier auf „marktgerecht". Mit anderen Worten: Die Ermittlung des Werteinflusses der boG bedarf einer eigenen Marktanpassung. Werteinflüsse grundstücksspezifischer Besonderheiten des Bewertungsobjekts können i.d.R. nicht aus Vergleichskaufpreisen abgeleitet werden, sondern müssen anhand den Denkweisen der Marktteilnehmer entsprechenden Modellen (z.B. Kapitalisierung von Mehr- oder Mindereinnahmen, Schätzungen der Kosten für die Schadensbeseitigung etc.) kaufpreisbezogen ermittelt werden. Dies wird anhand zahlreicher Beispiele in den folgenden Abschnitten verdeutlicht.

marktgerechte Zu- und Abschläge

Die boG sollen, soweit möglich, in allen Verfahren identisch angesetzt werden. Dies ist nur möglich, wenn man die boG durch marktgerechte Zu- und Abschläge nach der Marktanpassung (Regelfall) ansetzt.

identischer Ansatz in allen Verfahren

Jedes Wertermittlungsverfahren stellt (bei marktkonformer Anwendung) eine eigene finale Schätzung des (vorläufigen[1]) Marktwerts dar. Deshalb sind alle boG grundsätzlich in allen Wertermittlungsverfahren zu berücksichtigen. Aus denselben Gründen ist es unplausibel, für die boG in unterschiedlichen Verfahren unterschiedlich hohe Wertkorrekturen anzusetzen.

transparente Berücksichtigung

Die Berücksichtigung der boG in Form von marktgerechten Zu- und Abschlägen nach der Marktanpassung ist für den Gutachtenkonsument besonders plausibel und transparent, da die Wertauswirkungen der boG betragsmäßig ausgewiesen werden und deutlich wird, dass diese in allen Verfahren sachgemäß berücksichtigt werden.

Begründung

Gutachten sollen nachvollziehbar sein.[2] Entsprechend fordern die SW-RL und die VW-RL, dass die Ermittlung der durch boG bewirkten Werterhöhung bzw. Wertminderung zu begründen ist. Hierbei handelt es sich um eine Forderung, die Gutachten(texte) für viele Anwendungsbereiche unverhältnismäßig aufblähen könnte. Deshalb sollte dies wohl regelmäßig nur in Gutachten, an deren Nachvollziehbarkeit und Begründetheit der Ansätze besonders hohe Anforderungen gestellt werden, geschehen (z.B. solche für gerichtliche Streitverfahren, wo dies von der Rechtsprechung auch gefordert wird).

8.5 Zustandsbesonderheiten (Baumängel und Bauschäden, wirtschaftliche Überalterung etc.)

8.5.1 Grundsätzliche Herangehensweise

Maßgaben der SW-RL und der VW-RL

Regelungen zur Berücksichtigung dieser boG befinden sich in den Nrn. 6.2 SW-RL bzw. 7.2 VW-RL (Baumängel und Bauschäden) und 6.3 SW-RL bzw. 7.3 VW-RL (wirtschaftliche Überalterung). Die dortigen Abhandlungen sind jedoch unvollständig, unsystematisch und teilweise bewertungstheoretisch unsachgemäß. Die nachstehenden Erläuterungen weichen deshalb teilweise davon ab.

Definitionen

Bauschäden entstehen i.d.R. nach der Fertigstellung eines Gebäudes, **Baumängel** während der Erstellungsphase. Abweichungen vom üblichen Unterhaltungszustand werden als **Unterhaltungsbesonderheiten** bezeichnet. Diese können aufgrund unterlassener Instandhaltung[3] in einer Unterhaltungsvernachlässigung bestehen (sog. „Unterhaltungsstau") oder in einem überdurchschnittlich guten Unterhaltungszustand. **Instandsetzungsmaßnahmen** dienen dazu, die Bauschäden, Baumängel und den Unterhaltungsstau zu beseitigen. **Modernisie-**

---

1) „Vorläufig" dann, wenn der Marktwert aus dem Ergebnis mehrerer Verfahren abgeleitet wird (vgl. Abb. 9–1).

2) Vgl. Kapitel 12 (Anforderungen an Gutachten).

3) Die Instandhaltung dient der Standarderhaltung des Gebäudes. Sie wird von den Begriffen der Modernisierung und auch der Instandsetzung nicht umfasst.

rungen sind beispielsweise Maßnahmen, die – anders als die Instandsetzungs-maßnahmen – eine wesentliche Verbesserung der Wohn- oder sonstigen Nutzungsverhältnisse oder wesentliche Einsparungen von Energie oder Wasser bewirken (§ 6 Abs. 6 Satz 2 ImmoWertV).

Wertminderung aufgrund von Baumängeln und/oder Bauschäden sowie anderer Zustandsbesonderheiten können

Arten der Berück-sichtigung

- durch Abschläge nach Erfahrungswerten (sachverständige Schätzung),
- unter Zugrundelegung von Bauteiltabellen[1] oder
- auf der Grundlage von Schadensbeseitigungs- und Modernisierungskosten[2]

berücksichtigt werden. Hierbei ist zu beachten, dass die Kosten oft nicht eins zu eins dem Werteinfluss entsprechen. Zumeist bedürfen die angesetzten Kosten einer eigenständigen Marktanpassung.

Kosten ≠ Wert-einfluss

Für die sachgemäße Berücksichtigung von Zustandsbesonderheiten ist bei der Wertermittlung immer vorweg zu prüfen, ob und inwieweit ein wirtschaftlich vernünftig handelnder Marktteilnehmer in das zu bewertende Objekt tatsächlich erhebliche Modernisierungsaufwendungen u.ä. investieren würde. Gelangt er wahrscheinlich zu dem Ergebnis, dass erhebliche Investitionen, z.B. wegen eines vernachlässigten Zustands, nicht mehr rentierlich sind, so wird er (falls kein rechtliches Hindernis – z.B. Denkmalschutz, LBauO – besteht)

nicht immer Schadensbeseiti-gungskosten ansetzen

- die baulichen Anlagen sofort abbrechen oder
- nur die unabdingbaren Investitionen tätigen oder
- das Objekt sogar unverändert weiternutzen, d.h. die Schäden nicht beseitigen.

Auf das wahrscheinlichste (wirtschaftlich vernünftigste) Ergebnis ist dann die Wertermittlung abzustellen.

---

1) Bauteiltabellen sind für unterschiedliche Gebäudetypen in den Marktdaten und Praxishilfen [1], Kapitel 3.01.6 abgedruckt.

2) Kosten für Modernisierungen und Instandsetzungen sowie Herstellungskosten zur Berücksichtigung von fehlender Fertigstellung und baulichen Erweiterungen sind in den Marktdaten und Praxishilfen [1], Kapitel 3.02.2 zusammengestellt.

Beispiele: **Nicht lohnende Sanierung**

- Die bauliche Substanz auf dem Bewertungsgrundstück ist sehr heruntergekommen. Der Gebäudewert errechnet sich zu 50.000 €. Alleine die Kosten für die Dachsanierung werden mit 30.000 € geschätzt; sonstige erforderliche Modernisierungsaufwendungen zur Herbeiführung einer noch wirtschaftlichen Restnutzungsdauer von 60 Jahren werden mit 150.000 € bis 200.000 € geschätzt.

  Mietverträge bestehen noch für eine Laufzeit von 10 Jahren; die Mieter können deshalb die Beseitigung der Schäden am Dach dahingehend verlangen, dass kein Regenwasser mehr in ihre Wohnungen eindringt.

  Reparatur oder Totalsanierung

  Ein wirtschaftlich handelnder Marktteilnehmer würde in diesem Fall überlegen, ob er das Dach nur provisorisch repariert, so dass eine Haltbarkeit für 10 Jahre gegeben ist (geschätzter Aufwand in diesem Beispiel 4.000 €), oder ob eine Totalsanierung des Gebäudes wirtschaftlicher ist.

  feuchter Keller

- In einer Immobilie mit einem Gesamt(Sach)wert von 50.000 € und einem anteiligen Gebäudewert von 20.000 € ist der Keller feucht. Die Schadensbeseitigungskosten werden auf 15.000 € geschätzt. In diesem Fall würde ein wirtschaftlich handelnder Erwerber den Schaden nicht beseitigen, weil hier unverhältnismäßig hohe Kosten im Vergleich zum Nutzengewinn entstehen. Es wäre zu überlegen, welcher anteilige Wert (z.B. Mietwert) bei nicht oder eingeschränkter Nutzbarkeit des Kellers verloren geht, um auf dieser Grundlage einen Abzug am vorläufigen Sachwert zur Berücksichtigung des vorhandenen und bestehen bleibenden Schadens anbringen zu können.

Beispiel: **Unwirtschaftliche Wohnungsgrundrisse**

Verbesserung der Grundrissgestaltung oder reduzierter Mietansatz

Bestehen bei dem Bewertungsobjekt unwirtschaftliche Wohnungsgrundrisse, so muss der Wertermittler vor der Wahl des Bewertungsansatzes bzw. des Bewertungsmodells überlegen, ob ein wirtschaftlich handelnder Marktteilnehmer die Wohnungsgrundrisse durch Umbaumaßnahmen verändern, d.h. zweckmäßig gestalten wird, oder ob er diese Umbauten nicht durchführen und dann demzufolge eine reduzierte Miete über die Restnutzungsdauer der baulichen Anlagen akzeptieren wird.

In den Fällen, in denen die über die Restnutzungsdauer der baulichen Anlagen kapitalisierte Mindermiete wegen unwirtschaftlicher Wohnungsgrundrisse wesentlich höher ist als die Umbaukosten, wird sich ein wirtschaftlich handelnder Eigentümer für einen Umbau entscheiden, andernfalls wird er dies nicht tun.

Dies hat für die Wahl der Wertermittlungsansätze bzw. des Bewertungsmodells folgende Konsequenz:

Ist die kapitalisierte Mindermiete geringer als die Umbaukosten (Variante 1), wird ein vernünftig handelnder Marktteilnehmer keinen Umbau vornehmen und der Wertermittler hat hierauf sein Bewertungsmodell und seine Bewertungsansätze abzustellen. Dies bedeutet für das Ertragswertverfahren, dass er mit den reduzierten Mieten bewertet (d.h. die ungünstigen Grundrisse in den diesbezüglichen Verfahrensansätzen berücksichtigt), und für das Sachwertverfahren, dass er am vorläufigen Sachwert einen Abzug in Höhe der über die Restnutzungsdauer der baulichen Anlagen kapitalisierten Mindermiete anbringt.[1]

kapitalisierte Mindermiete < Umbaukosten

Sind jedoch die Umbaukosten geringer als die kapitalisierte Mindermiete (Variante 2), so wird sich ein wirtschaftlich handelnder Marktteilnehmer für den Umbau entscheiden. Für den Wertermittler bedeutet dies, dass er bei Variante 2 im Ertragswertverfahren mit der marktüblich erzielbaren Nettokaltmiete für wirtschaftlich geschnittene Räume bewerten muss und am vorläufigen Ertragswert die kalkulierten (überschlägig geschätzten) Umbaukosten (ggf. reduziert bzw. gedämpft[2]) in Abzug bringen muss.[3] Beim Sachwertverfahren wird dann auch mit den Normalherstellungskosten eines üblichen Gebäudes gearbeitet und ebenfalls die Umbaukosten (ggf. reduziert bzw. gedämpft) vom vorläufigen Sachwert in Abzug gebracht.[3]

Umbaukosten < kapitalisierte Mindermiete

Linktipp

Unter www.1x1-der-immobilienbewertung.de (Rubrik: Materialien zum Buch) finden Sie Bewertungsbeispiele mit der Berücksichtigung von Bauschäden. Die Zugangsdaten finden Sie am Ende des Buches in Kapitel 14.

---

1) Zur Berücksichtigung von Mindermieten siehe Abschnitt 8.6.3.
2) Zur Dämpfung vgl. Abschnitt 8.5.3.
3) Ggf. sind zusätzlich sonstige investitionsbedingte Werteinflüsse zu berücksichtigen (z.B. Mietausfälle während der Umbauzeit).

8.5.2 Schönheitsreparaturen

kein Wertabzug

Für vor dem Einzug in die gekaufte Immobilie erforderliche Schönheitsreparaturen (z.B. Anstriche) und kleinere Modernisierungen (z.B. tlw. Bodenbelagserneuerungen) ist grundsätzlich kein Wertabzug vorzunehmen: Weil die Vergleichskaufpreise bei ihrer Auswertung diesbezüglich nicht reduziert werden, sind diese Kosten bereits in den Wertermittlungsdaten (Liegenschaftszinssätze, Sachwertfaktoren und Vergleichsfaktoren) enthalten. Ein zusätzlicher Ansatz würde somit zu einer Doppelberücksichtigung führen.

übliche Aufwendungen

Die üblichen, in den Vergleichskaufpreisen bereits berücksichtigten Aufwendungen für Schönheitsreparaturen betragen erfahrungsgemäß 3 % bis 6 %[1] vom Kaufpreis bzw. Marktwert der Immobilie. Bezogen auf die Wohnfläche betragen diese üblichen Aufwendungen bei Ein- und Zweifamilienhäusern je nach Gebäudestandard zwischen 50 €/m² und 150 €/m² Wohnfläche. Aufwendungen für Schönheitsreparaturen, die den vorbeschriebenen üblichen Umfang übersteigen, können wie die im folgenden Abschnitt behandelten Instandsetzungsmaßnahmen in der Wertermittlung berücksichtigt werden.

Buchtipp

Durchschnittliche Aufwendungen für Schönheitsreparaturen und kleinere Modernisierungen vor Einzug sind in den Marktdaten und Praxishilfen [1] in Kapitel 3.02.2, Abschnitt 2.3 tabelliert.

8.5.3 Instandsetzungen (reine Schadensbeseitigungen)

kein Gestaltungsspielraum

Oft stellt der Sachverständige im Rahmen der Ortsbesichtigung fest, dass vom potenziellen Erwerber einige Schäden zu beseitigen sind. Sofern es sich um reine Instandsetzungsmaßnahmen handelt, bei denen der Erwerber quasi über keinen Gestaltungsspielraum verfügt, dürfte der Werteinfluss dieser Bauschäden den durchschnittlichen Schadensbeseitigungskosten entsprechen.

Beispiele

> **Beispiele: Reine Schadensbeseitigungen**
>
> - kaputte Fensterscheibe
>
> - einzelne gerissene Fliesen
>
> - undichte Dachrinne
>
> - einzelne Tonpfannen der Dachdeckung gerissen

---

1) 3 % bei neueren und 6 % bei älteren Objekten.

Im Kostenansatz ist dann auch der Ausbau und die Entsorgung der schadhaften Teile sachgemäß berücksichtigen.

Vor- und Neben-kosten

Der Marktanpassungsfaktor für diese Art von boG beträgt also i.d.R. 1,0.

Marktanpassungsfaktor

Solche Kosten können bei vermieteten Objekten (Mehrfamilienhäusern) oft im Jahre des Entstehens unmittelbar in voller Höhe als Betriebsausgaben bzw. als Werbungskosten steuerlich geltend gemacht werden. Sie belasten den Erwerber demnach weniger als die Anschaffungskosten, die nur über einen längeren Zeitraum mit einem bestimmten jährlichen Prozentsatz abgeschrieben werden können. **Es wird deshalb empfohlen, bei der Bewertung von Mehrfamilienhäusern sofort voll steuerlich absetzbare Aufwendungen um 20 % zu dämpfen.**[1]

steuerliche Dämpfung

Buchtipp

Instandsetzungskosten für zahlreiche Einzelgewerke sind in den Marktdaten und Praxishilfen [1] in Kapitel 3.02.2, Abschnitt 3 zusammengestellt. Die dort tabellierten Kostenangaben gelten für fertige Arbeiten, d.h. sie gelten inklusive der Kosten für anfallende Vorarbeiten (z.B. Abbruch, Abtransport, Entsorgung) und Nebenarbeiten (z.B. Anpassung bestehen bleibender Gebäudeteile).

8.5.4 Modernisierungen, umfassende Instandsetzungen, bauliche Erweiterungen

Bei umfassenden Instandsetzungsmaßnahmen nutzt der Erwerber zumeist die Gelegenheit, um zugleich eine Modernisierung durchzuführen. Entsprechend verfügt er über einen breit gefächerten Gestaltungsspielraum.

Gestaltungs-spielraum

> **Beispiel: Schadhaftes Bad**
>
> Das Bad der zu bewertenden Immobilie befindet sich in einem schlechten Zustand. Es kann deshalb davon ausgegangen werden, dass ein Erwerber das Bad komplett erneuern wird. Entsprechend hoch ist der Gestaltungsspielraum. Er kann z.B. die Fliesen und die Farbe der Sanitärobjekte frei nach seinem Geschmack auswählen. Zudem ist er Erstnutzer des sanierten Bodens. Seine diesbezüglichen Erwägungen entsprechen denen eines Investors und/oder eines Erstbenutzers.

In diesen Fällen ist die Wertermittlung (d.h. die Bestimmung der vorläufigen Verfahrenswerte) grundsätzlich zunächst für den (fiktiven) Zustand durchzuführen, in dem sich das Bewertungsobjekt nach Beseitigung der angesetzten Bauschäden bzw. nach den durchzuführenden Modernisierungen befindet.

1. Schritt

---

1) Vgl. Lehrbuch und Kommentar [2], Teil 9, Kapitel 61, Abschnitt 2.6.

2. Schritt

Von den so ermittelten vorläufigen Verfahrensergebnissen sind die Investitionskosten in marktgerechter Höhe abzuziehen. Hierzu sind die Investitionskosten zunächst aufzuteilen in „reine" Schadensbeseitigungskosten (Kosten **ohne** Gestaltungs-, Investitions- und Erstnutzungseffekt) und Kosten für Modernisierungen, bauliche Erweiterungen etc. (Kosten **mit** Gestaltungs-, Investitions- und Erstnutzungseffekt). Der Werteinfluss der „reinen" Schadensbeseitigung entspricht den Kosten. D.h. der Marktanpassungsfaktor beträgt 1,0[1]. Für die Marktanpassung der gestaltbaren Investitionskosten kann in guter Näherung der Sachwertfaktor des Sachwertverfahrens (k)[2] angesetzt werden. Dass die Marktanpassung der Investitionskosten mittels Sachwertfaktor des Sachwertverfahrens zu marktgerechten Ergebnissen führt, ist ausführlich im Lehrbuch und Kommentar [2], Teil 9, Kapitel 61 erläutert. Dort wird auch in Abschnitt 4.4 eine differenzierte „strenge" Lösung vorgestellt. Das nachfolgende Schema verdeutlicht die vereinbarte vorbeschriebene Vorgehensweise.

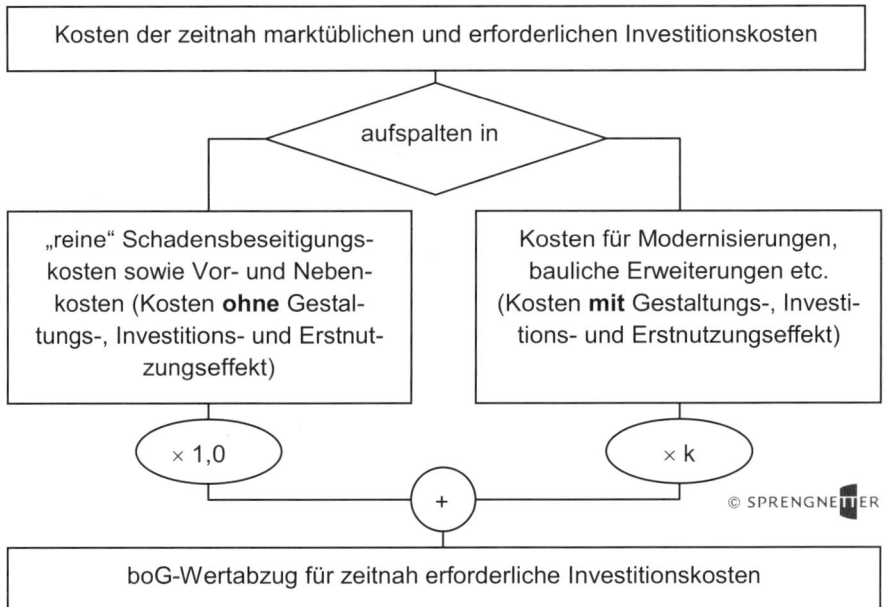

Abb. 8-2: ***boG-Wertabzug für wertermittlungsstichtagsnahe Investitionen***[3]

---

1) Vgl. Abschnitt 8.5.3.

2) Vgl. Tab. 6-17 in Kapitel 6.

3) Die in der Abbildung dargestellte Näherungslösung wurde von Sprengnetter bereits 1978 entwickelt und der Fachöffentlichkeit vorgestellt.

Beispiel: **Werteinfluss umfangreicher baulicher Investitionen**

A. Sachverhalt

Es ist ein 1953 errichtetes Einfamilienhaus zu bewerten.

Die Fenster sind einfach verglast und die Fensterrahmen sind z.T. verrottet. Die Fassade ist nicht gedämmt. Ebenso die oberste Geschossdecke zum Dachraum. Die Heizung ist 21 Jahre alt und muss ausgetauscht werden. Die Badeinrichtung entspricht nicht den heutigen Anforderungen. Das Bad ist deshalb komplett zu modernisieren. Am Dach und am Wintergarten sind einzelne Schäden, die zu beheben sind. Die Instandsetzungs- und Modernisierungskosten werden auf ca. 60.000 € geschätzt.

B. Aufgabe

Es ist der Marktwert der Immobilie zu ermitteln.

C. Lösung

Im ersten Schritt wird der Wert der fiktiv instandgesetzten und modernisierten Immobilie ermittelt. Gebäudestandard, Miete und Restnutzungsdauer werden also auf diesen fiktiv unterstellten modernisierten Zustand der Immobilie abgestellt.

Der auf dieser Grundlage ermittelte vorläufige Sachwert beträgt 250.000 €. Der vorläufige Ertragswert ergibt sich zu 240.000 €. Das Bodenwertniveau beträgt 60 €/m².

Die Kosten für die reine Schadensbeseitigung (Kosten **ohne** Gestaltungs-, Investitions- und Erstnutzungseffekt) sowie die Vor- und Nebenkosten (Abbruch und Entsorgung) betragen ca. 8.000 €. Bei den übrigen Maßnahmen hat der Erwerber einen relativ hohen Gestaltungsspielraum. So kann er z.B. die verwendeten Materialien und die Farbgestaltung und vieles andere mehr bestimmen. Die gesamten Investitionskosten in Höhe von 60.000 € werden entsprechend der in Abb. 8-2 dargestellten Vorgehensweise in einen nicht gestaltbaren Anteil in Höhe von 8.000 € und eine gestaltbaren Anteil in Höhe von 52.000 € aufgeteilt.

Ermittlung des Werteinflusses der baulichen Investitionen:

Werteinfluss der reinen Schadensbeseitigungskosten	8.000 € × 1,0	=	8.000 €
Werteinfluss der Modernisierungsmaßnahmen	52.000 € × 0,92[1]	=	47.840 €
gesamter Werteinfluss der baulichen Investitionen		=	55.840 €
			rd. 56.000 €

---

1) Vgl. Tab. 6-17 in Kapitel 6.

Der ermittelte gesamte Werteinfluss der baulichen Investitionen ist als boG von den vorläufigen Verfahrensergebnissen abzuziehen. Der Sachwert beträgt somit 194.000 € und der Ertragswert 184.000 €.

Unter Berücksichtigung der im gewöhnlichen Geschäftsverkehr bestehenden Gepflogenheiten und der zur Verfügung stehenden Daten[1] wird der Marktwert aus den Verfahrensergebnissen auf 190.000 € geschätzt.

8.5.5 Wirtschaftliche Überalterung und überdurchschnittlicher Erhaltungszustand

wirtschaftliche Überalterung

Von einer wirtschaftlichen Überalterung spricht man, wenn das Bewertungsobjekt nur noch eingeschränkt verwendungsfähig bzw. marktgängig ist. Anhaltspunkte für eine wirtschaftliche Überalterungen sind

- erhebliche Ausstattungsmängel,

- unwirtschaftliche Gebäudegrundrisse und

- unwirtschaftliche Anordnung der Gebäude auf dem Grundstück.[2]

Die wirtschaftliche Überalterung tritt also aufgrund von Baumängeln ein.

überdurchschnittlicher Erhaltungszustand

Wenn sich das Bewertungsobjekt in einem besonders gepflegtem Zustand befindet, spricht man von einem überdurchschnittlichen Erhaltungszustand. In Abgrenzung zur Modernisierung handelt es sich hier um über das übliche Maß hinausgehende Instandhaltungsmaßnahmen, die in ihrer Gesamtheit zwar das Erscheinungsbild des Bewertungsobjekts überdurchschnittlich positiv beeinflussen, jedoch keine Erhöhung der Restnutzungsdauer bewirken.[3]

Solche überdurchschnittlich gepflegten Objekte sind vielfach anzutreffen. (Motto: *„Das Haus ist das Hobby des Eigentümers".*)

kein Einfluss auf die Restnutzungsdauer

Beide Gegebenheiten (unter- und überdurchschnittlicher Instandhaltungszustand) führen generell nicht zu Veränderungen (Verlängerung, Verkürzung) der Restnutzungsdauer des Gebäudes insgesamt; es sei denn, sie beeinflussen die Gesamtnutzungsdauer wesentlich. (Die diesbezüglichen Maßnahmen stellen dann aber zumeist schon Modernisierungen dar.)

Wertzuschlag

Ein überdurchschnittlich guter Instandhaltungszustand ist beispielsweise gegeben, wenn vor Kurzem sämtliche Fenster, die Außenfassade, das Treppenhaus etc. neu gestrichen, auch die Bodenbeläge bearbeitet und alle mechanischen Teile u.ä. (Fenster, Türen, Heizung etc.) gewartet wurden. Für den Erwerber hat dies

---

1) Zur Ableitung des Marktwertes aus den Verfahrensergebnissen siehe Kapitel 9.
2) Vgl. Nr. 6.3 der SW-RL und Nr. 7.3 der VW-RL.
3) Vgl. Nr. 6.4 der SW-RL und Nr. 7.4 der VW-RL.

die Folge, dass er in den nächsten Jahren nur reduzierte Instandhaltungskosten aufbringen muss. Ein überdurchschnittlich guter Instandhaltungszustand kann demzufolge durch einen „Wertzuschlag wegen überdurchschnittlich gutem Instandhaltungszustand (zukünftig eingesparte Instandhaltungskosten)" berücksichtigt werden. Dieser kann auf der Grundlage reduzierter eingesparter Kosten (Wert ≠ Kosten) nach freier Schätzung angesetzt werden.[1]

Dasselbe gilt umgekehrt (Wertabschlag) bei im vorbeschriebenen Sinne vernachlässigter Instandhaltung (wirtschaftlicher Überalterung).

Wertabschlag

Praxistipp:

Bei unterlassenem Innenanstrich u.ä. sollte man insbesondere bei Eigennutzungsobjekten diesen Zustand nicht überbewerten, weil Erwerber zunächst vor Einzug den Anstrich ohnehin erneuern.[2]

8.5.6 Besondere Architektur

Eine ausgefallene negative wie positive Architektur kann, soweit sie nicht in den Erträgen oder sonstigen Wertansätzen (z.B. durch modifizierte NHK) zum Ausdruck kommt, durch begründete Abzüge vom oder Zuschläge zum vorläufigen Verfahrenswert (quasi auch als boG) berücksichtigt werden. Durch die betragsmäßige Ausweisung als boG hat der „Gutachtenkonsument" die Möglichkeit, die diesbezügliche frei (sachverständig) geschätzte Wertkorrektur zu akzeptieren oder sie im Rahmen seiner Vermögensdisposition zu modifizieren.

Zu- und Abschläge für ausgefallene Architektur

8.5.7 Freilegungs-, Teilabriss- und Sicherungsmaßnahmen

Bei Freilegungs-, Teilabriss- und Sicherungsmaßnahmen, die bei wirtschaftlicher Betrachtungsweise erforderlich sind und noch nicht bei der Ermittlung des Bodenwerts berücksichtigt wurden, sind ggf.

- die anfallenden Kosten,
- die Verwertungserlöse für abgängige Bauteile und
- die ersparten Baukosten durch die Verwendung vorhandener Bauteile

zu berücksichtigen.[3]

---

1) Vgl. hierzu auch 8.5.2 (Aufwand für Schönheitsreparaturen).
2) Vgl. hierzu die Ausführungen zu den Schönheitsreparaturen in Abschnitt 8.5.2 und die Hinweise im Lehrbuch und Kommentar [2], Teil 9, Kapitel 60, Abschnitt 3.7 (Doppelberücksichtigung vermeiden), Beispiel b (übliche Schönheitsreparaturen vor Einzug).
3) Vgl. Nr. 6.5 der SW-RL und Nr. 7.5 der VW-RL.

8.6 Ertragsbesonderheiten (Mehr- oder Mindermiete, Leerstand)

8.6.1 Berücksichtigung von Abweichungen zwischen der tatsächlichen Miete und der marktüblich erzielbaren Miete (Grundsätze)

boG nicht in vorläufigen Wertermittlungs-ergebnissen berücksichtigt

Alle Wertermittlungsverfahren führen grundsätzlich zunächst zum „vorläufigen Verfahrenswert", z.B. zum „vorläufigen Ertragswert" oder zum „vorläufigen Sachwert". Ggf. beim Bewertungsobjekt bestehende und in den Verfahrensansätzen (z.B. Mieten, NHK) noch nicht berücksichtigte Besonderheiten sind als „besondere objektspezifische Grundstücksmerkmale (boG)" zusätzlich, den „vorläufigen Verfahrenswert" korrigierend, zu berücksichtigen.[1]

Zu diesen „besonderen objektspezifischen Grundstücksmerkmalen (boG)" gehören auch die bestehenden Abweichungen zwischen der marktüblich erzielbaren Miete und der tatsächlich vertraglich vereinbarten Miete.[2] Dies wird nachfolgend am Beispiel der Ertragswertermittlung aufgezeigt.

Mietansatz

Die Ermittlung des „vorläufigen Ertragswerts" ist regelmäßig zunächst nicht auf die am Wertermittlungsstichtag gegebenen tatsächlichen Mieten abzustellen, sondern auf die marktüblich erzielbare Miete (vgl. § 17 Abs. 1 Satz 1 i.V.m. § 8 Abs. 2 ImmoWertV).

Abweichungen von der marktüblich erzielbaren Miete sind boG

§ 8 Abs. 3 ImmoWertV führt aus, dass „von den marktüblich erzielbaren Erträgen erheblich abweichende Erträge" regelmäßig als besondere objektspezifische Grundstücksmerkmale (boG) zu berücksichtigen sind. Bedingung ist jedoch, dass diese Abweichungen rechtlich zulässig sind. Unzulässige Mieten (z.B. Mietüberhöhungen oder Wuchermieten) sind dabei nicht zu berücksichtigen.[3] Als erheblich in diesem Sinne sind Abweichungen anzusehen, die ein Wertermittlungsergebnis signifikant (d.h. über die Rundungsgenauigkeit hinaus) beeinflussen.

Die Feststellung, ob ein solcher erheblicher Einfluss vorliegt, ist nicht (allein) aus der am Wertermittlungsstichtag gegebenen Mietabweichung feststellbar. Sie bedingt, dass

a) alle Mietverträge analysiert und die zukünftigen marktüblichen und tatsächlichen Mietentwicklungen geschätzt und miteinander verglichen werden und

b) der Barwert aller zukünftigen Mieterträge bzw. Mietabweichungen berechnet wird.

---

1) Vgl. Abschnitt 8.3 und die diesbezüglich grundlegenden Ausführungen in [2], Teil 9, Kapitel 60 ((boG (Grundlagen)), Abschnitt 3.3 (Interne oder/und externe Berücksichtigung?).
2) Vgl. auch § 8 Abs. 3 ImmoWertV und Nr. 6.1 SW-RL sowie Nr. 7.1 VW-RL.
  Im Englischen spricht man bei „Mehr- und Mindermieten" von „over- and underrent".
3) Vgl. hierzu auch Lehrbuch und Kommentar [2], Teil 6, Kapitel 2 (Ertragswertverfahren – Begriffe, Daten), Abschnitt 1.16 (Erträge aus illegalen Nutzungen).

Praxistipp

Wenn schon die Barwerte der Mietdifferenzen berechnet wurden (und das geht mit Fachsoftware in wenigen Minuten), dann sollte man diese „bedeutsamen" Berechnungen den Gutachten[1] auch dann beifügen, wenn der Einfluss insgesamt nicht erheblich ist. Hierdurch wird dann der geringe Einfluss der Mietabweichungen nachgewiesen.

Die Berücksichtigung von Mehr- oder Mindermieten erfolgt demnach grundsätzlich entsprechend nachstehendem Bewertungsmodell:

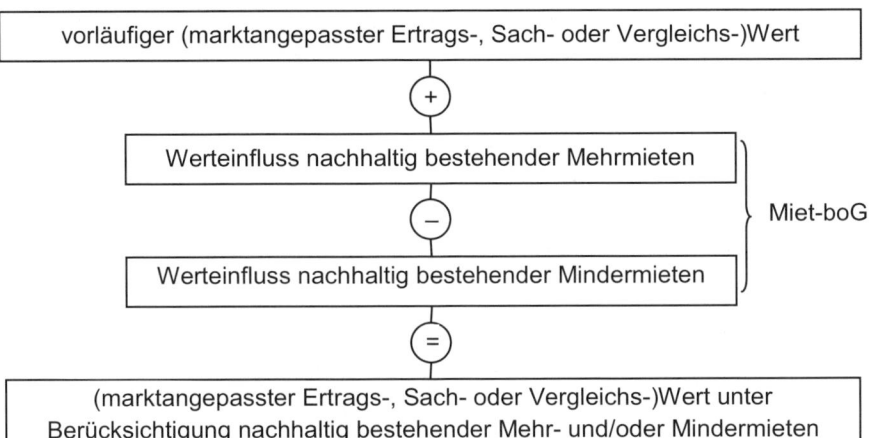

Abb. 8-3:   ***Wertermittlung bei Mehr- oder Mindermieten***
(Sprengnetter 1978)

Aufgrund dieser Verfahrensvorschrift errechnen sich z.B. für (ansonsten) übereinstimmende Mehrfamilienhausgrundstücke selbst dann identische „vorläufige marktangepasste (Verfahrens)Werte", wenn sich die tatsächlichen Mieten erheblich voneinander unterscheiden.

---

1) Vgl. Kapitel 12 (Anforderungen an Gutachten).

Beispiel: **Identische vorläufige (Ertrags-, Sach- oder Vergleichs-) Werte trotz abweichender tatsächlicher Mieten**

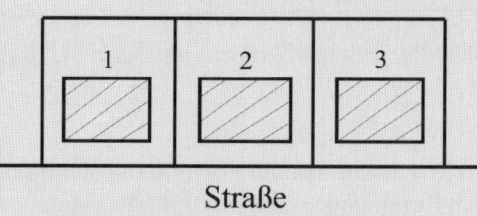

Straße

Auf den gleich großen Grundstücken 1, 2 und 3 stehen drei identische Sechsfamilien-Wohnhäuser. Die Mieten betragen:

Grundstück 1:

4 €/m² Wohnfläche, da die (ältere) Vermieterin seit mehreren Jahren die Mieten nicht mehr angepasst hat.

Grundstück 2:

6 €/m² Wohnfläche, da die Mieten sämtlich aktuell an die derzeitige ortsübliche Vergleichsmiete[1] angepasst wurden.

Grundstück 3:

7,20 €/m² Wohnfläche, da sämtliche Wohnungen aktuell neu zur Marktmiete (20 % oberhalb der ortsüblichen Vergleichsmiete) vermietet wurden.

Trotz der deutlich voneinander abweichenden tatsächlichen Mieten ist der „vorläufige Ertragswert" für alle drei Grundstücke auf der Grundlage der marktüblich erzielbaren (= ortsüblichen Vergleichs)Miete von 6 €/m² Wohnfläche zu bestimmen und deshalb für alle drei Grundstücke gleich hoch.

Bei Grundstück 1 errechnet sich jedoch eine zeitlich begrenzt hinzunehmende Mindermiete und bei Grundstück 3 eine zeitlich begrenzt gesicherte Mehrmiete. Deren Wertauswirkungen sind dem jeweiligen vorläufigen Ertragswert[2] korrigierend sachgemäß zu berücksichtigen.

Wie die nach dem Wertermittlungsstichtag gegenüber der marktüblich erzielbaren Miete bestehenden Mehr- oder Mindermieten sachgemäß zu berücksichtigen sind, wird nachstehend beschrieben.

---

1) Zum Begriff vgl. § 558 Abs. 2 BGB. Wertermittlungstechnisch identisch mit dem Begriff der marktüblich erzielbaren Miete.

2) Dasselbe gilt ggf. für den vorläufigen Sach- und Vergleichswert.

8.6.2 Berücksichtigung von Mehrmieten (Grundsatz)

Aufgrund der vorangestellten Überlegungen und der Vorschrift des § 17 Abs. 1 Satz 1 ImmoWertV wird der vorläufige Ertragswert durch Kapitalisierung der marktüblich erzielbaren Miete (bzw. des marktüblich erzielbaren Reinertrags) bestimmt, wobei der Bodenanteil am Reinertrag als ewige Rente und der Reinertragsanteil der baulichen Anlagen als auf deren RND begrenzte (statische) Zeitrente kapitalisiert wird.[1]

Bewertungs-modell

Dass dabei der (vorläufige) Ertragswert trotz der Anwendung statischer Rentenformeln ein marktkonformer Wert ist, wird durch Ableitung und Anwendung des Liegenschaftszinssatzes in demselben Modell garantiert.[2]

Der durch die Mehrmiete bedingte Mehrwert kann grafisch als die auf den Wertermittlungsstichtag abgezinste und in nachstehender Abb. 8-4 schräg schraffierte Fläche verdeutlicht bzw. interpretiert werden.

---

1) Vgl. Abschnitt 5.2 (Bewertungsmodell).
2) Vgl. Abschnitt 5.3.6 (Liegenschaftszinssatz).

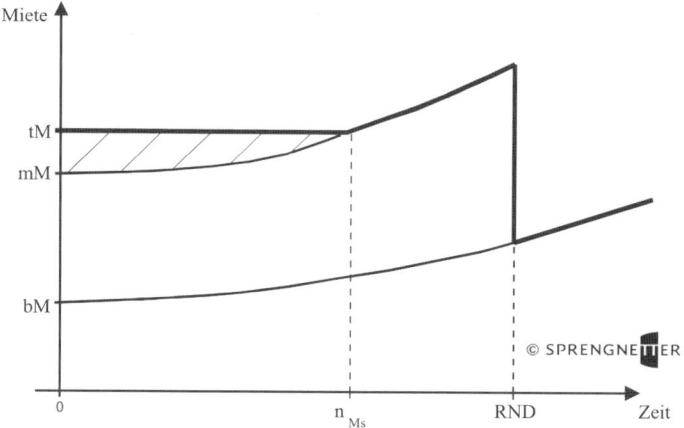

tM = tatsächliche Miete

mM = marktüblich erzielbare Miete

bM = Bodenwertanteil der Miete

0 = Wertermittlungsstichtag

n_{Ms} = Zeitdauer, über die eine statische Mehrmiete gesichert ist

RND = Restnutzungsdauer der baulichen Anlagen

Abb. 8-4: **Mehrmiete im frei finanzierten Wohnungsbau ohne Anpassungs-vereinbarung**

Diese nur zeitlich begrenzt gesicherte Mehrmiete, d.h. der Barwert der in Abb. 8-4 schräg schraffierten Fläche, kann auf verschiedene Weisen berechnet werden.

Beispiel   In Abschnitt 8.6.4 wird dies am Beispiel einer Näherungslösung gezeigt.[1]

---

1) „Exakte" Lösungen können im Lehrbuch und Kommentar [2], Teil 9, Kapitel 62, Abschnitt 4.2 (Berücksichtigung von Mehrmieten) nachgelesen werden. Diese „exakten" Berechnungen sind mittels dem in die Fachsoftware Sprengnetter-ProSa [vgl. Abschnitt 13.2] integrierten Assistenten schnell und einfach durchzuführen.

8.6.3 Berücksichtigung von Mindermieten (Grundsatz)

Der vorläufige Ertragswert ist auch bei bestehenden Mindermieten wiederum zunächst auf der Grundlage der marktüblich erzielbaren Miete zu bestimmen.

Der auf den Wertermittlungsstichtag bezogene Barwert der Mindermieten kann an dem in der folgenden Abbildung darstellten Modell verdeutlicht werden:

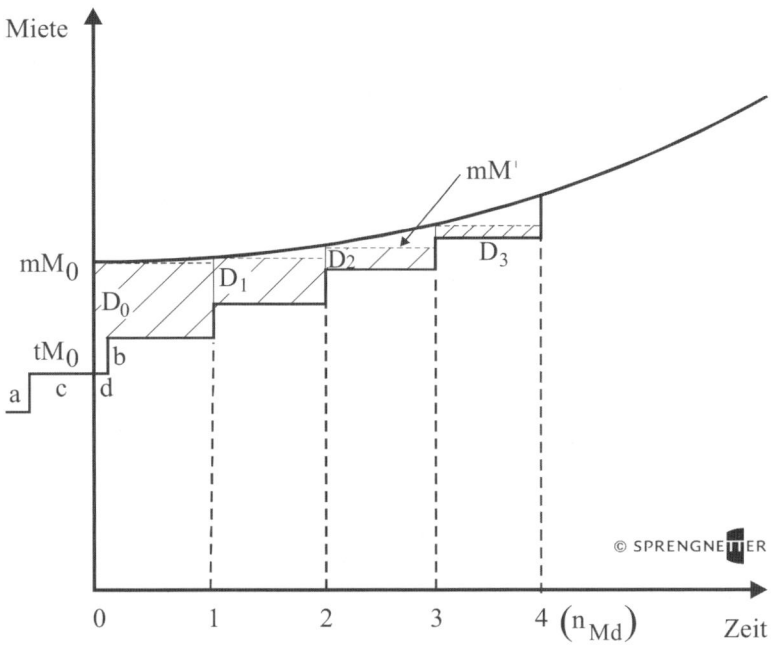

mM = marktüblich erzielbare Miete

tm = tatsächliche Miete

mM' = marktüblich erzielbare Miete zu Beginn des jeweiligen Zeitabschnitts

D_i = Mindermiete im Jahre i ($t_{Mi} - m_{Mi}$) – Mietdifferenzen

0 = Wertermittlungsstichtag

n_{Md} – Zeildauer, über die eine dynamische Mindermiete gegeben ist

Abb. 8-5: **Mindermiete im frei finanzierten Wohnungsbau ohne Anpassungsvereinbarung**

exakte Lösung,
DCF-Modell

Bei einer „exakten" Lösung wird fortschreitend über die Zeitdauer, über die die dynamische Mindermiete gegeben ist (n_{Md}), die tatsächliche (Jahres)Miete mit der marktüblichen (Jahres)Miete verglichen bzw. werden deren (jährliche) Differenzen gebildet, auf den Wertermittlungsstichtag abgezinst und addiert.[1]

Da im gewählten Beispiel die Differenz aus tatsächlicher und marktüblich erzielbarer Miete ($tM_i - mM_i$) immer negativ ist, ergibt sich ein negativer Rentenbarwert. Demzufolge ist der vorläufige marktangepasste Ertrags-, Sach- oder Vergleichswert zwecks Berücksichtigung der Mietdifferenz um den Rentenbarwert der Mietdifferenzen zu reduzieren.

Beispiel

In Abschnitt 8.6.4 wird dies am Beispiel einer Näherungslösung gezeigt.[2]

8.6.4 Näherungsformeln zur Berücksichtigung von Mietabweichungen

Grundsätzlich sind die Werteinflüsse von Mietabweichungen (z.B. als nutzungseinheitsweise Differenz zweier Rentenbarwerte) zu ermitteln. Ohne EDV-Unterstützung ist die „exakte" Berücksichtigung der jeweils gegebenen Rentenform mit vertretbarem Aufwand nicht möglich.

für Laien ver-
ständliche
Überlegungen

Deshalb wird nachfolgend eine Näherungslösung zur Berücksichtigung von Mietdifferenzen angegeben, die „von Hand" berechnet werden kann. Diese mit den Abbildungen 8–4, 8–5 und 8–6 erläuterbaren Überlegungen sind auch Laien gut vermittelbar und liefern i.d.R. auch hinreichend genaue Ergebnisse.

Da die Mietabweichung ($t_M - m_M$) am Wertermittlungsstichtag in voller Höhe besteht und zum Zeitpunkt n_M gegen Null geht, ist die Mietabweichung insgesamt (siehe schraffierte Flächen in den Abbildungen 8–4 und 8–5) näherungsweise ein Dreieck. Dessen Fläche berechnet sich als

Dreiecks-
berechnung

$$F_\Delta = \text{Grundlinie} \times \text{Höhe} \times 0{,}5$$

Die zeitlich nach dem Wertermittlungsstichtag gelegenen Mietabweichungen sind aber nur abgezinst anzurechnen. Dies kann hinreichend genau durch Reduzierung des Faktors 0,5 auf 0,45 berücksichtigt werden. Hiernach ergibt sich:

Näherungslösung

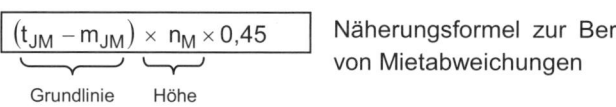

$$\boxed{\underbrace{(t_{JM} - m_{JM})}_{\text{Grundlinie}} \times \underbrace{n_M}_{\text{Höhe}} \times 0{,}45}$$

Näherungsformel zur Berechnung des Barwerts von Mietabweichungen

---

1) „Exakte" Lösungen können im Lehrbuch und Kommentar [2], Teil 9, Kapitel 62, Abschnitt 4.3 (Berücksichtigung von Mindermieten) nachgelesen werden. Diese „exakten" Berechnungen sind mittels dem in die Fachsoftware Sprengnetter-ProSa [vgl. Abschnitt 13.2] integrierten Assistenten schnell und einfach durchzuführen.

2) „Exakte" Lösungen können im Lehrbuch und Kommentar [2], Teil 9, Kapitel 62, Abschnitt 4.2 (Berücksichtigung von Mehrmieten) nachgelesen werden. Diese „exakten" Berechnungen sind mittels dem in die Fachsoftware Sprengnetter-ProSa [vgl. Abschnitt 13.2] integrierten Assistenten schnell und einfach durchzuführen.

Beispiel: **Ermittlung des Barwerts einer Mindermiete mittels Näherungsformel**

A. Sachverhalt

Bei einer frei finanzierten Wohnung mit 88 m² Wohnfläche besteht eine Abweichung zwischen marktüblich erzielbarer (11 €/m²) und tatsächlicher Miete (8 €/m²). Es existiert keine Mietanpassungsvereinbarung.

B. Aufgabe

Es ist der Barwert dieser Mietdifferenz, d.h. der Mindermiete, zu bestimmen.

C. Lösung

Der Barwert der Mietdifferenz kann näherungsweise mit folgender Formel ermittelt werden:

$$\boxed{(t_{JM} - m_{JM}) \times n_M \times 0{,}45} \quad \text{Näherungsformel}$$

a) **Ermittlung der Mietdifferenz zum Wertermittlungsstichtag**

tatsächliche[1] Jahresmiete t_{JM}

8 €/m² × 88 m² × 12 Monate   8.448,– €

marktüblich erzielbare Jahresmiete m_{JM}

11 €/m² × 88 m² × 12 Monate   11.616,– €

Mietdifferenz (Mindermiete) im Jahr der Wertermittlung   – 3.168,– €

b) **Schätzung der Zeitdauer der Mietdifferenz**
(Zeitdauer, bis die tatsächliche Miete an die marktüblich erzielbare Miete angepasst ist)

$$\frac{11\,€/m² - 8\,€/m²}{8\,€/m²} = 37{,}5\%$$ liegt die tatsächliche Miete (bezogen auf $tM_0 = 8\,€/m² \triangleq 100\,\%$) unter der marktüblich erzielbaren Miete.

---

1) Wenn die tatsächliche Miete sofort erhöhbar ist (vgl. § 558 BGB), so ist hier diese erhöhte Miete anzusetzen.

Die tatsächliche Miete darf jährlich um näherungsweise $\left(\sqrt[3]{1,20} = 1,063 \,\hat{=}\,\right)$ 6,3 % steigen (vgl. § 558 Abs. 3 BGB).[1] Die marktüblich erzielbare Miete steigt jährlich durchschnittlich um 3,0 %.[2] Deshalb nähert sich die tatsächliche Miete der marktüblich erzielbaren Miete jährlich um ca. 6,3 % – 3,0 % = 3,3 % pro Jahr.

Zur Anpassung werden deshalb noch ca. 37,5 % : 3,3 % = 11,4 Jahre benötigt.[3]

Hiernach errechnet sich der Barwert der Mindermiete:

$$3.168 \,€ \times 11,4 \times 0,45 = \quad 16.252 \,€$$

$$\text{rd. } 16.300 \,€$$

Bei der „exakten" Berechnung (z.B. mittels des ProSa-Zusatzmoduls „Sprengnetter-Mietabweichungen"; vgl. Abschnitt 13.2) ergibt sich der Barwert zu 15.545 €.

Die im Verhältnis zum Gesamtmarktwert unbeachtliche Differenz ist insbesondere darin begründet, dass der Zeitraum, über den noch eine Mindermiete gegeben ist, bei der Näherungslösung nur überschlägig errechnet (d.h. grob ermittelt) wird. Zudem handelt es sich bei dem Faktor 0,45 nur um einen durchschnittlichen Anpassungsfaktor für die sich während des Kapitalisierungszeitraums auf Null reduzierende Mietdifferenz.

Dennoch liefert die Anwendung der Näherungsformel auch in diesem Beispiel ein hinreichend genaues Ergebnis.

Linktipp

Unter www.1x1-der-immobilienbewertung.de (Rubrik: Materialien zum Buch) finden Sie ein Bewertungsbeispiel, bei dem u.a. die Besonderheit der Mindermiete berücksichtigt wird. Die Zugangsdaten finden Sie am Ende des Buches in Kapitel 14.

---

1) D.h. 20 % in 3 Jahren entspricht einem durchschnittlichen jährlichen Anstieg von 6,3 %, denn 1,063³ = 1,20. Beträgt die Kappungsgrenze nur 15 %, so kann die Miete näherungsweise jährlich um 4,8 % erhöht werden.

2) Der jeweils aktuelle jährliche Mietanstieg kann aus den Marktdaten und Praxishilfen [1], Kapitel 4.08 (Übersicht zu den durchschnittlichen prozentualen Indexentwicklungen) entnommen werden.

3) Bei einer auf 15 % reduzierten Kappungsgrenze verlängert sich die Anpassungsdauer auf 20,8 Jahre.

8.6.5 Leerstand

Leerstand ist ein Sonderfall der Mindermiete. Bei Leerstand ist als boG der Mietausfall (MA) über die geschätzte (objektart- und regionsspezifische) Leerstandszeit (Zeitspanne bis zur Wiedervermietung) in Abzug zu bringen.

Sonderfall der Mindermiete

Der Barwert des Mietausfalls (MA) entspricht der in nachstehender Abbildung schraffierten (fast rechteckigen) Fläche.

Barwert des Mietausfalls

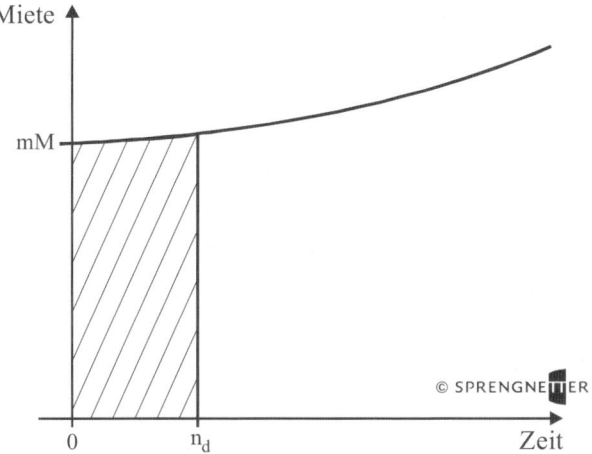

m_M = marktüblich erzielbare Miete

n_d = geschätzte Zeitdauer bis zur Neuvermietung

Abb. 8-6: **Mietausfall MA bei Leerstand**

Dieser Barwert des Mietausfalls ist noch um die während dieser Leerstandszeit nicht auf Mieter umlegbaren Bewirtschaftungskosten(anteile) BWK zu erhöhen.

nicht umlegbare Bewirtschaftungskosten

> **Beispiel: Mietausfall – boG bei Leerstand**
>
> **A. Sachverhalt**
>
> In einem 6-Familienwohnhaus sind am Wertermittlungsstichtag zwei Wohnungen unvermietet. Der Zeitraum bis zur Neuvermietung wird mit 6 Monaten geschätzt.
>
> - vorläufiger Verfahrenswert 420.000 € (bei Vollvermietung zur marktüblich erzielbaren Miete)
> - Wohnungsgrößen: jeweils 90 m²
> - monatlich marktüblich erzielbare Miete:
>   jeweils 7 €/m² × 90 m² = 630 €
>
> **B. Aufgabe**
>
> Es ist die Wertminderung infolge des Leerstands zu ermitteln.
>
> **C. Lösung**
>
> $$\text{boG}_{\text{Mindermiete}} = -6\,\text{Monate} \times 630\,\text{€/Mo.} \times 2\,\text{Wohnungen} = -7.560\,\text{€}$$
>
> $$\text{boG}_{\text{BWK}}{}^{1)} = -6\,\text{Monate} \times 2,50\,\text{€/m}^2 \times 2\,\text{Wohnungen} \times 90\,\text{m}^2/\text{Wohnung}$$
> $$= -2.700\,\text{€}$$
>
> $$\text{boG}_{\text{Leerstand}} = -10.260\,\text{€},\ \text{rd.} -10.000\,\text{€}$$

8.7 Erschließungsbeiträge und sonstige Abgaben

grundstücksbezogene Abgaben auch als boG berücksichtigen

Grundsätzlich sind beim Bewertungsobjekt noch ausstehende Erschließungsbeiträge und sonstige grundstücksbezogene Abgaben den boG zuzurechnen. D.h., die vorläufigen Verfahrenswerte (Vergleichs-, Sach- und Ertragswert) stellen zunächst auf den abgabenfreien Grundstückswert ab. Der Werteinfluss noch ausstehender Abgaben ist dann noch zusätzlich als boG wertmindernd zu berücksichtigen.

Zur Vermeidung von Doppelabhandlungen wird verwiesen auf die diesbezüglichen Abhandlungen in den Abschnitten

- Kapitel 4 (Bodenwertermittlung), Abschnitt 4.4.6 (Erschließungs- und Ausbaubeitrag)
- Kapitel 5 (Ertragswertverfahren), Abschnitt 5.3.7 (Bodenwertanteil am Reinertrag), Hinweis zu „Berücksichtigung von Erschließungsbeiträgen und Abgaben"
- Kapitel 6 (Sachwertverfahren), Abschnitt 6.8 (Bodenwert im Sachwertverfahren), Sonderfall 4 (erschlossenes, aber abgabenpflichtiges Grundstück)

---

1) Zu den bei Leerstand nicht umlegbaren Betriebs-, Verwaltungs- und Instandhaltungskosten siehe Lehrbuch und Kommentar [2], Teil 9, Kapitel 62, Abschnitt 4.14 (Berücksichtigung von Leerstand oder Eigennutzung).

8.8 Rechte und Belastungen (Grunddienstbarkeiten, Baulasten, Wohnungsrechte)

8.8.1 Grundsätze

Auch die nicht in § 8 Abs. 3 ImmoWertV genannten grundstücksbezogenen Rechte und Belastungen gehören, insbesondere wenn sie den Wert der Immobilie wesentlich beeinflussen (z.B. Abweichungen von den marktüblichen Erträgen verursachen), grundsätzlich zu den boG. Folglich werden diese in der SW-RL und der VW-RL auch als boG genannt. Hinsichtlich der Ermittlung der Wertauswirkungen verweisen die beiden Richtlinien auf die aus Sicht der Autoren bewertungstheoretisch unzulänglichen Regelungen in Abschnitt 4 des ZWEITEN TEILS der WertR 2006.

grundstücksbezogene Rechte und Belastungen sind auch boG

Buchtipp

Im Lehrbuch und Kommentar [2] finden Sie ausführliche Abhandlungen (Rechtsgrundlagen, Bewertungsmodelle, Praxisbeispiele) zu allen wertrelevanten Rechten.

Eine Übersicht der wichtigsten Rechte und Belastungen enthält Abb. 8-1.

Übersicht

Gegenstand der Wertermittlung können sowohl das Recht als auch das mit dem Recht belastete oder das begünstigte Grundstück sein. Es ist zu beachten, dass der Wert des Rechts nicht der Wertminderung des belasteten oder der Werterhöhung des begünstigten Grundstücks entsprechen muss.

Wertermittlungsgegenstand

Ausgangspunkt der Wertermittlung des belasteten bzw. des begünstigten Grundstücks ist in der Regel dessen Marktwert bzw. der Bodenwert ohne Berücksichtigung der Belastung bzw. Begünstigung durch das Recht. Der Werteinfluss wird dann als boG berücksichtigt.

Ausgangspunkt

Der Vorteil, den das begünstigte Grundstück bzw. der Berechtigte durch das Recht erfährt, bzw. die Wertminderung, die das belastete Grundstück erleidet, ergibt sich im Wesentlichen aus dem wirtschaftlichen Vorteil bzw. Nachteil sowie einer Marktanpassung. Hierbei ist grundsätzlich auf objektive Gesichtspunkte abzustellen.

Methodik

Ist für die Einräumung eines Rechts künftig noch eine einmalige oder eine wiederkehrende Gegenleistung zu erbringen, so ist diese bei der Ermittlung des Werts des Rechts oder der Belastung bzw. bei der Ermittlung des Werts des begünstigten oder des belasteten Grundstücks zu berücksichtigen. In den meisten Fällen handelt es sich bei der Gegenleistung um wiederkehrende Zahlungen (Rente). In diesen Fällen ist der Barwert dieser Zahlungen zu ermitteln und bei der Ermittlung der Werterhöhung, der Wertminderung oder des Werts zu berücksichtigen.

Gegenleistung, Rentenzahlungen

Leibrente /
Zeitrente

Zur Wertermittlung befristeter Rechte oder Belastungen ist der jährliche Vor- bzw. Nachteil über die Restlaufzeit des Rechts zu kapitalisieren. Hierbei ist zu unterscheiden, ob sie

- auf einen festen Zeitraum bezogen sind oder
- mit dem Ableben des oder der Berechtigten erlöschen.

Sind Rechte oder Belastungen auf feste Zeiträume bezogen, ist mit Zeitrentenbarwertfaktoren zu kapitalisieren. Hierzu kann i.d.R. der in Anlage 1 der ImmoWertV tabellierte Barwertfaktor für die Kapitalisierung[1] herangezogen werden. Bei Rechten und Belastungen, die an das Leben einer oder mehrerer Personen gebunden sind, sind zur Kapitalisierung Leibrentenbarwertfaktoren heranzuziehen.

Buch- und Linktipp

Leibrentenbarwertfaktoren sind zu der jeweils aktuellen und für ältere Sterbetafeln in den Marktdaten und Praxishilfen [1] in Kapitel 3.09.4 tabelliert. Zudem veröffentlicht das Statistische Bundesamt im Internet unter www.destatis.de in der Rubrik "Bevölkerung / Sterbefälle, Lebenserwartung" kostenlos aktuelle Leibrentenbarwertfaktoren. Dort werden sie jedoch als Versicherungsbarwerte bezeichnet.

Die folgenden Hinweise beschränken sich auf die in der Praxis häufig vorkommenden Wertermittlungsfälle im Zusammenhang mit Grunddienstbarkeiten, Baulasten und Wohnungsrechten.

8.8.2 Grunddienstbarkeiten und Baulasten

Grunddienstbarkeiten sind ein Grundstück betreffende privatrechtliche Verpflichtungen (vgl. § 1018 BGB); Baulasten sind diesbezügliche öffentlich-rechtliche Verpflichtungen (vgl. z.B. § 86 LBauO-RhPf). Grunddienstbarkeiten sind im Grundbuch, Baulasten in den meisten Bundesländern im Baulastenverzeichnis des belasteten Grundstücks eingetragen.

Baulasten

Mittels Baulasten sollen Grundstücke bebaubar gemacht werden, die ohne die auf dem fremden Grundstück eingetragene Baulast so nicht bebaubar wären. Das fremde (belastete) Grundstück übernimmt dabei bauordnungsrechtliche Anforderungen, die das begünstigte Grundstück nicht erfüllt.

---

1) Siehe Abschnitt 5.3.8 und Tab. 5-11.

Die wichtigsten Baulastarten sind:

- Abstandsflächenbaulast (hierbei werden Grenzabstände auf das Nachbargrundstück verschoben) — *wichtige Baulastarten*

- Stellplatzbaulast (hierbei wird der erforderliche Stellplatznachweis auf einem anderen Grundstück erfüllt)

- Erschließungsbaulast (hierbei wird z.B. die Erschließung eines Hinterliegergrundstücks über ein Vorderliegergrundstück gesichert).

Gemäß § 1018 BGB kann ein Grundstück (dienendes Grundstück) zu Gunsten des jeweiligen Eigentümers eines anderen Grundstücks (herrschendes Grundstück) in der Weise belastet werden, dass dieser das Grundstück in einzelnen Beziehungen benutzen darf oder dass auf dem Grundstück gewisse Handlungen nicht vorgenommen werden dürfen oder dass die Ausübung eines Rechts ausgeschlossen ist, dass sich aus dem Eigentum an dem belasteten Grundstück dem anderen Grundstück gegenüber ergibt. — *Grunddienstbarkeiten*

Die häufigsten Rechtsinhalte der Grunddienstbarkeiten sind: — *typische Grunddienstbarkeiten*

- Festlegung einer Zweckbestimmung von Teilen des dienenden Grundstücks für den jeweiligen Eigentümer des herrschenden Grundstücks (z.B. Geh-, Fahr- und Leitungsrecht, Stellplatzgrunddienstbarkeit)

- Recht zur Ausbeutung von Bestandteilen des dienenden Grundstücks

- Beschränkung der Bebauung (z.B. Aussichtsrecht)

- Nutzungsbeschränkungen (z.B. Werbeverbot auf dem dienenden Grundstück)

Diese Baulasten und Grunddienstbarkeiten haben grundsätzlich (da sie nicht selbstständig gehandelt werden können) keinen eigenen Marktwert. Die hierdurch bedingten Werteinflüsse sind bei der Bewertung des begünstigten Grundstücks (werterhöhend) und des belasteten Grundstücks (wertmindernd) zu berücksichtigen. Die Wertminderung und die Werterhöhung sind dabei grundsätzlich nicht identisch. — *Werteinfluss*

Buchtipp

Die Berücksichtigung von Baulasten und Grunddienstbarkeiten in der Immobilienbewertung ist ausführlich im Lehrbuch und Kommentar [2], Teil 10, Kapitel 2 und 21 beschrieben.

8.8.3 Wohnungsrechte

Wohnungsrechte berechtigen i.d.R. zur lebenslänglichen unentgeltlichen Nutzung einer Wohnung (§ 1093 BGB).

Sonderfall einer Mindermiete

Grundstücke, die mit Wohnungsrechten belastet sind, haben infolge des Mietausfalls einen Minderwert. Dies ist ein weiterer Sonderfall einer Mindermiete (vgl. Abschnitt 8.6), deren Barwert wiederum als boG vom vorläufigen Verfahrens- oder Marktwert in Abzug zu bringen ist.

Bewertungsmodell

Als Bewertungsmodell schlägt Sprengnetter (abweichend von den Empfehlungen der WertR 2006) vor:

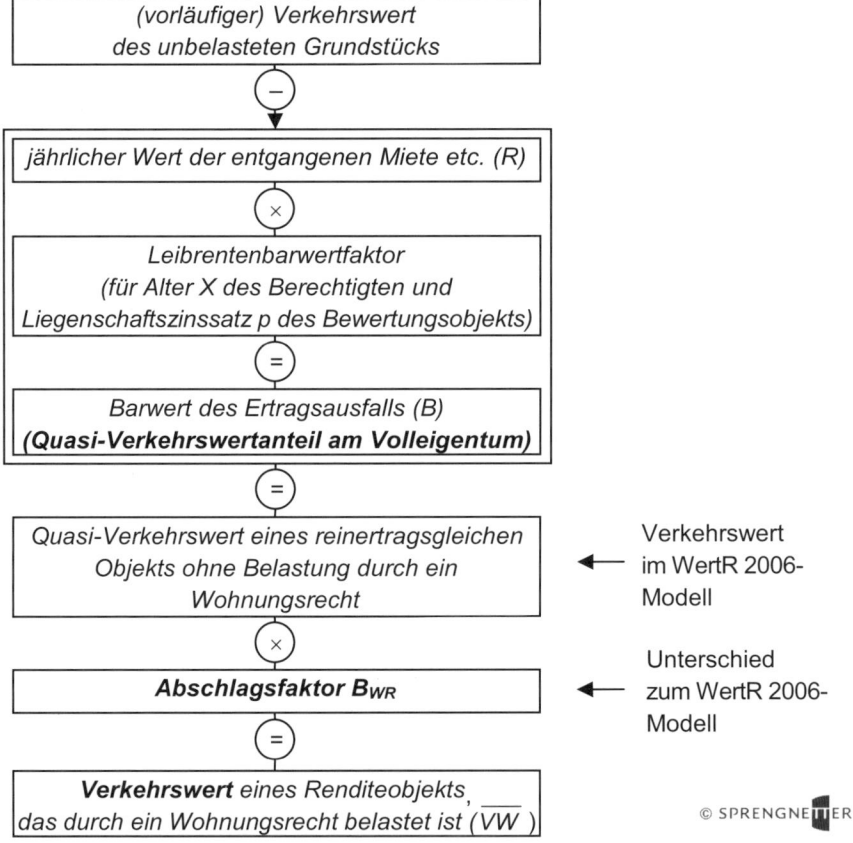

Abb. 8-7: **Sprengnetter-Modell zur Ermittlung des Verkehrswerts eines mit einem Wohnungsrecht belasteten Renditeobjekts**

278

Empfohlene Marktanpassungen (Wertfaktoren)

Lebenserwartung [Jahre]	60	40	23	≤ 10	Objekt
Alter	~ 20	~ 40	~ 60	~ ≥ 80	
Abschlagsfaktor B_{WR}	0,96	0,97	0,98	0,99	8-FWH
	0,86	0,90	0,94	0,98	3-FWH

Tab. 8-1: **Abschlagsfaktoren B_{WR} für die Ermittlung des Marktwerts eines mit einem Wohnungsrecht belasteten Renditeobjekts**

Beispiel: **Wertminderung durch ein Wohnungsrecht**

Zu ermitteln ist der Werteinfluss durch ein Wohnungsrecht (boG_{WR}) an einer Wohnung in einem 8-Familienwohnhaus (8-FWH).

A. Sachverhalt

8-Familienwohnhaus
unentgeltliches Wohnungsrecht an einer Wohnung

- Berechtigte: 23 jährige Frau (Lebenserwartung ≈ 60 Jahre[1])
- entgangene Einnahmen (Miete etc.): 800 €/Mo.; RND = 60 Jahre
- Liegenschaftszinssatz p_{MFH} = 5,5 % (bei RND = 60 Jahre)

B. Aufgabe

Bestimmen Sie den Werteinfluss dieses Wohnungsrechts!

C. Bewertung

(vorläufiger) Verkehrswert VW des unbelasteten Grundstücks	1.350.000 €
jährlicher Wert der entgangenen Miete etc. (800 €/Mo. × 12 Mo. =)	9.600 €
Leibrentenbarwertfaktor	× 17,744[2]
Barwert des Ertragsausfalls (Quasi-Verkehrswertanteil am Volleigentum)	− 170.342 €

---

1) Vgl. Sterbetafel 2008/2010 des Statistischen Bundesamtes, abgedruckt in Kapitel 3.06.4 der Marktdaten und Praxishilfen [1].

2) Leibrentenbarwertfaktor für eine 23-jährige Frau, Zinssatz 5,5 %, Grundlage Sterbetafel 2008/2010, vgl. Marktdaten und Praxishilfen [1], Kapitel 3.09.4, Abschnitt 5. Näherungsweise kann auch der Barwertfaktor (Vervielfältiger) gemäß ImmoWertV für n = 60 Jahre und p = 5,5 % verwendet werden. Dieser beträgt 17,737.

Quasi-Verkehrswert eines reinertrags-gleichen Objekts ohne Belastung durch ein Wohnungsrecht	1.179.658 €
Abschlagsfaktor (Tab. 8-1)	× 0,96
Verkehrswert $\overline{VW}$ des Renditeobjekts, das durch ein Wohnungsrecht belastet ist	1.132.472 € rd. 1.130.000 €

$boG_{WR} = VW - \overline{VW} = 1.350.000 € - 1.130.000 € = 220.000 €$

Linktipp

Unter www.1x1-der-immobilienbewertung.de (Rubrik: Materialien zum Buch) finden Sie ein Bewertungsbeispiel, bei dem u.a. die Besonderheit eines Wohnungsrechts berücksichtigt wird. Die Zugangsdaten finden Sie am Ende des Buches in Kapitel 14.

Buchtipp

Die Bewertung von Wohnungsrechten und die Ermittlung des Werteinflusses von Wohnungsrechten ist ausführlich im Lehrbuch und Kommentar [2], Teil 10, Kapitel 19 beschrieben. Leibrentenbarwertfaktoren sind zu der jeweils aktuellen und für ältere Sterbetafeln in den Marktdaten und Praxishilfen [1] in Kapitel 3.09.4 tabelliert.

Linktipp

Das Statistische Bundesamt veröffentlicht im Internet unter www.destatis.de in der Rubrik "Bevölkerung / Sterbefälle, Lebenserwartung" kostenfrei die aktuellen Leibrentenbarwertfaktoren. Dort werden sie jedoch als Versicherungsbarwerte bezeichnet.

Kapitel 9:   Ableitung des Marktwerts

9.1 Grundsätze

Ableitung aus Verfahrens-ergebnissen

Grundsätzlich ist das Ergebnis jedes Wertermittlungsverfahrens der Verfahrenswert (z.B. Vergleichs-, Ertrags- oder Sachwert) und noch nicht der Marktwert. Der Marktwert ist nach Ermittlung der Verfahrenswerte (im 4. Schritt jeder Wertermittlung, vgl. Kapitel 2, Abschnitt 2.1) aus diesen unter Würdigung ihrer Aussagefähigkeit abzuleiten (§ 8 Abs. 1 Satz 3 ImmoWertV).

Marktbezug

Der Marktwert ist gesetzlich als der am jeweiligen Wertermittlungsstichtag (bei Unterstellung einer zeitlich vorhergegangenen hinreichenden Verhandlungszeitspanne) am wahrscheinlichsten zu erzielende Preis definiert. Dieser Marktwert wird (so die Intention der ImmoWertV) am zuverlässigsten durch Bezug auf bereits für vergleichbare Grundstücke realisierte (Kauf- und Miet)Preise abgeleitet.

Marktwert als wahrscheinlichster Kaufpreis

Diesbezüglich wird in allen deutschen Wertermittlungsverfahren die Frage beantwortet, welchen Preis die in jüngster Vergangenheit auf dem Grundstücksmarkt tätigen Akteure durchschnittlich (d.h. am wahrscheinlichsten) für das zu bewertende Grundstück am Wertermittlungsstichtag bezahlt hätten. Alle Verfahrensergebnisse führen, falls die erforderlichen Daten auch richtig abgeleitet wurden, (in etwa) zu übereinstimmenden Ergebnissen.

Beispiel: Übereinstimmende und marktkonforme Ergebnisse der deutschen Wertermittlungsverfahren

Auf dem örtlichen Grundstücksmarkt wurden in den letzten beiden Jahren 18 Geschäfts- und Gewerbegrundstücke veräußert.

Ertragswert ≈ Sachwert ≈ Vergleichswert

Wenn aus diesen 18 Vergleichskaufpreisen sowohl der Liegenschaftszinssatz als auch der Sachwertfaktor für Geschäfts- und Gewerbegrundstücke abgeleitet werden, so müssen umgekehrt der Ertragswert und der (marktangepasste) Sachwert für ein Bewertungsobjekt in etwa identische Ergebnisse liefern, weil ihre Ableitung auf denselben Grundlagen (d.h. auf **denselben** 18 Kaufpreisen) basiert.

Praxistipp

In der Praxis sollten Abweichungen zweier Verfahrensergebnisse (z.B. zwischen Sach- und Ertragswert) von mehr als 5 % zu einer intensiven Überprüfung der Wertermittlung Anlass geben.

Bei einer Differenz von mehr als 10 % ist bereits mit großer Wahrscheinlichkeit ein Bewertungsfehler in mindestens einem Bewertungsverfahren zu vermuten.

Abweichungen > 10 %

Voraussetzung für einen marktgerechten Preisvergleich sind die wertrelevante, vollständige und zutreffende Beschreibung des Bewertungsobjekts (Qualitätsbestimmung) und die objekt- und methodenbezogene Auswertung von Grundstückspreisen (Wertermittlungsgrundlagen).

Voraussetzungen für marktgerechten Preisvergleich

Der Marktwert ist nach dem Ergebnis oder den Ergebnissen des Preisvergleichs unter Würdigung der Zuverlässigkeit der Qualitätsbestimmung und der Wertermittlungsgrundlagen, der Angemessenheit des angewendeten Wertermittlungsverfahrens (Methodenwahl) und ggf. der Schlüssigkeit der Berücksichtigung von besonderen objektspezifischen Merkmalen des Grundstücks (z.B. wegen vorhandener Bauschäden oder Abweichungen der tatsächlichen Miete von der marktüblich erzielbaren Miete und sonstiger wertbedeutsamer Nutzungsrechte) zu bestimmen (Wertbemessung).

Würdigung der Verfahrensergebnisse

Die Wertbemessung kann weder im mathematisch-naturwissenschaftlichen Sinne „exakt" noch im Sinne einer niedrigen Irrtumswahrscheinlichkeit und eines engen Vertrauensbereichs statistisch „sicher" sein. Eine gewisse Unsicherheit ist zwangsläufig mit der Definition des Marktwerts verbunden. Gefordert und ermittelt werden kann deshalb nur ein **plausibler** Wert, dessen Ungewissheit auf das unvermeidliche Maß beschränkt bleibt.

erreichbare Genauigkeit

Grundlage für die Bemessung des Marktwerts bildet i.d.R. das Verfahrensergebnis, in das die qualitativ höherwertigen erforderlichen Daten eingeflossen sind. Weitere Verfahrensergebnisse werden nur stützend oder zur Kontrolle herangezogen.

Würdigung der Aussagefähigkeit

Eine arithmetische Mittelung der Verfahrensergebnisse ist i.d.R. nicht sachgerecht. Wenn überhaupt, sollte eine Mittelung nur gewichtet erfolgen.

Mittelung der Verfahrensergebnisse

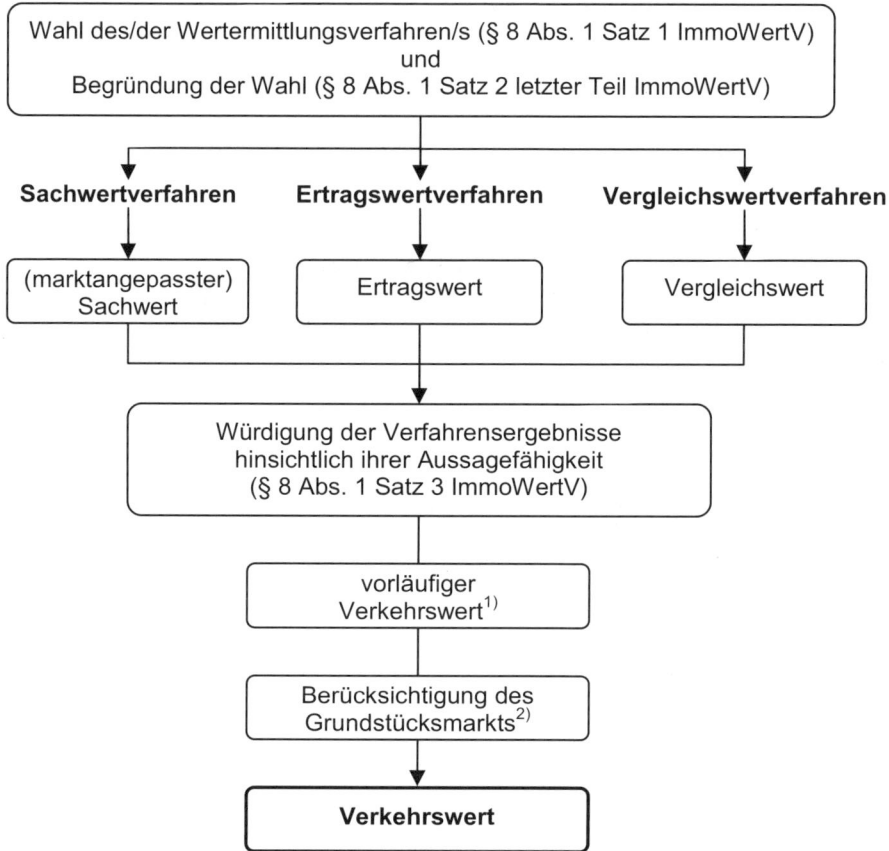

Abb. 9-1: **Ableitung des Marktwerts aus den Ergebnissen mehrerer heran-
gezogener Verfahren (gem. § 8 Abs. 1 Satz 3 ImmoWertV)**

---

1) Ableitung (bzw. Gewichtung) unter Würdigung der Aussagefähigkeit der Einzelergebnisse.
   Eine diesbezügliche Gewichtung ist auch vorzunehmen, wenn mehrere Vergleichswertverfahren angewendet wurden; z.B. wenn der Bodenwert oder der Wert von Wohnungseigentum sowohl auf der Grundlage von Richtwerten bzw. Vergleichsfaktoren als
   auch aus Vergleichspreisen abgeleitet wurde.

2) Eine zusätzliche Marktanpassung (d.h. über die in den einzelnen Verfahren bereits vorgenommenen Anpassungen hinaus), ist nur in wenigen Ausnahmefällen noch erforderlich; namentlich zur Berücksichtigung von solchen Einflüssen, die
   - ggf. erst nach der Ableitung der zur Wertermittlung erforderlichen Daten (z.B. Lie-
     genschaftszinssätze, Sachwertfaktoren, Vergleichsfaktoren) eingetreten sind; z.B.
     Verlust der Regierungssitzfunktion für die Region Bonn nach Veröffentlichung des
     Grundstücksmarktberichts oder
   - in den erforderlichen Daten noch nicht berücksichtigt sind; z.B. übergroßes Gewer-
     beobjekt an ungünstigem Standort.

Die Güte der erforderlichen Daten hängt davon ab, inwieweit bei deren Ableitung gesicherte Marktdaten zur Verfügung standen. So stehen z.B. zur Ableitung des Liegenschaftszinssatzes für üblicherweise eigengenutzte, unvermietete Einfamilienhausgrundstücke keine oder nur wenige Angaben zu realisierten Mieten zur Verfügung; diese müssen deshalb oft frei geschätzt werden. Die Güte eines so abgeleiteten Liegenschaftszinssatzes und der im Bewertungsfall angesetzten marktüblich erzielbaren Mieten ist dann dementsprechend relativ gering. In diesen Fällen besitzt der Ertragswert nur eine geringe Aussagefähigkeit und der Marktwert ist i.d.R. vorrangig aus dem Sachwert abzuleiten. Denn gerade für solche Objekte stehen Sachwertfaktoren mit hoher Güte zur Verfügung.

Aussagefähigkeit in Abhängigkeit von der Datenqualität

Es gibt nur wenige Fälle, bei denen Ertragswert- und Sachwertverfahren etwa gleiche Aussagefähigkeit besitzen und deshalb eine arithmetische Mittelbildung sachgerecht sein kann. So ist es u.U. sachgerecht, den Verkehrswert eines Dreifamilienhauses durch Mittelung des Sachwerts und des Ertragswerts zu ermitteln.

Mittelung von Ertrags- und Sachwert

Um die Qualität der Marktdaten beurteilen zu können, muss die Ermittlungsgrundlage und das Modell, in dem die Daten abgeleitet wurden, bekannt sein.

Modellangaben

9.2 Beispiele für die Ableitung des Marktwerts

Vorbemerkungen:

a) Zwischen der Verfahrenswahl und ihrer Begründung (vgl. Kapitel 2, Abschnitt 2.3) und der Ableitung des Marktwerts aus den Verfahrensergebnissen besteht eine direkte Verbindung:

- Einerseits ist grundsätzlich das Verfahren vorrangig anzuwenden, mit dem die marktkonformsten Ergebnisse zu erwarten sind.

- Andererseits ist bei der Ableitung des Marktwerts dem Verfahrensergebnis das höchste Gewicht beizumessen, für das die Daten am zuverlässigsten aus dem Grundstücksmarkt abgeleitet wurden.

b) Für dieselbe Objektart können sich sowohl die Verfahrenswahl als auch das Ergebnisgewicht unterscheiden.

Beispiel: **Begründung für die Ableitung des Marktwerts einer Eigentumswohnung (Typ: Standard) in einer Großstadt**

In dieser Großstadt sind die meisten Standard-Eigentumswohnungen vermietet. Der Liegenschaftszinssatz kann relativ sicher abgeleitet werden, weil hinreichend viele Verkäufe stattfinden und die marktüblich erzielbare Miete sicher bestimmbar ist.

Begründung für die Ableitung des Marktwerts:

„In der Stadt B sind die meisten vergleichbaren Eigentumswohnungen vermietet (ca. 80 % vermietet, ca. 20 % eigengenutzt). Die marktüblich erzielbare Miete ist somit relativ sicher ermittelbar. Für diesen Teilmarkt liegt zudem ein hinreichend sicher abgeleiteter Liegenschaftszinssatz vor. Deshalb wird der Marktwert vorrangig auf der Grundlage des Ertragswerts (Gewicht 3) abgeleitet.

Der Ertragswert wurde mit rd. 282.000 € ermittelt.

Vergleichbare Wohnungen werden auf dem örtlichen Grundstücksmarkt tlw. auch eigengenutzt. Es liegt ein Marktanpassungsfaktor für das Sachwertverfahren vor. Deshalb wurde der Sachwert stützend zum Ertragswert ermittelt und bei der Ableitung des Marktwerts stützend verwendet (Gewicht 1).

Der Sachwert wurde mit rd. 270.000 € ermittelt.

Geeignete Vergleichsfaktoren (i.S.d. § 15 Abs. 2 ImmoWertV) für Eigentumswohnungen wurden bisher vom Gutachterausschuss nicht veröffentlicht. Der ermittelte Vergleichswert (2.400 €/m² Wohnfläche) wurde deshalb nur gesamtheitlich mit den sonstigen, dem Sachverständigen bekannten relativen Vergleichskaufpreisen verglichen und als angemessen beurteilt.

Der Marktwert wird mit insgesamt

rd. 279.000 €

(in Worten: zweihundertneunundsiebzigtausend Euro)

ermittelt."

Beispiel: **Begründung für die Ableitung des Marktwerts einer Eigentumswohnung (Typ: Standard) in einer kleineren Gemeinde**

In den meisten kleineren Gemeinden werden Standard-Eigentumswohnungen üblicherweise eigengenutzt. Die Vergleichsmietenbestimmung ist dennoch zumeist hinreichend aus den Mieten für Wohnungen in vergleichbaren Mehrfamilienhäusern ableitbar. Im vorliegenden Fall stehen auch i.S.d. ImmoWertV geeignete Vergleichsfaktoren zur Verfügung.

Begründung für die Ableitung des Marktwerts:

„Es steht ein zur Anwendung des Vergleichswertverfahrens geeigneter Vergleichsfaktor für die Bewertung vergleichbarer Eigentumswohnungen zur Verfügung. Da dieser Vergleichsfaktor mit hinreichend sicheren Umrechnungskoeffizienten auf die Eigenschaften (z.B. Wohnungsgröße, Vermietungssituation) des Bewertungsobjekts und mit einer geeigneten Indexreihe auf die Marktsituation zum Wertermittlungsstichtag umgerechnet werden konnte, wird dem Vergleichswert (ermittelt mit 292.000 €) das Gewicht 3 beigemessen.

Rd. 20 % der Eigentumswohnungen werden in der Gemeinde auch vermietet. Die Mieten lassen sich mit hinreichender Sicherheit aus Wohnungen in vergleichbaren Mehrfamilienhäusern ableiten. Der Liegenschaftszinssatz basiert auf überregionalen Kaufpreisauswertungen. Deshalb wird das Ertragswertverfahren nur stützend herangezogen und dem Ertragswert (ermittelt mit 280.000 €) das Gewicht 1 beigemessen.

Der Marktwert wird mit insgesamt

rd. 289.000 €

(in Worten: zweihundertneunundachtzigtausend Euro)

ermittelt."

Beispiel: **Begründung für die Ableitung des Marktwerts einer Eigentumswohnung (Typ: Luxus)**

Begründung für die Ableitung des Marktwerts:

„Besonders aufwändige Eigentumswohnungen werden überwiegend (sowohl in großen Städten wie in kleinen Orten) eigengenutzt. Marktüblich erzielbare Mieten und somit Liegenschaftszinssätze sind deshalb schwieriger zu bestimmen als für Standard-Eigentumswohnungen. Der Herstellungswert kann jedoch mit hinreichender Sicherheit bestimmt werden.

Dem Sachwert (ermittelt mit 540.000 €) wird deshalb das Gewicht 2, dem Ertragswert (ermittelt mit 572.000 €) das Gewicht 1 beigemessen.

Geeignete Vergleichsfaktoren (i.S.d. § 15 Abs. 2 ImmoWertV) für Eigentumswohnungen wurden bisher vom Gutachterausschuss nicht veröffentlicht. Der ermittelte Vergleichswert (4.700 €/m² Wohnfläche) wurde deshalb nur gesamtheitlich mit den sonstigen, dem Sachverständigen bekannten relativen Vergleichskaufpreisen verglichen und als angemessen beurteilt.

Der Marktwert wird mit insgesamt

rd. 551.000 €

(in Worten: fünfhunderteinundfünfzigtausend Euro)

ermittelt."

Kapitel 10: Besonderheiten bei der Bewertung von Eigentumswohnungen

10.1 Rechtsgrundlage und Grundbegriffe des Wohnungs- und Teileigentums

WEG – das Wohnungseigentumsgesetz

Die gesetzliche Grundlage für das Wohnungs- und Teileigentum bildet das „Gesetz über das Wohnungseigentum und das Dauerwohnrecht (Wohnungseigentumsgesetz – WEG)" vom 15. Mai 1951. In § 1 Abs. 2 und Abs. 3 WEG wird Wohnungseigentum und Teileigentum wie folgt definiert:

Definitionen

Wohnungseigentum ist:

- das Sondereigentum an einer Wohnung in Verbindung mit
- dem Miteigentumsanteil an dem gemeinschaftlichen Eigentum, zu dem es gehört.

Teileigentum ist:

- das Sondereigentum an nicht zu Wohnzwecken dienenden Räumen eines Gebäudes in Verbindung mit
- dem Miteigentumsanteil an dem gemeinschaftlichen Eigentum zu dem es gehört.

Die rechtliche Verbindung zwischen dem Sondereigentum und dem Miteigentumsanteil am gemeinschaftlichen Eigentum ist nicht trennbar (vgl. § 6 WEG). Das Wohnungs- bzw. Teileigentum stellt somit eine Mischform von Alleineigentum und Miteigentum (§§ 1008 ff. BGB) dar.

Das Wohnungseigentum verbindet das Alleineigentum an einer Wohnung oder an einer sonstigen Raumeinheit (Sondereigentum) mit dem Bruchteilseigentum an allen Grundstücksbestandteilen, die nicht dem Sondereigentum zugeordnet sind (Miteigentumsanteil am gemeinschaftlichen Eigentum).

Sondereigentum und gemeinschaftliches Eigentum

Die eindeutige Trennung und Abgrenzung von Sondereigentum und gemeinschaftlichem Eigentum ist jedoch von erheblicher Bedeutung, weil es für die Eigentümer der Wohnungs- und Teileigentume eines nach WEG aufgeteilten Grundstücks (Eigentümergemeinschaft) in Bezug auf Zuständigkeiten und Entscheidungskompetenzen um wichtige Fragestellungen geht, wie

- Zuständigkeit für Instandhaltung und Instandsetzung (Kosten),
- Entscheidungen über bauliche Veränderungen,
- Festlegung der das gemeinschaftliche Eigentum betreffenden Lasten- und Kostenverteilung und
- Gebrauchs- und Nutzungsregelungen bezogen auf das gemeinschaftliche Eigentum.

Bestandteile des Sondereigentums

Zum **Sondereigentum** gehören im Wesentlichen Wohnungen und sonstige Räume, soweit sie in sich abgeschlossen und zum Sondereigentum erklärt sind. Hierzu gehören (mangels anderweitiger Vereinbarung) auch die wesentlichen Bestandteile des Gebäudes innerhalb der zum Sondereigentum erklärten Räume, wenn durch deren Veränderung, Beseitigung oder Einbau das gemeinschaftliche Eigentum oder das auf Sondereigentum beruhende Recht eines anderen Wohnungseigentümers nicht über Gebühr beeinträchtigt oder die äußere Gestalt des Gebäudes verändert wird.

> Beispiele: Nichttragende Wände innerhalb der zu Sondereigentum erklärten Wohnung, Tapeten, Badewanne.

Zum **gemeinschaftlichen Eigentum** gehören zwingend (unabdingbar) der Grund und Boden sowie bauliche und nichtbauliche Anlagen, die keine Gebäude sind, die Teile eines Gebäudes, die für dessen Bestand und Sicherheit erforderlich sind, und alle Anlagen und Einrichtungen, die dem gemeinschaftlichen, zweckgebundenen Gebrauch der Wohnungs- und Teileigentümer zwingend dienen sowie die (Gebäude)Teile, die die äußere Gestalt prägen.

Bestandteile des gemeinschaftlichen Eigentums

> Beispiele: Fundamente, Geschossdecken, tragende Wände, Aufzugsanlagen, Treppenaufgänge, Gebäudeinstallationen (soweit diese dem gemeinschaftlichen Gebrauch dienen), Balkonbrüstungen und (äußere) Fenster.

Zum gemeinschaftlichen Eigentum gehören weiterhin diejenigen sondereigentumsfähigen Bestandteile eines Gebäudes, die durch Vereinbarung der Wohnungs- und Teileigentümer zum gemeinschaftlichen Eigentum erklärt wurden.

Der Miteigentumsanteil am gemeinschaftlichen Eigentum ist der Eigentumsanteil nach Bruchteilen (entsprechend § 1008 BGB) an den Grundstücksteilen, die nicht Sondereigentum sind. Dem Grundstückseigentümer bzw. den -eigentümern steht es bei der Bildung von Wohnungs- bzw. Teileigentum frei, die Höhe der (mindestens zwei) Miteigentumsanteile am gemeinschaftlichen Eigentum zu bestimmen. **Der Miteigentumsanteil sollte jedoch so gewählt sein, dass er die anteilige Wertigkeit der einzelnen Wohnungs- bzw. Teileigentume untereinander in etwa widerspiegelt.**

Miteigentumsanteil am gemeinschaftlichen Eigentum

Das WEG regelt die Möglichkeiten der Bildung von Wohnungs- bzw. Teileigentum aus einem nicht aufgeteilten Grundstück in den §§ 8 und 3. Danach kann Wohnungs- bzw. Teileigentum gebildet werden auf der Basis

Bildung von Wohnungs- bzw. Teileigentum

- einer Teilungserklärung (Teilung durch den Eigentümer des nicht nach WEG aufgeteilten Grundstücks) entsprechend § 8 WEG,

Teilungserklärung

- eines Einräumungsvertrags (vertragliche Einräumung von Sondereigentum durch die Bruchteilseigentümer eines nicht nach WEG aufgeteilten Grundstücks) entsprechend § 3 WEG.

Einräumungsvertrag

Aufteilungsplan

Der Aufteilungsplan ist der Teilungserklärung bzw. dem Einräumungsvertrag für das Anlegen der einzelnen Wohnungs- bzw. Teileigentumsgrundbücher beizufügen. Er ist Voraussetzung für das Anlegen der Wohnungs- bzw. Teileigentumsgrundbücher.

Abgeschlossen-heitsbescheini-gung

Wohnungs- bzw. Teileigentum kann nur an Wohnungen bzw. abgeschlossenen Raumeinheiten begründet werden. Für das Anlegen der Grundbücher ist demnach auch die sog. Abgeschlossenheitsbescheinigung erforderlich. Die Abgeschlossenheitsbescheinigung (§ 7 Abs. 4 Nr. 2 WEG) ist die Bescheinigung der Baubehörde, dass es sich bei den Räumen, die jeweils das Sondereigentum bilden sollen, um eine abgeschlossene Raumeinheit handelt, die einen direkten Zugang vom gemeinschaftlichen Eigentum hat und auch abschließbar ist. Bauordnungsrechtliche Gesichtspunkte (z.B. Brandschutz in Altbauten) berühren die Abgeschlossenheit nicht.

Abgeschlossen-heit von Gara-genstellplätzen

Bei Garagenstellplätzen (in Gebäuden) reicht für den Nachweis der Abgeschlossenheit die dauerhafte Markierung aus (vgl. § 3 Abs. 2 Satz 2 WEG).

Sondernutzungs-recht

Grundsätzlich ist jeder Miteigentümer berechtigt, das gemeinschaftliche Eigentum zu benutzen. Durch eine Regelung bereits in der Teilungserklärung bzw. dem Einräumungsvertrag oder durch allstimmigen Beschluss können die Miteigentümer das ausschließliche Nutzungsrecht an Teilen des gemeinschaftlichen Eigentums einem der Miteigentümer einräumen, mit der Folge, dass die übrigen Miteigentümer von der Nutzung ausgeschlossen sind (Sondernutzungsrecht).

 Beispiele: Nutzung von Gartenflächen, Terrassen oder Kfz-Stellplätzen.

Gemeinschafts-ordnung

Die Wohnungs- bzw. Teileigentümer können vom WEG (und ggf. vom BGB) abweichende Vereinbarungen das Gemeinschaftsverhältnis betreffend bestimmen, soweit dies nach dem WEG zulässig ist. Die Aufstellung dieser sog. Gemeinschaftsordnung ist jedoch kein Muss. Existiert keine Gemeinschaftsordnung, so regelt sich das Verhältnis der Wohnungs- bzw. Teileigentümer untereinander nach dem WEG bzw., sofern das WEG keine Sonderregelungen enthält, nach dem BGB (Regelungen über Eigentümergemeinschaft).

Instandhaltungs-rücklage

Zu einer ordnungsgemäßen Verwaltung des Wohnungs- und Teileigentums gehört die Ansammlung einer angemessenen „Instandsetzungsrückstellung", im allg. Sprachgebrauch mit „Instandhaltungsrücklage" bezeichnet.

Mittels der Instandhaltungsrücklage soll gewährleistet werden, dass erforderliche Instandhaltungs- und Instandsetzungsmaßnahmen am gemeinschaftlichen Eigentum jederzeit durchgeführt werden können und somit die Verwahrlosung des gemeinschaftlichen Eigentums verhindert wird.

Nach einer groben Faustregel des Fachverbands für Wohnungseigentumsverwalter ist bei Neuanlagen eine jährliche Zuweisung zur Instandhaltungsrücklage von 0,8 bis 1,0 % des Kaufpreises ab Baufertigstellung bzw. der Herstellungskosten des Wohnungs-/Teileigentums angemessen. Demnach beträgt eine angemessene Instandhaltungsrücklage 10 bis 20 €/m² und Jahr.

Größenordnung der jährlichen Instandhaltungs-rücklage

Die Rechtslage hinsichtlich der eigentumsrechtlichen Zuordnung der Instandhaltungsrücklage ist in der Rechtsprechung und Kommentierung nicht unumstritten, jedoch ist gemäß der überwiegenden Meinung die Instandhaltungsrücklage als Verwaltungsvermögen der Eigentümergemeinschaft (anteilig) als wesentlicher Bestandteil des einzelnen Wohnungs- und Teileigentums zu qualifizieren und damit dem gemeinschaftlichen Eigentum zuzuordnen. Der dem einzelnen Wohnungs- und Teileigentum zugeordnete Anteil geht mit dem Kauf automatisch auf den neuen Eigentümer über. Die Instandhaltungsrücklage unterliegt nicht der Grunderwerbsteuer.

Zuordnung der Instandhaltungs-rücklage

10.2 Bewertung von Wohnungs- und Teileigentum

10.2.1 Verfahrenswahl

Grundsätzlich gelten für die Verfahrenswahl bei Wohnungs- oder Teileigentum die für die Bewertung von „normalen" bebauten und unbebauten Grundstücken beschriebenen Grundsätze (vgl. Kapitel 2, Abschnitt 2.3).

Die Auswahl des Bewertungsverfahrens (bzw. der Bewertungsverfahren) hängt demnach von

Grundsätze für die Verfahrens-wahl

- der üblichen Nutzung (bzw. dem üblichen Nutzungspotenzial) des Bewertungsobjekts,

- der Qualität der für die Durchführung der Wertermittlungsverfahren erforderlichen Bewertungsdaten und

- den für die zu bewertende Objektart auf dem Grundstücksmarkt (unter wirtschaftlich handelnden Marktteilnehmern) üblicherweise anzutreffenden Kaufpreisbildungsmechanismen ab.

Üblicherweise ist das Vergleichswertverfahren bei bebauten Grundstücken mangels entsprechender Vergleichsdaten bzw. der individuellen (abweichenden) wertbeeinflussenden Merkmale der einzelnen Grundstücke nicht anwendbar. Bei der Bewertung von Eigentumswohnungen jedoch kann das Vergleichswertverfahren oftmals angewendet werden, da eine ausreichende Anzahl hinreichend vergleichbarer Kaufpreise bzw. geeignete Vergleichsfaktoren vorliegt. In vielen Fällen, insbesondere bei der Bewertung von Eigentumswohnungen in großstädtischen Bereichen, ist das **Vergleichswertverfahren** aus diesem Grund sogar **vorrangig anwendbar**.

Vergleichswert-verfahren

Ertragswert-
oder Sachwert-
verfahren meist
stützend

Unterstützend oder auch alleine (z.B. wenn nur eine geringe Anzahl oder keine Vergleichspreise oder keine geeigneten Vergleichsfaktoren verfügbar sind) können zur Bewertung von Eigentumswohnungen auch das Ertrags- und/oder Sachwertverfahren herangezogen werden.

Ertragswert-
verfahren

Die Anwendung des Ertragswertverfahrens ist sowohl für Wohnungseigentum (Wohnung) als auch für Teileigentum (Laden, Büro u.ä.) immer dann geraten, wenn die marktüblich erzielbaren Mieten zutreffend durch Vergleich mit gleichartigen, vermieteten Räumen ermittelt werden können und der diesbezügliche Liegenschaftszinssatz bestimmbar ist.

Sachwert-
verfahren

Eine Sachwertermittlung kann insbesondere dann angewendet werden, wenn zwischen den einzelnen Wohnungs- bzw. Teileigentumen in derselben Eigentumsanlage keine wesentlichen Wertunterschiede (bezogen auf die Flächeneinheit m² Wohn- oder Nutzfläche) bestehen und wenn der zugehörige Bodenwertanteil sachgemäß geschätzt werden kann sowie der Sachwert-Marktanpassungsfaktor bestimmbar ist.

10.2.2 Vergleichswertverfahren

mögliche Vorge-
hensweisen

Für die Bewertung von Wohnungs- bzw. Teileigentum im Vergleichswertverfahren gemäß § 15 ImmoWertV bestehen grundsätzlich zwei mögliche Vorgehensweisen:

- Vergleichspreisverfahren

- Vergleichsfaktorverfahren

Die Anforderungen an die für die jeweilige Verfahrensweise erforderlichen Vergleichsinformationen beschreibt der § 15 ImmoWertV:

- Ausreichende Anzahl hinreichend vergleichbarer Vergleichspreise aus der Lage des Bewertungsobjekts bzw. aus mit dem Bewertungsobjekt vergleichbaren Lagen oder

- geeigneter Vergleichsfaktor (d.h. die zu dem Vergleichsfaktor angegebenen Merkmale stimmen hinreichend mit denen des Bewertungsobjekts überein).

- Bestehen Abweichungen zwischen den Vergleichsinformationen und dem Bewertungsobjekt, so sind diese i.d.R. auf der Grundlage von Indexreihen und Umrechnungskoeffizienten zu berücksichtigen (vgl. § 15 Abs. 1 ImmoWertV).

Anforderungen an
die Vergleichs-
wertverfahren

Für die Anwendung der Vergleichswertverfahren sind demnach zwei Forderungen zu erfüllen: Zum einen müssen verwendbare Vergleichsinformationen zur Verfügung stehen, zum anderen müssen Informationen darüber bekannt sein, wie evtl. vorhandene Unterschiede in den wesentlich wertbeeinflussenden Merkmalen zwischen Bewertungsobjekt und Vergleichsinformation(en) zu berücksichtigen sind.

In den Regionen, in denen Eigentumswohnungen in ausreichender Anzahl vorhanden und auch gehandelt werden (größere Städte) ist die Forderung nach einer ausreichenden Anzahl hinreichend vergleichbarer Ausgangsinformationen (Vergleiche) meist erfüllt. Für solche Lagen werden i.d.R. auch die für die Anpassung der Vergleichsinformationen erforderlichen Indexreihen und Umrechnungskoeffizienten abgeleitet. In diesen Lagen ist das Vergleichswertverfahren mit aussagefähigem Verfahrensergebnis anwendbar.

Lagen in Großstädten

Bei der Auswahl der Vergleichspreise ist insbesondere darauf zu achten, dass der Verkehrswertermittlung nicht sog. Erstverkaufspreise (z.B. aus Abverkäufen von Eigentumswohnungen im Rahmen einer Bauträgermaßnahme) zugrunde gelegt werden.[1] Erstverkaufspreise liegen zumeist (weit) über den in Weiterverkäufen erzielbaren Kaufpreisen.[2] Oftmals kann der Gutachterausschuss für den örtlichen Grundstücksmarkt eine diesbezüglich differenzierte Aussage treffen, so dass Erstverkaufspreise jedoch ggf. zur zusätzlichen Beurteilung des örtlichen Kaufpreisniveaus mit herangezogen werden können.

Erstverkaufspreise

Die einzelnen Verfahrenschritte des Vergleichspreisverfahrens sind ausführlich in Kapitel 3 und die des Vergleichsfaktorverfahrens in Kapitel 7 beschrieben.

Datenquellen

Vergleichspreise für Eigentumswohnungen erhalten Sie insbesondere von den Gutachterausschüssen, die auch z.T. Vergleichsfaktoren ableiten und in ihren Grundstücksmarktberichten veröffentlichen. In diesen Grundstücksmarktberichten sind z.T. auch die für die Anpassung der Vergleichspreise und Vergleichsfaktoren erforderlichen Umrechnungskoeffizienten und Indexreihen veröffentlicht.

Sprengnetter bietet deutschlandweit Vergleichsfaktoren für Eigentumswohnungen in seinem Online-Marktdatenportal unter www.sprengnetter.de/marktdaten an.

Buchtipp

In den Marktdaten und Praxishilfen [1] finden Sie für die Bewertung von Eigentumswohnungen ebenfalls wichtige Daten: Umrechnungskoeffizienten für die Wohnungsgröße (Kapitel 3.32) und die Geschosslage (Kapitel 3.33) sowie Preisindizes für Wohnungseigentum (Kapitel 4.05). Im Lehrbuch und Kommentar [2] ist das Thema vertieft in Teil 9, Kapitel 1 abgehandelt.

---

1) Ausnahme: Es besteht die Aufgabe, den Marktwert für Erstverkäufe zu ermitteln.

2) Von Sprengnetter seit Jahrzehnten, zuletzt im Jahr 2013 durchgeführte Studien haben ergeben, dass je nach Wohnlage im Mittel die Weiterverkaufspreise zwischen 60 % und 80 % der Erstverkaufspreise betragen. In ländlich strukturierten Gebieten und schlechten Wohnlagen sind die Unterschiede größer als in Ballungsgebieten und guten Wohnlagen.

10.2.3 Ertragswertverfahren

Ertragswert-
verfahren

Bei der Ermittlung des Ertragswerts einer Eigentumswohnung sind einige Besonderheiten zu beachten.

Rohertrag

Zwischen den Mieten für Wohnungen und nicht zu Wohnzwecken dienenden Räumen in aufgeteilten und nicht aufgeteilten vergleichbaren Gebäuden bestehen grundsätzlich keine Unterschiede, da die Aufteilung nicht wohnwert- bzw. nutzungswertbeeinflussend ist. Für Wohnungen in aufgeteilten Objekten sind deshalb dieselben Mieten wie in nicht aufgeteilten Objekten anzusetzen.

Anteilige Erträge
aus gemein-
schaftlichen
Eigentum und
Sondernutzungs-
rechten

Beim Ansatz des Rohertrags ist zu beachten, dass lediglich der Rohertrag der zu bewertenden Eigentumswohnung und nicht der Rohertrag des Gesamtgebäudes in Ansatz gebracht wird. Wenn erforderlich, können beim Rohertrag auch der (Miet-)Einfluss von Sondernutzungsrechten sowie dem zu bewertenden Wohnungseigentum zuzuordnende anteilige Erträge aus gemeinschaftlichem Eigentum (z.B. Miete der Hausmeisterwohnung) berücksichtigt werden. Dies ist dann erforderlich, wenn bei der Ermittlung des anteiligen Bodenwerts der Einfluss der Sondernutzungsrechte und der anteiligen Erträge aus gemeinschaftlichem Eigentum bereits berücksichtigt wurde. Es ist jedoch zu empfehlen, anteilige Erträge aus gemeinschaftlichem Eigentum und Sondernutzungsrechten nicht im Ansatz des Rohertrages sondern als besondere objektspezifische Grundstücksmerkmale (boG) zu berücksichtigen (z.B. als Barwert ihres anteiligen Reinertrags).

Restnutzungs-
dauer

Die Restnutzungsdauer ist grundsätzlich bezogen auf die Restnutzungsdauer des Gesamtgebäudes abzuleiten und nicht bezogen auf die einzelne zu bewertende Eigentumswohnung.

Bewirtschaf-
tungskosten

Beim Wohnungseigentum besteht die Besonderheit, dass die Bewirtschaftungskosten (BWK) in das gemeinschaftliche Eigentum und das (alleinige) Sondereigentum zu differenzieren sind. Gemäß § 16 Abs. 2 WEG sind die Bewirtschaftungskosten für das gemeinschaftliche Eigentum grundsätzlich nach dem Verhältnis der im Grundbuch eingetragenen Miteigentumsanteile aufzuteilen; es ist den Vertragsparteien jedoch auch möglich, einen hiervon abweichenden Verteilungsschlüssel zu vereinbaren. Die BWK des Sondereigentums sind alleine vom jeweiligen Eigentümer zu tragen. Die (üblichen) Bewirtschaftungskosten (Mietausfallwagnis, Instandhaltungskosten und Verwaltungskosten) liegen bei Wohnungseigentum auf Grund des erhöhten Verwaltungsaufwands um ca. 1 – 3 Prozentpunkte höher als bei vergleichbaren, nicht nach WEG aufgeteilten Grundstücken. Es wird deshalb empfohlen, die Bewirtschaftungskosten für Eigentumswohnungen der in Kapitel 5, Abschnitt 5.3.4 abgedruckten Tabelle 5-1 zu entnehmen und in Abhängigkeit von der Wohnungsgröße um 1 – 3 Prozentpunkte zu erhöhen.

Praxistipp

Die Bewirtschaftungskosten werden bei der Bewertung von **Wohnungseigentum in gemischt genutzten Objekten** entsprechend der Nutzung „Wohnen" an den Bewirtschaftungskostensätzen für reine Wohngebäude orientiert (z.B. Mehrfamilienhäuser).

Die Liegenschaftszinssätze für Eigentumswohnungen liegen gegenüber vergleichbaren, nicht nach WEG aufgeteilten Objekten rund 0,7 – 1,15 Prozentpunkte niedriger. Erfahrungswerte für Liegenschaftszinssätze speziell für Wohnungseigentum sind aus einer Vielzahl von Marktanalysen hinreichend gesichert bekannt (vgl. Tabelle 5-9 in Kapitel 5, Abschnitt 5.3.6).

*Liegenschafts-
zinssatz*

Praxistipp

Die Liegenschaftszinssätze („Marktanpassung im Ertragswertverfahren") sind bei der Bewertung von Wohnungs- oder Teileigentum immer nutzungskonform in Ansatz zu bringen, d.h. immer in Anlehnung an die für das zu bewertende Wohnungs-/Teileigentum zu Grunde zu legende nachhaltige Nutzung!

Die Bodenwertverzinsung ist mittels des wohnungseigentumsspezifischen Liegenschaftszinssatzes aus dem **anteiligen Bodenwert** (vgl. Abschnitt 10.2.5) abzuleiten. Bei der Ertragswertermittlung besitzt die Höhe des Bodenwerts (insbesondere bei Gebäuden mit höheren Restnutzungsdauern) nur eine geringe Auswirkung auf den Ertragswert; deshalb ist eine „exakte" Bodenwertbestimmung i.d.R. nicht erforderlich. Bedeutsam ist vielmehr ggf. eine sachgemäße Aufteilung in die dem bebauten Grundstücksteil zuzuordnende und in die selbstständig nutz- und verwertbare Teilfläche.

*Bodenwert-
verzinsung*

Auch bei der Bewertung von Eigentumswohnungen kann im Rahmen der Ertragswertermittlung der Fall eintreten, dass den baulichen (und sonstigen) Anlagen (hier dem Wohnungseigentum) unter wirtschaftlichen Gesichtspunkten betrachtet kein Wert mehr beigemessen werden kann und diese demgemäß ggf. abzubrechen wären, um das (anteilige) Grundstück wieder einer wirtschaftlichen Nutzung zuführen zu können (vgl. Kapitel 5, Abschnitt 5.4). Ein Abbruch der baulichen Anlagen, die tlw. in gemeinschaftlichem Eigentum stehen, ist jedoch nur mit Zustimmung aller Miteigentümer möglich. Da ein solcher Fall jedoch in der Bewertungspraxis eher selten vorkommt, wird hinsichtlich der Vorgehensweise für die Wertermittlung auf die weiterführende Literatur verwiesen.[1]

Liquidation

---

1) Z.B. R. Kranich, Ausgewählte Probleme bei der Bewertung von Wohnungs- bzw. Teileigentum; Vortragsmanuskript Sprengnetter Jahreskongress 2005.

10.2.4 Sachwertverfahren

Sachwert-
verfahren

Bei der Ermittlung des Sachwerts einer Eigentumswohnungen sind einige Besonderheiten zu beachten.

anteiliger
Gebäudewert

Es ist der anteilige Gebäudewert zu bestimmen. Dies ist auf der Grundlage der Wohnfläche der Eigentumswohnung in Verbindung mit den in Kapitel 6, Abschnitt 6.5.4 tabellierten wohnflächenbezogenen Normalherstellungskosten problemlos möglich.

Normalherstel-
lungskosten

Für nach WEG aufgeteilte Objekte sind (bei sonst gleichen wertbestimmenden Eigenschaften) die Normalherstellungskosten (NHK) identisch mit den NHK für nicht nach WEG aufgeteilte Objekte. Bei der Bewertung von Eigentumswohnungen sind NHK für Wohnhäuser anzusetzen (Tab. 6-8 für Eigentumswohnungen in Mehrfamilienhäusern und Tab. 6-3 für Eigentumswohnungen in Ein- und Zweifamilienhäusern). Dies auch dann, wenn sich in dem Gebäude auch gewerbliche Einheiten befinden.

erhöhte Bau-
nebenkosten

Die für nicht aufgeteilte Wohnhäuser tabellierten NHK sollten aufgrund der für WEG erhöhten Baunebenkosten (Kosten für Abgeschlossenheitsbescheinigung, Notarkosten / Beglaubigungskosten für die Teilungserklärung) um 0,5 % (hohe Einheitenzahl) bis 1,0 % (geringe Einheitenzahl) angehoben werden.

besondere
Bauteile und
Einrichtungen

Der Herstellungs- bzw. Zeitwert der besonderen Bauteile (siehe Kapitel 6, Abschnitt 6.5.7.1) und der besonders zu veranschlagenden Einrichtungen (siehe Kapitel 6, Abschnitt 6.5.7.2) ist anteilig zu bestimmen. Aus eigentumsrechtlicher Sicht kann ein besonderes Bauteil oder eine besondere (Betriebs)Einrichtung in Teilen im Sondereigentum und in Teilen im gemeinschaftlichen Eigentum stehen. Die Ermittlung des Werts eines besonderen Bauteils bzw. einer besonderen (Betriebs)Einrichtung ist jedoch nicht vorrangig unter eigentumsrechtlichen Zuordnungsgesichtspunkten, sondern unter dem Gesichtspunkt ihres wirtschaftlichen Nutzwerts für das zu bewertende Wohnungseigentum durchzuführen.

Alterswert-
minderung

Da das Sondereigentum das Schicksal des Gesamtgebäudes teilt, ist die Gesamt- und die Restnutzungsdauer und damit die Alterswertminderung aus den für sie geltenden Bestimmungskriterien bezogen auf das Gesamtobjekt und nicht bezogen auf die zu bewertende Eigentumswohnung abzuleiten.

Außenanlagen

Die Außenanlagen (bauliche und/oder nicht bauliche) stehen bei Wohnungs- oder Teileigentum grundsätzlich in gemeinschaftlichem Eigentum; sie können jedoch per Sondernutzungsrecht einem Wohnungs- oder Teileigentum zugeordnet werden. Daraus folgt, dass die im Sondernutzungsrecht der Eigentumswohnung zugeordneten Außenanlagen höherwertiger anzusetzen sind als entsprechende Außenanlagen die dem gemeinschaftlichen Eigentum zugeordnet sind.

Es wird empfohlen, den anteiligen Wert der Außenanlagen, an denen keine Sondernutzungsrechte begründet sind, in Prozent des anteiligen Gebäudewerts zu bestimmen. Sachgemäße Prozentsätze können der Tabelle 6-15 in Kapitel 6, Abschnitt 6.5.11 entnommen werden.

Eine Außenanlage, die mit Sondernutzungsrechten der zu bewertenden Eigentumswohnung zugeordnet ist, sollte auch mit vollem (Wertigkeits)Umfang dem zu bewertenden Wohnungseigentum zugerechnet werden. Umgekehrt sind Außenanlagen, die fremdem Wohnungs- bzw. Teileigentum zugeordnet sind, für die zu bewertende Eigentumswohnung ohne Wert. Eine differenzierte Berücksichtigung der Außenanlagen ist auf der Grundlage der in Tab. 6-16 tabellierten Einzelkostenansätze für Außenanlagen möglich.

Der Bodenwert ist als anteiliger Bodenwert anzusetzen (vgl. Abschnitt 10.2.5).

anteiliger Bodenwert

Die Sachwert-Marktanpassung ist auf die Objektart Wohnungseigentum abzustellen. Bisher sind nur wenige Marktanalysen in Bezug auf Sachwert-Marktanpassungsfaktoren für Wohnungseigentum veröffentlicht worden. Einen guten Anhalt bietet das in den Marktdaten und Praxishilfen [1] in Kapitel 3.03 für Eigentumswohnungen veröffentlichte Sachwertfaktor-Gesamt- und Referenzsystem von Sprengnetter.

Marktanpassung

10.2.5 Bodenwertermittlung

Der Bodenwert eines Wohnungseigentums wird als anteiliger Bodenwert auf der Basis des Gesamtbodenwerts des (fiktiv) nicht nach WEG aufgeteilten Grundstücks ermittelt.

anteiliger Ansatz

Der Gesamtbodenwert wird auf der Basis der üblichen Nutzung bzw. des üblichen Nutzungspotenzials des Gesamtgrundstücks im Vergleichswertverfahren, i.d.R. auf der Grundlage von Bodenrichtwerten ermittelt.[1] Beispielsweise ist für ein nach WEG aufgeteiltes Mehrfamilienhausgrundstück (nur Wohnnutzung) der Gesamtbodenwert unter der Fiktion zu bestimmen, es handele sich um ein „normales", nicht aufgeteiltes Mehrfamilienhausgrundstück.

Bei der Bewertung von Eigentumswohnungen ist ein zur Nutzung der Wohnung konformer Bodenwert anzusetzen. Dabei bleibt eine ggf. im Gebäude ebenfalls vorhandene gewerbliche Nutzung (z.B. eine erdgeschossige Geschäftsnutzung) unberücksichtigt. Es wird also unterstellt, dass nur Eigentumswohnungen und keine gewerblichen Teileigentume im Gebäude vorhanden sind. Der Ermittlung des Gesamtbodenwerts ist diese fiktive Nutzung des tatsächlich vorhandenen Gebäudes zu Grunde zu legen. Der Bodenwert wird dann nicht mittels des für die Lage des Bewertungsgrundstücks angegebenen Bodenrichtwerts, sondern mit-

nutzungskonformer Bodenwert

---

1) Zur Bodenwertermittlung siehe die Ausführungen in Kapitel 4.

tels eines Bodenrichtwerts für eine Lage mit der vergleichbaren fiktiven Nutzung bestimmt. Diese Vorgehensweise ist deshalb sachgemäß, weil beispielsweise der (Gesamt)Bodenwert gemischt genutzter Grundstücke i.d.R. durch die gegenüber einer Wohnnutzung höherwertigeren gewerblichen Nutzungen (höher) geprägt wird.

anteiliger Boden-
wert (ME = RE)

Entspricht der Miteigentumsanteil am gemeinschaftlichen Eigentum (ME) der zu bewertenden Eigentumswohnung dem anteiligen Wert am Gesamtgrundstück, wird der anteilige Bodenwert aus dem Gesamtbodenwert mittels des Miteigentumsanteils bestimmt.

> **Beispiel: Bestimmung des anteiligen Bodenwerts aus dem Miteigentumsanteil**
>
> Der Gesamtbodenwert beträgt 300.000 €. Im Grundbuch ist für die zu bewertende Eigentumswohnung ein Miteigentumsanteil von 120/1.000 eingetragen. Der anteilige Bodenwert der Eigentumswohnung beträgt somit 36.000 € (= 300.000 € × 120/1.000).

anteiliger Boden-
wert (ME ≠ RE)

Weicht der Miteigentumsanteil am gemeinschaftlichen Eigentum von dem anteiligen Wert am Gesamtgrundstück wesentlich ab, ist der anteilige Bodenwert aus dem Gesamtbodenwert auf der Basis des anteiligen Werts der zu bewertenden Eigentumswohnung am Gesamtgrundstück (RE) zu bestimmen. RE kann aus dem Wohnflächenanteil oder bei unterschiedlicher Wertigkeit der im Objekt vorkommenden Wohnungs- und Teileigentumen aus dem Rohertragsanteil[1] abgeleitet werden.

> **Beispiel: Bestimmung des anteiligen Bodenwerts aus dem reellen Wertanteil**
>
> Der Gesamtbodenwert beträgt 300.000 €. Im Grundbuch ist für die zu bewertende Eigentumswohnung ein Miteigentumsanteil (ME) von 120/1.000 eingetragen. Der Rohertragsanteil der Eigentumswohnung am Gesamtrohertrag des gesamten Grundstücks (RE) beträgt jedoch nur 100/1.000. Der anteilige Bodenwert der Eigentumswohnung ergibt sich somit zu 30.000 € (= 300.000 € × 100/1.000).

---

1) Als Mietwert für die Berechnung wird die marktüblich erzielbare Nettokaltmiete (Rohertrag) in Ansatz gebracht. Die Berücksichtigung der ggf. in den Nettokaltmieten enthaltenen unterschiedlichen, nicht umlagefähigen Bewirtschaftungskostenanteile ist vor dem Hintergrund der für die Bestimmung der RE-Anteile zu fordernden (Rechen)Genauigkeit nicht notwendig.

Noch genauer kann RE auf der Grundlage der kapitalisierten Rohertragsanteile kalkuliert werden. Hierzu werden bei unterschiedlichen Nutzungen die Roherträge mit den jeweils nutzungsspezifischen Liegenschaftszinssätzen kapitalisiert. Die Barwertberechnung kann hinreichend genau mit dem Barwertfaktor für eine ewige Rente durchgeführt werden. Ein Einbezug der Restnutzungsdauer des Gebäudes in diese Berechnung (Zeitrentenbarwertfaktor) ist aufgrund des anschließenden relativen Vergleichs der Barwerte nicht erforderlich. Durch den Ansatz des jeweils nutzungsentsprechenden (und gesamtwertorientierten) Liegenschaftszinssatzes im Rahmen der Barwertberechnung ist gewährleistet, dass die einzelnen Barwerte (Wertigkeiten) marktkonform (d.h. hier „so wie sich der Ertrag (Miete) am Markt in Wert umsetzt") ermittelt werden.

RE-Bestimmung aus Barwert- anteilen

Für den anteiligen Bodenwert von selbstständig nutz- und verwertbarer Teilflächen bei nach WEG aufgeteilten Grundstücken gilt: Sie können nur dann als selbstständig nutz- und verwertbar qualifiziert werden, wenn die Zustimmung aller Miteigentümer zu einer (bspw.) Veräußerung der Teilfläche (da gemeinschaftliches Eigentum) unterstellt werden kann. Für die Wertermittlung kann dies vor dem Hintergrund wirtschaftlich handelnder Marktteilnehmer dann unterstellt werden, wenn jeder Miteigentümer entsprechend seines RE-Anteils (ggf. gleich ME) aus dem Veräußerungserlös bedient wird.

selbstständig nutz- und ver- wertbarer Teilflächen

Ist bei einer zu bewertenden Eigentumswohnung der ME-Anteil < RE-Anteil, wird der Wohnungseigentümer einer Veräußerung nur zustimmen, wenn er RE-anteilig bedient wird. Ist bei einer zu bewertenden Eigentumswohnung ME > RE, werden der/die anderen Wohnungs-/Teileigentümer mit ME < RE einer Veräußerung nur zustimmen, wenn sie auch mit ihrem RE-Anteil bedient werden. Daraus folgt, dass in Objekten, in denen nicht für alle Wohnungs- und Teileigentume ME = RE gilt, der Wertanteil selbstständig nutz- und verwertbarer Teilflächen grundsätzlich mit RE bestimmt werden sollte.

Hinzuweisen ist darauf, dass ein Wohnungs-/Teileigentümer durch seine generelle Verweigerung der Zustimmung die selbstständige Verwertbarkeit einer Teilfläche auch gänzlich „verhindern" kann.

10.2.6 Besondere objektspezifische Grundstücksmerkmale (boG)

Besondere objektspezifische Grundstücksmerkmale (boG) sind entsprechend den Ausführungen in Kapitel 8 bei der Ermittlung der Verfahrenswerte zu berücksichtigen.

getrennte Berücksichtigung

Grundsätzlich sind die boG, die das gemeinschaftliche Eigentum betreffen, gesondert von den das Sondereigentum betreffenden boG zu berücksichtigen. Dabei werden die das gemeinschaftliche Eigentum betreffenden boG nur anteilig (nach ME oder Kosten-/Einnahmeverteilungsschlüssel) angerechnet.

Bauschäden

> **Beispiele: Berücksichtigung von Bauschäden bei der Bewertung von Eigentumswohnungen**
>
> a) Schadhafter Fußbodenbelag im Flur einer Eigentumswohnung, Beseitigungskosten 2.000 € ⇒ Schaden betrifft das Sondereigentum.
>
>   Unter dem Verfahrensschritt „Berücksichtigung besonderer objektspezifischer Grundstücksmerkmale" werden die 2.000 € Beseitigungskosten (ggf. gedämpft auf Grund steuerlicher Vorteile[1)]) in Abzug gebracht. Dies gilt für das Vergleichs-, Ertrags- und Sachwertverfahren.
>
> b) Schadhafter Fußbodenbelag im Flur eines Mehrfamilienhauses, welches in Wohnungseigentum aufgeteilt ist, erfordert Beseitigungskosten von 5.000 € ⇒ Schaden betrifft das gemeinschaftliche Eigentum.
>
>   Unter dem Verfahrensschritt „Berücksichtigung besonderer objektspezifischer Grundstücksmerkmale" werden die 5.000 € Beseitigungskosten anteilig entsprechend dem Miteigentumsanteil bzw. dem Kostenverteilungsschlüssel für die zu bewertende Eigentumswohnung (ggf. gedämpft auf Grund steuerlicher Vorteile) in Abzug gebracht. Dies gilt für das Vergleichs-, Ertrags- und Sachwertverfahren.

Sondernutzungsrechte

Der Werteinfluss von Sondernutzungsrechten (z.B. Gartennutzung) auf den Marktwert einer Eigentumswohnung kann sachgemäß in der Weise berücksichtigt werden, dass die Wertermittlung zunächst unter der Fiktion nicht vorhandener Sondernutzungsrechte durchgeführt (bis zu den vorläufigen Verfahrenswerten) und der Werteinfluss der Sondernutzungsrechte in den Wertermittlungsverfahren als besondere objektspezifische Grundstücksmerkmale (boG) berücksichtigt wird. Oft lässt sich der Werteinfluss eines der Eigentumswohnung zugeordneten Sondernutzungsrechts als Barwert einer Mehrmiete auf Grund des Sondernutzungsrechts sachgemäß berücksichtigen. Fremdem Wohnungs- oder Teileigentum zu-

---

1) Zur steuerlichen Dämpfung der Instandsetzungskosten siehe Kapitel 8, Abschnitt 8.5.3.

geordnete Sondernutzungsrechte können ggf. auf die marktüblich erzielbare Miete der zu bewertenden Eigentumswohnung negative Auswirkungen haben und können ebenso als Barwert einer Mindermiete im Rahmen der boG berücksichtigt werden.

Beispiel: Wohnungseigentum mit Sondernutzungsrecht an einer Teilfläche des Gartens

- 3-Raumwohnung mit 100 m² Wohnfläche in 8-Familienhaus
- Sondernutzungsrecht für eine Gartenfläche von 20 m²
- marktüblich erzielbare Netto-Kaltmiete: 5,00 €/m²
- Zuschlag für das Sondernutzungsrecht: 10 % der Wohnraummiete
  - monatlich: 20 m² x (5,00 €/m² x 0,10) = 10 €
  - jährlich: 10 € x 12 Monate = 120 €
- objektspezifischer Liegenschaftszinssatz: rd. 4 %[1]
- Gesamtnutzungsdauer: 70 Jahre[2]
- Restnutzungsdauer: 50 Jahre; relative Restnutzungsdauer: 71 %
- Barwertfaktor für die Kapitalisierung: 21,482[3]
- Bewirtschaftungskosten: 25 %[4]

Barwertermittlung
B = 120 € x (1 – 0,25) x 21,482 = 1.933 €[5]

Barwert des Sondernutzungsrechts: rd. **1.900 €.**

---

1) Vgl. Tab. 5-7 (Liegenschaftszinssatz für ETW in 8-Familienhaus, relative RND = 71 %).
2) Vgl. Tab. 5-2 (Gebäudestandard 3).
3) Vgl. Tab. 5-11 (Barwertfaktor für einen Liegenschaftszinssatz von 5 % und eine Restnutzungsdauer von 50 Jahren).
4) Vgl. Tab. 5-1 (BWK-Ansatz für ein Wohnungseigentum in einem Mehrfamilienhaus, rel. RND von 71 %, Bodenwertniveau zwischen 100 €/m² und 200 €/m²).
5) Der Barwert des Sondernutzungsrechts wird auf der Grundlage des Zuschlags für das Sondernutzungsrecht (120 €) abzüglich Bewirtschaftungskosten (25 %) mal Barwertfaktor (21,482) ermittelt.

10.3 Bewertungsbeispiel

Ein ausführliches Beispiel zur Bewertung einer Eigentumswohnung steht unter www.1x1-der-Immobilienbewertung.de (Rubrik: Materialien zum Buch) zur Verfügung. Die Zugangsdaten finden Sie am Endes des Buches in Kapitel 14.

Kapitel 11: Besonderheiten bei der Bewertung von Geschäfts- und Gewerbegrundstücken

11.1 Allgemeine Grundlagen und Verfahrenswahl für die Bewertung von Geschäfts- und Gewerbegrundstücken

Grundsatz

Die Vorgehensweise zur Marktwertermittlung von Geschäfts- und Gewerbegrundstücken unterscheidet sich grundsätzlich nicht von der Vorgehensweise für die Bewertung anderer Grundstücksarten. Gewerbegrundstücke besitzen jedoch oftmals sehr individuelle Merkmale und damit verbundene individuelle Nutzungen und Nutzungsmöglichkeiten. Diese sind im Rahmen der Marktwertermittlung sachgemäß zu berücksichtigen.

Verfahrenswahl

Die Marktwertermittlung für Geschäfts- und Gewerbegrundstücke kann sowohl nach dem Vergleichswert-, Ertragswert- als auch dem Sachwertverfahren durchgeführt werden. Bei der Auswahl des bzw. der anzuwendenden Wertermittlungsverfahren sind die allgemein üblichen Kriterien (vgl. Kapitel 2) auch für den Grundstücksteilmarkt der Geschäfts- und Gewerbegrundstücke anzuwenden. Insbesondere sind die allgemeinen Gepflogenheiten auf dem Grundstücksmarkt zugrunde zu legen, d.h. es ist maßgebend, wie der Marktwert im allgemeinen Geschäftsverkehr bestimmt wird.

Vergleichswertverfahren

Das Vergleichspreisverfahren ist zur Wertermittlung von Geschäfts- und Gewerbegrundstücken nur selten anwendbar, da diese in Bebauung, Gestaltung, Ausstattung, vertragliche Bindungen usw. zumeist so stark voneinander abweichen, dass hierbei eine Berücksichtigung von Abweichungen in den wertbildenden Eigenschaften der Grundstücke (i.S.d. § 15 ImmoWertV) nicht plausibel möglich ist. Jedoch gibt es zahlreiche Veröffentlichungen von Vergleichsfaktoren (vorrangig Ertragsfaktoren) die zur Plausibilitätskontrolle herangezogen werden können.[1]

Ertragswertverfahren

Da Geschäfts- und Gewerbegrundstücke in Ballungsgebieten vorrangig zur Erzielung von Erträgen dienen (und nicht zur Eigennutzung), ist zu ihrer Bewertung grundsätzlich vorrangig das Ertragswertverfahren anzuwenden.[2]

Sachwertverfahren

Aber auch das Sachwertverfahren ist regelmäßig anwendbar, insbesondere deshalb, weil ein wirtschaftlich denkender Marktteilnehmer alternativ auch überlegen wird, welche Kosten ihm bei der Realisierung eines vergleichbaren Geschäfts- oder Gewerbegrundstücks entstehen werden und ob auf dem örtlichen Grundstücksteilmarkt eine hinreichende Nachfrage nach und tatsächliche Möglichkeiten zur Herstellung von vergleichbaren Objekten besteht.

Der Sachwertansatz ist insbesondere aber auch für Gewerbegrundstücke in kleinstädtischen und ländlichen Regionen marktgerecht, weil dort die Grundstü-

---

1) Zur Anwendung von Ertragsfaktoren siehe Abschnitt 7.2.
2) Hierfür stehen in Ballungsgebieten i.d.R. die benötigten Daten (Roherträge und Liegenschaftszinssätze) in ausreichender Qualität zur Verfügung.

cke überwiegend durch deren Eigentümer selbst genutzt werden (z.B. Handwerksbetriebe).[1]

Generell ist jedoch festzuhalten, dass sich der Marktwert von Geschäfts- und Gewerbegrundstücken vorrangig an den zukünftig marktüblich erzielbaren Erträgen (d.h. an den potenziellen allgemeinen Nutzungschancen, der sog. Drittverwendungsmöglichkeit) orientiert und weniger an den Kosten für die Herstellung von vergleichbaren Objekten (Bodenwert plus Wert der baulichen und sonstigen Anlagen). Das Kriterium der Multifunktionalität ist einer der wesentlich wertbildenden Faktoren bei der Bewertung von Geschäfts- und Gewerbegrundstücken.

Multifunktionalität; Drittverwendungsmöglichkeit

Für die Bewertung von Geschäfts- und Gewerbegrundstücken muss deshalb die Definition des Marktwerts (vgl. § 194 BauGB) auch pragmatisch interpretiert werden. Der Marktwert ist als der Preis zu bestimmen, den „jedermann", d.h. ein wirtschaftlich handelnder Marktteilnehmer, im Durchschnitt für ein solches Grundstück zu zahlen bereit wäre. Er ist der am Wertermittlungsstichtag nach der Qualität und dem üblichen Nutzungspotenzial des Grundstücks am wahrscheinlichsten zu erzielende Preis.[2]

Wert für Jedermann

Insbesondere Geschäfts- und Gewerbegrundstücke mit individuellen Nutzungen besitzen jedoch vielfach einmalige wertbestimmende Eigenschaften (z.B. Hochregallager, Bäckerei); demzufolge sind auch diese Grundstücke oftmals nur für wenige Nachfrager uneingeschränkt geeignet. Ist dann der Marktwert der Wert für diese wenigen Nachfrager, für die das Grundstück in seinem derzeitigen Zustand nutzbar ist oder ist der Marktwert als der Wert zu definieren, den es für allgemeine Nachfrager auf dem Geschäfts- und Gewerbegrundstücksmarkt besitzt?

singuläre Objekte

Zur Beantwortung dieser Frage ist es hilfreich, bei der Marktwertermittlung zu unterstellen, dass **die derzeitig vorhandene Nutzung aufgegeben würde. Unter dieser Vorgabe ist zu überlegen, welcher Kaufpreis (bzw. welcher Ertrag) für dieses Grundstück (für eine realistische nachhaltig durchführbare Folgenutzung) mit hinreichender Sicherheit zu erzielen wäre**.

fiktive Aufgabe der Nutzung

Diese Vorgehensweise ist aus folgenden Gründen zu empfehlen:

- Es wird tatsächlich nur der Marktwert des bebauten Grundstücks ermittelt und nicht zusätzlich ggf. ein „Unternehmens- bzw. Geschäftswert"-anteil (d.h. ein Wertanteil, der der konkret vorhandenen laufenden Nutzung zuzuordnen ist) mit in die Bewertung der Immobilie einbezogen.

nicht den „Wirt" mitbewerten

- Die Erträge aus dem Grundstück sollen die Zinsverpflichtungen aus den Darlehen absichern bzw. abdecken. Dies ist z.B. auch in der Beleihungswertermittlung von großer Bedeutung.

---

1) Das Sachwertverfahren kann hier sogar Vorrang vor dem Ertragswertverfahren haben, wenn die erforderlichen Daten (Bodenwert und Sachwertfaktor) in hinreichender Qualität zur Verfügung stehen.

2) Vgl. hierzu Kapitel 1.

keine „Angst"
vor niedrigen
Marktwerten

Die Sach- und Ertragswertermittlungen können auf Grund der oben beschriebenen Vorgehensweise in vielen Fällen unter dem Aspekt des leer stehenden Objekts und der Herbeiführung einer wirtschaftlichen und unter den örtlichen Marktgegebenheiten (insbesondere der Nachfragesituation) realistischen nachhaltig gesicherten Nachfolgenutzung bei einer Wertermittlung zu ernüchternden Ergebnissen führen.

Beispiel: **Marktwert eines Grundstücks, das mit einem Hochregallager für ein Spezialprodukt bebaut ist**

A. Sachverhalt

Die Stahlbaufirma T. hat vor ca. 2 Jahren ein unbebautes Gewerbegrundstück zum Preis von 250.000 € erworben. Zwischenzeitlich hat sie auf dieses Grundstück mit einem Baukostenaufwand von 1,9 Mio. € ein Hochregallager für eines ihrer Spezialprodukte errichtet.

Der vorläufige Sachwert (Bodenwert + Wert der baulichen Anlagen + Wert der Außenanlagen) dieses Objekts errechnet sich demnach zu rd. 2,15 Mio. €.

B. Aufgabe

Es soll der Marktwert des bebauten Gewerbegrundstücks ermittelt werden.

C. Lösung

Keine Drittverwendungsmöglichkeit hat oftmals den Abbruch der baulichen Anlagen zur Folge.

Liquidationswert-
verfahren

Da das Hochregallager ausschließlich auf ein Spezialprodukt hin konzipiert ist und eine andere nachhaltig gesicherte wirtschaftliche Nutzung mit vertretbarem Aufwand nicht herbeigeführt werden kann, ermittelt sich der Marktwert des Grundstücks als Bodenwert – Freilegungsaufwendungen (zum Liquidationswertverfahren vgl. Abschnitt 5.4.3). Vereinfachend wird angenommen, dass Freilegungserlöse nicht zu erwarten sind.

Bodenwert		250.000,– €
./. Freilegungsaufwendungen	–	100.000,– €
= Marktwert	=	150.000,– €

Sicherlich ist dieser Bewertungsansatz diskussionsfähig. Da es jedoch für das Gebäude nach Aufgabe der derzeitigen Nutzung – wie hier angenommen – keinerlei rentierliche Nachfolgenutzung gibt, dürfte die vorstehende Marktwertermittlung sachgerecht sein, auch wenn eine Akzeptanz des Eigentümers nicht oder nur schwierig erreicht werden kann.

> **Beispiel:** **Marktwert eines Bäckereigrundstücks**
>
> **A. Sachverhalt**
>
> Im Zentrum einer kleinen Gemeinde (2.000 Einwohner) befindet sich ein Grundstück mit einem zweigeschossigen Vordergebäude und einge- schossigem rückwärtigem Anbau. Das Erdgeschoss des Vordergebäu- des und der Anbau werden als Bäckerei genutzt. Im Obergeschoss des Vordergebäudes befindet sich die Wohnung des Bäckereiinhabers.
>
> **B. Aufgabe**
>
> Es soll der Marktwert des Gewerbegrundstücks bestimmt werden.
>
> **C. Lösung**
>
> Individuelle Nutzungen können nur dann berücksichtigt werden, wenn sie auch nachhaltig gesichert sind.
>
> Zunächst ist zu klären, ob an diesem Standort eine Bäckerei eine nach- haltige wirtschaftliche Perspektive besitzt. Ist an dem Standort eine Bä- ckerei nachhaltig zu betreiben, so kann zusätzlich zum Grundstücks- und Gebäudewert auch der Wert der mit dem Gebäude fest verbunde- nen besonderen Betriebseinrichtungen (Verkaufstheke, Backöfen etc.) werterhöhend berücksichtigt werden.
>
> Ist eine nachhaltige Nutzung als Bäckerei nicht gesichert (was derzeit bei kleinen Gemeinden i.d.R. anzunehmen ist), so ist das Grundstück auf die wahrscheinlichste Nachfolgenutzung hin zu bewerten. Ist diese Nachfolgenutzung z.B. eine Wohnnutzung, so ist das Objekt als Wohn- gebäude zu bewerten. Von dem so ermittelten vorläufigen Marktwert sind die Aufwendungen für die Herbeiführung der Nachfolgenutzung (Abbruch- und Umbauaufwand) sachgemäß in Abzug zu bringen.

Nutzungs- alternativen

Die Vorgehensweise, die Marktwertermittlung unter der Annahme der Aufgabe der vorhandenen Nutzung und unter Zugrundelegung einer nachhaltig gesicher- ten Nachfolgenutzung durchzuführen, kann dazu führen, dass im Ergebnis mehr als eine Art der Nachfolgenutzung als wirtschaftlich sinnvoll beurteilt werden kann. In diesem Fall sind die jeweiligen Marktwerte unter der Fiktion dieser unter- schiedlichen Nutzungen zu ermitteln und abschließend aus den Einzelergebnis- sen der Marktwert des Grundstücks abzuleiten (vgl. Abschnitt 5.4.2). Dabei sind die mit der jeweilig unterstellten Nutzungsalternative verbundenen Einflüsse und Risiken (Standortrisiko, Umbau(kosten)risiko, Nachhaltigkeit der Erträge etc.) sachgemäß (gewichtet) zu berücksichtigen.

Liquidation

Sollte sich bei diesen Überlegungen ergeben, dass die vorhandene Bebauung eines Grundstücks keine sinnvolle Nutzung mehr erwarten lässt, dem Grund und Boden jedoch ein alternatives wirtschaftliches Bebauungspotenzial beigemessen wird, bleibt in der Konsequenz oftmals nur die Freilegung des Grundstücks (Liquidation) als wirtschaftlichste Nutzungsalternative (vgl. Abschnitt 5.4.3).

11.2 Bodenwertermittlung

Bodenwert-ermittlung im Vergleichswert-verfahren

Die Bodenwertermittlung für Geschäfts- und Gewerbegrundstücke erfolgt – wie in Kapitel 4 dargelegt – grundsätzlich im Vergleichswertverfahren. I.d.R. wird hierbei auf Bodenrichtwerte abgestellt. Es gelten jedoch gerade bei dieser Grundstücksart einige Besonderheiten bei der Preisbildung für den Grund und Boden, die im Rahmen der Bodenwertermittlung zu beachten sind. U.a. sind dies:

Residualwert-verfahren eher ungeeignet

- Ankaufpreise für unbebaute Grundstücke werden durch Investoren häufig im Residualwertverfahren (Investorenmethode) kalkuliert. Für Marktwertermittlungen ist diese Methode insbesondere wegen der hohen Unsicherheit der Ergebnisse i.d.R. wenig geeignet.[1]

Bodenrichtwerte kritisch prüfen

- In bebauten Innenstadtbereichen werden Bodenrichtwerte oftmals in Ermangelung einer hinreichenden Anzahl tatsächlicher Verkaufsfälle hilfsweise mit deduktiven Verfahren ermittelt und bedürfen deshalb einer kritischen Überprüfung.

Nachfolgend werden deshalb wichtige Hinweise zur Beachtung bei der Bodenwertermittlung für Geschäfts- und Gewerbegrundstücke gegeben. Für eine detaillierte Darstellung muss auf die weitergehende Fachliteratur verwiesen werden.[2]

individuelle Preisentwicklung

- Die Preisentwicklung für Geschäfts-, Gewerbe- und Industriegrundstücke (Entwicklung der allgemeinen Wertverhältnisse) erfolgt anders als beispielsweise die baureifen Landes im Allgemein oder Wohnbauland im Speziellen. Bodenpreisindexreihen verschiedener Grundstücksarten sind deshalb i.d.R. nicht übertragbar.

subventionierte Bodenpreise

- Viele Städte und Gemeinden subventionieren die Grundstückspreise für Gewerbe- und Industriegrundstücke. Hiermit sollen Gewerbe- und Industrieansiedlungen gefördert werden, um so die Finanzkraft der Gemeinde (Gewerbesteueraufkommen) zu stärken.

Bauverpflich-tungen; Rück-übertragungs-verpflichtungen

Die Grundstücke werden von den Kommunen oft an Bauwillige unter Maßgabe einer Bauverpflichtung und einer Rückübertragungsverpflichtung veräußert. Der Einfluss dieser Verpflichtungen auf den Kaufpreis lässt sich i.d.R. nicht quantifizieren. Deshalb sind Bodenrichtwerte, die aus solchen Kaufpreisen ermittelt wurden, für die Bewertung bebauter Grundstücke zumeist ungeeignet.

---

1) Das Residualwertverfahren ist ausführlich im Lehrbuch und Kommentar [2], Teil 3, Kapitel 9 erläutert.

2) Siehe hierzu Kapitel 4 und weitergehend Lehrbuch und Kommentar [2], Teile 3 (Bodenwert von unbebautem Bauland) und 5 (Bodenwert bebauter Grundstücke).

Durch diese Subventionierung der Grundstückskaufpreise (bzw. der diesbezüglichen Erschließungskosten) können in Gemeinden zweigeteilte Bodenmärkte für Gewerbe- und Industriegrundstücke entstehen. Einmal das Bodenpreisniveau, zu dem die Gemeinde Gewerbegrundstücke veräußert und zum anderen das Bodenpreisniveau, zu dem private Grundstückseigentümer nur bereit sind, Grundstücke für Gewerbe- und Industriezwecke zu veräußern. Je nach Marktposition der Gemeinde sind dann die privaten Grundstückseigentümer gehalten, auf die subventionierten Grundstückspreise der Gemeinde einzugehen oder eben die Grundstücke so lange vorzuhalten, bis dass die Gemeinde keine hinreichenden Flächen für Gewerbegrundstücke mehr besitzt.

- Lässt das Baurecht für ein Gewerbegrundstück Nutzungen zu, die für das Grundstück wirtschaftlich sind? So ist z.B. die Festsetzung im Bebauungsplan als Sondergebiet für ein Hotel nur dann von Vorteil, wenn sich das Grundstück und die Lage etc. für eine Hotelnutzung eignet und ein Hotel damit wirtschaftlich zu betreiben wäre. Jede Nutzungseinschränkung bewirkt grundsätzlich Wertminderungen gegenüber normalen Boden(richt)werten.

  Baurecht prägt das Nutzungspotenzial

- Bodenwerte bei Geschäftsgrundstücken stehen in engem Zusammenhang mit den Erträgen, die aus der Grundstücksnutzung erwirtschaftet werden können. So lässt sich überschlägig der Bodenwert aus der Ladenmiete im Erdgeschoss wie folgt ermitteln:

  Zusammenhang zwischen Bodenwert und Ertrag

$$\text{Bodenwert} = \text{EG-Ladenmiete } [\text{€/m}^2] \times 28$$

Diese Überschlagsformel lässt sich jedoch nur in solchen Lagen anwenden, in denen im Erdgeschoss eine Geschäftsnutzung und in den (maximal 3) Obergeschossen eine Wohn- oder Büronutzung vorherrscht.

11.3 Vergleichswertverfahren

Wie bereits in Abschnitt 11.1 erläutert, ist das Vergleichspreisverfahren zur Wertermittlung von Geschäfts- und Gewerbegrundstücken nur selten anwendbar, da diese in Bebauung, Gestaltung, Ausstattung, vertragliche Bindungen usw. zumeist so stark voneinander abweichen, dass hierbei eine Berücksichtigung von Abweichungen in den wertbildenden Eigenschaften der Grundstücke (i.S.d. § 15 ImmoWertV) nicht plausibel möglich ist.

Vergleichspreisverfahren

Jedoch gibt es zahlreiche Veröffentlichungen von Vergleichsfaktoren (vorrangig Ertragsfaktoren) die zur Plausibilitätskontrolle herangezogen werden können.[1]

Vergleichsfaktorverfahren

---

1) Zur Anwendung von Ertragsfaktoren siehe Kapitel 7, Abschnitt 7.2.

11.4 Ertragswertverfahren

Vorrangige Anwendung

Da Geschäfts- und Gewerbegrundstücke in Ballungsgebieten vorrangig zur Erzielung von Erträgen dienen (und nicht zur Eigennutzung), ist zu ihrer Bewertung grundsätzlich vorrangig das Ertragswertverfahren anzuwenden.

Die besonderen Herausforderungen bei der Anwendung des Ertragswertverfahrens liegen vorrangig in

marktüblich erzielbare Erträge Ertragsbesonderheiten

- der Ermittlung der marktüblich erzielbaren Erträge (Mieten und Pachten);

- der Berücksichtigung von Ertragsbesonderheiten, namentlich Mieten, die von der marktüblich erzielbaren Miete abweichen, beispielsweise

  o Mietanpassungsklauseln (fehlende Anpassungs-, Staffelmietvereinbarung, Gleitklausel);

  o Leerstand

  o unübliche Nebenkostenvereinbarungen

  o Investitionsmieten

  o (Edel)Rohbaumieten

Restnutzungsdauer Liegenschaftszinssätze Mietausfallrisiko; Leerstand

- der Bestimmung der wirtschaftlichen Restnutzungsdauer;

- der Ableitung marktkonformer Liegenschaftszinssätze;

- der Bestimmung der Abschläge wegen des Mietausfall(risiko)s bei leer stehenden Gewerbeobjekten für die Zeit bis zur Neuvermietung. Erläuterung: Eine unvermietete Gewerbeimmobilie ist oftmals nicht verkäuflich; eine nur kurzfristig vermietete ist schwierig verkäuflich. Deshalb muss ein Makler oftmals, um seine Verkaufsprovision zu erhalten, erst einmal für das Objekt – manchmal ohne zusätzliches Honorar – einen Mieter beschaffen. Der Abschlag orientiert sich am geschätzten kapitalisierten Mietausfallrisiko.

Nutzungsflexibilität

- Bei einem wenig nutzungsflexiblen Objekt (unwirtschaftliche Grundrisse, Stufen, geringe lichte Höhen), die z.B. eine Bewirtschaftung der Gebäude mit Gabelstapler erschweren, sind im Rahmen der Wertermittlung u.U. Abzüge für Umbaukosten zur Schaffung von flexiblen Grundrissen etc. anzubringen.

- der Bestimmung der Zuschläge, wenn eine über die marktüblich erzielbare Miete hinausgehende tatsächliche Miete gegeben ist. Der Zuschlag ermittelt sich als kapitalisierte Mehrmiete über die Dauer, in der die Mehrmiete noch als gesichert eingeschätzt wird. Diese ist nicht in jedem Fall identisch mit der Restlaufzeit des Mietvertrages.

Liquidationswertverfahren

Bei unrentabler Nutzung von Geschäfts-, Gewerbe- und Industriegrundstücken ist deren Marktwert im Liquidationswertverfahren (vgl. Abschnitt 5.4.3) zu bestimmen („Bodenwert – Freilegungskosten") bzw. bei Bindung der vorhandenen Nutzung nach dem „besonderen Liquidationswertverfahren" (vgl. Abschnitt 5.4.4); nötigenfalls unter Ansetzung von hinreichend bemessenen Risikoabschlägen.

11.5 Sachwertverfahren

Grundsätzlich ist auch das Sachwertverfahren regelmäßig anwendbar. Insbesondere deshalb, weil ein wirtschaftlich denkender Marktteilnehmer alternativ auch überlegen wird, welche Kosten ihm bei der Realisierung eines vergleichbaren Geschäfts- und Gewerbegrundstücks entstehen werden und ob auf dem örtlichen Grundstücksteilmarkt eine hinreichende Nachfrage nach und tatsächliche Möglichkeiten zur Herstellung von vergleichbaren Objekten besteht.

Der Sachwertansatz ist insbesondere aber auch für Gewerbegrundstücke in kleinstädtischen ländlichen Regionen marktgerecht, weil dort die Grundstücke überwiegend durch deren Eigentümer selbst genutzt werden (z.B. Handwerksbetriebe).

Die besonderen Herausforderungen bei der Anwendung des Sachwertverfahrens sind folgende:

- Ansatz von sachgemäßen Normalherstellungskosten *NHK*

  Hier dürfen bei Hallen nicht die relativ hohen Normalherstellungskosten für ältere (Massiv)Gebäude, sondern die Normalherstellungskosten des heutigen modernen Industriebaues (sog. Ersatz- bzw. Substitutionsgebäude) angesetzt werden, die regelmäßig niedriger liegen.

  Der NHK-Ansatz ist an der wahrscheinlichsten Folgenutzung zu orientieren. So ist ggf. ein Bankgebäude mit den NHK für Bürogebäude zu bewerten, wenn die wahrscheinlichste Nachfolgenutzung ein Bürogebäude ist.

- Eine wirtschaftliche Überalterung (geringe Nutzungsflexibilität, z.B. infolge ungünstiger Grundrisse, Stufen oder Niveauunterschiede, geringe Raumhöhen) ist sachgemäß über kapitalisierte Mietdifferenzen oder Umbaukosten zu berücksichtigen. *wirtschaftliche Überalterung*

- Der Bodenwertermittlung ist bei der Anwendung des Sachwertverfahrens hohe Bedeutung beizumessen, da der Bodenwert (fast) linear den Sachwert beeinflusst und über den Sachwertfaktor zudem den Gebäudewert beeinflusst. *Bodenwertermittlung*

- Soweit besondere Betriebseinrichtungen den Marktwert der Gewerbeimmobilie (Wert für „jedermann") beeinflussen, ist der Wert oftmals durch Spezialsachverständige in Sondergutachten zu bestimmen. *besondere Betriebseinrichtungen*

- Da es sich bei den Gewerbe- und Industriegrundstücken nach landläufiger Meinung um sog. Ertragsobjekte handelt, wurden bisher Sachwertfaktoren für diesen Grundstücksteilmarkt nur ganz selten abgeleitet. *Sachwertfaktoren*

Buchtipp

In den Marktdaten und Praxishilfen [1] finden Sie zahlreiche Daten, die Sie für die Bewertung von Geschäfts- und Gewerbegrundstücke im Sachwertverfahren benötigen. So z.B. NHK 2010 (Kapitel 3.01.1) und Sachwertfaktoren für Kauf- und Warenhausgrundstücke, Fach- und Supermarktgrundstücke und von Handwerkern genutzte Hallengrundstücke (Kapitel 3.03).

12 Anforderungen an Wertgutachten

Die Anforderungen an Marktwertgutachten und ihre Erstellung können aus verschiedenen Blickwinkeln betrachtet werden. Einen festen Anforderungskatalog oder eine amtliche Definition des Begriffs „Gutachten" gibt es nicht.

Anforderungen aus verschiedenen Blickwinkeln

Bei der Erstellung eines Gutachtens trifft der Sachverständige zunächst durch eigene Sachverhaltsermittlungen alle erforderlichen Feststellungen, zieht daraus logische Schlussfolgerungen und wendet bei seiner Beurteilung des Sachverhalts anerkannte Erfahrungssätze unter Angabe der ggf. verwendeten Quellen an. Dabei erfolgt die Darstellung in einer für den Adressaten verständlichen Sprache. In einem Gutachten für Laien sollten deshalb Fachbegriffe zurückhaltend verwendet oder zumindest erläutert werden.

Was ist ein Gutachten?

Es wird empfohlen, den Begriff „Gutachten" nur bei vollumfänglichen eigenen Sachverhaltsermittlungen und Beurteilungen eines vorgegebenen Sachverhalts durch den beauftragten Sachverständigen bzw. Gutachter zu verwenden.

Bei „Marktwertgutachten" für Immobilien ist der zu ermittelnde Sachverhalt der Marktwert i.S.d. § 194 Baugesetzbuch.

Marktwertgutachten

Somit ergeben sich grundsätzliche Anforderungen an den Inhalt und Aufbau eines Marktwertgutachtens bereits aus der gesetzlichen Marktwertdefinition in § 194 BauGB. Danach muss das Gutachten zumindest Feststellungen zu den *„rechtlichen Gegebenheiten und tatsächlichen Eigenschaften, der sonstigen Beschaffenheit und der Lage des Grundstücks oder des sonstigen Gegenstands der Wertermittlung"* treffen. Das Gutachten muss auf die üblichen Preisbildungsmechanismen des Grundstücksmarkts *„im gewöhnlichen Geschäftsverkehr"* abstellen. Preise, die durch *„ungewöhnliche oder persönliche Verhältnisse"* zustande gekommen sind, dürfen in die Wertermittlung nicht einfließen.

Grundsätzliche Anforderungen aus § 194 BauGB und ImmoWertV

Weitere Anforderungen ergeben sich aus der ImmoWertV, die Ausführungen zu den grundsätzlich wertrelevanten und deshalb regelmäßig zu erhebenden Grundstücksmerkmalen enthält und insbesondere die Auswahl und den methodischen Ablauf der anzuwendenden Wertermittlungsverfahren regelt.

Ergänzende Hinweise zu den v.g. Vorschriften enthält beispielsweise für die Ermittlung des Sachwerts nach den §§ 21 bis 23 ImmoWertV die Sachwertrichtlinie (SW-RL). So ist der Grundsatz der Modellkonformität zu beachten. Und das Sachwertverfahren ist nicht auf abbruchreife und funktionslose bauliche Anlagen anzuwenden. Es sind keine Rekonstruktionskosten zu ermitteln, sondern Gebäudewerte ausgehend von in vergleichbarer Weise wirtschaftlich nutzbaren Gebäuden und Bauweisen in Ansatz zu bringen. Es sind somit bereits in den Wertansätzen nicht vergangenheitsorientiert Kosten, sondern zukunftsorientiert Werte zu ermitteln. Besondere Zu- und Abschläge, sachverständig geschätzte Marktan-

Sachwertrichtlinie

315

passungsfaktoren bei fehlenden örtlichen Daten und geschätzte Gesamtnutzungsdauern bei besonderen Marktsituationen müssen in einem Gutachten begründet werden.

Vergleichswert-richtlinie

Die Vergleichswertrichtlinie gibt Hinweise für die Ermittlung des Vergleichswerts sowie des Bodenwerts nach den §§ 15 und 16 ImmoWertV. Auch hier wird gefordert, dass der Grundsatz der Modellkonformität zu beachten ist. Dies gilt sowohl für die bei der Anpassung von Kaufpreisen verwendeten Daten als auch für die Anwendung von Vergleichsfaktoren und ausgleichenden mehrdimensionalen Schätzfunktionen. Die wesentlichen Modellparameter werden in den Anlagen der Richtlinie angegeben. Im Gutachten sind die Herkunft, die Auswahlkriterien und das Ableitungsmodell der verwendeten Daten, Vergleichsfaktoren, Schätzfunktionen und Kaufpreise anzugeben. Die Auswahlkriterien und vorgenommenen Anpassungen sind zu begründen.

Beleihungswert-gutachten

Für „Beleihungswertgutachten" zur Ermittlung der Beleihungswerte nach § 16 Abs. 1 und 2 des Pfandbriefgesetzes und der diesbezüglichen Datenerhebungen sind gesetzliche Anforderungen insbesondere an den inhaltlichen Umfang in § 5 Beleihungswertermittlungsverordnung (BelWertV) enthalten.

Abgrenzung sonstiger Bewer-tungdienst-leistungen

Sonstige Expertisen eines Sachverständigen bzw. Gutachters zu vom Auftragge-ber vorgegebenen Detailfragen oder Beurteilungen bereits vorliegender Gutach-ten und dergleichen, die z.B. ohne bzw. nur auf der Grundlage von eingeschränk-ten eigenen Sachverhaltsermittlungen abgegeben werden, sollten zur deutlichen Abgrenzung vom Gutachten besser als „gutachterliche Stellungnahme" bezeich-net werden.

Reine Berechnungen des Marktwerts unter Anwendung der Wertermittlungsver-fahren, die z.B. auf detaillierte Objektbeschreibungen und Erläuterungen verzich-ten, sind in der Bewertungspraxis selbstverständlich auch anzutreffen. Diese soll-ten klarstellend ebenfalls nicht als Gutachten bezeichnet werden sondern zutref-fender z.B. als „Marktwertschätzung" oder „Marktwertermittlung".

Gleichwohl ist zu beobachten, dass die Auftraggeber auch die v.g. Bewertungs-dienstleistungen häufig dennoch als Gutachten bezeichnen. Es ist deshalb drin-gend anzuraten, in diesen Bewertungen deutlich auf den vereinbarten begrenzten Leistungsumfang hinzuweisen.

So sind z.B. eingeschränkte Objektanalysen (z.B. Verzicht auf Überprüfung und Neuberechnung der Wohn- und Nutzflächen, Verzicht auf Analyse der einzelnen Mietverträge) oder reduzierte Zustandsbeschreibungen (sog. „Kurzgutachten" für private Verwendungszwecke) bei entsprechender (werk)vertraglicher Vereinba-rung zulässig.

Wenngleich eine Immobilie grundsätzlich zu einem Wertermittlungsstichtag nur einen Marktwert hat, sind Marktwertgutachten deshalb nicht automatisch immer in einer einheitlichen Form zu erstellen. Denn es können sich weitere (eingeschränkte oder erweiterte, aber auch spezifische) Anforderungen an Aufbau, Form und Inhalt eines Marktwertgutachtens aus dem individuellen Bewertungsanlass, aus dem Verwendungszweck des Gutachtens (z.B. spezielle formale Anforderungen der Finanzverwaltungen an Gutachten zum Nachweis des geringeren gemeinen Werts im Rahmen der Erbschafts- bzw. Schenkungssteuer oder Bewertung des grundbuchlich ggf. fiktiv lastenfreien Objekts in Zwangsversteigerungsgutachten), den vorhersehbaren Verwendern oder den (vertraglichen) Vereinbarungen ergeben.

Bewertungs-anlass bzw. Verwendungszweck

Sachverständige, die sich Qualitätssicherungssystemen unterworfen haben, müssen sich bei der Gutachtenerstellung zusätzlich an die dort festgelegten Regularien halten. Dies sind z.B. bei zertifizierten Sachverständigen insbesondere die Zertifizierungsregeln der jeweiligen Zertifizierungsstelle (z.B. Sprengnetter Zert GmbH), bei öffentlich bestellten und vereidigten Sachverständige die jeweilige Sachverständigenordnung der bestellenden Kammer und bei Chartered Surveyors die Standards der Royal Institution of Chartered Surveyors (RICS) im sog. „Red Book".

Qualitätssiche-rungssysteme

Bei einem privat erteilten Auftrag zur Erstattung eines Gutachtens kommt regelmäßig ein Werkvertrag zustande. D.h., es wird nicht vorrangig die Tätigkeit sondern im Ergebnis ein Werk bzw. ein Erfolg in Gestalt eines zum vereinbarten Gebrauch tauglichen Gutachtens geschuldet.

Werkvertrags-recht

Wenn Sachverständige mit der Erstattung von Marktwertgutachten in Zivilprozessen unmittelbar durch das zuständige Gericht beauftragt werden, spricht man von „Gerichtsgutachten", auf die dann die Vorschriften der Zivilprozessordnung anzuwenden sind. So regelt insbesondere § 407a ZPO weitere Pflichten des Sachverständigen, die vorrangig die Zusammenarbeit mit dem Gericht betreffen. Hierzu zählt insbesondere die Pflicht des beauftragten Sachverständigen zur persönlichen Gutachtenerstellung.

Gerichts-gutachten

Gutachten, die dagegen von den Parteien direkt in Auftrag gegeben und vor Gericht verwendet werden sollen, werden umgangssprachlich als „Parteigutachten" bzw. „Parteivortrag" bezeichnet. Die an diese Gutachten zu stellenden Anforderungen ergeben sich wiederum aus dem v.g. Werkvertragsrecht, sind also abhängig vom vereinbarten Leistungsumfang.

Linktipp

Eine Checkliste für den Mindestinhalt von Marktwertgutachten finden Sie im Internet unter www.1x1-der-immobilienbewertung.de in der Rubrik „Materialien zum Buch". Die Zugangsdaten finden Sie am Ende des Buches in Kapitel 14.

Kapitel 13: Literaturverzeichnis / Softwareempfehlungen / Marktdaten-Portale

13.1 Literaturverzeichnis

[1] Sprengnetter (Hrsg.), Immobilienbewertung – Marktdaten und Praxishilfen (Bände 1 bis 4); Loseblattsammlung, Sprengnetter GmbH, Sinzig 2013

[2] Sprengnetter (Hrsg.), Immobilienbewertung – Lehrbuch und Kommentar (Bände 5 bis 16); Loseblattsammlung, Sprengnetter GmbH, Sinzig 2013

[3] Sprengnetter-Bibliothek – EDV-gestütztes Nachschlagewerk zur Grundstücks- und Mietwertermittlung sowie Bodenordnung, Sprengnetter GmbH, Sinzig 2013

[4] Sprengnetter (Hrsg.), Wohnflächen- und Mietwertrichtlinie (WMR) – Richtlinie und Kommentar, gebunden, 2. Auflage, Sprengnetter GmbH, Sinzig 2008

[5] Sprengnetter / Kierig, ImmoWertV – Das deutsche Wertermittlungsrecht – Kommentar zur Immobilienwertermittlungsverordnung, gebunden, Sprengnetter GmbH, Sinzig 2010

[6] immobilien & bewerten – Fachzeitschrift für Forschung, Recht und Praxis, (bis 2007 Wertermittlungs*Forum* Aktuell (WFA)), Erscheinungsweise vierteljährlich, Sprengnetter GmbH

[7] Sprengnetter (Hrsg.), Sachwertrichtlinie und NHK 2010 – Kommentar zu der neuen Wertermittlungsrichtlinie zum Sachwertverfahren, gebunden, Sprengnetter GmbH, Sinzig 2013

13.2 Softwareempfehlungen

- Sprengnetter-SmartValue: Die ideale Lösung für Immobilienkurzbewertungen

- Sprengnetter-ProSa: Die Komplettlösung für ImmoWertV-konforme Immobilienbewertungen und Büroorganisation

- Sprengnetter-Online-Bewertungs-Service: Online-Lösung für Wertauskünfte und zur Erstellung von Wertexpertisen (www.sprengnetter.de/obs)

Weitere Informationen zu den empfohlenen Softwareprodukten finden Sie unter www.sprengnetter.de/software.

13.3 Marktdaten-Portale

*   Sprengnetter-Marktdaten-Portal: objektspezifische Sachwertfaktoren, Liegenschaftszinssätze, Vergleichsmieten, Vergleichsfaktoren für Eigentumswohnungen etc. (www.sprengnetter.de/marktdaten)

Kapitel 14:   Materialien zum Buch (Arbeitshilfen Online)

Mit dem Erwerb dieses Buches stehen Ihnen exklusiv und kostenfrei weitere Materialien zum Buch – die Arbeitshilfen Online – im Internet zur Verfügung.

Mit diesem Service haben Sie Zugriff auf:

- aktuelle Marktdaten,
- weitere Beispiele zum Buch,
- für die Wertermittlung wichtige Gesetze, Verordnungen und Richtlinien,
- Excel-Bewertungsformulare und Checklisten,
- Mustergutachten und
- professionelle Bewertungssoftware (30 Tage Testversion).

So einfach geht's:

- Unter www.1x1-der-immobilienbewertung.de in der Rubrik „Materialien zum Buch" einmalig mit Ihrem Buchcode registrieren.
- Per Mail erhalten Sie unmittelbar Ihre persönlichen Zugangsdaten, mit denen Sie sich fortan als registrierter Nutzer direkt anmelden können.

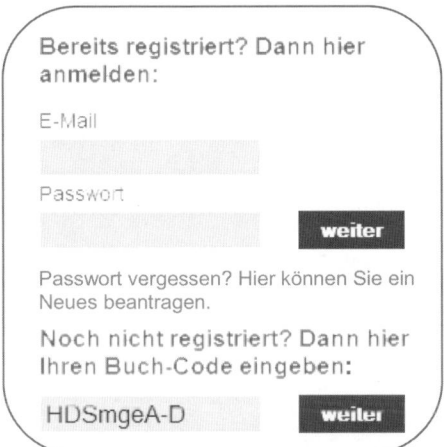

Ihr Buchcode: HDSmgeA-D

www.1x1-der-immobilienbewertung.de

IHR ERFAHRENER PARTNER – SEIT 1978

Seit über 30 Jahren steht der Name Sprengnetter für höchste Qualitätsansprüche und Experten-Know-how in der Immobilienwirtschaft. Mit unserer Kernkompetenz Immobilienbewertung sind wir zum Komplettanbieter mit einem einzigartigen Leistungsportfolio gewachsen.

Wir bieten Ihnen mehr als Produkte, wir bieten Ihnen alles, was Sie für Ihre Bewertungstätigkeit benötigen:

Softwarelösungen
Für Immobilienmakler, Sachverständige, Gutachterausschüsse und Kreditinstitute

Aus- und Weiterbildung
Bundesweites Angebot mit gestuftem Ausbildungs- und Qualifizierungskonzept

Zertifizierung
Von der DAkkS akkreditiert nach ISO 17024 für Markt- und Beleihungswertermittlung

Fachverlag & Service
Fachzeitschrift, Lehrbücher, Arbeitsmaterialien, Fach-Kommentare, Experten-Hotline

Marktforschung
Marktdaten, Marktstudien und Forschungsberichte generiert über ein flächendeckendes Netz von rund 60 Expertengremien

Mitarbeit im Bewerter-Pool
Vergabe bundesweiter Bewertungsaufträge an Sprengnetter-Gutachter

SPRENGNETTER
Immobilienbewertung

Jede Bewertungshürde meistern –
Mit dem „Lehrbuch und Kommentar"

Ihr Mitarbeiter im Büro – Sprengnetter-SmartValue

Durch das „1x1 der Immobilienbewertung" sind Sie mit den Grundlagen der Bewertung bereits bestens vertraut.

Wenden Sie dieses Know-how jetzt schnell und einfach an – am besten mit einer effizienten Softwarelösung.

Unsere Software Sprengnetter-SmartValue ist Ihr neuer leistungsstarker „Mitarbeiter" im Büro und unterwegs.

Mit Sprengnetter-SmartValue erstellen Sie in kürzester Zeit aussagekräftige Kurzgutachten. Die erforderlichen Daten sind hinterlegt bzw. erhalten Sie ganz einfach via Online-Schnittstelle.

Das leistet Sprengnetter-SmartValue für Sie:

- Kurze Erstellungsdauer
- Schritt für Schritt zum Ergebnis
- Nachvollziehbare Wertansätze
- Umfassende Immobilienbeschreibung (Lage, Grundstück, Gebäude)
- Verringertes Haftungsrisiko dank sachgerecht bestimmter Marktwerte
- Schnittstellen zur Objektdatenbeschaffung und Übergabe der Daten

Weitere Informationen unter
www.sprengnetter.de/smartvalue